AF003288

Beiträge zur Geschichtswissenschaft
Herausgegeben von Ernst Piper

Daniel Bühler
Macht und Treue

PUBLIUS VENTIDIUS
Eine römische Karriere zwischen Republik und Monarchie

Weitere Informationen über den Verlag und sein Programm unter:
www.allitera.de

Danksagung

Das vorliegende Buch stellt die geringfügig überarbeitete Fassung meiner Dissertation dar, die im Februar 2008 von der Fakultät I – Geisteswissenschaften – der Technischen Universität Berlin angenommen wurde.

Mein herzlicher Dank gilt zuerst meinem Lehrer, Herrn Professor Dr. Werner Dahlheim, der mir stets mit Rat und Tat zur Seite stand und die Entstehung dieser Arbeit in allen Phasen mit großem Engagement begleitet und mit wertvollen Ratschlägen gefördert hat. Herrn Professor Dr. Klaus Meister und Herrn Professor Dr. Wolfgang Radtke möchte ich meinen Dank aussprechen für die freundliche Übernahme der Zweitgutachten.

Großen Dank schulde ich Herrn Dr. Ullrich Sachse für die zahlreichen Gespräche und Diskussionen und für seine große Hilfe beim Korrekturlesen. Die Verantwortung für verbliebene Fehler liegt natürlich allein bei mir.

Herrn Dr. Wolfram Göbel möchte ich ebenso herzlich für die Übernahme meiner Dissertation in das Verlagsprogramm des Allitera Verlags danken, wie Herrn Dr. Ernst Piper für die wohlwollende Aufnahme in die von ihm herausgegebene Schriftenreihe *Beiträge zur Geschichtswissenschaft*.

Ein Stipendium des Landes Berlin nach dem Nachwuchsförderungsgesetz (NaFöG) ermöglichte mir die Durchführung dieser Arbeit. Dafür möchte ich ebenfalls meinen Dank aussprechen.

Schließlich danke ich meinen Eltern, meiner Schwester und meiner Großmutter für ihr Vertrauen und ihre Unterstützung. Ihnen ist das Buch gewidmet.

Berlin, im Mai 2009 *Daniel Bühler*

Juni 2009
Allitera Verlag
Ein Verlag der Buch&media GmbH, München
© 2009 Buch&media GmbH, München
Umschlaggestaltung: Kay Fretwurst, Freienbrink
Herstellung: Books on Demand GmbH, Norderstedt
Printed in Germany · ISBN 978-3-86906-044-6

Inhalt

I.	Einleitung	7
II.	Herkunft – Mitführung im Triumph?	14
1.	Ventidius als Abkömmling einer vornehmen ascolanischen Familie?	15
2.	Die Zweifel an der Überlieferung	20
3.	Jugend. Ventidius' Tätigkeit bis zum Eintritt in Caesars Gefolge	33
III.	Der Gefolgsmann Caesars	45
1.	Kommandeur von Caesars Tross?	45
2.	Der Beginn der politischen Karriere des Ventidius	56
IV.	Im Lager des Antonius	66
1.	Praetor und Staatsfeind: Die Rolle des Ventidius im Jahre 44 v. Chr. und in den Ereignissen um Mutina im Jahre 43 v. Chr.	68
	1.1 Die Truppenaushebungen für Antonius	68
	1.2 Die Rolle des Ventidius im Krieg um Mutina	77
	1.2.1 Die Abwesenheit des Ventidius während der Kämpfe um Mutina	80
	1.2.2 Ventidius und Octavian	87
2.	Consul	92
3.	Ventidius im Krieg um Perusia	99
4.	Das Kommando gegen die Parther	109
V.	Der militärische Einsatz im Orient: ein missgönnter Erfolg?	117
1.	Die militärischen Erfolge des Ventidius	118
	1.1 Die Darstellung der Quellen	118
	1.2 Die Quelle(n) der Feldzugsberichte 1	123
	1.2.1 Q. Dellius	123
	1.2.2 Sallust	124
	1.2.3 Ventidius	125
	1.3 Zur Überlieferungsgeschichte der Feldzüge	128
	1.3.1 Livius	130
	1.3.2 Dio und Frontin	132

1.4 Die Quelle(n) der Feldzugsberichte 2: Dellius oder
    Ventidius? 136
1.5 Das Datum von Gindaros – Rache für Carrhae? 140
    Exkurs: Die parthische Armee 143
1.6 Der Verlauf der Kämpfe 147
    1.6.1 Jahr Eins (39 v. Chr.) 147
    1.6.2 Jahr Zwei (38 v. Chr.) – Gindaros 150
2. Missgunst oder Fehlverhalten? 157
   2.1 Die Befriedung Syriens 157
   2.2 Eifersucht und Missgunst – Die Quellen:
       Dio und Plutarch 159
   2.3 Die Maßnahmen in Judäa 165
       2.3.1 Eigenmächtiges Vorgehen des P. Silo? 169
       2.3.2 Verhandlungen mit Antigonos? 172
       2.3.3 Winterquartiere vom Gegner? 176
   2.4 Die Vorgehensweise gegen Antiochos von Kommagene   180
       2.4.1 Kommagene im System der sog. Klientelstaaten 180
       2.4.2 Der Angriff auf Samosata 186
   2.5 Ergebnis 192

VI. Ventidius Imperator und seine Münzemission 197
1. Der Denarius des Ventidius 197
2. Die Auspizien des Ventidius 205
3. Appian und die zweite Akklamation des Antonius 210
4. Die *acclamatio imperatoria* 215
5. Die *acclamatio imperatoria* des Ventidius und Antonius 218

VII. Triumph und Lebensende 225
1. Triumph 225
2. Lebensende und Staatsbegräbnis 228
   2.1 Funus Publicum 229
   2.2 Eine Grabexedra an der Via Appia. Ruhestätte für
       Ventidius? 234

VIII. Resümee 240

IX. Quellen- und Literaturverzeichnis 247
1. Quellenverzeichnis 247
2. Literaturverzeichnis 252

I. Einleitung

In den vierziger Jahren des ersten Jahrhunderts v. Chr. vollzog sich die Auflösung der seit Ende des zweiten Jahrhunderts von mehreren Krisen geschüttelten traditionellen politischen Ordnung der römischen Republik, die auf der Autorität ihrer führenden Familien – der Nobilität – beruhte, die diese im Senat und gegenüber den Magistraten und der Volksversammlung ausübten[1]: Die Herrschaft Caesars, errichtet in einem Bürgerkrieg gegen den Widerstand zahlreicher Vertreter der alten Ordnung, wurde nach einer kurzen Phase nach den Iden des März, in der eine Restauration des überkommenen Systems möglich erschien, durch das Zweite Triumvirat abgelöst. Am Ende der zahlreichen Konflikte und militärischen Auseinandersetzungen zwischen den beiden maßgeblichen und konkurrierenden Machthabern des Regimes, Antonius und Octavian, stand schließlich die Monarchie des Augustus.

In diese Zeit, die geprägt war von den Brüchen des politischen Systems und den Auseinandersetzungen, die innerhalb der herrschenden Schicht um die Macht im Staat geführt wurden, genauer: in den Zeitraum der Jahre 47 bis 38 v. Chr., fällt der Aufstieg des Publius Ventidius.[2] Er vermochte es, dank der Protektion seiner Gefolgsherren Caesar und Antonius, eine beeindruckende Karriere zu beginnen, die ihn, als einstiger Maultiertreiber ein Mann niedriger Herkunft, bis in das höchste Staatsamt, das Consulat[3], führen sollte. Dies ist zumin-

---

[1] Vgl. Géza Alföldy, Römische Sozialgeschichte, 3., völlig überarb. Aufl., Wiesbaden 1984, S. 37.

[2] Das bekannte Cognomen *Bassus* wird nur bei Gell. 15,4, Eutr. 7,5 und Fest. 18 genannt. Da alle anderen Quellen, besonders die zeitgenössischen und unter ihnen die Triumphalfasten, kein Cognomen des Ventidius kennen, wird hier darauf verzichtet werden, obwohl die Forschung meist daran festgehalten hat. Überwiegend wird Publius als Praenomen genannt, wiederum Eutr. 7,5 nennt Lucius als Praenomen. Vgl. Acta triumph. capit. CIL I² p. 50: P VENTIDIUS P F PROCOS EX TAURO AN DCCX[v] MONTE ET PARTHEIS V K DECEM. Vgl. Hans Georg Gundel, RE, 2. Reihe, 15. Halbband, s. v. Ventidius (Nr. 5), Sp. 795f. (Im Folgenden zitiert als: Gundel, RE). Vgl. Ronald Syme, Sabinus the Muleteer, in: Roman Papers 1, hrsg. v. Ernst Badian, Oxford 1979 (RP) [= Latomus 17 (1958), S. 73–80], S. 395.

[3] Bei Namen und Beamtenbezeichnungen wurde aus optischen Gründen zumeist der lateinischen Form der Vorzug gegeben. Um den Lesefluss jedoch nicht zu stören, wurde »Consulat« in der im Deutschen üblichen grammatikalischen Form gebraucht.

dest die Darstellung des Gellius, dessen Bericht eine der Hauptquellen zum Leben des Ventidius darstellt.[4] Sein Triumph, den er schließlich im Jahre 38 v. Chr. als erster Römer in der Geschichte nach einem Sieg über die Parther feiern durfte, erscheint umso erstaunlicher, da er unserer Überlieferung zufolge im Kindesalter im Triumphzug des Pompeius Strabo über die Picenter als Gefangener mitgeführt worden war.[5] Die politische Karriere des Ventidius, nach Syme »the proverbial upstart of the revolutionary period«[6], scheint bedingt durch die Situation und untrennbar mit den Umständen der Zeit verbunden: Caesar ermöglichte seinen Aufstieg als Entlohnung für die ihm in Gallien und im Bürgerkrieg geleisteten Dienste – so wiederum Gellius.

Nach Christian Meier verfügte Caesar über wenige Gefolgsleute, die ihm gegenüber loyal und dennoch in der Lage waren, die politischen und militärischen Aufgaben selbständig und kompetent auszuführen.[7] Daher möchte Meier zwei maßgebliche Gruppen innerhalb der Gefolgschaft Caesars erkennen: Erstens die selbstbewussten Söhne der Aristokratie, die sich Caesar letztlich mit dem Ziel angeschlossen hatten, gleich ihrem Gefolgsherrn selbst einmal in die Reihen der *principes* der *res publica* aufzusteigen. Zweitens die Caesar ergebenen, aber unselbständigen und für außergewöhnliche Aufgaben ungeeigneten Mitstreiter. Ventidius kann aufgrund seiner Herkunft als Italiker und als Ausübender eines Gewerbes, das ein geringes Sozialprestige besaß offensichtlich nicht zu der ersten Gruppe gezählt werden. Es ist jedoch fraglich, ob sich aufgrund dieser Zuordnung zwangsläufig Aussagen über seine fachliche Kompetenz und seine Loyalität treffen lassen. Der angedeutete außergewöhnliche Verlauf seines Lebens weist womöglich in eine andere Richtung.

Während der Herrschaft Caesars und des Zweiten Triumvirats lässt sich der militärische und politische Aufstieg zahlreicher Männer beobachten, die aus bis dahin unbekannten, vielfach italischen Familien stammten, die aber Dank der Protektion Caesars und der Triumvirn und als Unterstützer von deren Ansprüchen in den Senat und die Magistraturen einzogen und hohe militärische Kommandostellen übernahmen.[8] Ihr gesellschaftliches Renommee konnte herkunftsbedingt

---

[4] Gell. 15,4,1–4.
[5] Gell. 15,4,3–4. Vgl. hierzu Kap. II.
[6] Syme, Sabinus the Muleteer, S. 393.
[7] Christian Meier, Caesar, Berlin 1982, S. 493f.
[8] Ronald Syme, Die Römische Revolution. Machtkämpfe im antiken Rom, grundlegend revidierte und erstmals vollständige Neuausgabe, Stuttgart 2003 (RR), S. 68ff. S. 84ff. S. 206ff.

jedoch kaum dem der regierenden Nobilität gleichkommen. Vernichtend fiel daher das Urteil der herrschenden Eliten aus: Unter das Verdikt Ciceros, der mit Atticus die Anhänger Caesars als »*Höllenmeute*« bezeichnete, wäre gerade auch Ventidius gefallen, falls er Cicero schon zu dieser Zeit bekannt gewesen wäre.[9] Der Tod hingegen habe, so Seneca der Ältere Jahre später, den Redner davor bewahrt, »*inmitten von Leuten wie Ventidius [...]*« leben zu müssen.[10]

Syme hat jedoch gezeigt, dass die meisten Anhänger Caesars, die – etwa im Vergleich mit prominenteren Gefolgsleuten wie Marcus Antonius und Marcus Brutus – von geringerer Herkunft und geringerem Ansehen waren, nicht so übel beleumdet waren, wie dies von den Gegnern Caesars kolportiert worden ist.[11] Nach Syme hat Dahlheim in seiner Caesar-Biographie die Rolle dargelegt und gewürdigt, die diejenigen Personen gespielt haben, die nicht der ersten Reihe der Gefolgsleute des Juliers entstammten.[12]

Während Dettenhofer einige Politiker, die dauerhaft oder zeitweise der Anhängerschaft Caesars angehört hatten und fast ausschließlich dem Kreis der *nobiles* entstammten, in einer ausführlichen Kollektivbiographie einander gegenübergestellt hat[13], ist meines Wissens bisher weder ein vergleichbarer Versuch für jene Anhänger Caesars unternommen worden, die neuen, bisher unbekannten und daher unbedeutenderen Familien entstammten, noch hat eine ausführliche Beschäftigung mit dem Lebenslauf des Ventidius stattgefunden, der vermutlich zu den schillerndsten dieser Zeit gehörte.

Schon aus letzterem Grunde wäre eine nähere Betrachtung seiner Karriere gerechtfertigt. Vor allen Dingen aber nimmt das Leben des Ventidius einen exemplarischen Charakter an: Erstens für die Möglichkeiten, die sich einem Aufsteiger zu dieser Zeit durch den Anschluss an einen militärischen Führer boten, der sich gegen die Vertreter der Senatsherrschaft stellte. Zweitens, was ein solcher Aufsteiger zu erreichen

---

[9] Cic. Att. 9,21(18),2. Geschrieben wurde der Brief am 28.3.49 v. Chr. Die Stellen der Cicero-Briefe wurden nach den Ausgaben von Helmut Kasten angegeben: Marcus Tullius Cicero, An seine Freunde, Lat. und Dt., München und Zürich 1989⁴. Marcus Tullius Cicero, Atticus-Briefe, Lat. und Dt., München 1976².
[10] Sen. suas. 7,3.
[11] Syme, RR, S. 84ff.
[12] Werner Dahlheim, Julius Caesar. Die Ehre des Kriegers und die Not des Staates, Paderborn 2005, S. 197 ff.
[13] Maria H. Dettenhofer, Perdita Iuventus. Zwischen den Generationen von Caesar und Augustus, München 1992, S. 7. Marcus Caelius Rufus war Sohn eines Ritters, vgl. Dettenhofer, S. 80.

in der Lage war, wenn er die sich ihm eröffnenden Handlungsspielräume wahrnahm. Denn als Anhänger des Antonius sollte Ventidius schließlich eine Stellung bekleiden, durch die er in den Worten Plutarchs »*Gelegenheit zu großen Taten erhielt, die er aufs trefflichste ausnützte* [...]«[14]. Der entscheidende Abschnitt der Karriere des Ventidius beginnt daher erst nach dem Tode Caesars.

Ventidius' Karriere kann somit zum einen stellvertretend für den Aufstieg einer Reihe von Militärs und Politiker unter der Herrschaft Caesars und der Triumvirn betrachtet werden, deren Familien nicht der alten Elite des Staates angehört hatten. Zum anderen deuten aber die erstaunlichen Wendungen, die sich in seinem Leben ereignet haben, und sein bemerkenswerter Aufstieg, der ihn angeblich vom Kriegsgefangenen zum Triumphator geführt hatte, gleichzeitig auch auf eine Ausnahmestellung hin, die Ventidius innerhalb dieser Gruppe von neuen Männern möglicherweise eingenommen hat. Diesem Problem wird nachzugehen sein.

Neben einigen Aufsätzen, die sich mit Aspekten seines Lebens befassen, oder lediglich eine Kurzfassung seiner Vita liefern, ist der RE-Artikel von Gundel noch immer als die grundlegende Darstellung seines Lebenslaufes zu betrachten.[15] Eine Untersuchung, die sich ausführlich mit seinem Anteil an den Ereignissen der Zeit beschäftigt, steht daher noch aus. Eine eingehende Studie vermag zum einen die Rolle, die er an der Seite seiner Gefolgsherren und zum anderen die Rolle, die er dank deren herausgehobener Positionen auch in der Zeit des Untergangs der Republik spielte, im Einzelnen zu erhellen.

Die Möglichkeiten und die Grenzen der Karriere des Ventidius werden einerseits durch die Umstände bestimmt, die seine Handlungsspielräume definierten: die innenpolitischen Auseinandersetzungen, an denen er als Vertreter einer der um die Macht kämpfenden Parteien beteiligt war. Auf die Umstände und Hintergründe muss natürlich wiederholt Bezug genommen werden.

---

[14] Plut. Ant. 34,5.
[15] Gundel, RE. Vgl. auch Jörg Fündling, Der Neue Pauly, Bd. 12/2, s.v. Ventidius [I 3], Sp. 14–16, Stuttgart und Weimar 2002. Eine Kurzbiographie schrieb Alighiero Massimi: P. Ventidio Basso, Ascoli Piceno 1986. Weitere Studien, die sich mit Ventidius beschäftigt haben und deren Ergebnisse das Thema dieser Arbeit betreffen, werden an den entsprechenden Stellen im Hauptteil genannt und ggf. kritisch in die Erörterung miteinbezogen werden. Der bei Verg. Cat. 10 erwähnte *Sabinus ille* ist nicht mit Ventidius gleichzusetzen, wie nach Syme, Sabinus the Muleteer, erst kürzlich Brent D. Shaw gezeigt hat: Sabinus the Muleteer, The Classical Quarterly 57 (2007), S. 132–38.

Zwei Gesichtspunkte hingegen, auf die Ventidius andererseits selbst Einfluss nehmen konnte, sollen als Leitfaden der Untersuchung dienen: seine fachliche Befähigung und die gegenüber seinen Gefolgsherren geübte Loyalität. Denn durch die Betrachtung seiner Kompetenz und seiner Loyalität – zweier grundlegender Forderungen, die ein Gefolgsherr an seinen Untergebenen stellt – wird ersichtlich, was er im Interesse seiner Gefolgsherren und in seinem eigenen Interesse zu bewirken vermochte. Daraus erschließt sich zum einen die Bedeutung, die er für seine Zeitgenossen, allen voran seinen Gefolgsherrn hatte. Zum anderen wird daraus ersichtlich, wie Ventidius die Handlungsspielräume, die sich ihm eröffneten, auszugestalten gedachte.

Mit anderen Worten: Es soll anhand der Betrachtung seiner Karriere der Versuch unternommen werden, sowohl die Faktoren, die er selbst beeinflussen konnte, als auch die Rahmenbedingungen ein Stück weit offen zu legen, die es ihm erlaubt hatten, seine politische Karriere zu beginnen, sie fortzuführen und mit dem Triumph zu vollenden. Dabei soll natürlich keine umfassende Analyse der Politik und ihrer Bedingungen während der Herrschaft Caesars und des Zweiten Triumvirats vorgenommen werden. Vielmehr gilt es, die politischen Umbrüche der Zeit und die Karriere des Ventidius zueinander in Bezug zu setzen.

Die Frage nach der Loyalität des Ventidius stellt sich auch deswegen, weil Caesar von einigen seiner prominentesten Anhänger ermordet worden ist. Diese waren nicht bereit gewesen, sich auf Dauer einem Führer oder Standeskollegen unterzuordnen, oder in ihrer Karriere von ihm abhängig zu sein. Sie hielten ihren Machtanspruch aufrecht und beharrten darauf, sich die traditionelle Freiheit der römischen Führungsschicht zu bewahren, die darin bestand, sich am Wettstreit um Ämter und Provinzen zu beteiligen. Caesar hatte sie bekanntermaßen zunehmend von der Regierung des Staates ausgeschlossen. Stattdessen zogen Männer wie Ventidius als Anhänger Caesars in Konkurrenz zu den etablierten Senatoren in den Senat und die Magistraturen ein.[16]

Es ist daher das Ziel dieser Untersuchung, den Lebenslauf des Ventidius anhand der antiken Zeugnisse zu skizzieren und die von ihnen aufgeworfenen Fragen unter kritischer Berücksichtigung der bisherigen Ergebnisse der Forschung zu beantworten. Als problematisch erweist sich dabei die Quellenlage: Die Zeugnisse über das Leben des Ventidius, die auf uns gekommen sind, sind nicht sehr zahlreich, weshalb einige Fragestellungen nicht mit Gewissheit beantwortet werden kön-

---

[16] Vgl. Dahlheim, Caesar, S. 235f.

nen. Dennoch soll der Versuch unternommen werden, die Biographie des Ventidius zu schreiben und es sollte möglich sein, anhand einer gründlichen Interpretation des vorhandenen Materials zu einem zufrieden stellenden Ergebnis zu gelangen. Auf die einzelnen, für das Leben des Ventidius relevanten antiken Darstellungen und ihre Autoren wird im Hauptteil eingegangen werden und dort wird auch die Kritik der entsprechenden Stellen der Überlieferung vorgenommen werden.

Die Beschreibung seines Lebens folgt weitgehend einem chronologischen Gliederungsprinzip, nur in den Kapiteln V und VI wird dieses Gerüst zeitweilig verlassen werden. Antonius steht als Gefolgsherr des Ventidius naturgemäß selbst immer wieder im Zentrum der Diskussion.

Dem Zeitraum der Jahre 44–38 v. Chr., in dem Ventidius als Parteigänger des Antonius agierte, wird erheblich mehr Aufmerksamkeit gewidmet werden, als den früheren Abschnitten seines Lebens. Der Grund hierfür ist das weitaus reichhaltigere Quellenmaterial, das uns im Vergleich zu den vorangegangenen Begebenheiten hier zur Verfügung steht. Diese Tatsache ist aber als Reaktion der Chronisten auf die angesprochene wirkmächtigere Stellung des Ventidius in diesen Jahren zu verstehen. Innerhalb dieses Abschnittes beanspruchen die Kapitel, die sich mit den Feldzügen des Ventidius beschäftigen, wiederum den größten Raum. Die Ursache hierfür ist erstens die außerordentlich hohe Bedeutung, die die Vorkommnisse im Orient für das Leben des Ventidius spielen sollten. Denn erst das erfolgreiche Ende des Feldzuges sicherte Ventidius letztlich seinen Platz in den Geschichtsbüchern, erst der Sieg gegen die Parther und der daraus resultierende Triumph haben ihn wirklich berühmt gemacht und das Interesse der Zeitgenossen und der Nachwelt in einem Maße hervorgerufen, wie es die – gewiss auch schon Aufsehen erregende – Beförderung eines vermeintlichen Maultiertreibers in das Amt des Consuls sicherlich nicht vermocht hätte. Diese Annahme wird durch die stärkere Gewichtung der Feldzugs- und Siegesthematik in den Quellen untermauert.[17] Noch Julian Apostata soll sein Heer in einer Ansprache vor seinem Feldzug gegen die Perser u. a. durch die Erinnerung an die Taten des Ventidius angespornt haben.[18] Zweitens vermag der Blick auf die Leistungen und Verhaltensweisen des Ventidius während der Kampagne im Orient möglicherweise entscheidende Antworten auf die Fragen zu geben, die

---

[17] Vgl. S. 117, Anm. 1. Gellius 15,4 ist eine Ausnahme, hier wird den Ereignissen im Osten vergleichsweise wenig Platz eingeräumt.
[18] Amm. 23,5,16.

bei der Betrachtung des Lebenslaufes eines Aufsteigers wie Ventidius in den Fokus gestellt werden sollen: Wie ist zum einen seine militärische Kompetenz zu bewerten? – eine für die römische Führungsschicht wesentliche Befähigung! Wie verhält es sich zum anderen mit der Loyalität zu seinem Gefolgsherrn, wenn seine vermutete fachliche Qualifikation zu herausragenden Erfolgen führte, die nach römischem Verständnis die Legitimation darstellten, eine herausgehobene Stellung im Staat einzunehmen, eine Stellung, die möglicherweise geeignet war, seinem Gefolgsherrn Konkurrenz zu machen? Macht und Treue: Im Spannungsverhältnis zwischen diesen beiden Polen bewegte sich die Karriere des Ventidius.

Schließlich erscheint mir eine grundlegende Bemerkung wichtig: Ventidius selbst hat nichts Schriftliches hinterlassen. Abschnitte, die sich mit seinen Motiven und Absichten, seinen Charaktereigenschaften und seinen politischen Vorstellungen beschäftigen, stellen daher notwendigerweise eine Konstruktion dar.[19]

Der ungewöhnliche Aufstieg des Ventidius erstaunte nicht nur die antiken Chronisten: Einen Kurzauftritt erhielt er in Shakespeares Drama *Antony and Cleopatra*, das in großen Teilen auf der Antoniusbiographie von Plutarch beruht.[20]

---

[19] Vgl. Dettenhofer, S. 7, Anm. 16. Dettenhofer weist daraufhin, dass beim Schreiben einer Biographie versucht wird, die Handlungsweisen von Menschen anhand von rationalen Kriterien und einer logischen Verknüpfung von bekannten Fakten zu erklären, obwohl Entscheidungen nicht immer auf rein rationaler Basis getroffen werden.
[20] William Shakespeare, Antony and Cleopatra II,3,40–41 und III,1. Vgl. Plutarch, Life of Antony, ed. by Christopher B. R. Pelling, Cambridge 1988, S. 37ff.

II. Herkunft – Mitführung im Triumph?

Ventidius stammte aus Picenum[1], einer Landschaft zwischen Adria und Apennin, etwa 150–200 Kilometer nordöstlich von Rom gelegen, im Norden begrenzt durch den Aesis/Esino, der bei Ancona ins Meer fließt. Die epigraphischen Zeugnisse dokumentieren die Existenz einer *gens ventidia* in Asculum, der bedeutendsten Stadt dieser Region. Lange galt eine Inschrift, die die Freigelassene eines P. Ventidius nennt, als einziges derartiges Zeugnis.[2] Zwei Neufunde aus Ascoli Piceno liefern zwar abgesehen von der Nennung des Gentilnamens keine darüber hinaus gehenden neuen Informationen. Durch sie ist es jedoch möglich, ein ebenfalls lange bekanntes Zeugnis, einen Grabsäulenstumpf, der bisher einem T. Ventenus zugeschrieben wurde, mit den Ventidii in Verbindung zu bringen: In Anbetracht der Nennung einer Ventedia S[ex. f. oder l.?] in einem der Neufunde, deutet Paci den Namen des Grabinhabers als T. Ventedius und sieht in Ventidius und Ventedius zwei Formen eines Gentiliziums.[3] Zwar ist es mangels weiterer erläuternder Details kaum möglich, eine Verbindung zwischen den in den Inschriften genannten Personen und dem hier behandelten berühmtesten Inhaber des Namens zu ziehen.[4] Da die nun zahlreicher vorliegenden Inschriften alle Asculum als Heimat einer *gens ventidia* ausweisen, ist die Abkunft des bekannten Publius Ventidius aus dieser Stadt aber als wesentlich wahrscheinlicher anzusehen als aus dem ebenfalls in die Überlegungen miteinbezogenen Auximum. Die Basis für die Annahme, die Ventidii stammten aus Auximum, ist die Darstel-

---

[1] Gell. 15,4,3. Cass. Dio 43,51,4.
[2] CIL IX 5254: VENTIDIA P L ARESCUS[a]. Vgl. Gianfranco Paci, Mantissa Epigrafica Ventidiana, in: Miscellanea di Studi Marchigiani in onore di Febo Allevi, a cura di Gianfranco Paci, Agugliano 1987, S. 449.
[3] Paci, S. 449f. Die Paläographie lasse eine Datierung ins erste Jahrhundert n. Chr. zu (Paci, S. 449, Anm. 12). Die zweite Inschrift nennt lediglich den Namen Ventidius im Nominativ. Der Grabsäulenstumpf, CIL IX 5253: LOC T VENTE C F AFRI P Q XX. Vgl. p. 728: »T. Vente(nus?)«. Paci, S. 450, rekonstruiert den Text wie folgt: »Loc(us) / T(iti) Vente(di), / C(ai) f(ili), Afri. / P(edes) q(uadrati) XX.« Fraglich sei, ob sich die variierende Form des Gentiliziums lediglich auf Fragen der Betonung zurückführen lassen, oder ob sich dahinter eine Unterscheidung zweier Familienzweige, vergleichbar den Claudii/Clodii verberge.
[4] Paci, S. 452. Allerdings gleiche das in CIL IX 5254 genannte Praenomen Publius dem des Consuls oder dem seines Vaters, wie Paci anmerkt (S. 452, Anm. 18).

lung des Plutarch, der von zwei sehr geachteten Brüdern Ventidii berichtet, die dort im Jahr 83 v. Chr. Widerstand gegen Pompeius geleistet hatten.⁵ Allerdings ist hier die handschriftliche Überlieferung nicht gesichert, die vielmehr Οὐεττιδίους oder Οὐετιδίους gibt.⁶ In Osimo, dem antiken Auximum, wurden bislang keine Inschriften gefunden, die die Existenz der Ventidii dort belegen könnten.⁷

Das Geburtsjahr des Publius Ventidius, des späteren Consuls und Triumphators, ist nicht gesichert, er dürfte jedoch um das Jahr 90 v. Chr. geboren worden sein.⁸ Zur Beantwortung der Frage nach der gesellschaftlichen Stellung der Familie des Ventidius ist es notwendig, mehrere alternative Erklärungsmodelle vorzustellen und auf ihre Glaubwürdigkeit hin zu überprüfen, denn die Nachricht über die Mitführung des Ventidius in Strabos Triumphzug steht in deutlichem Widerspruch zu seiner vermeintlich niederen Herkunft.⁹

1. Ventidius als Abkömmling einer vornehmen ascolanischen Familie?

Zunächst soll daher davon ausgegangen werden, dass die Angabe des Gellius, sowohl über den Triumph des Strabo im Allgemeinen als auch über die Position, die man dem jungen Ventidius und seiner Mutter innerhalb des Triumphzuges als Gefangene zugewiesen hatte, korrekt ist. Diese Angabe ließe nur den Schluss zu, dass Mitglieder aus Ventidius' Familie – nahe liegend ist es, an dessen Vater zu denken – zu angesehenen Würdenträgern der aufständischen Picenter gehört haben müssen. Denn: wurden Gefangene in einem Triumphzug der Öffent-

---

5 Plut. Pomp. 6,3.
6 Vgl. Herbert Heftner, Plutarch und der Aufstieg des Pompeius: ein historischer Kommentar zu Plutarchs Pompeiusvita, Teil 1: Kap. 1 – 45, Frankfurt/Main u. a. 1995, S. 87. Heftner und Syme, RR, S. 97, schließen sich der Konjektur »Ventidius« an. Vgl. auch Hans Georg Gundel, RE 2,15, s. v. Ventidius (Nr. 1), Sp. 793f.
7 Vgl. Paci, S. 451.
8 Das ergibt sich einerseits aus der Angabe des Gellius über seine Mitführung im Triumphzug des Strabo »als Knabe an der Brust seiner Mutter« (Gell. 15,4,3). Sollte dies andererseits eine Legende sein (Vgl. Kap. II.2), dann wird ihre Entstehung möglicherweise auch auf der Beobachtung beruhen, dass Ventidius zum fraglichen Zeitpunkt alt genug war, um als Kleinkind dort mitgeführt werden zu können. Man wird den Zeitpunkt seiner Geburt daher auch in diesem Fall auf etwa 90 v. Chr. ansetzen dürfen.
9 Vgl. auch Gundel, RE, Sp. 796f. Syme, RR, S. 97, rechnet mit einer ehrbaren Herkunft.

lichkeit präsentiert, so war der Platz vor dem Triumphator zumeist den prominentesten unter ihnen vorbehalten.[10] Nach Livius wurden beim Triumph des Titus Quinctius Flaminius über die Makedonen 194 v. Chr. direkt vor Flaminius' Triumphwagen »*die Opfertiere [...] und bedeutende Gefangene und Geiseln, darunter Demetrios, der Sohn König Philipps [...]*« mitgeführt.[11] Im Zug des Pompeius Magnus – Sohn des Triumphators von 89 v. Chr. -, der seinen Triumph im Jahre 61 v. Chr. *ex Asia* feierte, nahmen die Satrapen, Söhne und Feldherren der gegnerischen Könige ebenfalls den exponierten Platz vor dem Wagen des Triumphators ein.[12]

Über den Vater des Ventidius, einen P. Ventidius, ist außer seiner Nennung in den Triumphal- und Consullisten[13] nichts bekannt. Appian erwähnte in seinem Bericht über die Kämpfe in Picenum möglicherweise jedoch einen P. Ventidius, der im Jahre 90 v. Chr. zusammen mit den bundesgenössischen Heerführern Vidacilius und Titus Lafrenius Pompeius Strabo am Berg Falernus besiegte und ihn daraufhin bis Firmum verfolgte.[14] Von Teilen der älteren Forschung wurde angenommen, man habe hier den Vater des Ventidius vor sich.[15] Da die handschriftliche Überlieferung an dieser Stelle jedoch wiederum nicht eindeutig ist – auf uns gekommen sind: Οὐεντίδιος, Οὐεντίλιος bzw. Οὐεντίλλιος -, wurde in der Appianedition von Mendelsohn, bzw. in der von Viereck durchgesehenen Ausgabe, der Name Ventidius durch Οὐέττιος ersetzt.[16] Gemeint ist der Praetor der Pälinger, P. Vettius

[10] Nach Appians Beschreibung des Triumphes von Scipio (Pun. 66,292–299) befanden sich zwischen den Gefangenen und dem Feldherrn noch die *lictores*, ein Chor von Harfen- und Flötenspielern sowie Männer, die Räuchergefäße trugen. Nach Tanja Itgenshorst, Tota illa Pompa, Der Triumph in der römischen Republik, Göttingen 2005, S. 23, liegt uns hier die idealtypische Beschreibung eines Triumphes vor. Zum Triumph vgl. auch: Ernst Künzl, Der römische Triumph, Siegesfeiern im antiken Rom, München 1988.
[11] Livius 34,52,8–10. Vgl. auch die Berichte über den Triumph des Aemilius Paulus 167 v. Chr. (Diod. 31,8,12. Plut. Aemilius Paulus 33. 34).
[12] App. Mithr. 117,571–578.
[13] Acta triumph. capit. CIL I² p. 50. Fast. Colot. CIL I² p. 64.
[14] App. civ. 1,47,204.
[15] Vgl. Hans Georg Gundel, RE 2,15, s. v. Ventidius (Nr. 4), Sp. 795. Wilhelm Drumann, Geschichte Roms in seinem Übergange von der republikanischen zur monarchischen Verfassung oder Pompeius, Caesar, Cicero und ihre Zeitgenossen nach Geschlechtern und mit genealogischen Tabellen, Bd. 4, hrsg. v. Paul Groebe, reprografischer Nachdruck d. 2. Aufl., Leipzig 1908/10, Hildesheim 1964, S. 320, Anm. 9 und 11. Viktor Gardthausen, Augustus und seine Zeit, Teil II, Bd. 1, Neudr. d. Ausgabe Leipzig 1891, Aalen 1964, S. 111, Anm. 18, bezweifelte dies.
[16] Appiani Historia Romana, ex Recensione Ludovici Mendelssohnii, editio altera

Scatto, der laut dem Zeugnis des Augenzeugen Cicero vor der Belagerung von Asculum mit Pompeius Strabo in Verhandlungen trat.[17]

Die Aufführung eines P. Ventidius unter den bundesgenössischen Heerführern würde die oben genannte Vermutung über den Vater des Ventidius stützen und zudem zu einer Notiz von Dio passen, der zwar davon spricht, Ventidius – der Sohn – habe im Bundesgenossenkrieg gegen Rom gekämpft[18], dem dabei aber – in Anbetracht der Chronologie – eine Verwechslung mit dessen Vater unterlaufen sein muss. Appian erwähnt Ventidius sen. jedoch weder in seiner Auflistung der Heerführer der Italiker[19] noch an einer anderen Stelle. Daher scheint die Konjektur durch Schweighöfer und Viereck sinnvoll zu sein, auch wenn es schwierig, wenn nicht gar unmöglich ist, eine definitive Aussage hierüber zu treffen.

Ventidius sen. muss jedoch nicht zwingend zu dem Kreis der 12 italischen Generäle im Bundesgenossenkrieg, also zu den Führern eines großen Feldheeres gehört haben;[20] zumindest aber müsste er eine gewichtige und entscheidende Rolle bei der Verteidigung Asculums während der langwierigen Belagerung der Stadt durch die Römer unter Strabo gespielt haben, wenn man von der Mitführung seines Sohnes vor dem Wagen des siegreichen römischen Feldherrn an jener exponierten, den gegnerischen Führern vorbehaltenen Stelle ausgehen möchte.[21]

---

correctior, curante Paulo Viereck, Bd. 2, Reprint der Originalausg. 1905, Leipzig 1986, S. 51, Anm. zu Zeile 3.

[17] Cic. Phil. 12,27. Laut Viereck, Appiani Historia Romana, S. 51, Anm. zu Zeile 3, sah sich schon Schweighäuser zur Emendation des Namens veranlasst. Während die deutsche Appianausgabe von 1989 in der Übersetzung von Otto Veh und die englische Edition von 1958 in der Übersetzung von Horace White Viereck folgen, liegt der französischen Ausgabe von 1993 die Übersetzung von Jean-Isaac Combes-Dounous von 1808 zugrunde, der Schweighäuser zwar in weiten Teilen folgt, den Namen Publius Ventidius an besagter Stelle aber beibehält. Arthur Keaveny, Rome and the Unification of Italy, London und Sydney 1987, glaubt S. 149, Anm. 39, der Emendation liege ein Datierungsfehler der von Cicero berichteten Episode zugrunde.

[18] Cass. Dio 43,51,4.

[19] App. civ. 1,40,181.

[20] Eine Liste der italischen Heerführer findet sich außer bei Appian mit Abweichungen auch bei Vell. 2,16,1 und Eutr. 5,3. H. D. Meyer, Die Organisation der Italiker im Bundesgenossenkrieg, Historia 7 (1958), S. 74–79, sieht die Zahl zwölf durch die 12 Einzelstämme vorgegeben, deren Führer jeweils ein Armeekommando erhalten haben. Diesen waren zwei Oberfeldherren voran gestellt, entsprechend der Vereinigung der beiden Stammesgruppen, in denen die Marser einerseits, die Samniten andererseits dominierend waren.

[21] Die Annahme, Ventidius sen. habe ein militärisches Kommando ausgeübt, ist

Tatsächlich lässt Appian bei der namentlichen Anführung der Oberkommandierenden der Italiker im Bundesgenossenkrieg ausdrücklich die Befehlshaber einzelner *städtischer* Kontingente beiseite.[22] Das bedeutet, dass die Truppenkontingente einiger bedeutender Städte, die in den Heeren der vereinigten Italiker unter einem der beiden Oberbefehlshaber kämpften, von eigenen Unterführern kommandiert wurden. Dies wird auch für die Kontingente von Asculum gegolten haben, denn Diodor führt in dem Kapitel über den Bundesgenossenkrieg ausdrücklich die Bewohner von Asculum, Nola und anderer Städte als Gegner Roms und Träger des Aufstandes an und verdeutlicht damit deren wichtige Stellung innerhalb der *socii*, die sie neben so bedeutenden Völkern wie den Samniten oder den Lukanern einnahmen.[23] Abgesehen von einer Verwendung bei Operationen des Feldheeres, bestand ihre Aufgabe mit Sicherheit auch – oder sogar in erster Linie – in der Verteidigung ihrer Heimatstadt. Die Vermutung läge damit nahe, Ventidius sen. als den oder einen der Befehlshaber des städtischen Aufgebots von Asculum zu betrachten. Als Inhaber einer solchen Position könnte man ihn folglich als einen Vertreter der örtlichen Aristokratie, möglicherweise als einen Magistrat betrachten.[24]

Im Zusammenhang mit der Belagerung bezeichnet Appian Asculum jedoch auch als die Heimatstadt des Vidacilius, eines Heerführers der Aufständischen[25], der damit, so Domaszewski, als Praetor der Picenter zu gelten habe.[26] Vidacillius war es im Laufe der – letztlich über den Ausgang des Krieges entscheidenden – Kämpfe vor Asculum gelungen, mit acht zum Entsatz herangeführten Kohorten den Belagerungsring

zwar nicht zwingend. Denkbar wäre auch, in ihm einen angesehenen, momentan jedoch kein Amt bekleidenden Aristokraten zu sehen. Dies ist aber angesichts des allgegenwärtigen militärischen Konflikts unwahrscheinlich.
[22] App. civ. 1,40,181.
[23] Diod. 37,2,4.
[24] Die bundesgenössischen Gemeinden waren in ihrer inneren Organisation weitestgehend frei. Ob die teilweise von Rom übernommenen Organisationsformen und Beamtennamen auch die gleichen Befugnisse beinhalteten wie in Rom, ist allerdings fraglich. Vgl. Hartmut Galsterer, Herrschaft und Verwaltung im republikanischen Italien. Die Beziehungen Roms zu den italischen Gemeinden vom Latinerfrieden 338 v. Chr. bis zum Bundesgenossenkrieg 91 v. Chr., München 1976, S. 103.
[25] App. civ. 1,48,207.
[26] Alfred von Domaszewski, Bellum Marsicum, SAWW 201, Wien und Leipzig 1924, S. 14.

zu durchbrechen und in die Stadt zu gelangen.[27] Seinem Befehl an die Belagerten, gleichzeitig einen Ausfall zu wagen, um so die Römer in einen Kampf an zwei Fronten zu verwickeln, war jedoch nicht Folge geleistet worden. Erst in der Stadt habe er, so Domaszewski, Kenntnis von der vernichtenden Niederlage der Marser vor Asculum erhalten.[28] Als Urheber für die zuvor erfolgte Befehlsverweigerung der Asculaner machte Vidacilius seine alten politischen Gegner verantwortlich, die man möglicherweise als romfreundliche Kreise innerhalb der lokalen Aristokratie anzusehen hat.[29] Diese ließ er hinrichten, bevor er, vom Untergang der Stadt überzeugt, Selbstmord beging. Es wäre zumindest vorstellbar, dass im Zuge dieser Ereignisse Ventidius sen. den Weg an die vakante Spitze der Verteidigung von Asculum bis zum Fall der Stadt am 17.11.89 v.Chr. gefunden haben könnte, auch wenn es keine direkten Zeugnisse dafür gibt – sofern die Berichte über das Schicksal seines Sohnes korrekt sind.

Die Kämpfe um Asculum müssen während der Belagerung mit äußerster Härte geführt worden sein. Picenum wurde im Verlauf des Krieges verwüstet und es ist nicht viel Phantasie nötig, um sich die Grausamkeiten vorzustellen, die sich bei der Eroberung der Stadt abgespielt haben müssen.[30] Da Gellius von einer Mitführung des Ventidius sen. im Triumphzug nichts zu berichten weiß, müsste man annehmen, dass er hierbei ums Leben gekommen ist.

Die im Triumphzug in Rom vorgeführten Kriegsgefangenen erwartete ein schweres Schicksal: Nach altem Herkommen wurden sie anscheinend auf dem Forum gegeißelt und enthauptet.[31] Prinzipiell bestand für den Sieger auch die Möglichkeit, seine Gefangenen, die als gewichtiger

---

[27] Zur Chronologie des Bundesgenossenkrieges vgl. Domaszewski, S. 23ff. und S. 28 zur Schlacht bei Asculum.
[28] Domaszewski, S. 29.
[29] App. civ. 1,40,208–209. Nach Galsterer, S. 199, gab es auch unter den aufständischen Italikern zahlreiche Vertreter der Sache Roms. Jean-Michel David, The Roman Conquest of Italy, 2. korr. Aufl., Oxford und Malden/Mass. 1997, S. 149, glaubt, die Entscheidung für oder gegen Rom habe Völker, Städte, sogar Familien getrennt. Als späterer militärischer Führer in diesem Krieg muss Vidacilius schon früh eine antirömische Politik vertreten haben. Diese wird auch in Asculum, obwohl der Aufstand von dort seinen Ausgang nahm, nicht unumstritten gewesen sein.
[30] Flor. 2,6,14.
[31] Diod. 19,101,3. Pol. 1,7,12. Appian Mithr. 117,578. Vgl. Jörg Rüpke, Kriegsgefangene in der römischen Antike, in: Rüdiger Overmans (Hg.), In der Hand des Feindes. Kriegsgefangenschaft von der Antike bis zum Zweiten Weltkrieg, Köln, Weimar und Wien 1999, S. 93, Anm. 33.

Teil der Kriegsbeute angesehen wurden, entweder als Sklaven zu verkaufen[32], oder von ihren Angehörigen ein hohes Lösegeld zu fordern, sofern die Inhaftierten prominent waren. Die handschriftliche Überlieferung ist jedoch viel zu unsicher, um den Schluss ziehen zu können, es habe – mal abgesehen von der zur Diskussion stehenden – eine angesehene *gens ventidia* in Picenum in den 80er Jahren des ersten Jahrhunderts v. Chr. überhaupt existiert, die darüber hinaus – hier glitte man vollständig ins Reich der Spekulation ab – die Möglichkeit und das Interesse gehabt hätte, Ventidius freizukaufen.[33] Gegen eine solche Vermutung steht auch eine Notiz des Orosius, der berichtet, Pompeius habe nach der Eroberung Asculums die Praefekten, Zenturionen und alle Aristokraten entsprechend des Brauches hinrichten lassen, mit Ausnahme der Kinder, die zwar verschont, aber dann ins Elend entlassen wurden.[34]

Als erstes Zwischenergebnis lässt sich somit festhalten: Die vorgestellte Interpretation muss auf sehr knappen Angabe der Quellen und auf Vermutungen beruhen. Dennoch bestünde durch sie zumindest die Möglichkeit, Ventidius als Abkömmling einer einflussreichen Familie der örtlichen Aristokratie von Asculum zu betrachten.

2. Die Zweifel an der Überlieferung

Die vorangegangene Rekonstruktion steht und fällt nun allerdings mit der Glaubwürdigkeit der Angabe über die Mitführung des Ventidius im Triumphzug des Pompeius Strabo. Daher ist es notwendig, hierauf nochmals einen gesonderten Blick zu werfen. Diverse Quellen[35] heben den staunenswerten und ungewöhnlichen Aufstieg des Ventidius aus niedrigsten sozialen Verhältnissen hervor, um diese höchst »*seltsame*

---

[32] Rüpke, S. 87ff.
[33] Vgl. S. 14f. Nach Gundel, RE, Sp. 797, habe Fr. Taeger brieflich die Vermutung geäußert, die Familie des Ventidius habe die Teilnahme am Aufstand der Bundesgenossen mit dem wirtschaftlichen Ruin bezahlen müssen.
[34] Oros. 5,18,26. In Anbetracht dieser Nachricht wäre es nicht nötig, die Überlieferung – wenn sie denn nicht grundlegend abgelehnt werden muss, vgl. Kap. II.2 – dahingehend zu interpretieren, wie es von Ernst Badian, Notes on Roman Senators of the Republic, Historia 12 (1963), S. 141f., unternommen wurde: Er nimmt an, dass Ventidius und seine Mutter als vom Feinde befreite römische Bürger im Triumphzug mitliefen, da sie sonst als Sklaven hätten verkauft werden müssen. Die beiden Ventidii in Auximum (vgl. S. 14f.) betrachtet Badian als Einwanderer aus Asculum.
[35] Gell. 15,4. Cass. Dio 43,51,5. 49,21,3. Plin. nat. 7,135. Val. Max. 6,9,9. Vell. 2,65,3. Iuv. 7,199–201.

Laune des Schicksals«[36] aber zu untermauern und um den Einfluss des Glücks auf das Leben der Menschen zu zeigen, wird nachdrücklich verwiesen auf die Mitführung des jungen Ventidius in einem Triumphzug, in der Stadt, in der er später selbst einen Triumph feiern sollte. Das unter anderem durch die *acta triumphalia capitolina*[37] glaubwürdig überlieferte glückliche Ende seiner Vita wird durch die schrecklichen Ereignisse zu Beginn seines Lebens kontrastiert und damit gleichsam überhöht. Der Gegensatz, einst *Kriegsgefangener* im Triumphzug gewesen zu sein und später selbst als *Triumphator* einen Einzug in Rom gehalten zu haben, macht das Außerordentliche dieses Lebens aus; so zumindest stellen es die genannten Quellen dar.[38]

Diese erstaunliche Umkehrung des Schicksals aber erscheint im ersten Moment wegen ihres geradezu beispielhaften Charakters als zu perfekt und zu konstruiert, um tatsächlich wahr zu sein. Als Betrachter fühlt man sich an einen literarischen Topos erinnert, ein Faktum, das den Verdacht hervorrufen mag, diese Berichte könnten eine nachträgliche Erfindung sein, dazu dienend, die unglaublichen Wendungen, die in einem Leben vorkommen können, noch anschaulicher und exemplarischer darzustellen. Eine sich eines solchen Klischees bedienende Überlieferung muss dennoch nicht grundsätzlich als falsch abgelehnt werden, verlangt aber, wie im Folgenden zu sehen sein wird, eine eindringlichere Prüfung.

Entscheidend für die Beurteilung dieses Problems ist die Frage, weshalb die Zeitgenossen des Ventidius die Ereignisse, die in seiner frühesten Kindheit stattfanden nicht erwähnten und ob sie ihnen demzufolge nicht bekannt waren. Welche weiteren Schlussfolgerungen wären hieraus zu ziehen?

An keiner der uns überlieferten zeitgenössischen Erwähnungen des Ventidius wird auf seine Vergangenheit als Kriegsgefangener Bezug genommen, einmal dagegen auf dessen Tätigkeit als Maultiertreiber. Munatius Plancus verwendet diese Bezeichnung in einem Brief an Cicero.[39] Die Spottverse, die man in Rom anlässlich der Übernahme

---

[36] Cass. Dio 49,21,3.
[37] CIL I² p. 50. Vgl. auch Tabula Triumph. Barberin. CIL I² p. 76f.
[38] Nur bei Vell. 2,65,3 verschiebt sich die Perspektive etwas. Dort wird die Wahl Ventidius' zum Consul in Kontrast zu seiner Vergangenheit als Kriegsgefangener gesetzt, sein eigener Triumph wird im Folgesatz erwähnt.
[39] Cic. fam. 10,21(18),3: »[...] so tief verachte ich seine [Antonius'] zerschlagenen Truppen und den Haufen des Ventidius, des Maultiertreibers.« Über die Tätigkeit des Ventidius im Zusammenhang mit Maultieren vgl. Kap. II.3 und III.1.

des Consulats durch Ventidius öffentlich angeschrieben fand, wurden von Gellius überliefert, auch hier wird auf seinen früheren Beruf angespielt.[40] An beiden Stellen dient die Erwähnung dieser Beschäftigung dazu, Ventidius zu verhöhnen, denn die *muliones* waren wahrscheinlich Sklaven[41] und damit am untersten Ende der sozialen Rangliste angesiedelt. Für die politischen Gegner des Ventidius, allen voran Cicero, wäre allerdings auch die Hervorhebung seiner Vergangenheit als Kriegsgefangener gewiss ein lohnendes Ziel ihres und seines Spottes gewesen, zumindest in der Zeit der Ächtung des Ventidius als Parteigänger des Antonius[42], denn auch ein Kriegsgefangener verfiel in Rom der gesellschaftlichen Verachtung.[43] Es ist müßig, hier zu fragen, ob das Eindringen eines ehemaligen *Kriegsgefangenen* in die Domäne der Nobilität, in die höchsten Ämter der Republik, anstößiger gewesen wäre, als das eines *Maultiertreibers* in gleicher Funktion, denn beides beinhaltete genug Beleidigungspotential, um den Betreffenden zu diskreditieren. Man könnte annehmen, die Bemühungen der späteren Berichterstatter, die Vorführung im Triumph wesentlich deutlicher hervorzuheben als die Tatsache, dass Ventidius ein *mulio* war, weise daraufhin, ersteres wäre skandalöser gewesen. Aber die Zeitgenossen kannten gerade das Ende der Laufbahn des Ventidius noch nicht. Erst in Kenntnis des Triumphes über die Parther durch Ventidius erhält seine Vergangenheit als Kriegsgefangener die Brisanz, die von den späteren Autoren erkannt und hervorgehoben wurde.

Dennoch: welch ein Skandal eben diese Vergangenheit in den Augen der regierenden Schicht gewesen sein müsste, wird deutlich, wenn man sich das Leben des Ventidius und seine Bedeutung für die *nobiles* zusammengefasst in einem Satz klar macht: Ein Mann, dessen Familie Rom schon früher im Bundesgenossenkrieg, in der härtesten Auseinandersetzung seit dem Zweiten Punischen Krieg, bekämpft hatte, der

---

[40] Gell 15,4,3. Vgl. S. 94. Als Schimpfwort erscheint *mulus* bei Catull 83,3, Plaut. Most. 4,1,878.

[41] Vgl. Franz Fröhlich, Das Kriegswesen Caesars, Zürich 1889, S. 58. Jacques Harmand, L'armée et le soldat à Rome de 107 à 50 avant notre ère, Paris 1967, S. 157. Alfons Labisch, Frumentum Commeatusque. Die Nahrungsmittelversorgung der Heere Caesars, Meisenheim am Glan 1975, S. 103. Caes. Gall. 8,10,4 spricht von *servi*. Im *bellum Africanum* (85,2) und bei Velleius 2,82,3 werden die *pueri* bzw. *calones* allerdings neben den Sklaven genannt.

[42] Vom 26./27.4. 43 v.Chr. bis einige Zeit vor der Errichtung des Zweiten Triumvirats. Vgl. S. 79 und 93.

[43] Liv. 22,59. Wer in Kriegsgefangenschaft geriet, wurde rechtlich wie ein Verstorbener betrachtet (vgl. Dig. 49,15,18).

darüber hinaus ein Anhänger des Dictators und des als Tyrannen gestürzten und ermordeten Caesar gewesen war, bekämpfte als Gefolgsmann des Staatsfeindes Antonius erneut die *res publica*! Hätte sich Cicero eine so oder ähnlich geartete Argumentation in der politischen Auseinandersetzung mit seinem Gegner entgehen lassen, wenn ihm die Vergangenheit des Ventidius bekannt gewesen wäre?

Aus diesem Blickwinkel ist es tatsächlich überraschend, dass die Mitführung des Ventidius im Triumph des Strabo nicht an einer der Stellen der Philippischen Reden erwähnt wird, die auf Ventidius Bezug nehmen. Dies gilt besonders für die Orte, an denen Ventidius als Staatsfeind und Gegner aller Guten bezeichnet wird, hier drängt sich ein solcher Verweis meines Erachtens geradezu auf.[44] Denn im Gegensatz zu einer Verhöhnung als *mulio*, auf die Cicero hier allerdings ebenfalls verzichtet, wäre durch die Berücksichtigung seiner Vergangenheit als Gegner Roms ein politischer Bezug gegeben. Ähnliches gilt mit Einschränkungen auch für die Spottverse betreffs seines Consulats, denn es wird ein ehemaliger Feind Roms Consul. Aber: Zwingend ist ein solcher Verweis auf das Schicksal des Ventidius letztlich an keiner der genannten Stellen, trotz der kritischen und verächtlichen Grundhaltung, die hier wie dort eingenommen wird. Darüber hinaus ist nur eine sehr geringe Anzahl zeitgenössischer Stellungnahmen zu Ventidius überhaupt auf uns gekommen.[45] Aufgrund dieser beiden Einwände ist es letztlich problematisch, anhand der vorliegenden Quellen die Unkenntnis der Zeitgenossen hinsichtlich der Ereignisse in der frühen Kindheit des Ventidius beweisen zu wollen. Zweifel am Wissensstand der Zeitgenossen sind meines Erachtens dennoch angebracht.

---

44 Cic. Phil. 12,23: »Sag mir weiter Pansa, wo Ventidius steckt, dem ich immer Freund gewesen bin, bevor er offen zum Gegner des Staates und aller Guten wurde.« Ähnlich 12,20: »Auch Saxa, Cafo, die beiden Prätoren, die beiden designierten Tribunen, Bestia, Trebellius und T. Plancus werden meine Augen nicht ertragen. Ich fahre aus der Haut, wenn ich all diese unverschämten, verbrecherischen Hochverräter vor mir sehe [...].« 13,2. 13,26. 13,48: [zu Antonius] »Scher dich doch zum Teufel! Zu dir geht doch nur ein Kerl wie Ventidius!« 14,21: »Ebenso habe ich Ventidius stets als Staatsfeind betrachtet, während andere in ihm den Prätor sahen.«

45 Außer an den bereits genannten Stellen: Cic. fam 10,22(17),1. 10,31(33),4. 11,10(9),1. 11,11(10),3. 11,14(13),3. Att. 16,1,4. Ad Brut. 8(13),1. Cic. ad Pansam lib. III (3), Non. p. 92,16.

Angenommen, es gelänge diese Zweifel zu erhärten und einen solchen Beweis zu führen, welche Konsequenzen wären daraus zu ziehen? In diesem Falle wäre zum einen ein gesundes Maß an Skepsis gegenüber dem Wahrheitsgehalt der Episode angebracht, zum anderen blieben gewisse Bedenken, ob dieser Tatsache endgültige Angaben über die mögliche Historizität der Begebenheit zu entnehmen wären. Denn über den früheren Beruf eines Anhängers Caesars aus niederem Stande mag man als Angehöriger der römischen Oberschicht Bescheid wissen – besonders da er diese unter Caesar in modifizierter Form weiterhin ausübte.[46] Kenntnisse über sein Kindheitsschicksal können jedoch nicht zwangsläufig vorausgesetzt werden.[47] Ventidius selbst wird aber gewiss nicht zu ihrer Verbreitung beigetragen haben – wenn er denn darüber informiert war –, denn die römische Gesellschaft, die so viel Wert legte auf eine edle Abstammung, besser, auf die Zugehörigkeit zu der regierenden Schicht der Nobilität, die ihr Standesbewusstsein Emporkömmlingen gegenüber stets demonstrierte, lehnte die heute anerkannte und verbreitete Auffassung ab, gesellschaftliches Prestige könne man sich auch durch die Bewerkstelligung eines Aufstiegs aus sozial niedrigen Verhältnissen verschaffen.[48] Die Vorstellung, Ventidius könne anlässlich seines Consulats oder seines Triumphes selbst für die Verbreitung seiner Vergangenheit gesorgt haben, um dadurch eine noch größere Würdigung seiner Taten zu erreichen, kann sicherlich verwor-

---

[46] Vgl. Kap. III.1.
[47] Es ist darüber hinaus schwerlich vorstellbar, dass seine politischen Gegner – trotz der Stellung, die Ventidius 43 v. Chr. mit dem Consulat erlangte – in irgendeiner Form Nachforschungen über dessen Vergangenheit angestellt hätten. Was die Nobiles über ihn wussten – ein *mulio* – war abstoßend genug und weitere Einzelheiten werden die Angehörigen der Oberschicht über diesen Emporkömmling möglicherweise gar nicht interessiert haben.
[48] Vgl. Jochen Bleicken, Die Verfassung der römischen Republik. Grundlagen und Entwicklung, 7., völlig überarbeitete und erweiterte Aufl., Paderborn u.a. 1995, S. 46ff. Die Gesellschaft nahm Nachrichten über solch glückliche Fügungen des Schicksals sicher staunend und begierig zur Kenntnis, doch Anerkennung fand man bei der staatstragenden Schicht letztlich nur als einer der ihren. Selbst Cicero bekam immer wieder zu spüren, dass er ein *homo novus* war, wie der Brief des Q. Metellus Celer an ihn und der Verweis auf die *familiae nostrae dignitas* zeigt (Cic. fam. 5,1). Sallust lässt Marius in seiner fiktiven Rede (Iug. 85ff.) zwar betonen, er sei als ein *homo novus* durch seine Tüchtigkeit empor gestiegen, doch auch hier geht es um die Hervorhebung der eigenen Leistung und nicht darum, früher erlebte Erniedrigungen ans Licht zu bringen, wie es eine Kriegsgefangenschaft darstellte (vgl. Karl Büchner, Sallust, 2., verb. u. erw. Aufl., Heidelberg 1982, S. 196ff.). Nur Trimalchio (Petron. Satyrica 71,12) hatte sich folgende Inschrift auf seinem Grab gewünscht: »[…] aus kleinen Verhältnissen ist er aufgestiegen […].«

fen werden, denn Ventidius' Laufbahn folgte zwar nicht den Spielregeln der tradierten römischen Ordnung[49], es konnte ihm jedoch nicht daran gelegen sein, sein neu erworbenes Ansehen und seinen gerade vollzogenen sozialen Aufstieg durch Nachrichten über frühere Kriegsgefangenschaften beschädigen zu lassen. Allerdings: Interesse an einer solchen Herabwürdigung hätten viel mehr die Mitglieder der ehemals regierenden Nobilität gehabt, die sich 38 v. Chr. nicht nur ihrer Macht durch das Zweite Triumvirat beraubt sahen, sondern seit dem Beginn des Bürgerkrieges zusehends mit dem Aufstieg von Leuten ähnlicher Couleur wie Ventidius konfrontiert wurden und sich von diesen an den Rand gedrängt sahen.[50]

Die Antwort auf die Frage nach dem *cui bono* verlangt meines Erachtens, nochmals einen Blick auf die Überlieferung selbst zu werfen, bevor es nötig sein wird, sich mit dem Ursprung dieses Überlieferungsstranges zu befassen: Tatsächlich finden sich in unseren Quellen Hinweise auf gewisse Unsicherheiten der Chronisten hinsichtlich dieser Vorkommnisse. Plinius berichtet von einer Behauptung des Masurius Sabinus, eines Leiters einer Juristenschule in der Zeit des Tiberius[51], Ventidius sei zweimal im Triumph aufgeführt worden.[52] Diese Nachricht scheint jeder Grundlage zu entbehren, denn nirgendwo sonst gibt es Anhaltspunkte, die dies bestätigen könnten[53], sie zeigt aber, dass zu der Zeit, als die ersten, uns heute noch erhaltenen Berichte über Ventidius und den Triumph 89 v. Chr. entstanden sind, keine exakten Kenntnisse mehr über die tatsächlichen Ereignisse vorlagen und diese möglicherweise damals schon umstritten waren.[54] Dies wird untermauert durch den in der Quelle folgenden

---

[49] Vgl. Kap. III.2ff.
[50] Man denke an die von Caesar vorgenommenen Ergänzungen des Senats (vgl. Syme, RR, S. 84ff. Dahlheim, Caesar, S. 197ff.).
[51] Vgl. Artur Steinwenter, RE 2,2, s.v. Sabinus (Nr. 29), Sp. 1600–1601. Er war Leiter der nach ihm benannten Schule der Sabinianer und verfasste mehrere Schriften zum Zivilrecht.
[52] Plin. nat. 7,135.
[53] Max Rabenhorst, Der ältere Plinius als Epitomator des Verrius Flaccus. Eine Quellenanalyse des siebten Buchs der Naturgeschichte, Berlin 1907, S. 92, betrachtet das Masuriuszitat als »Interpolation in den Bericht eines älteren Sammelschriftstellers [...]«.
[54] Velleius und Valerius Maximus veröffentlichten ihre Schriften beide um das Jahr 30 n. Chr., vgl. Rudolf Helm, RE 2,15, s.v. Valerius (Nr. 239), Sp. 90–93 und Albrecht Dihle, RE 2,15, s.v. Velleius (Nr. 5), Sp. 640f. Da Masurius scheinbar noch unter Nero literarisch tätig war, ist nicht auszumachen, auf welchen Zeitpunkt sich seine Notiz zu Ventidius datieren lässt.

Satz, der verdeutlicht, dass auch über den weiteren Verlauf des Lebens des Ventidius verschiedene Meinungen vorlagen, da Cicero – so Plinius – davon zu berichten wisse, Ventidius habe als *mulio* Mehl in das Heereslager geliefert, eine Mehrzahl nicht näher bestimmter Personen – die *plurimi* – darüber hinaus der Meinung sei, er habe seine Jugend in großer Armut als gewöhnlicher Soldat durchgestanden. Ein Widerspruch scheint, auch wenn es die deutsche Übersetzung von König nahe legt[55], zwischen beiden Aussagen zwar nicht direkt zu bestehen[56], aber lückenlose Kenntnisse, und damit mehr als einzelne, verstreute Aussagen, lagen scheinbar nicht vor. Münzer hat die *plurimi* als Asinius Pollio »und die, die sich ihm anschlossen« identifiziert.[57] Plinius habe diese Angabe jedoch, ebenso wie die des Masurius und des Cicero nicht selbst eingesehen, sondern ein Geschichtswerk benutzt, das zur Zeit des Claudius verfasst wurde.[58]

Bezeichnenderweise scheint die zeitgenössische Überlieferung, auf die sich Plinius hier beruft, nämlich Cicero und – so Münzer denn richtig liegt – Pollio, wiederum nichts von einer Mitführung im Triumph zu wissen.[59] Denn Plinius will allem Anschein nach die Angabe über die Mitführung im Triumph mittels der nachfolgenden Aussagen zwar

---

[55] C. Plinius Secundus d. Ä., Naturkunde, Lat. und Dt., hrsg. und übers. v. Roderich König, in Zusammenarbeit mit Gerhard Winkler, München 1975. Plin. nat. 7,135: »Cicero mulionem castrensis furnariae fuisse, plurimi iuventam inopem in caliga militari tolerasse.« – »Cicero sagt, er sei ein Maultiertreiber gewesen, der Mehl in das Lager lieferte, die meisten aber meinen, er habe seine Jugend in großer Armut als gewöhnlicher Soldat durchgestanden.«

[56] Zu diesem scheinbaren Widerspruch vgl. die Ausführungen S. 34ff.

[57] Friedrich Münzer, Beiträge zur Quellenkritik der Naturgeschichte des Plinius, Berlin 1897, S. 401: »Wer unter diesen zu verstehen ist, lässt sich noch feststellen: Dieselbe Darstellung giebt Appian b .c. III 66; Appian schöpft in diesen Partien hauptsächlich aus Asinius Pollio [...], und dessen Name folgt im Index des Plinius unmittelbar auf den Ciceros; folglich ist unter *plurimi* Pollio gemeint und die, die sich ihm anschlossen.« Die Darstellung, die laut Münzer mit der des Plinius korrespondiert, ist App. civ. 3,66,270: »[...] Publius Ventidius, der unter Gaius Caesar gedient hatte [...].« Die Gleichsetzung beider Passagen ist meines Erachtens jedoch problematisch. Die Annahme, Pollio gehöre zu den *plurimi*, kann daher nicht als gesichert angesehen werden.

[58] Münzer, Beiträge zur Quellenkritik der Naturgeschichte des Plinius, S. 402f.

[59] Plinius bezieht sich offensichtlich nicht auf die schon oben angeführte Stelle bei Cicero ad fam. 10,21(18),3, denn einmal ist es Plancus und nicht Cicero selbst, der von Ventidius als *mulio* spricht, darüber hinaus ist an obiger Stelle auch von einer Belieferung der Heeresbäckerei durch Ventidius nicht die Rede. Vgl. auch Münzer, Beiträge zur Quellenkritik der Naturgeschichte des Plinius, S. 402.

nicht entkräften, denn was er wiedergibt ist, wie auch von Münzer bemerkt[60], schlichtweg eine Reihe von Aussagen, die er in seiner Vorlage über das Leben des Ventidius vorgefunden und lose aneinander gereiht hatte. Dennoch scheinen diese Aussagen das Entscheidende und das zu überliefern Lohnenswerteste, wenn nicht gar das Einzige zu sein, was Plinius und seine Vorlage vorfanden und damit wahrscheinlich auch das Einzige, was Cicero und den *plurimi* überhaupt bekannt war, denn Informationen über den hier strittigen Punkt – die Anzahl der Mitführungen im Triumph – scheinen sie nicht beitragen zu können. Wiederum sind also Zweifel am Kenntnisstand der Zeitzeugen angebracht, die erweitert werden durch das Wissen um Unsicherheiten der späteren Chronisten.

Den Betrachter nachdenklich stimmen muss auch der Bericht des Plutarch über die Erfolge des Ventidius gegen die Parther und seinen anschließenden Triumph, der gewisse Übereinstimmungen mit der Darstellung bei Dio aufweist, Plutarch im Gegensatz zu Dio jedoch nichts von der Mitführung des Ventidius im Triumph des Strabo weiß.[61] Beide Darlegungen weichen zwar in Details voneinander ab, weisen aber drei entscheidende Kongruenzen auf: Dies ist einmal die Erwähnung des Neids des Antonius auf seinen Feldherrn, hervorgerufen durch die Siege des Ventidius. Trotz unterschiedlicher Versionen über die schließlich erfolgte Bewilligung des Triumphes für Ventidius betonen Plutarch und Dio beide die Bedeutung dieses Triumphes für Rom und für den Triumphator, und beide Autoren kontrastieren dieses glückliche Ereignis mit einem Verweis auf anders geartete Umstände in der Vergangenheit des Ventidius – Plutarch allerdings nur in einem Nebensatz. Während Dio aber, ähnlich Plinius, die Vorführung im Triumph 89 v. Chr. anführt, erwähnt Plutarch stattdessen nur die bescheidene Herkunft des Ventidius.[62] Es berichten zwar weitere Quellen über die Siege des Ventidius gegen die Parther[63],

---

[60] Münzer, Beiträge zur Quellenkritik der Naturgeschichte des Plinius, S. 402.
[61] Plut. Ant. 34,5. Cass. Dio 49,21.
[62] Plut. Ant. 34,4–5. Cass. Dio 49,21,3.
[63] Velleius 2,78,1 spricht nur von dem Sieg des Ventidius über Labienus und die Parther unter Pacorus. Der Triumph und die Vergangenheit des Ventidius wurden schon 2,65,3 in anderem Zusammenhang erwähnt. Eutropius 7,5 hebt hervor, dass Ventidius der erste war, »der mit vollem Rechte einen Triumph über die Parther feierte«, berichtet aber nichts Näheres über ihn. Bei Orosius 6,23 findet man den Neid des Antonius angedeutet, aber nichts über den Triumph seines Feldherrn.

aber nur Plutarch und Dio weisen die genannten Übereinstimmungen auf [64] und übertreffen die anderen Zeugnisse zudem an Ausführlichkeit. Das Fehlen des von vielen Chronisten hervorgehobenen Gegensatzes Triumphator/einstiger Kriegsgefangener muss an dieser Stelle überraschen, so dass sich die Frage stellt, warum Plutarch auf die Überlieferung eines solch berichtenswerten Ereignisses aus dem Leben des Triumphators verzichtet. Die Antwort muss wahrscheinlich lauten: Entweder kannte Plutarchs Vorlage[65] den Bericht über Ventidius' Kindheit nicht, oder Plutarch zweifelte ihren Wahrheitsgehalt an und verließ sich auf ihm gesicherter erscheinende Erkenntnisse.[66]

Aufgrund dieser Erwägungen würde man die Zuverlässigkeit der nicht nur von Plinius und Plutarch, sondern auch von Velleius[67], Va-

---

[64] Vgl. Pelling, Life of Antony, S. 210: »[...] P[lutarch]. seems to show contact with Dio 48.3941 and 49.19–22, exactly as he does for A[ntony]'s own campaign.«

[65] Pelling, Life of Antony, hält es S. 210 für wahrscheinlich, dass Q. Dellius – ein Offizier des Antonius und Zeitgenosse des Ventidius – sowohl Plutarch als auch Dio als Quelle für diese Passage vorgelegen habe, ebenso wie für den Partherfeldzug des Antonius (vgl. S. 28). Vgl. auch C. B. R. Pelling, Plutarch's Method of Work in the Roman Lives, JHS 99 (1979), S. 88 und S. 85 über Asinius Pollio als wichtige Quelle für Plutarchs Behandlung der letzten Jahrzehnte der Republik. Zu Dellius vgl. Kap. V.1.2.1 und V.1.4. Zu den von Plutarch möglicherweise benutzten lateinischen Quellen und über seine Kenntnisse der lateinische Sprache: Anika Strobach, Plutarch und die Sprachen. Ein Beitrag zur Fremdsprachenproblematik in der Antike, Stuttgart 1997.

[66] Es ist allerdings nicht ganz auszuschließen, dass Plutarch kein Interesse an der Erwähnung der Episode hatte, da er möglicherweise auf eine andere Pointe hinauswollte.

[67] Ausgangspunkt für die Beschäftigung mit Velleius ist, – vgl. auch Ulrich Schmitzer, Velleius Paterculus und das Interesse an der Geschichte im Zeitalter des Tiberius, Heidelberg 2000, S. 22 – der Forschungsbericht von J. Hellegouarc'h, Etat present des travaux sur l'"Histoire Romaine' de Velleius Paterculus, in: Hildegard Temporini, Wolfgang Haase (Hg.), Aufstieg und Niedergang der Römischen Welt: Geschichte und Kultur Roms im Spiegel der neueren Forschung, 2. Principat, Bd. 32,1: Sprache und Literatur (Literatur der Julisch-Claudischen und der Flavischen Zeit), hrsg. v. Wolfgang Haase, Berlin und New York 1984, S. 404–436, bes. S. 412–417. Über die von Velleius benutzten Quellen konnte in der Forschung kein abschließendes Ergebnis erzielt werden. Nepos könne als eine wesentliche Quelle betrachtet werden. Wahrscheinlich wurden der *liber annalis* des Atticus benutzt, ein Werk *de viris illustribus*, die *disciplinarum libri* des Varro sowie Livius und Sallust. Vgl. auch Dihle, RE 2,15, s.v. Velleius (Nr. 5), Sp. 637–659.

lerius Maximus[68] und Cassius Dio[69] verwendeten Primärquellen für die Aussage, Ventidius wäre als Kind im Triumph vorgeführt worden, zu überprüfen haben, denn deren Zuverlässigkeit scheint zunächst ein entscheidender Faktor für die Zuverlässigkeit der uns vorliegenden Überlieferung zu sein. Denn trotz ihres verdächtig anmutenden, klischeehaften Charakters soll natürlich nicht davon ausgegangen werden, die genannten Autoren hätten die Begebenheit erfunden, sondern sie

[68] Michael Fleck, Untersuchungen zu den Exempla des Valerius Maximus, Marburg 1974, hat gezeigt, dass die Frage nach den Vorlagen des Valerius eine differenzierte Antwort verlangt. So habe Valerius Cicero, Livius, wahrscheinlich Varro und in einem Falle Valerius Antias eingesehen, zudem sei in verschiedenen Fällen aber auch von einer Zwischenquelle auszugehen. Schließlich gäbe es Anlass zu der Vermutung, Valerius habe Lebensbeschreibungen oder »biographieähnliche Schriftwerke« (S. 120) zur Verfügung gehabt, die – auf annalistisches Material zurückgreifend – in Rhetorenschulen zur Verwendung kamen. Vgl. G. Maslakov, Valerius Maximus and Roman Historiography. A Study of the exempla Tradition, in: Hildegard Temporini, Wolfgang Haase (Hg.), Aufstieg und Niedergang der Römischen Welt: Geschichte und Kultur Roms im Spiegel der neueren Forschung, 2. Principat, Bd. 32,1: Sprache und Literatur (Literatur der Julisch-Claudischen und der Flavischen Zeit), hrsg. v. Wolfgang Haase, Berlin und New York 1984, S. 437–496. Vgl. auch Andreas Weileder, Valerius Maximus. Spiegel kaiserlicher Selbstdarstellung, München 1998, S. 10–14.

[69] Eduard Schwartz, RE I,6, s.v. Cassius (Nr. 40), Sp. 1714, identifiziert Livius als Hauptquelle für Dios »Erzählung des caesarisch-pompeianischen Bürgerkriegs. Für die übrige Zeit ist und bleibt es unleugbar, dass die dionische Darstellung in viel höherem Masse unter dem Einfluss der livianischen steht, als irgendeine andere uns erhaltene, doch nimmt dieser Einfluss ab, je mehr sich die Erzählung von Caesars Tod entfernt [...].« Nach Bernd Manuwald, Cassius Dio und Augustus. Philologische Untersuchungen zu den Büchern 45–56 des dionischen Geschichtswerkes, Wiesbaden 1979, S. 169f., sind ihm beträchtliche Teile der Forschung darin weitgehend gefolgt – zumindest, was die Darstellung der Zeit Octavians angeht. Manuwald kommt hingegen zu dem Schluss, es wäre nicht möglich, die Benutzung einzelner Autoren wie Livius (S. 253), Cremutius Cordus (257), Aufidius Bassus (258) und Sueton (267f.) mit Sicherheit nachzuweisen (zumindest für die von ihm untersuchten Bücher 45–56). Livius sei als Quelle Dios für die Darstellung des hier interessierenden Feldzuges des Ventidius »zwar möglich, aber nicht erweisbar« (S. 223). Zur Überlieferungsgeschichte der Feldzüge des Ventidius vgl. auch Kap. V.1.3. Volker Fadinger, Die Begründung des Prinzipats. Quellenkritische und staatsrechtliche Untersuchungen zu Cassius Dio und der Parallelüberlieferung, Berlin 1969, S. 333, ist der Ansicht, dass Dio seine Angaben über den Zeitraum 43–27 v.Chr. der Autobiographie des Augustus und »Spuren eines dem Antonius freundlichen Autoren, der aller Wahrscheinlichkeit mit Asinius Pollio identisch ist« entnommen hat, wobei beide Quellen durch Livius übermittelt worden seien. Fergus Millar, A Study of Cassius Dio, Oxford 1964, schließlich schiebt die Problematik mehr oder weniger zur Seite, da Quellenforschung oft in »mere speculation« ende (S. 84, vgl. auch S. 34ff.).

werden die bereits in dieser Form vorgefundenen Berichte wegen des ihnen innewohnenden Nachrichtenwertes verwendet haben.[70] Darüber hinaus müsste man sich, so die Überlieferung – wie hier geschehen – angezweifelt wird, die Frage stellen, an welchem Punkt der Überlieferungsgeschichte eine Verfälschung der Berichte über diese Begebenheit anzunehmen wäre.

Es ist allerdings schwer auszumachen, aus welchen Vorlagen die genannten Autoren die Passage über Ventidius' Kindheit im Einzelnen entnommen haben. Die von der Forschung zu Tage geförderten Erkenntnisse über die von unseren Gewährsmännern für ihr Gesamtwerk möglicherweise benutzten Vorlagen machen jedoch deutlich, dass auch die Nachricht über Ventidius' Kindheit von einem Autor stammen kann, der zu Ventidius' Lebzeiten oder bald danach schrieb. Eine exakte Identifizierung ist gleichwohl kaum möglich.[71] Doch auch hier stellt sich wiederum das Problem, woher ein Autor dieses Wissen haben könnte, das Problem der Glaubwürdigkeit der Quellen bzw. des Berichtes wird letztlich nur verlagert. War, so wäre wiederum zu fragen, die Episode aus dem Jahre 89 v. Chr. Allgemeingut bei den *Zeitgenossen* des Ventidius? Die bei Plinius überlieferten Angaben von Cicero und möglicherweise Pollio scheinen dies eher zu verneinen, ebenso die bei Gellius überlieferten Spottverse zum Consulat 43 v. Chr. und die Passagen aus den Philippischen Reden. Das Interesse eines *Chronisten* hingegen kann diese Begebenheit frühestens mit dem Eintritt des Ventidius in den Senat 47 oder 46 v. Chr.[72] – wahrscheinlich aber erst später – erregt haben, denn vorher lag jener außerhalb des Wahrnehmungshorizonts der Nobilität und der Vertreter der Historiographie.

[70] Die Begebenheit steht bei Valerius, Iuvenal und Plinius in einem ähnlichen Kontext. Das Anliegen der Autoren ist es, dem Leser Beispiele »wechselnden Glücks« (Plin. nat. 7,134), »außergewöhnlichen Schicksals« (Iuv. 7,189f.) und von »schnellem Emporkommen« (Val. Max. 6,9,9) zu liefern. Dio berichtet über das Ereignis im Zusammenhang mit den Ehrungen für Ventidius und Antonius nach den Erfolgen des Ventidius gegen die Parther (49,21) und anlässlich des Aufstiegs des Ventidius in das Amt des Praetors (43,51,4–5). Die Errichtung des zweiten Triumvirates und die Übernahme des Consulats durch Ventidius bilden den Rahmen für den Bericht bei Velleius (2,65,3).

[71] Wer spekulieren wollte, könnte vielleicht an Asinius Pollio denken, der mit Ventidius unter Caesar und Antonius diente und damit die Möglichkeit zu Informationen aus erster Hand besaß. Pollio wurde von der Forschung als mögliche Quelle für Dio genannt, vgl. etwa Fadinger, S. 333. Plutarch, der nichts von dem Triumph 89 v. Chr. weiß, könnte dagegen in diesem Abschnitt nicht auf Pollio, sondern auf Q. Dellius zurückgegriffen haben.

[72] Vgl. Kap. III.2.

Wenn diese Begebenheit tatsächlich nicht zum allgemeinen Wissen der Zeitgenossen des Ventidius, zumindest derjenigen, die mit ihm zu tun hatten, gehörte und darauf deuten obige Erwägungen hin, dann wäre zu erklären, zu welchem Zeitpunkt die ersten Berichte über die Rolle des Ventidius im Triumph 89 v.Chr. schließlich auftauchten und wahrgenommen wurden. Nahe liegend wäre die Vorstellung, erst das von den Menschen als außergewöhnlich wahrgenommene Ereignis seines Triumphes über die Parther habe das Interesse an seiner Vergangenheit über die bereits bekannte Tatsache des ehemaligen Maultiertreibers hinaus wach werden lassen, und dass dies der Anlass war, Fragen zu stellen, nach vergessenen Berichten zu forschen und vorgefundene wieder ans Tageslicht zu bringen.

Aber: welchen Wert hätte eine solche Überlieferung, wie aussagekräftig wäre sie? Selbst wenn man als ihren Rezipienten und damit als Basis unserer Quellen einen zeitgenössischen Gewährsmann identifizieren könnte, der hohe Glaubwürdigkeit beanspruchen kann, wären Zweifel angebracht, wenn man nicht zeigen könnte, dieser habe schon vor 38 v.Chr. über die Kindheit des Ventidius Bescheid gewusst. Wir wissen nicht, wo und bei wem Ventidius aufwuchs, wer ihm von seiner Vergangenheit hätte berichten können – gab es möglicherweise überlebende Verwandte[73], denn er selbst wird keine Erinnerung an das Erlebte gehabt haben –, oder wie diese Vergangenheit anders hätte festgehalten werden können. Es scheinen in Rom keine Gefangenenlisten der Triumphzüge existiert zu haben, allerdings wurden Tafeln mit den Namen und Abbildungen der unterlegenen gegnerischen Heerführer und Befehlshaber im Triumphzug mitgeführt.[74] Es wäre immerhin denkbar, dass eine Tafel, die den Namen von Ventidius' Vater anführte, aufbewahrt und später wiederentdeckt wurde und die entsprechende Information auf diesem Wege an die Primärquelle unserer Berichte weitergegeben wurde, doch eine solche Vermutung – ohne Rückhalt in den Quellen – beinhaltet meines Erachtens zu viele Unsicherheiten, um als Beweis für die Historizität der Episode dienen zu können. Unklar bleibt ebenfalls, inwieweit Ventidius selbst über seine Vergangenheit informiert war.[75]

Welches Maß an Information kann bei den Zeugen des Triumphes

---

[73] Auch die nochmalige Hinzuziehung der Pompeiusbiographie Plutarchs (Plut. Pomp. 6,3 – vgl. S. 14f.) ist hier nicht hilfreich. Vgl. S. 20.

[74] Cass. Dio 51,21,8. Plin. nat. 33,151. App. Mithr. 117,574-576. App. civ. 2,101, 419-420.

[75] In den Triumphallisten fehlt die sonst allgemein übliche Nennung des Großvaters. Dies könnte mit mangelnden Kenntnissen des Ventidius über seine Vergangenheit erklärt werden. Wahrscheinlicher ist aber eine andere Deutung. Vgl. S. 43.

von 38 v. Chr. vorausgesetzt werden? Lagen ihnen womöglich nur bruchstückhafte Berichte vor und wurden Wissenslücken, sei es aus Unkenntnis, oder sei es aus Böswilligkeit, um den Ruf des Triumphators zu schädigen – vergleichbar mit den Spottversen anlässlich seines Consulats – mit Vermutungen aufgefüllt? Dann wäre eine Verfälschung, wenn sie hier denn tatsächlich vorliegen sollte, nicht auf das Versagen oder das bewusste Eingreifen eines Berichterstatters zurückzuführen, sondern das Ergebnis einer auf Halbwissen und Hörensagen beruhenden, sich in der Öffentlichkeit verbreitenden Ansicht, letztlich das Ergebnis eines Gerüchtes.[76]

Festzuhalten ist: Einiges deutet darauf hin, dass die viele Jahrzehnte später berichtete Mitführung des Ventidius im Triumph 89 v. Chr. seinen Zeitgenossen zumindest vor dem Jahre 38 v. Chr. nicht bekannt war. Derartige Kenntnisse können letztlich zwar nicht zwingend vorausgesetzt werden, dennoch kann dieser Mangel an Wissen als Hinweis gewertet werden, dass die Episode nicht historisch ist. Denn eine erst 38 v. Chr. (wieder-)entdeckte oder ans Tageslicht gebrachte Geschichte über die Kindheit des Ventidius könnte nur wenig Glaubwürdigkeit beanspruchen, gerade auch angesichts der in Rom geübten öffentlichen Diffamierung des politischen Gegners – wie in anderem Zusammenhang auch im nächsten Abschnitt zu sehen sein wird. Daher sollte die Frage nach der Historizität der Episode meines Erachtens in jedem Fall mit Zurückhaltung beantwortet werden. Allerdings kann anhand der auf uns gekommenen Quellen nicht bewiesen werden, dass die Zeitgenossen tatsächlich nichts von seiner Vergangenheit wussten, denn dafür sind unsere Zeugnisse nicht zahlreich und nicht eindeutig genug. Auch den Berichten der späteren Chronisten wie Plinius lassen sich keine hieb- und stichfesten Rückschlüsse über das Wissen der Zeitgenossen um die Kindheit des Ventidius entnehmen. Ein eindeutiger Nachweis,

---

[76] Vgl. Max Brink, Gerücht oder Legende. Methoden der Irreführung, Osnabrück o. J., S. 123. Die Glaubwürdigkeit einer Falschinformation hänge, so Brink, S. 123, von zwei Faktoren ab: »von der Wahrscheinlichkeit der Information selbst und von der Glaubwürdigkeit ihrer Quelle.« Selbst wenn sich die Existenz einer angesehenen *gens ventidia* in Asculum in der Zeit kurz vor dem Bundesgenossenkrieg irgendwann nachweisen lassen sollte – etwa durch epigraphische Funde –, wäre dies kein Beweis für die Mitführung des Ventidius im Triumph, wenn nicht Ventidius oder sein Vater namentlich genannt würden. Denn das Wissen der Zeitgenossen um eine solche Familie wäre vielmehr die ideale Voraussetzung für die Entstehung unbeweisbarer Vermutungen, die Ventidius nur aufgrund seiner Familienzugehörigkeit mit den besiegten Aufständischen und ihrem vermuteten oder gesicherten Schicksal im Triumph des Strabo in Verbindung bringen.

der es erlaubte, die Episode für unhistorisch zu erklären, kann daher nicht erbracht werden. Dennoch: Ernstzunehmende Zweifel an ihrer Echtheit bleiben bestehen.

3. Jugend. Ventidius' Tätigkeit bis zum Eintritt in Caesars Gefolge

Der vorangegangene Befund lässt es jedoch nicht zu, ein klares Urteil über die wirtschaftlichen Verhältnisse zu fällen, in denen Ventidius aufwuchs. Denn auch wenn der Angabe über die Vorführung des Ventidius im Triumphzug des Strabo die Glaubwürdigkeit abgesprochen wird und er infolgedessen nicht als Sohn eines Magistrates aus Asculum betrachtet werden kann, so ist daraus nicht zwangsläufig die Folgerung zu ziehen, dass er in verarmten Verhältnissen geboren und aufgewachsenen ist, obwohl dies den Angaben unserer Quellen im Widerspruch zur ebenfalls überlieferten Mitführung im Triumph implizit ist.

Denn hinsichtlich der Nachrichten über die Armut des jungen Ventidius und seine niedere Herkunft[77] gilt ebenfalls: Auch sie erinnern an einen Topos, der die erstaunliche Geschichte seines Aufstieges noch schillernder erscheinen lassen soll. Daher sind auch diese Berichte mit Vorsicht zu genießen, umso mehr, da die Jugend des Ventidius und sein Leben hinab bis ins Jahr 43 v. Chr. sehr schlecht dokumentiert sind und die wenigen Angaben, die uns für diesen Zeitraum vorliegen, darüber hinaus in Teilen widersprüchlich erscheinen. Es soll deshalb der Versuch unternommen werden, die Glaubwürdigkeit der biographischen Einzelteile zunächst bis zum Eintritt des Ventidius in Caesars Dienste zu beurteilen und zu einem sinnvollen Bild zusammenzufügen. Die Frage, wie sich die Transformation des zunächst im Transportgeschäft tätigen Ventidius in einen ausgewiesenen militärischen Fachmann und Strategen vollzogen haben könnte, wird im Kapitel III.1 behandelt werden.

Gellius berichtet, Ventidius habe, nachdem er herangewachsen war, seinen Lebensunterhalt auf kümmerliche Weise verdienen müssen, indem er vom Staat gepachtete Maultiere und Wagen[78] für die in die Pro-

---

[77] Gell. 15,4,3. Plin. nat. 7,135. Plut. Ant. 34,5.
[78] Antike Autoren über Maultiere: Varro rust. 28,1. 6. Plin. nat. 8,171–4. Zur Bedeutung der Maultiere in der römischen Welt, vgl. Jocelyn M. C. Toynbee, Tierwelt der Antike, Mainz 1983, S. 172–180. Marion Giebel, Tiere in der Antike: von Fabelwesen, Opfertieren und treuen Begleitern, Darmstadt 2003, S. 159ff.

vinzen abreisenden Beamten ausrüstete und bereitstellte.[79] Bei dieser Tätigkeit habe er die Bekanntschaft Caesars gemacht, der ihn daraufhin nach Gallien mitgenommen habe. Die sorgfältige, pünktliche und unermüdlich tatkräftige Ausführung aller ihm von Caesar aufgetragenen Dienste und Befehle in Gallien und im Bürgerkrieg habe ihm nicht nur die Freundschaft des Proconsuls und Dictators eingebracht, sondern ihm auch die Aufnahme in den Senat ermöglicht.[80]

Aus dem schon behandelten Abschnitt der Naturgeschichte des Plinius ist uns dagegen bekannt, dass Ventidius, nach Auskunft Ciceros, als *mulio* die Feldbäckerei belieferte, er aber nach Meinung einer Reihe von anderen Gewährsmännern, den *plurimi*, in seiner Jugend und in großer Armut als einfacher Soldat gedient habe.[81] Appian schließlich bemerkt kurz und bündig, er habe »*unter Gaius Caesar gedient*«.[82] Am Ende des genannten Zeitraumes, im Jahre 43 v. Chr., aber begegnet uns Ventidius nicht nur als *consul suffectus*, sondern als militärisch kompetenter und erfolgreicher Feldherr, der für seine Leistungen auf diesem Gebiet von seinem neuen Gefolgsherrn Antonius mit dieser Ehrenstellung belohnt worden ist.

Zwischen den Nachrichten, die von Ventidius als Pächter von Maultieren und als Lieferant der Heeresbäckerei sprechen und der Meinung, die laut Plinius von den *plurimi* vertreten wird, besteht offensichtlich ein Widerspruch, wenn man annimmt, die Aussage letzterer beziehe sich ebenfalls auf die Zeit, in der Ventidius als Gefolgsmann Caesars gedient habe. Denn es ist nicht nachvollziehbar, dass Caesar einen Fachmann aus dem Transportwesen mit nach Gallien nimmt, um ihn dann als einfachen Soldaten in seine Legionen einzureihen. Die Kompetenzen, die Ventidius in diesem Bereich besaß, und der Wunsch Caesars, diese für sich nutzbar zu machen, werden letztlich der Grund für das Angebot des Proconsuls gewesen sein, ihn zu begleiten. Das Vertrauensverhältnis, das zwischen Ventidius und Caesar bestanden haben soll[83], das strategische Geschick, das Ventidius in den Jahren nach Caesars Tod an den Tag legen sollte, sein hoher Bekanntheitsgrad und seine Autorität bei den in Campanien angesiedelten caesarischen Veteranen – beides Vorraussetzungen, die es ihm in den Jahren 44–43 v. Chr. ermöglichen sollten, aus ihren Reihen Soldaten zur Aufstellung zweier

---

[79] Gell. 15,4,3.
[80] Gell. 15,4,3.
[81] Plin. nat. 7,135.
[82] App. civ. 3,66,270.
[83] Gell. 15,4,3. Zu den militärische Erfolgen des Ventidius, vgl. Kap. V.1.

Legionen anzuwerben – zeigen, dass Ventidius irgendwann in den Führungszirkel um Caesar eingetreten sein und militärische Aufgaben übernommen haben muss, in welcher konkreten Form auch immer.[84] Als einfachem Soldat wäre ihm dies mit Sicherheit nicht möglich gewesen. Auch Vermutungen, Ventidius habe als Zenturio unter Caesar gedient[85], sind abzulehnen, da sie zum einen in den Quellen keinen Rückhalt finden[86], zum anderen ebenfalls nicht mit der vormaligen Tätigkeit eines Transportfachmannes vereinbar sind. Zwar gehörten die Zenturionen zu den wichtigsten Stützen Caesars in seiner Armee, der *primus pilus* nahm am Kriegsrat teil[87] und es ist durchaus möglich, dass gerade dieser zusätzlich zu seinen taktischen Fähigkeiten auch strategische Kenntnisse besaß, die ihn befähigt hätten, später eine oder mehrere Legionen selbst zu befehligen[88], aber um eine Tätigkeit des Ventidius als Zenturio glaubhaft zu machen, müsste man nicht nur die Angabe des Gellius über das Gewerbe des Ventidius und die Spottverse anlässlich seines Consulats, sondern auch das bei Plinius überlieferte Zeugnis Ciceros und Plancus' Bemerkung in seinem Brief an den Redner beiseite schieben und als unhistorisch abtun.[89] Die diesbezügliche Überlieferung ist meines Erachtens fundiert genug, da sie auf zeitgenössische Aussagen zurückgeführt werden kann und dem Transportwesen in Caesars Armee eine große Bedeutung zukam.[90]

Münzer glaubt offenbar, die Nachricht der *plurimi* beziehe sich auf die Zeit, die Ventidius unter Caesar diente, wenn er Plinius' Notiz mit

---

[84] Zur Anwerbung der Veteranen vgl. Kap. IV.1.1.
[85] So etwa bei Helga Botermann, Die Soldaten und die römische Politik in der Zeit von Caesars Tod bis zur Begründung des Zweiten Triumvirats, München 1968, S. 163 und S. 196. Jürgen Malitz (Hg.) im Kommentar zu Nikolaos von Damaskus, Leben des Kaisers Augustus, Darmstadt 2006², S. 193, Anm. 444.
[86] Saxa und Cafo werden Cic. Phil. 11,37 im Zusammenhang mit Werbungen unter den Veteranen genannt. Ronald Syme, Who was Decidius Saxa, RP 1 [= JRS 27 (1937), S. 127 – 137], S. 39f., nimmt wohl zu Recht an, die von Cicero Phil. 8,26, Phil. 11,12 genannten Saxa und Cafo wären Zenturionen gewesen. Die Zenturionen wurden nach Tapferkeit und Tüchtigkeit aus den Soldaten ausgewählt. Gleiche Kriterien und die Erfahrung einer langen Dienstzeit galten auch für die Beförderung innerhalb der insgesamt 60 Stellen. Vgl. Pol. 6,24. Liv. 42,32ff. Johannes Kromayer, Georg Veith, Heerwesen und Kriegführung der Griechen und Römer, unveränderter Nachdruck der 1928 ersch. ersten Aufl., München 1963, S. 320ff. und 400f.
[87] Pol. 6,24,2.
[88] Vgl. Syme, Who was Decidius Saxa, S. 32: «[...] in the early Principate the higher centurionate provides an avenue to the *equestris militia*.»
[89] Gell. 15,4. Plin. nat. 7,135. Cic. fam. 10,21(18),3.
[90] Vgl. Kap. III.1.

der des Appian gleichsetzt.⁹¹ Plinius scheint in genanntem Abschnitt aber, wie oben dargelegt⁹², nur verschiedene vorgefundene Meinungen über das Leben des Ventidius zu referieren; die Angabe Ciceros soll durch die der *plurimi* nicht entkräftet werden. Appian spricht zwar davon, Ventidius habe im Heer Caesars gedient oder mitgekämpft, es ist jedoch nicht die Rede davon, dass er dies als einfacher Soldat getan habe. Die Bemerkung Appians kann daher nicht zur Untermauerung der These genutzt werden, Ventidius habe unter Caesar als Legionär gedient; darüber hinaus besteht die Möglichkeit, die Angaben der anderen Quellen über die im Dienste Caesars wahrgenommenen Aufgaben zu bestätigen, wie noch zu sehen sein wird.

Die Nachricht der *plurimi* wiederum ergibt nur für sich alleine genommen einen Sinn: Vermutlich war Ventidius in seiner Heimat Picenum, nahe dem zerstörten Asculum, d. h. auf dem Land groß geworden. Wäre er dort tatsächlich in großer Armut aufgewachsen, würde man ihn zu einem Vertreter der untersten Vermögensklassen zählen müssen, wahrscheinlich sogar zu den *capite censi*⁹³, den Besitzlosen. Er hätte daher zu den Vertretern der *plebs rustica* gehört, die seit den Veränderungen im römischen Rekrutierungssystem am Ende des zweiten vorchristlichen Jahrhunderts zu den von den Werbern sehr begehrten freiwilligen Anwärtern für den Dienst in den Legionen gehörten – im Gegensatz zum klassischen Wehrpflichtigen der vorangegangenen Jahrhunderte, der seine Ausrüstung noch selbst zu finanzieren hatte.⁹⁴ Der Eintritt in die Armeen Roms – üblicherweise geschah dies wohl im Alter von 17 Jahren⁹⁵ – hätte Ventidius, anderen Besitzlosen gleich, die Möglichkeit gegeben, durch die Beteiligung an verschiedenen Feldzügen und die bei der Entlassung üblicherweise ausgezahlte Abfindung, seiner misslichen Lage zu entkommen und sein Leben auf eine wirt-

---

⁹¹ Münzer, Beiträge zur Quellenkritik der Naturgeschichte des Plinius, S. 401f.
⁹² Vgl. Kap. II.2.
⁹³ Zu dem Begriff vgl. Gell. 16,10,10.
⁹⁴ Peter A. Brunt, Die Beziehungen zwischen dem Heer und dem Land im Zeitalter der römischen Revolution, in: Helmut Schneider (Hg.), Zur Sozial und Wirtschaftsgeschichte der späten römischen Republik, Darmstadt 1976, S. 138ff. Zur Kritik an dem Bild von Marius als Reformer vgl. Heribert Aigner, Gedanken zur sog. Heeresreform des Marius, in: F. Hampl, Weiler (Hg.), Kritische und vergleichende Studien zur Alten Geschichte und Universalgeschichte, Innsbruck 1974.
⁹⁵ Gell. 10,28. Der von Plinius verwendete Begriff *iuventa* für die Zeit des Wehrdienstes von Ventidius kann sich prinzipiell auf das Lebensalter zwischen dem 17. und 46. Geburtstag beziehen.

schaftlich gesicherte Basis zu stellen.[96] Bis hier wäre dies ein Lebenslauf, der für einen Angehörigen der unteren Schichten zu dieser Zeit alles andere als außergewöhnlich gewesen wäre.

Diese Skizze könnte in Bezug auf das Leben des Ventidius jedoch kaum Plausibilität beanspruchen: Es ist aus dieser Zeit kein Fall bekannt, in dem es einem Vertreter der *capite censi*, einem Besitzlosen, gelungen wäre, in die höchsten Ämter des Staates vorzudringen! Alle anderen *homines novi*, die sich in dieser Periode anschickten, die Karriereleiter zu erklimmen, stammten aus sicheren oder sehr guten finanziellen und wirtschaftlichen Verhältnissen – zumindest nach den allerdings auch hier knappen Informationen in den Quellen zu urteilen.[97] Interessant ist ein vergleichender Blick auf das Leben des P. Vatinius: Auch er war ein von Caesar geförderter Aufsteiger, gleich Ventidius aus Italien stammend, der für sein langjähriges politisches und militärisches Engagement für die Interessen seines Patrons von Caesar im Jahre 47 v. Chr. mit dem Amt des Consuls belohnt worden war.[98] Besonders durch seine Tätigkeit als Volkstribun während Caesars erstem Consulat hatte er sich die Vertreter der Senatsherrschaft zu Gegnern gemacht. Cicero ließ anlässlich seiner sog. *Befragung des Zeugen Vatinius* seinem Zorn auf den Caesarianer freien Lauf und sparte nicht mit den in der politischen Auseinandersetzung üblichen persönlichen Angriffen, die auch gegen Vatinius' Herkunft gerichtet waren:[99] Gleichwohl Cicero einerseits von einer im Dunklen und Ungewissen liegenden Vergangenheit des Vatinius spricht, weiß er andererseits von seiner vormaligen »Bettelarmut« und seiner niederen Herkunft zu berichten – beide Faktoren scheinen sich in der Logik des Redners gegenseitig zu be-

---

[96] Die sechzehnjährige Dienstpflicht für Infanteriesoldaten wurde erst im Jahre 13 v. Chr. unter Augustus gesetzlich festgelegt (Cass. Dio 54,25,5–6), und im ersten vorchristlichen Jahrhundert war es noch möglich, dass Soldaten bereits nach wenigen Jahren entlassen wurden. Vgl. Brunt, Die Beziehungen zwischen dem Heer und dem Land im Zeitalter der römischen Revolution, S. 142f. Cic. prov. 5. Pis. 47. 57. 91f. Neben Prämien, Belohnungen und der Möglichkeit zu Plünderungen, war die Abfindung mit einem Stück Land die für Soldaten attraktivste Form der Entlohnung und wurde dementsprechend im ersten vorchristlichen Jahrhundert immer wichtiger. Vgl. Elisabeth Erdmann, Die Rolle des Heeres in der Zeit von Marius bis Caesar. Militärische und politische Probleme einer Berufsarmee, Neustadt/Aisch 1972, S. 19f. S. 102.

[97] Vgl. S. 60ff.

[98] Cic. nat. 2,6. T. Robert S. Broughton, The Magistrates of the Roman Republic, Vol. 2: 99 B. C. – 31 B. C., New York 1952 (Broughton, MRR), S. 286.

[99] Manfred Fuhrmann, Cicero und die römische Republik. Eine Biographie, München und Zürich 1989, S. 143f.

dingen – und bezichtigt ihn einer schändlichen Lebensweise.[100] Es ist offensichtlich, dass die Vorwürfe Ciceros im Kontext der Rede und der Umstände unter denen sie gehalten wurde maßlos übertrieben sind[101], obwohl uns kaum aussagekräftige Einzelheiten über die Herkunft des Vatinius und die wirtschaftlichen Verhältnisse seiner Familie bekannt sind. Denn auch hier dürfte der Grundsatz gelten, den man bei der Beurteilung eines Aufsteigers dieser Epoche zu berücksichtigen hat: Als Angehöriger der untersten Vermögensklasse, als Besitzloser, hätte Vatinius kaum jemals die Möglichkeit gehabt, überhaupt die Bekanntschaft mit den maßgeblichen Kreisen der römischen Gesellschaft zu machen und durch politische oder familiäre Verbindungen in diese aufgenommen zu werden, was die Voraussetzung für eine politische Karriere war.[102] Zudem berichtet Cicero an einer anderen Stelle, dass bereits ein Vorfahre des Vatinius vom Senat mit einem Grundstück und der Befreiung vom Kriegsdienst beschenkt wurde, nachdem er dem Gremium von einer von ihm beobachteten Erscheinung über den römischen Sieg in Pydna 168 v. Chr. berichtet hatte.[103] Auch dies lässt die angebliche Bettelarmut seines Nachfahren unwahrscheinlich erscheinen.

Aus dieser Perspektive ist es in der Tat wahrscheinlich, dass die Überlieferung hinsichtlich der Mittellosigkeit des jungen Ventidius ebenfalls nur ein Klischee und Zerrbild darstellt.

Möglicherweise gelingt es, die gesellschaftliche Stellung des Ventidius und seiner Familie durch die folgenden Überlegungen näher zu bestimmen: Die Tätigkeit, die Ventidius bis zu seiner Begegnung mit Caesar ausübte, die Lieferung von Maultieren und Wagen für die in die Provinzen abgehenden Magistrate, die er dafür von Staats wegen übernommen hatte, war die eines *publicanus*.[104] Neben der bekanntesten und berüchtigtsten Aufgabe, die die *publicani* innehatten, der Ein-

---

[100] Cic. Vatin. 1. 11. 23. Vgl. Vell. 2,69,3.
[101] Vgl. L. G. Pocock, A Commentary on Cicero In Vatinium, Amsterdam 1967, S. 37ff.
[102] Vatinius war mit Antonia, der Tochter des M. Antonius Creticus verheiratet (Schol. Bob. 27. 29).
[103] Cic. nat. 2,6. 3,11. 3,13. Val. Max. 1,8,1. Die Belohnung erhielt er allerdings erst nach der Bestätigung seines Berichts durch den zurückgekehrten Aemilius Paulus.
[104] Vgl. Georg Ürögdi, RE Suppl. 11, s. v. publicani, Sp. 1184–1208. Ventidius als Beispiel für einen *publicanus*, vgl. Sp. 1199. Zur Definition: Dig. 39,4,1,1. Theodor Mommsen, Römisches Staatsrecht, Bd. 2,1, unveränderter fotomechanischer Nachdruck der dritten Aufl., Leipzig 1887, Darmstadt 1963, S. 439ff. Syme, Sabinus the Muleteer, S. 396. Vgl. die bekannte Passage bei Pol. 6,17,3.

ziehung von Steuern und Abgaben, gab es zahlreiche andere Funktionen, die sie für den Staat pachtweise übernahmen, wie den Neubau oder die Instandhaltung öffentlicher Anlagen und Bauten, die Pflege staatlichen Besitzes, oder die Übernahme kleinerer staatlicher Obliegenheiten, wie etwa die Lieferung der *equi curules*, der Pferde für die Prozessionen bei den circensischen Spielen.[105] Auch die Lieferung von Ausrüstung und Proviant an das Heer gehörte zu den Aufgabenbereichen der *publicani*, die sich hierfür – aufgrund des notwendigen hohen Kapitaleinsatzes – zu Pachtgesellschaften zusammengeschlossen hatten.[106] Die Einziehung der Steuern wurde ebenfalls von großen Gesellschaften, den *societates publicorum* betrieben.[107]

Eine Einschätzung der Größe des von Ventidius betriebenen Gewerbes und des dafür erforderlichen wirtschaftlichen Potentials seines Besitzers scheint jedoch sehr schwierig, wenn nicht gar unmöglich zu sein: Das Gefolge, das den in eine Provinz abreisenden Feldherrn begleitete, die *cohors amicorum praetoria*, bestehend aus offiziellen Begleitern und persönlichen Freunden, darf zwar als zahlreich angesehen werden. Mommsen nimmt an, die bei Appian überlieferte Angabe von 500 Personen als Begleiter des Scipio Aemilianus[108] sei in der folgenden Zeit bis zum Zweiten Triumvirat eine feststehende Zahl gewesen.[109] Jedoch: Zum einen sind den Quellen weder Hinweise auf die zahlenmäßige Ausstattung der *cohors* mit Tieren und Wagen zu entnehmen, noch ist es möglich, exakte Angaben zu ihren Anschaffungskosten zu machen, die vom Pächter zunächst aufzuwenden gewesen wären und die somit gewisse Rückschlüsse auf sein finanzielles Potential zugelassen hätten.[110]

---

[105] Cic. Verr. 2,1,130. Liv. 24,18,10.
[106] Liv. 23,48,11–12. 23,49,1–4. 27,10,13. 34,6,13. 44,16,4. Ernst Badian, Zöllner und Sünder: Unternehmer im Dienst der römischen Republik, Darmstadt 1997, S. 19. Badian hebt S. 9ff. die enorme Bedeutung der *publicani* auf diesem Gebiet hervor. Paul Erdkamp, Corn Supply of the Roman Armies during the third and second Centuries B.C., Historia 44 (1995), S. 189ff., urteilt zurückhaltender.
[107] Cic. fam. 13,9. Vgl. dazu mit weiteren Belegen, Ürögdi, RE Suppl. 11, s. v. publicani, Sp. 1203–1208.
[108] App. Ib. 84,365.
[109] Theodor Mommsen, Die Gardetruppen der römischen Republik und der Kaiserzeit, Hermes 14 (1879), S. 29.
[110] In Pompeji wurde im Jahre 15 n. Chr. ein Maultier für 520 HS verkauft (CIL IV 3340), ein Preis, den Marcus Prell, Sozialökonomische Untersuchungen zur Armut im antiken Rom von den Gracchen bis Kaiser Diokletian, Stuttgart 1997, S. 184, als recht hoch ansieht. Maultiere sind aufgrund ihrer Bedeutung für das Transportwesen und der Tatsache, dass sie gezüchtet werden mussten, als recht wertvolle Tiere anzusehen. Vgl. Giebel, S. 160. Nach Plaut. Aul. 3,5,494 waren sie teurer als ein

Zum anderen wissen wir nicht, wen Ventidius üblicherweise zu seinem Kundenkreis gezählt hatte, die höchsten Staatsbeamten, oder eher die niederen Magistrate oder Militärtribunen wie etwa Marcus Cato, der bei seinem Aufbruch nach Makedonien von lediglich 21 Personen begleitet wurde.[111] Darüber hinaus konnten auch kleinere Aufträge von mehreren Personen gemeinsam übernommen werden, so dass sich der erforderliche finanzielle Einsatz des Einzelnen verringert hätte.[112] Wie dem auch sei: das Maultiergewerbe des Ventidius dürfte, um die beschriebene Aufgabe erfüllen zu können, in jedem Fall einen Umfang erreicht haben, der ein gewisses wirtschaftliches Potential seines Betreibers voraussetzte.[113] Ventidius *kann* somit zum Zeitpunkt der Begegnung mit Caesar bereits den *census* eines *equites* erfüllt haben, zwingend ist dies jedoch nicht.[114] Darüber hinaus hätte ersteres ihn zwar in die Nähe des *ordo equester* gerückt, ihm jedoch nicht automatisch eine offizielle Aufnahme in die 18 Reitercenturien beschert.[115] Ein *publicanus* musste zur Ausübung seiner Tätigkeit nicht zwangsläufig dem Ritterstand angehören.[116]

Pferd, für das bei Varro l. l. 8,71 1000 Asse veranschlagt werden. Plut. Cato maior 18,2: Cato legte den Höchstpreis für Wagen auf 1500 Drachmen fest.

[111] Plut. Cato minor 9: Cato wurde von fünfzehn Sklaven, zwei Freigelassenen und vier Freunden begleitet, die zwar zu Pferde ritten, deren Gepäck jedoch vermutlich von Maultieren transportiert wurde. Ventidius hat zwar, so Gell. 15,4,3, durch sein Gewerbe die Bekanntschaft mit Caesar gemacht, das ist jedoch kein Beweis, dass Ventidius üblicherweise Proconsuln zu seinen Kunden zählte.

[112] Badian, Zöllner und Sünder, S. 86. Für die Beteiligung des Ventidius an einer solchen kleinen *societas* gibt es allerdings keinen Hinweis in den Quellen.

[113] Vgl. Peter A. Brunt, Die Equites in der späten Republik, in: Helmut Schneider (Hg,), Zur Sozial und Wirtschaftsgeschichte der späten römischen Republik, Darmstadt 1976, S. 186.

[114] Ein spekulatives Rechenspiel für ein Gefolge von etwa 500 Mann: Rechnet man mit 80 Wagen à 1500 Drachmen/Denare für jeweils sechs Personen und 160 Maultieren à 500 HS als Zugtiere, käme man auf einen Anschaffungspreis von 560000 Sesterzen. Bei 500 Maultieren à 300 HS und 25 Wagen (denn gerade die Sklaven, die vermutlich die Mehrzahl darstellten – vgl. Anm. 111 -, mussten mit Sicherheit zu Fuß gehen), käme man auf 300000 Sesterzen. Ronald Syme, Caesar, the Senate, and Italy, RP 1 [= Papers of the British School in Rome 14 (1938), S. 1-31], S. 108, betrachtet Ventidius – bezogen auf seine Zeit in Gallien – als dem Ritterstand zugehörig.

[115] Barbara Kühnert, Zur sozialen Mobilität in der späten römischen Republik: *plebs* und *ordo equester*, Klio 72 (1990), S. 146.

[116] J. Hellegouarc'h, Le Vocabulaire Latin des Relations et des Partis Politiques sous la Republique, Paris 1963, S. 470. Claude Nicolet, L' Ordre équestre à l'époque républicaine (312-43 av. J.-C.), Bd. 1, Definitions juridiques et structures sociales, Paris 1966, S. 325f. Vgl. auch Jochen Bleicken, Cicero und die Ritter, Göttingen 1995, S. 14 und S. 95ff.

Wie auch immer man die Finanzkraft des Gewerbes des Ventidius beurteilen mag, meines Erachtens sind zwei Punkte entscheidend. Erstens: Ventidius entstammte sehr wahrscheinlich wirtschaftlich gesicherten Verhältnissen, dem steht letztlich nur das Zeugnis der *plurimi* über seine Dienstzeit als einfacher Soldat in den Legionen entgegen. Denn der Militärdienst war, wie erwähnt, für diejenigen am attraktivsten, die ihrer wirtschaftlichen Notlage entkommen wollten[117], ein Mitglied einer gewerbetreibenden Familie mit einem soliden Einkommen hingegen wäre diesen Schritt wohl kaum gegangen. Es ist zudem äußerst zweifelhaft, ob eine Abfindung nach dem Dienst in der Armee als Startkapital für den Aufbau des beschriebenen Unternehmens ausgereicht hätte, oder ob es dazu nicht doch einer finanziellen Grundlage seitens seiner Familie bedurft hätte, die dann höher als jene einzuschätzen wäre.

Die Verlässlichkeit dieser knappen, von Plinius wiedergegebenen Notiz muss jedoch nicht nur wegen des Fehlens jeglicher Parallelen für den Aufstieg eines Besitzlosen angezweifelt werden, sondern auch aufgrund ihrer Kürze und der in ihr offenbar werdenden Unsicherheit der Überlieferung.[118] Selbst wenn Münzer mit seiner Vermutung richtig liegen sollte und hinter den *plurimi* eine Autorität wie Asinius Pollio stünde, so gilt zu bedenken, dass Pollio aufgrund einer Auseinandersetzung, die er mit Ventidius um den Oberbefehl der Truppen vor Perusia im Winter 41/40 v. Chr. geführt hatte, ihm gegenüber möglicherweise nicht unvoreingenommen war.[119] Die Möglichkeit eines Aufstiegs aus ärmlichen Verhältnissen auf die von den *plurimi* beschriebene Weise ist letztlich vielleicht nicht hundertprozentig auszuschließen; wahrscheinlich ist dies jedoch nicht.

Zweitens: Die angesehenen *publicani*, die zu den führenden Mitgliedern des Ritterstandes gezählt wurden und die damit der gleichen gesellschaftlichen Schicht zugehörig waren wie die Senatoren, waren meist Teilhaber einer der großen, im gesamten Mittelmeerraum tätigen Pachtgesellschaften. Der Eintritt in den Senat und die niederen Magistraturen hatte auch ihnen durchaus offen gestanden, auch wenn die Mehrzahl von ihnen keine politischen Ambitionen hatte und das Con-

---

[117] Vgl. Werner Dahlheim, Die Antike, Griechenland und Rom von den Anfängen bis zur Expansion des Islam, 6. Aufl. (unveränd. Neudruck der 4., erw. und überarb. Aufl. 1995), Paderborn 2002, S. 443ff.
[118] Vgl. S. 25f.
[119] Vgl. S. 103.

sulat normalerweise für sie nicht erreichbar war.[120] Obwohl die Angaben des Gellius, auf die man gezwungen ist zurückzugreifen, äußerst spärlich sind, geht aus ihnen klar hervor, dass Ventidius diesem Personenkreis nicht angehört hatte, zu dem solche Männer wie Cn. Plancius, C. Curtius – *princeps ordinis equestris, fortissimus et maximus publicanus* – oder C. Rabirius Postumus zu zählen sind.[121] Auch diejenigen unter den *publicani*, die eine politische Karriere eingeschlagen hatten, waren zumeist Teilhaber von Steuerpachtgesellschaften gewesen, wie etwa M. Terentius Varro Gibba, T. Aufidius, der als Propraetor in Asien amtierte, und der Consul von 132 v. Chr. P. Rupilius.[122] Mir erscheint weder das Tätigkeitsfeld des Ventidius – in dieser Hinsicht sind die Aussagen der Quelle eindeutig – noch die Größe seines Gewerbes – trotz der Schwierigkeit dies einzuschätzen – geeignet gewesen zu sein, ihn in die Reihen der genannten Männer vorstoßen zu lassen und ihm die gleiche gesellschaftliche Akzeptanz zu verschaffen.[123] Man wird ihn daher, ungeachtet seiner in einem gewissen Rahmen vorhandenen finanziellen Möglichkeiten als *publicanus* der zweiten Reihe charakterisieren dürfen, dem der Zugang zur eigentlichen Oberschicht der Senatoren und führenden Ritter versperrt gewesen war und der sich vermutlich erst seinen Nachkommen eröffnet hätte. Voraussetzung dafür wäre die Investition des in jahrelanger Geschäftstätigkeit erwirtschafteten Vermögens in Grund und Boden gewesen.[124] Für eine niedere Herkunft dürfte auch der im Vergleich mit den anderen *homines novi* unter den Consuln der Caesarianer verspätete Beginn seiner politischen Karriere während des Bürgerkrieges sprechen, da eine solche Laufbahn, im Gegensatz zu den führenden *publicani*, in politisch stabileren Zeiten mangels politischer Verbindungen und gesellschaftlicher Akzeptanz außerhalb der Möglichkeiten eines Mannes wie Ventidius gelegen hätte.[125]

[120] Badian, Zöllner und Sünder, S. 129f. und S. 57ff. zu den im Regelfall wenig ausgeprägten politischen Ambitionen der *publicani*.
[121] Cic. Rab. Post. 3: »C. Curtius, der erste Mann im Ritterstande, ein tüchtiger und vermögender Steuerpächter.« Rab. Post. 4. Planc. 23f. 32. 35.
[122] Cic. fam. 13,10,2. Val. Max. 6,9,7. 6,9,8.
[123] Das öffentliche Ansehen eines Berufes der mit Maultieren zu tun hatte, war sicherlich nicht sehr hoch. Vgl. S. 21f. und die bekannte Stelle bei Cic. off. 1,150.
[124] Vgl. Badian, Zöllner und Sünder, S. 60f.: »Die Familien der niedrigeren [...] *publicani* müssen wie die der Kaufleute oft auf diese Weise [Rückzug vom Geschäftsleben und die Investition ihres Vermögens in Landbesitz] den Zutritt zur Oberschicht erreicht haben, auch wenn er lang und mühsam war.« Vgl. auch Bleicken, Cicero und die Ritter, S. 26.
[125] Vgl. Kap. III.2.

Die Verzerrungen der Quellen hinsichtlich der Armut des jungen Ventidius können möglicherweise auch auf die mangelnden Kenntnisse zurückgeführt werden, die ihre Autoren über Ventidius besaßen und die demzufolge ihre Unkenntnis mit klischeehaften Details ausschmückten, die ihnen passend erschienen. Zum größeren Teil – eine exaktere Benennung erscheint mir nicht möglich – spiegeln sie jedoch sicherlich die Reaktionen der Führungsschicht wider, die über den als nicht standesgemäß erachteten Einzug des Ventidius in den Senat in den Jahren 47/46 v. Chr. bzw. in das Consulat 43 v. Chr. empört waren und ihrer Verachtung Ausdruck verliehen, die sie gegenüber dem Emporkömmling empfanden. Es gilt hierbei zwar die besondere Situation zu dieser Zeit zu beachten, als sich die Vertreter der Senatsherrschaft mit einer ganzen Reihe von Emporkömmlingen konfrontiert sahen, die sie gerade auch aufgrund ihres massenhaften Auftretens als Bedrohung des gesamten politischen Systems betrachten mussten. Das Beispiel des Vatinius zeigt jedoch, in welchem Ausmaße auch vor der Zeit des Bürgerkrieges die Verunglimpfung des politischen Gegners praktiziert wurde.

Dennoch können bei aller Kritik die Angaben der Quellen im Falle des Ventidius nicht gänzlich beiseite geschoben werden – wie bereits zu sehen war. Den klischeehaften Berichten über seine angeblich in Armut verbrachte Jugend dürfte die – korrekte – Beobachtung der Zeitgenossen und anderer Betrachter zugrunde liegen, dass Ventidius nicht zu den Reihen der führenden *publicani* gehört hatte, die gewöhnlich Teilhaber einer großen *societas* waren, sondern dass er weniger angesehenen und einflussreichen Kreisen der Staatspächter zugehörig gewesen war. Die daraus folgende Interpretation der Bemerkung des Gellius, Ventidius stamme aus niedrigem Stand, bleibt trotz der notwendigen Kritik so eng wie möglich an der Quelle, ohne das Armutsmotiv bemühen zu müssen: Ventidius oder seine Familie hatten – obwohl nicht mittellos – ursprünglich keinem der beiden zur Oberschicht zählenden *ordines* angehört, denn einen maßgeblichen Anteil zum Aufbau des finanziellen Potentials seines Unternehmens kann Ventidius trotz familiärer Vorleistungen selbst erarbeitet haben.[126] Zudem verschweigen die Triumphallisten den Namen seines Großvaters – möglicherweise sollte damit die Herkunft der Familie verschleiert werden. Damit entstammte

---

[126] Nach dem klassischen Modell der drei »Stände« der römischen Gesellschaft. Gell. 15,4,3. Vgl. Alföldy, Römische Sozialgeschichte, S. 50: Viele Unternehmer waren »sehr niedriger Herkunft«. Vgl. Timothy P. Wiseman, New men in the Roman Senate: 139 B.C. – A.D. 14, London 1971, S. 82, S. 84, S. 88.

Ventidius der *plebs*; wenn man so will, einer gewerbetreibenden oberen Schicht der *plebs*.[127]

Aus den vorangegangenen Ausführungen wird deutlich, dass Ventidius – so die plausibelste Lösung – in gesicherten wirtschaftlichen Verhältnissen aufgewachsen sein muss, als Angehöriger einer Unternehmerfamilie, deren Mitglieder jedoch weder dem *ordo equester* noch den Honoratioren und Anführern des Aufstandes in Asculum angehört hatten. Die Nachrichten über eine in tiefster Armut verbrachte Jugend sind somit als unglaubwürdig einzustufen. Das Urteil über die Berichte über die Mitführung des Ventidius im Triumphzug des Strabo kann zwar nicht ganz so eindeutig ausfallen. Dennoch überwiegen auch hier die Zweifel, die umso mehr ins Gewicht fallen, da das in Kap. II.1 vorgestellte Erklärungsmodell auf einem äußert schwachen Fundament in den Quellen ruhen muss.

---

[127] Acta triumph. capit. CIL I² p. 50. Es soll damit nicht von einer römischen Mittelschicht gesprochen werden. Vgl. Kühnert, S. 149f., die von einer »Oberschicht« der plebs spricht.

III. Der Gefolgsmann Caesars

1. Kommandeur von Caesars Tross?

Die bedeutende Rolle, die das Nachschubwesen für die römische Armee im Allgemeinen und für die Legionen Caesars im Besonderen spielte, wurde schon mehrfach hervorgehoben.[1] Ventidius besaß als Fachmann für den Transport einer größeren Anzahl von Personen samt ihres Gepäcks über eine große Distanz die entscheidenden Qualifikationen, sich der zahlreichen Aufgaben und Probleme, die in einer Armee hinsichtlich der Beförderung von Menschen und Material bestanden, anzunehmen und zu lösen.

Schmittlein hat gestützt auf Gellius 15,4 angenommen, Caesar habe Ventidius nach der Schlacht gegen die Helvetier die Beaufsichtigung des »train des equipages et ses transports« anvertraut, da er jeder seiner nunmehr sechs Legionen einen eigenen Kommandeur habe geben wollen und für eine davon seinen Quaestor vorgesehen habe.[2] Den nun frei werdenden Teil des Aufgabenbereiches seines Quaestors habe der Proconsul dem Ventidius übergeben. Leider findet diese Vermutung keinen Rückhalt in den Quellen, da Caesar sehr verhalten ist, was genaue Informationen über das Personal seines Versorgungswesens anbetrifft.[3] Der Aufgabenbereich eines Quaestors im Felde war nicht festgelegt und konnte äußerst vielseitig sein. Wahrscheinlich unterstand ihm auch die Leitung des Versorgungswesens.[4] Die Quaestoren Caesars wurden meist jedoch, wie Labisch gezeigt hat, als Truppenführer im militärischen Einsatz verwendet, daher habe es, abgesehen von einer möglichen nominellen Oberaufsicht, keine »kontinuierliche Tätigkeit der Quaestoren« als Leiter der Heeresversorgung und des Finanzwesens gegeben.[5] Caesar erwähnt jedoch den Namen des römischen Ritters C. Fufius Cita, des

---

[1] Kromayer-Veith, S. 452ff. R. W. Davies, The Supply of Animals to the Roman Army and the Remount System, Latomus 28 (1969), S. 429–459. Über die Bedeutung der Versorgung im Bürgerkrieg gegen Pompeius, vgl. Labisch, S. 167f. Werner Dahlheim, Die Armee eines Weltreiches, Klio 74 (1992), S. 197–220.
[2] Raymond Schmittlein, Avec Caesar en Gaul, Bd. 1: L'Intervention, Paris 1970, S. 142f.
[3] Labisch, S. 106.
[4] Pol. 6,31,1–2. Plut. Crass. 20,2. Vgl. Mommsen, Staatsrecht, Bd. 2,1, S. 564. Kromayer-Veith S. 452. Labisch, S. 107.
[5] Labisch, S. 112.

Leiters der Getreideversorgung, aufgrund seines Todes.⁶ Dieser war ein Privatmann⁷ und gleiches wird auch für Ventidius gegolten haben, zumindest zu Beginn seiner Tätigkeit für Caesar. Der Kompetenzbereich Citas wird von Labisch wie folgt beschrieben, ohne sich dabei jedoch auf Quellen stützen zu können, wie der Autor einräumt: Zu seinen Aufgaben gehörten die Einforderung und Überwachung der mit den verbündeten und unterworfenen Völkern ausgehandelten Getreidelieferungen, die Abwicklung der Geschäfte beim Getreideeinkauf und die Koordination und Kontrolle der Transporte der Gallier⁸, die für die Lieferungen in die Winterlager oder zu den Sammelstellen zuständig waren⁹.

Aufgrund des Berichts von Gellius und seines darin dokumentierten Berufes kann man Schmittlein soweit zustimmen, dass Ventidius' Tätigkeit zunächst und für einen nicht näher zu bestimmenden Zeitraum im Bereich des Transportwesens gelegen haben muss. Ob er sich in einer Position befand, die vergleichbar war mit der des Cita, muss mangels Rückhalt in den Quellen allerdings offen bleiben. Gleiches gilt für die These Schmittleins, Ventidius habe seine Tätigkeit aufgenommen, als Caesar seinen Quaestor mit dem Kommando über eine Legion vor der Schlacht gegen Ariovist betraute, denn die Anzahl der Legaten Caesars scheint 58 v. Chr. mehr als vier betragen zu haben.¹⁰ Immerhin, durch die Übergabe eines Legionskommandos an den Quaestor war es nötig geworden, die Versorgung und das Transportwesen, denen der Quaestor nominell vorgestanden zu haben scheint, neu zu delegieren. Mag dieses Problem dahingestellt bleiben, der Zeitpunkt, zu dem Ventidius in die Dienste Caesars eintrat, dürfte allerdings sehr bald nach dessen Abgang nach Gallien gelegen haben, wie es der Bericht des Gellius glaubhaft macht, also im Frühjahr 58 v. Chr.

Der einzige konkrete Hinweis, den die Quellen auf die Tätigkeit des Ventidius im Dienste Caesars liefern, befindet sich an der bereits mehrmals zu Rate gezogenen Stelle in Plinius' siebtem Buch seiner Natur-

---

[6] Caesar Gall. 7,3,1. Caesar sei, so Labisch, S. 13f. und S. 100, mit konkreten Angaben über militärische Einzelheiten äußerst zurückhaltend gewesen. Dies wird auch der Grund sein, weshalb Caesar Ventidius niemals nennt. Namentlich erwähnt Caesar – allerdings nicht immer, wie Gall. 1,52,1 zeigt – seine Legaten, verdiente Zenturionen oder Soldaten, wenn er ihre Tapferkeit hervorheben will, wie etwa Civ. 3,53 und Civ. 1,46,4.
[7] Labisch, S. 116.
[8] Labisch, S. 117f.
[9] Labisch, S. 72ff.
[10] Broughton, MRR, S. 198f. Drumann, Geschichte Roms, Bd. 3, reprografischer Nachdruck d. 2. Aufl., Leipzig 1906, Hildesheim 1964, S. 696.

geschichte, die eingestandenermaßen auf Cicero zurück geht: »[...] *Cicero sagt, er sei ein Maultiertreiber gewesen, der Mehl in das Lager lieferte [...]*.«[11] Auch Plancus bezeichnet Ventidius an einer Stelle als *mulio*.[12] Wie sind diese Angaben mit den oben geäußerten Vermutungen Schmittleins zu vereinbaren, und darüber hinaus: Lassen sich auf ihnen basierend möglicherweise noch genauere Aussagen treffen als die, Ventidius habe als Versorgungsoffizier gewirkt?[13] Zunächst gilt es zu klären, ob sich die Angaben auf eine greifbare Tätigkeit des Ventidius beziehen, oder nur einen Gemeinplatz zu dessen Verspottung darstellen. Die Aussage des Plancus ist im Zusammenhang mit den Ereignissen im Frühjahr 43 v. Chr. und angesichts der Gegnerschaft der beiden Protagonisten als Herabwürdigung seines Feindes zu werten, denn zu diesem Zeitpunkt betrieb Ventidius natürlich kein Gewerbe mehr, das mit Maultieren zusammenhing. Dennoch wird die Aussage einen wahren Kern haben, ansonsten würde die Beleidigung, die sie beinhaltet, keinen Sinn ergeben.[14] Plancus könnte sich zum einen auf die Zeit beziehen, bevor Ventidius Caesar kennen lernte und seinen Maultierbetrieb führte; er könnte zum anderen aber auch auf dessen Dienstzeit unter Caesar anspielen, in der Ventidius eine Funktion ausübte, die die Arbeit mit Maultieren beinhaltete – in welcher Form auch immer, denn eine nähere Bestimmung wäre Plancus' Intention nicht dienlich gewesen. Die oben angesprochene Beaufsichtigung des Transportwesens wäre eine dieser möglichen Aufgaben. Mithilfe der Notiz des Plinius sollte es jedoch möglich sein, zu klären, ob noch andere Tätigkeiten für Ventidius ins Auge gefasst werden können. Cicero, der laut Plinius der Urheber dieser Angabe ist, wird sie wohl, ebenso wie Plancus, in einer herabwürdigenden, beleidigenden Absicht formuliert haben, denn ein *mulio* gehörte zu den untersten Gesellschaftsklassen[15], gleiches gilt für den Stand der Bäcker.[16] Ausgesprochen wurde sie aber gewiss zu einem

---

[11] Plin. nat. 7,135.
[12] Cic. fam. 10,21(18),3.
[13] Dahlheim, Caesar, S. 198.
[14] Vgl. Wiseman, S. 84. Syme, Sabinus the Muleteer, S. 396: Die Bezeichnung Ventidius' als *mulio* dürfe nicht wörtlich genommen werden. Auch Vespasian wurde Suet. Vesp. 4,3 so genannt, als er sich zeitweilig als *mango* zu verdingen hatte. Vgl. die Anmerkung zur Stelle in: Suetonius, Vol. II, übers. v. J. C. Rolfe, revised edition, Cambridge/Mass. und London 1997: »The nickname applied to Vespasian [*mulio*] implies that his trade was in mules.«
[15] Vgl. S. 21f.
[16] Suet. Vit. 2,1. Aug. 4,2. Vgl. Karl-Wilhelm Weeber, Alltag im Alten Rom: ein Lexikon, s. v. Bäckerei, Zürich 1995, S. 37–39.

Zeitpunkt, als Ventidius seinen alten Beruf bereits hinter sich gelassen hatte, denn vorher, d. h. vor seinem Eintritt in den Senat im Jahre 47 v. Chr.[17], lag jemand seines Standes wahrscheinlich außerhalb des Wahrnehmungshorizontes eines Mannes wie Cicero. Möglicherweise äußerte sich Cicero erst zur Zeit der Ächtung des Ventidius als Staatsfeind in dieser Weise, denn vorher, so behauptet er, wäre er immer ein guter Freund des Ventidius gewesen, was aber angesichts der Herkunft und der Parteinahme des Picenters für Caesar sicherlich nicht ganz der Wahrheit entsprochen hat.[18] Eine gesicherte Aussage lässt sich über den Zeitpunkt der Äußerung letztlich nicht treffen. Ciceros Bericht kann nun einerseits einen verallgemeinernden Charakter tragen, andererseits gibt er uns doch eine konkrete Angabe, die möglicherweise Informationen beinhaltet, die mehr zulassen, als den oberflächlichen Schluss, Ventidius habe mit Maultieren und Versorgung zu tun gehabt. Cicero spricht – allerdings, so hat man sich immer wieder zu vergegenwärtigen, in der Überlieferung des Plinius – die Versorgung des Heeres mit Getreide an, dem als wichtigstem Grundnahrungsmittel der Soldaten eine immense Bedeutung zukam.[19] Damit fielen seine Aktivitäten in den Kompetenzbereich des Cita und sprächen gegen die Vermutung, Ventidius habe in einer Funktion entsprechend der des Cita das Transportwesen beaufsichtigt. Natürlich kann sich der Aufgabenbereich des Ventidius innerhalb der acht in Gallien verbrachten Jahre und in der ersten Zeit des Bürgerkrieges gewandelt haben, denkbar wäre auch eine Tätigkeit als Mitarbeiter des Cita. Leider werden solche Erwägungen nicht durch die Quellen gestützt, die Notiz bei Plinius verdient deshalb umso mehr Beachtung. Es gilt daher zu prüfen, wie die Getreideversorgung des Heeres, die – so die Quelle – mithilfe von Maultieren und ihren Treibern durchgeführt wurde, tatsächlich aussah: Die *muliones*, von denen Ventidius einer gewesen sein soll, gehörten wie die *calones* zum Tross des Heeres. In den Quellen wird zwischen beiden Gruppen differenziert[20], so dass es angebracht ist, ihnen hierin zu folgen, wie dies auch von Teilen der Forschung praktiziert wurde.[21] Labisch umreißt den Aufgabenbereich der *muliones* wie folgt: »[...] [S]ie hatten

---

[17] Vgl. S. 63.
[18] Cic. Phil. 12,23.
[19] Georg Veith, Heeresverpflegung der Römer zur Zeit Cäsars, in: E. Mayerhofer, C. Pirquet (Hg.), Lexikon der Ernährungskunde, Wien, Leipzig und München 1923, S. 432f. Labisch, S. 41f.
[20] Bei Caesar etwa *calones*: Gall. 6,36,3. 6,40,1. 5. *Muliones*: Gall. 7,45,2.
[21] Labisch, S. 102f. Harmand, S. 157f. Fröhlich, Kriegswesen, S. 56.

mit den Lasttieren das schwere Gepäck zu transportieren. Außerdem mußten sie gewiß ihre Tiere pflegen und versorgen. Sie werden daher bei den täglichen Pabulationen immer Futter herbeigeschafft haben.« Die *calones* hingegen unterstützten die Legionäre beim Fouragieren sowie beim Lager- und Befestigungsbau, darüber hinaus sicherten sie, so die Vermutung Labischs, während des Kampfes das ihnen anvertraute Gepäck.[22]

Der Erwerb der Verpflegung und die Organisation des Nachschubwesens in der Armee Caesars werden von Labisch folgendermaßen beschrieben: Der Bedarf an Getreide und gegebenenfalls weiteren Lebensmitteln wurde nur zu geringen Teilen durch Lieferungen von römischen Kaufleuten und Heereslieferanten gedeckt, die eher für die Lieferung hochwertigerer Güter wie Waffen und technischer Ausrüstung herangezogen wurden.[23] Die direkte Versorgung aus der Umgebung durch die *pabulatio* – die Grünfutterbeschaffung – und die *frumentatio* – die Getreidebeschaffung – gehörte neben der Requirierung von Lebensmitteln zu den Methoden des Unterhalts des Heeres[24], die bei Problemen mit den Nachschublinien immens an Bedeutung gewannen.[25] Den entscheidenden Beitrag zur Verpflegung des römischen Heeres unter Caesar in Gallien hatten jedoch die verbündeten und unterworfenen Völker zu leisten und diese waren, wie bereits erwähnt, zugleich für den Transport des Getreides in die Winterlager, die Sammelstellen und Magazine oder an das im Einsatz befindliche Heer verantwortlich.[26] Das römische Heer und damit auch dessen *muliones* wurden somit erst *nach* der Anlieferung des Getreides durch die Verbündeten und Unterworfenen mit dem Transport betraut – bei »regulärer Versorgungslage« im Sommer, wie Labisch hinzufügt.[27] Nach Labisch ist die hier bei Plinius vorliegende Erwähnung einer Heeresbäckerei die einzige auf uns gekommene Nachricht, die von einer solchen Einrichtung spricht, viel-

---

[22] Labisch, S. 101f.
[23] Labisch, S. 46ff. S. 50.
[24] Labisch, S. 62ff. Während die *pabulatio*, so Labisch, S. 64, eine tägliche Versorgungsaktion darstellte, stand die *frumentatio* »selbständig neben der von den Verbündeten aufzubringenden regulären Versorgung« und diente zu deren Ergänzung (S. 65).
[25] Labisch, S. 65.
[26] Labisch, S. 50ff. S. 72ff. Labisch verweist S. 74 auf die Versorgungszüge der Gallier, die beim Feldzug gegen Ariovist »zwischen dem römischen Lager und dessen Hinterland [...]« hin und her zogen. Caes. Gall. 1,48,2. 49,1. 5,26,2. Civ. 1,48,4. 3,42,4. Vgl. auch Kromayer, S. 453.
[27] Labisch, S. 77.

mehr sei davon auszugehen, dass die Soldaten ihr Hauptnahrungsmittel, die Puls, einen Weizenbrei[28], selbst zuzubereiten hatten und eine zentrale Bäckerei, ebenso wie zentrale Mühleneinrichtungen und Feldküchen nicht existierten.[29] Die Erwähnung einer Feldbäckerei könnte hier rein rhetorischen Zwecken gedient haben und der Intention ihres Urhebers geschuldet sein, Ventidius' Ansehen noch mehr zu schaden, indem dieser mit einer weiteren Tätigkeit in Verbindung gebracht wird, die ein äußerst niedriges Sozialprestige besaß. Dennoch dürfte auch hier der Kern der Nachricht – Getreideversorgung mit Maultieren – korrekt sein, gerade weil die semantische Diskreditierung sonst ihre Wirkung verfehlen würde.[30]

Die Soldaten trugen nebst Waffen und anderen Ausrüstungsgegenständen einen kleinen Teil ihrer Verpflegung selbst, offenbar jedoch nur einen Notvorrat für drei Tage.[31] Die früher mehrfach vertretene Ansicht, die Soldaten hätten ihre gesamte Verpflegung selbst tragen müssen[32], ist aufgrund des immensen Gewichtes der Ausrüstung zurückzuweisen, das der Legionär dann zu tragen gehabt hätte. Dies kann nur in Ausnahmesituationen vorgekommen sein.[33] Damit rückt aber der Tross als Nahrungsmittellieferant in den Mittelpunkt des Interesses. Der Tross war in Truppentrain und Armeetrain[34] geteilt, der hier interessierende Truppentrain war auf dem Reisemarsch in einzelne Abteilungen unter-

---

[28] Vgl. Veith, Heeresverpflegung der Römer, S. 430–437, und die Belege bei Labisch, S. 35/36.

[29] Labisch, S. 37. S. 37, Anm. 42. Plut. Mar. 13. Sall. Iug. 44,5. 45,2. Dies gilt zumindest für die Feldzüge Caesars in Gallien im Sommer. In permanenten Lagern in der Kaiserzeit hatte möglicherweise jede Zenturie einen größeren Gemeinschaftsbackofen. Vgl. Marcus Junkelmann, Panis Militaris: die Ernährung des römischen Soldaten oder der Grundstoff der Macht, Mainz 1997², S. 130f.

[30] Ähnliches gilt für die Propaganda: Vgl. Charles L. Babcock, The early career of Fulvia, AJP 86 (1965), S. 22: »the best propaganda is the exaggeration of a known or credible element.«

[31] Ios. bell. Iud. 3,5,5,95. Labisch, S. 80, mit weiteren Belegen. Kromayer-Veith, S. 425 und allgemein zur Marschleistung, S. 423ff. Vgl. Marcus Junkelmann, Die Legionen des Augustus. Der römische Soldat im archäologischen Experiment, Mainz 1986, S. 198. Aufschlussreich ist der Selbstversuch (S. 199f.), der ergeben hat, dass das von einem Legionär zu tragende Gewicht (Kleidung, Waffen, Rüstung, Marschgepäck) durchaus an die 48 kg betragen haben könnte.

[32] Fröhlich, S. 75.

[33] Caes. civ. 1,78,1. Dazu Labisch, S. 79, Anm. 16.

[34] Kromayer-Veith, S. 394f. Der Armeetrain transportierte das Gepäck der Armeeführung. Labisch nimmt S. 85 an, dass der Armeetrain kaum am Getreidetransport beteiligt war.

gliedert und seiner jeweiligen Legion zugeordnet[35]. Auf dem Gefechtsmarsch war der gesamte Truppentrain hinter dem Gros der Legionen eingeordnet.[36] Der Truppentrain aber transportierte den Großteil der Verpflegung, mit der die Soldaten nicht zusätzlich belastet werden sollten.[37] Caesar legte großen Wert auf die Beweglichkeit und Schnelligkeit seiner Truppen[38], deswegen wurden keine Wagen, sondern nur Tragtiere, in erster Linie Maultiere, verwendet.[39] Aus diesem Grunde wurde der Tross zeitweilig erheblich reduziert und nur das absolut notwendigste wurde mitgenommen, aber: »Auch bei reduziertem Train konnten die Truppen Caesars nicht ohne den für die Versorgung notwendigen Troß auskommen.«[40] Labisch berechnet die Anzahl der für einen reduzierten Train immer noch notwendigen Lasttiere auf mindestens 1200 pro Legion, die von etwa 300 Treibern geführt wurden.[41] Hinzu kamen etwa 700 *calones*.[42] In Anbetracht dieser Ergebnisse ist festzustellen: Die Versorgung des Heeres mit Getreide durch die *muliones* und ihre Tiere war eine Aufgabe, die diese vor allem als Teil des an die Legionen angeschlossenen Truppentrains durchführten. Dies dürfte der Kern der von Plinius überlieferten Nachricht Ciceros sein.

Hier gilt es jedoch zu bedenken, Ventidius kann kein *einfacher* Maultiertreiber gewesen sein, denn diese Ansicht ist aus denselben Gründen zurückzuweisen, wie die Auffassung, er habe als einfacher Soldat im Heer Caesars gedient: Weshalb sollte Caesar einen Transportunternehmer als einfachen Maultiertreiber einsetzen?[43] Wenn die Angabe des Plinius korrekt ist und nur in ihrer Wortwahl einen Gemeinplatz zur Verspottung des Ventidius darstellt, in ihrer Kernaussage aber auf eine konkrete Beschäftigung hinweist, wird man daher annehmen müssen,

---

[35] Caes. Gall. 2,17,2. Kromayer-Veith, S. 420ff.
[36] Caes. Gall. 2,19,2. 8,8,4.
[37] Labisch, S. 82, mit weiteren Belegen.
[38] Kromayer-Veith, S. 395, S. 454.
[39] Kromayer-Veith, S. 394, Labisch, S. 82f.
[40] Labisch, S. 78. Caes. Gall. 8,8,3.
[41] Labisch, S. 84. Labisch rechnet mit zwei Tragtieren pro *contubernium*, je eines pro Zenturio, dazu Tiere zum Transport von Ersatzmaterial, schwerem Schanzzeug, Hartfutter und der legionseigenen leichten Artillerie. Kromayer-Veith, S. 394, rechnet mit 1200–1500 Tragtieren pro Legion, Junkelmann, Panis Militaris, S. 64, veranschlagt 1400 Tiere.
[42] Labisch, S. 102. Labisch räumt ein, dass die Anzahl der *calones* aus den Quellen nicht zu berechnen seien. Er schätzt, jedem *contubernium* und jedem Zenturio könnte ein *calo* zugeteilt worden sein. Hinzu kämen calones zum Transport der legionseigenen Artillerie und des schweren Gepäcks.
[43] Vgl. S. 34.

Ventidius habe eine Tätigkeit wahrgenommen, die mit den Aufgaben des Trosses in irgendeiner Form zusammenhing und zwar in *übergeordneter* Instanz; mithin ein Aufgabenbereich, der nicht oder nicht nur im Hinterland[44], in der Organisation und Beaufsichtigung des Transportwesens, sondern weitaus näher am direkten militärischen Geschehen lag. Über die Führung des Trosses ist jedoch kaum etwas bekannt. Vegetius berichtet, man habe bis zu 200 Tiere und *pueri* einer weisungsberechtigten Person unterstellt, die diese mit Fähnchen zu ihren jeweiligen Feldzeichen zu dirigieren hatte.[45] Da diese Vorgesetzten jedoch aus der Gruppe der einfachen *calones* ausgewählt wurden, kommt eine solche Position für Ventidius nicht in Betracht.

Für die Annahme, Ventidius habe eine Tätigkeit ausgeübt, die mit den Aufgaben des Trosses zusammenhing, spricht aber nicht nur die Notiz des Plinius, sondern auch die Notwendigkeit, eine Erklärung auf die Frage zu finden, wie aus einem Fachmann für Transportfragen ein fähiger Militär werden konnte, als der uns Ventidius ab dem Jahre 43 v. Chr. begegnet und der bei den Veteranen von Caesars siebter und achter Legion ein so hohes Ansehen genoss, dass sie sich von ihm anwerben ließen und ihn als Kommandeur akzeptierten.[46] Man wird daher in der Vermutung nicht fehl gehen, Ventidius sei noch von Caesar mit der Durchführung militärischer Aufgaben betraut worden, denn bestimmte Fähigkeiten[47], deren Beherrschung zur Truppenführung – 43 v. Chr. befehligte er drei Legionen – und im Kampf notwendig war, können nicht ohne Übung und Erfahrung in der Praxis erlangt worden sein.[48] Es ist

---

[44] Die Verwendung des Begriffs der »Etappe« hält Labisch (S. 122) aufgrund des geringen militärisch-organisatorischen Entwicklungsgrades der Operations- oder Versorgungsbasen Caesars für unangebracht.

[45] Veg. mil. 3,6,19–20.

[46] Vgl. Kap. IV.1.1. App. civ. 3,66,270.

[47] Cicero nennt (Manil. 28) vier Eigenschaften, die einem vollkommenen Feldherrn zukämen: Kriegserfahrung, Tapferkeit, Ansehen und Glück. Einen Überblick über die erforderlichen Kenntnisse eines Militärs bietet Frontins Werk *Strategematon*. Bezeichnenderweise wurden Ventidius' Erfolge gegen die Parther als Beispiel hervorragender Kriegführung hier ebenfalls aufgenommen: 1,1,6. 2,2,5. 2,5,36–37.

[48] Polybios schildert 11,8,1 drei Wege, die Feldherrnkunst zu erlernen: Durch das Studium von Schriften, durch den Unterricht von erfahrenen Fachleuten und durch Übung und Erfahrung in der Praxis. Es kann jedoch kein Zweifel bestehen, dass gerade in militärischen Fragen die Praxis als der beste Lehrmeister angesehen wurde (Cic. Font. 43) und die Aneignung theoretischen Wissens, wie es etwa bei Lucullus vorkam (Cic. ac. 2), nur als Ergänzung gedient haben kann. Dies sah Caesar ebenfalls so, wie civ. 2,8,3 zeigt: »*die Erfahrung* [ist] *die Lehrmeisterin*

allerdings schwer vorstellbar, Caesar habe dazu einen in derartigen militärischen Fragen unerfahrenen Gefolgsmann herangezogen, der als Beauftragter für das Transportwesen – in dieser Stellung wird man Ventidius zu Beginn seiner Zeit in Gallien weiterhin vermuten dürfen – bisher nur in rückwärtigem Gebiet tätig gewesen war.[49] Ventidius muss daher eine Beschäftigung ausgeübt haben, die es ihm ermöglichte, in sein neues Aufgabenfeld gewissermaßen hineinzuwachsen, da er als Fuhrunternehmer im Gegensatz zu einem jungen Aristokraten, der im Stab eines Feldherrn seine ersten Kriegserfahrungen sammeln sollte, ursprünglich wohl nicht für eine derartige Tätigkeit vorgesehen war. Eine zumindest zeitweilige Aufsicht über den Tross aber, d.h. den Truppen- und gegebenenfalls auch den Armeetrain, in einer Funktion, die möglicherweise die Koordination mit den anderen Truppenteilen und organisatorische Aufgaben beinhaltete, könnte die Verbindungslinie sein, die zwischen seiner ursprünglichen Tätigkeit als Transportfachmann und dem militärischen Fachmann, zu dem er nach Caesars Tod geworden war, gezogen werden muss, um diese Entwicklung erklären zu können.[50] Dies gilt umso mehr, da die Quaestoren Caesars, unter deren Oberaufsicht die logistischen Aufgaben normalerweise fielen, meist mit der direkten Truppenführung betraut waren, wie Labisch gezeigt hat.[51] Denn unsere Quellen zeigen: Auch wenn der Tross in der Regel mangels Ausrüstung und Ausbildung nicht in der Schlacht eingesetzt wurde, war zu Kampfhandlungen dennoch eine zeitweilige Hinzuziehung des Trosspersonals, der *muliones* und *calones*, die meist zur Unterstützung der Legionäre agierten, möglich und kam von Zeit zu Zeit vor.[52] Caesar berichtet, wie er vor Gergovia die *muliones* und ihre Tiere zur Vortäuschung eines Reitermanövers einsetzt.[53] Wahrscheinlich waren die *calones* bewaffnet[54], so

in allem [...].« Er wird daher nur solchen Leuten vertraut haben, die sich in der Praxis bewährt hatten.
[49] Fufius Cita hatte sich etwa in Cenabum niedergelassen, vgl. Caes. Gall. 7,3,1.
[50] G. J. Wylie, P. Ventidius – from *novus homo* to ›military hero‹, Acta classica 36 (1993), S. 130, brachte bereits den »baggage train« als Aufgabenfeld des Ventidius ins Spiel.
[51] Labisch, S. 111ff.
[52] Livius berichtet von der Kriegslist des L. Papirius, der im Krieg gegen die Samniten zur Vortäuschung einer größeren Truppenstärke den Trossknechten befohlen hatte, auf ihren Maultieren reitend Staub aufzuwirbeln. Liv. 10,40,8. 10,41,6.
[53] Caes. Gall. 7,45.
[54] Harmand, S. 158: Das Adjektiv *inermes* wird von Caesar civ. 3,93,7 auch für *sagitarii* und *funditores* gebraucht. Labisch, S. 101, nimmt an, *inermes* bedeute ohne Rüstung, aus Sicht der schweren Infanterie.

dass sie sich zeitweilig am Kampfgeschehen beteiligen konnten, wenn es die Situation erforderte, wie etwa bei der Schlacht gegen die Nervier, oder bei der Belagerung von Thapsus.[55]

Sicherlich war es nicht möglich, in der oben angedeuteten Tätigkeit das Handwerkszeug für die Kriegführung vollständig zu erlernen, sie war meines Erachtens jedoch eine nahe liegende Möglichkeit, um das Fach zu wechseln.[56] Daher erscheint mir eine solche Annahme durchaus im Bereich des Möglichen zu liegen, trotz aller gebotener Zurückhaltung hinsichtlich der Quellenlage.

Zusammenfassend ist festzustellen: Auch wenn die Angabe, Ventidius sei ein *mulio* gewesen, nicht wörtlich verstanden werden darf, in dem Sinne, er sei ein einfacher Maultiertreiber gewesen, so wird er jedoch eine Tätigkeit ausgeübt haben, die mit diesen Tieren in Verbindung stand. Es gibt keinen Anlass, an den diesbezüglich eindeutigen Aussagen des Gellius – die Verpachtung von Transportmitteln und das daraus folgende Zusammentreffen mit Caesar – zu zweifeln.[57] Sie sind als plausibel anzusehen, auch im Hinblick auf die Bedeutung, die das Transportwesen in Caesars Kriegszügen gespielt hat. Die zeitgenössischen oder auf zeitgenössische Bemerkungen zurückgehenden Diskreditierungen des Ventidius durch seine Gegner stützen diese Vermutung. Über die Art der Caesar in Gallien und im Bürgerkrieg geleisteten Dienste macht Gellius keine Angaben. Die Tätigkeit, die Ventidius vor seiner Begegnung mit Caesar ausübte, macht die Übernahme einer das Transportwesen in Gallien koordinierenden und organisierenden Aufgabe wahrscheinlich.[58] Möglicherweise geschah

---

[55] Caes. Gall. 2,27. Bell. Afr. 85,1–2.
[56] Gerade in den Armeen Caesars herrschte eine enge Verbindung zwischen den Bereichen Versorgung und Kampf. Vgl. Labisch, S. 204: »Bei der Truppe hatten sich vom Legionär bis zu den Tribunen alle mit Versorgungsaufgaben zu befassen, das gilt auch für die Legaten, wenn sie als Legions- oder Corpskommandeure eingesetzt wurden.«
[57] So auch Wiseman, S. 88.
[58] Ausgenommen sind die Bereiche, die unter das Verpflegungswesen fielen, für das Cita zuständig war. Vorstellbar, jedoch ohne Rückhalt in den Quellen, sind Aufgaben wie die Berechnung des Bedarfs an Transportmitteln, der immense Bedeutung zukam, um einen möglichst perfekten Ausgleich zwischen Marschgeschwindigkeit und erforderlicher Transportleistung zu schaffen (vgl. Labisch, S. 82). Weiterhin wäre an die Beschaffung, Versorgung und Pflege v. a. der Tiere zu denken, da Caesar keine Wagen benutzte (vgl. Labisch, S. 82f.). Der Nachschub von Waffen, technischem Gerät etc., der wohl von römischen Kaufleuten durchgeführt wurde (vgl. Labisch, S. 50), musste koordiniert werden. Labisch (S. 121f.) betont, dass das Verpflegungswesen jedoch nicht insti-

dies in leitender Funktion ähnlich der des Fufius Cita; Unterstützung durch die Überlieferung findet letztgenannte Vermutung jedoch nicht. Die einzige konkrete Nachricht, die die Quellen über diesen Zeitraum des Dienstes unter Caesar liefern, weist auf eine Verwendung hin, die mit den Aufgaben des Trosses in Zusammenhang steht. Die Tatsache, dass Ventidius irgendwann bis zum Jahre 44 v. Chr. militärische Kompetenzen erlangt hatte, die nur auf Erfahrung und Übung beruhen konnten und die Notwendigkeit, einen Berührungspunkt zwischen dem Transportwesen und den Kampftruppen zu finden, unterstützen diese Interpretation.

Über die Verwendung des Ventidius im Bürgerkrieg wissen die Quellen wiederum nur so viel zu berichten: er habe die vielen Befehle unermüdlich und mit großer Tatkraft ausgeführt.[59] Ob diese Aufgaben immer noch im Bereich des Transportwesens oder näher am Kampfgeschehen selbst lagen, muss letztlich offen bleiben, doch möglicherweise fand der Wechsel vom Organisator zum Militär tatsächlich zu dieser Zeit statt, da im Bürgerkrieg auch andere Caesarianer militärische Kommandos übernahmen, die bisher nicht als Befehlshaber in Erscheinung getreten waren.[60] Ventidius übte seine Tätigkeit zumindest zeitweilig in enger Verbindung mit der siebten und achten Legion aus, sei es in Gallien und/oder im Bürgerkrieg. Das geht aus einer Notiz Appians hervor, der zufolge Ventidius bei den Veteranen dieser beiden Einheiten im Jahre 43 v. Chr. recht gut bekannt war.[61] Beide gehörten zu den ältesten Legionen Caesars, die an vielen entscheidenden Kampfgeschehnissen in Gallien und im Bürgerkrieg beteiligt waren, aber die Quellenlage verbietet es, eine dauerhafte Zugehörigkeit des Ventidius bei ihnen anzunehmen und aus ihren Einsatzorten auf die Aufenthaltsorte des Ventidius zu schließen.[62]

---

tutionalisiert gewesen ist, gleiches dürfte auch für das Transportwesen gegolten haben.
[59] Gell. 15,4,3.
[60] C. Rabirius Postumus und Aulus Hirtius. Vgl. S. 64.
[61] App. civ. 3,66,270: »Er [Ventidius] begab sich in die von Caesar angelegten Kolonien, wo man ihn gut kannte, brachte zwei Legionen auf die Seite des Antonius […].« Pollio beziffert diese als siebte und achte Legion (Cic. fam. 10,31(33),4), die wiederum in Campanien siedelten, wie aus Nik. Dam. 31,132 hervor geht.
[62] Vgl. Drumann, Bd. 3, S. 702ff. Die siebte und achte Legion kämpften bereits im Jahre 58 v. Chr. unter Caesar. Beide wurden 48 v. Chr. gegen Pompeius eingesetzt, die achte Legion kämpfte in der Schlacht von Pharsalos (S. 711) und beide nahmen 46 v. Chr. am afrikanischen Feldzug teil (S. 719).

2. Der Beginn der politischen Karriere des Ventidius

Auch die Motive, die Ventidius dazu bewegt hatten, sich Caesar anzuschließen, werden von den Quellen nicht dargelegt, sie können jedoch erschlossen werden: Zuerst werden es finanzielle Gesichtspunkte gewesen sein, die den Fuhrunternehmer Ventidius zu diesem Schritt veranlasst hatten, denn Caesar war sehr großzügig bei der Entlohnung seiner Anhänger und er wird gewusst haben, diesen Aspekt Ventidius überzeugend darzulegen.[63]

Die Zusammensetzung der Anhängerschaft Caesars und deren Beweggründe, sich dem Proconsul anzuschließen wurden von Syme und Dahlheim dargelegt.[64] An Caesars Seite finden wir sowohl *nobiles*, wie Marcus Antonius und Decimus Brutus, die bereits seit Mitte der fünfziger Jahre zu der Anhängerschaft des Proconsuls gehört hatten, oder die im Jahre 48 v. Chr. hinzugetretenen Marcus Brutus und Gaius Cassius, als auch Rittersöhne, wie Marcus Caelius oder den langjährigen Gefolgsmann Gaius Trebonius. Sie alle versprachen sich von ihrem Engagement eine Beschleunigung, Fortführung oder Wiederbelebung, kurz einen entscheidenden Antrieb für ihre politischen Karrieren.[65] Diese Männer gehörten als Mitglieder der Oberschicht zu den Kreisen Roms, die sich als *nobiles* oder Senatorensöhne traditionell am politischen Geschehen beteiligten oder als Mitglieder des *ordo equester* diesen Kreisen nahe standen und selbst eine Karriere in der Politik anstrebten. Sie unterstützten Caesar im politischen Betrieb der Hauptstadt und besetzten meist die hohen Offiziersstellen in seiner Armee.[66] Daneben delegierte Caesar die zahlreichen und immer vielfältiger werdenden Aufgaben, vor die er sich in militärischer, aber auch in ziviler und verwaltungstechnischer Hinsicht gestellt sah, an – vermutlich eigens dafür rekrutierte – Spezialisten, die zwar meist ebenfalls dem Ritterstand entstammten, die dabei aber nicht in erster Linie an

---

[63] Reich entlohnt wurde etwa Curio, vgl.: App. civ. 2,26,101. Cass. Dio, 40,60,3. Plut. Caes. 29,2–3. Caelius wurden nach seinem Anschluss an Caesar zahlreiche Mietskasernen zugeschlagen, vgl. Cic. Att. 6,1,23. 7,3,6. Vgl. Dahlheim, Caesar, S. 194, S. 202.

[64] Syme, RR, S. 68f. Dahlheim, Caesar, S. 193ff.

[65] Dahlheim, Caesar, S. 194f. Zu den Biographien von Antonius, Marcus und Decimus Brutus, Cassius und Caelius vgl. die entsprechenden Kapitel bei Dettenhofer. Zu Trebonius vgl. Friedrich Münzer, RE 2,12, s.v. Trebonius (Nr. 6), Sp. 2274–2282. Cic. Phil. 13,23.

[66] Bekannt sind etwa Antonius' Tribunat (Cic. Phil 2,50. Plut. Ant. 5) oder Brutus' Flottenkommando (Caes. Gall. 3,11,5).

einer politischen Karriere interessiert waren und daher bis zum Beginn des Bürgerkrieges ämterlos geblieben und nicht in militärischen Führungspositionen in Erscheinung getreten waren. Durch ihre Verwendung wird die voranschreitende Professionalisierung des Krieges zu dieser Zeit dokumentiert.[67] Zu dieser Gruppe gehörte der bereits erwähnte Fufius Cita, der für den Posten eines Versorgungsbeauftragten für ein solch weiträumiges Operationsgebiet wie Gallien als kompetenter Fachmann besonders geeignet war, da er im Gegensatz zu einem Quaestor nicht jährlich wechselte und immer wieder neu eingearbeitet werden musste, wie Labisch betont.[68] Ebenfalls dazu zählten Oppius und Balbus, die sich als führende Mitglieder der sog. Kanzlei Caesars und als seine bevollmächtigten Stellvertreter etwa um finanzielle Angelegenheiten kümmerten, sich mit Fragen der Verwaltung und der Gesetzgebung befassten und als politische Berater, Beauftragte für die öffentliche Meinung und als Leiter des Nachrichtendienstes fungierten; des Weiteren gehörten ein Mann wie der *praefectus fabrum* Mamurra und nicht zuletzt der Transportfachmann Ventidius zu diesen Spezialisten.[69] Die fachliche Qualifikation, die diese Männer mitbrachten, dürfte für Caesar ein entscheidender Aspekt gewesen sein, sich ihrer Dienste zu versichern; der soziale Rang des Ventidius spielte wie bei anderen Anhängern keine Rolle.[70] Darüber hinaus hat die Forschung mehrfach darauf hingewiesen, dass Caesar bestrebt gewesen war, wichtige Teilkompetenzen seines Amtsbereiches an Leute zu vergeben, die »außerhalb der Hierarchie der öffentlichen Ämter standen«, da sie damit nur Caesar selbst verantwortlich waren und keiner »übergeordneten Stelle«[71].

---

[67] Dahlheim, Die Armee eines Weltreiches, S. 206, Anm. 29.
[68] Labisch, S. 119. Cita war wahrscheinlich Kaufmann und besaß daher die entsprechenden Qualifikationen. Vgl. Labisch, S. 116.
[69] Vgl. etwa: Tac. ann. 12,60,4. Cic. Att. 9,8(7)A-C. 11,8(7),5. 11,9(8). 13,3(27),1. 13,57(52),1. 14,9,3. Fam. 6,6(8),1. 6,18,1. 9,19(17),1. Gell. 17,9,1–3. Vgl. Jürgen Malitz, Die Kanzlei Caesars – Herrschaftsorganisation zwischen Republik und Prinzipat, Historia 36 (1987), S. 51–72. Plin. nat. 36,48. Veg. mil. 2,11.
[70] Cic. fam. 6,6,8: Caesar habe »besondere Freude an hervorragenden Talenten [...]«. Suet. Caes. 72: »Dabei erklärte [Caesar] dann ganz öffentlich, er würde, wenn er sich bei der Bewahrung seiner Position der Hilfe von Wegelagerern und Meuchelmördern bedient hätte, auch solchen Leuten entsprechenden Dank abstatten.« Laut Sueton war dies der Antwort Caesars auf Vorwürfe, er würde Leute niederer Herkunft in die höchsten Ehrenstellen befördern. Vgl. Cass. Dio 44,39,3, der Antonius bei seiner Leichenrede betonen lässt, Caesar habe niemals einen Mann gedemütigt, der sich »hinaufarbeiten wollte«.
[71] Labisch, S. 116. Dettenhofer, S. 136. Malitz, Die Kanzlei Caesars, S. 55.

Dieser Gedanke lenkt das Auge des Betrachters auf den zweiten Gesichtspunkt, den ein Gefolgsherr von seinen Anhängern erwartet, den der Loyalität: Die Darstellung des Gellius, der zufolge man dem Ventidius die uneingeschränkte Loyalität gegenüber Caesar attestieren kann, darf als plausibel angesehen werden, da eine Karriere ausgehend von der Position des Ventidius nur mittels der beschriebenen Pflichterfüllung und Ergebenheit gegenüber demjenigen, der sie ermöglicht, denkbar erscheint. Das gilt ebenso für Oppius und Balbus[72] und auch für die Untergebenen Caesars, die als Offiziere in seiner Armee standen, schon aufgrund der unabdingbaren militärischen Disziplin. Dennoch waren Loyalität und selbst fachliche Qualifikation Eigenschaften, die nicht alle seine Anhänger für sich geltend machen konnten.[73] Gleichwohl hatte Caesar keine andere Wahl, als seine Gefolgsleute nicht nur finanziell, sondern auch mit Ämtern zu belohnen, nachdem er ihre Hilfe in Anspruch genommen hatte;[74] hierzu fanden die Erweiterung des Senats und die Vermehrung der Praetoren- und Quaestorenstellen im Jahre 47/46 v. Chr. statt.[75] Caesar konnte es sich nicht erlauben, die Erwartungen derjenigen zu enttäuschen, die ihn unterstützt hatten, denn dies hätte ihnen die Veranlassung gegeben, sich einem neuen Herrn zuzuwenden. Das Prinzip, dem Caesar bei der Entlohnung seiner Untergebenen folgen musste, war das Kriterium des Verdienstes um ihn.[76] Hiervon profitierte auch Ventidius, dem es so ermöglicht wurde, eine politische Laufbahn zu beginnen.

Es ist bekannt, dass es auch diese Politik war, die Caesar nicht nur von den Verfechtern der Senatsherrschaft, sondern auch von seinen eigenen Anhängern entfremdete, da deren verschiedenste Ansprüche fast zwangsläufig miteinander kollidieren mussten und er sich daher nicht in der Lage gesehen hatte, sie alle gleichermaßen zu befriedigen.[77] Zu denjenigen, die sich in ihrem Ehrgeiz und ihren Ansprüchen enttäuscht und damit auch in ihrer Ehre gekränkt sahen, ge-

---

[72] Malitz, Die Kanzlei Caesars, S. 57.
[73] Vgl. Dahlheim Caesar, S. 197. Malitz, Die Kanzlei Caesars, S. 65.
[74] Cass. Dio 43,47,2–3: »Denn vielen Leuten hatte Caesar Versprechungen gemacht, und, da er sonst keine Möglichkeit fand sie zu entlohnen, schlug er diesen Weg [die Ämtervergabe] ein. Er nahm ferner eine gewaltige neue Zahl neuer Mitglieder in den Senat auf [...].« Cass. Dio 43,51,9.
[75] Vgl. S. 63.
[76] Vgl. Dahlheim, Caesar, S. 203.
[77] Vgl. Dahlheim, Caesar, S. 212ff. Matthias Gelzer, Caesar. Der Politiker und Staatsmann, unveränderter Nachdruck der 6., neu bearb. und erw. Aufl. 1960, Wiesbaden 1983, S. 261. S. 278.

hörten *nobiles* wie Brutus und Cassius, aber auch Rittersöhne wie Caelius und Trebonius.[78]

Das Beispiel von Caesars Legaten Titus Labienus, der sich zu Beginn des Bürgerkrieges von Caesar getrennt hatte und ins Lager des Pompeius gewechselt war, ermöglicht es, auf die unterschiedlichen Handlungsspielräume hinzuweisen, die sich Ventidius auf der einen und denjenigen Anhängern Caesars auf der anderen Seite eröffneten, die der römischen Führungsschicht angehörten, wozu die Abkömmlinge der *nobiles* ebenso zu zählen sind, wie diejenigen, die wie Labienus dem Ritterstand entstammten.[79] Syme sah das Vorhandensein eines alten Treueverhältnisses mit Pompeius als Ursache für dessen Seitenwechsel an.[80] Es sei dahingestellt, ob Labienus auf Pompeius' Seite größere Chancen für seine Karriere sah oder ob er, durch seine Leistungen selbstbewusst geworden, sich Caesar nicht mehr unterordnen wollte;[81] ausschlaggebend aber, seinen Entschluss in die Tat umzusetzen und entscheidend für den hier interessierenden Zusammenhang dürfte die Tatsache gewesen sein, dass er durch die Verbindung mit Pompeius eine Alternative zu Caesar hatte.[82]

Einen schwerwiegenden Vertrauensbruch können sich somit diejenigen viel eher leisten, deren Verankerung in den Teilen der Gesellschaft gefestigt ist, die die Geschicke des Staates bestimmen, wenn es darum geht, eine ambitionierte politische Karriere zu verfolgen; das sind die *nobiles*, sonstige Senatoren und die führenden Mitglieder des Ritterstandes. Denn sie waren in der Lage neue Koalitionen und Bündnisse einzugehen, falls die bisherigen ihre Erwartungen nicht zu erfüllen vermochten[83] und sie verfügten in Form ihrer Clientel und des Einflusses ihrer Familie über eine ganz andere Machtbasis als Männer wie etwa

---

[78] Vgl. S. 98. Zu den Handlungen und Motiven des Caelius vgl. Dettenhofer, S. 160f. und S. 163f.
[79] Cic. Rab. perd. 22.
[80] Ronald Syme, The Allegiance of Labienus, RP 1, Oxford 1979 [=JRS 28 (1938), S. 113–125], S. 62–75.
[81] Dies ist die Sichtweise des Dio (Cass. Dio 41,4,4).
[82] Ähnliches gilt auch für Caelius, vgl. Dettenhofer, S. 164.
[83] Dies gilt z. B. für Curio, der u. a. in der Absicht seine politische Karriere voranzutreiben, vom Lager der *boni* auf Caesars Seite wechselte. Dettenhofer, S. 54ff. Vgl. Syme, RR, S. 19f. Vgl. auch Peter A. Brunt, Factions, in: ders., The fall of the Roman Republic and related essays, Oxford 1988, S. 502, der zusammenfassend davon spricht, dass römische Politiker u. a. aus Gründen des persönlichen Vorteils und der persönlichen Verpflichtungen »short-lived combinations« eingegangen waren.

Ventidius, der der eigentlichen Führungsschicht der Senatoren und führenden Ritter nicht angehört hatte.⁸⁴ Für ihn gab es damit kaum eine Alternative zu der Verbindung mit Caesar, wenn er die Gelegenheit zu einer politischen Karriere ergreifen wollte, die sich ihm in der außergewöhnlichen Situation des Bürgerkrieges bieten sollte, denn der Proconsul hatte keine Skrupel und aufgrund seiner Verpflichtung ihm gegenüber auch keine Wahl, die römischen Traditionen hinsichtlich der Ämtervergabe mithilfe seiner Machtstellung zu brechen, die das Ergebnis der Auseinandersetzungen mit seinen Standeskollegen war.

Daher stellt Ventidius unter denen im Anschluss genannten Anhängern Caesars, die wie er als *homines novi* während Caesars Herrschaft, oder zu Beginn des Zweiten Triumvirats in das Consulat gelangen sollten, eine Ausnahmeerscheinung dar.⁸⁵ Dies wird erkennbar an dem Zeitpunkt des jeweiligen Beginns ihrer Laufbahnen und den begleitenden Umständen. Die Übernahme des höchsten Staatsamtes hingegen dürfte die Mehrzahl von ihnen – gleich Ventidius – der herrschenden Bürgerkriegssituation zu verdanken haben.

Rein rechtlich mag der Einstieg des Ventidius in eine politische Karriere auch unter normalen Bedingungen möglich gewesen sein.⁸⁶ Ventidius mangelte es jedoch – wie bereits angesprochen – an der traditionellen Machtbasis eines römischen Politikers: er entstammte keiner einflussreichen Familie, er besaß keine Ahnen, er war Italiker, der zudem einen wenig angesehenen Beruf ausübte und er hatte nicht die auf eine Karriere im Staatsdienst vorbereitende Ausbildung erhalten. Seine finanziellen Möglichkeiten waren vergleichsweise begrenzt⁸⁷ und obwohl Kontakte zu römischen Politikern Bestandteil

---

⁸⁴ Die von seinem Vater – neben dem Vermögen – ererbte Klientel machte Curio zu einem bedeutenden Faktor in der römischen Politik. Vgl. Dettenhofer, S. 45.

⁸⁵ Es würde den Rahmen dieser Darstellung sprengen, auch auf die *homines novi* einzugehen, die nach 40 v. Chr. ihr Amt antraten. Eine ausführlichere Betrachtung ihrer Karrieren wäre nötig, sofern dies die Quellenlage zuließe. Über den Aufstieg des Canidius Crassus etwa, cos. suff. 40 v. Chr., liegen uns kaum aussagekräftige Informationen vor.

⁸⁶ Auf diese Problematik kann hier nicht näher eingegangen werden. Zu den rechtlichen Kriterien der Qualifikation zum Senat vgl. Theodor Mommsen, Römisches Staatsrecht, Bd. 3,2, unveränderter fotomechanischer Nachdruck der dritten Aufl., Leipzig 1888, Darmstadt 1963, S. 867–877. Wolfgang Kunkel, Roland Wittmann, Staatsordnung und Staatspraxis der römischen Republik, Zweiter Abschnitt: Die Magistratur, München 1995, S. 52ff. Syme, RR, S. 84: »Theoretisch konnte sich jeder freigeborene Bürger um die Quaestur bewerben [...].«

⁸⁷ Badian, Zöllner und Sünder, S.142: »Senatoren verfügten natürlich über weit mehr Kapital als *equites* [...].«

seines Berufes waren, wird er nicht in der Lage gewesen sein, auf gewachsene Verbindungen und *amicitiae* zurückzugreifen. Das eine oder andere Kriterium mag auch auf die nachfolgend genannten *homines novi* unter den Caesarianern zutreffen, die – dem Ventidius auch hierin vergleichbar – Caesar in Gallien und/oder im Bürgerkrieg ihre militärische Unterstützung gewährt hatten, die in ihrer Mehrzahl Italiker waren[88] und deren Karrieren dank Caesars Unterstützung und der Bürgerkriegssituation einen erheblichen Schub erfuhren. Dennoch waren sie in der Lage gewesen, ihre politische Karriere bereits vor Beginn des Bürgerkrieges und damit unter ganz anderen Bedingungen anzutreten als Ventidius. Q. Fufius Calenus und C. Trebonius, die in den Jahren 47 und 45 v. Chr. als Consuln amtierten, hatten beide bereits zu Beginn der 50er Jahre ihren Eintritt in die Politik vollzogen gehabt.[89] Über den Beginn der Laufbahn des Consuls von 42 v. Chr., L. Munatius Plancus, haben wir zwar keine Informationen, sein Vater hatte jedoch eine Verbindung mit Cicero gepflegt, und selbst C. Vibius Pansa, der Consul von 43 v. Chr. und Sohn eines von Sulla proskribierten Münzmeisters, hatte 51 v. Chr. das Amt eines Volkstribuns bekleidet.[90] Der bereits angesprochene P. Vatinius, der vermutlich nur wenige Jahre älter war als Ventidius, trat seine Quaestur im Jahre 63 v. Chr. an und verbrachte das darauf folgende Jahr als Legat in Spanien. Asinius Pollio, der 76 v. Chr. geborene Sohn eines Ritters und Consul des Jahres 40 v. Chr., erlangte sein erstes politisches Amt zwar erst im Jahre 49 v. Chr., doch hatte er seine ersten öffentlichen Auftritte in Rom im Jahre 54 v. Chr. – in der klassischen Funktion eines Anklägers.[91] Im selben Jahr schließ-

---

[88] Vermutlich waren nur C. Trebonius und Q. Pedius stadtrömischer Abstammung.
[89] Calenus war vermutlich älter als Ventidius, doch hätte sich dieser theoretisch um das Jahr 60 v. Chr. mit etwa 30 Jahren um die Quaestur bewerben können. Zu Calenus vgl. Broughton, MRR, S. 180, S. 286 und Friedrich Münzer, RE 1,13, s.v. Fufius (Nr. 9 und 10), Sp. 204–207. Zu Trebonius vgl. Broughton, MRR, S. 184, S. 305.
[90] Plancus stammte aus Tibur: Porph. Hor. carm. 1,7,21. Cic. fam. 10,3,2. 13,29,1. Broughton, MRR, S. 357. Zu Pansa: Hans Gundel, RE 2,16, s.v. Vibius (Nr. 16), Sp. 1953–1965 und Broughton, MRR, S. 241, S. 334.
[91] Cic. Vatin. 11f. Vatinius war Praetor 55 v. Chr. (Broughton, MRR, S. 216) und damit etwa 95 v. Chr. geboren. Bertram Haller, C. Asinius Pollio als Politiker und zeitkritischer Historiker. Ein Beitr. zur Geschichte d. Übergangs v. d. Republik zum Prinzipat in Rom (60–30 v. Chr.), Münster 1967, S. 13f., S. 18ff. Broughton, MRR, S. 378. Haller nimmt allerdings an, dass Pollio, dessen Vater aus dem Gebiet der Marucciner kam, bereits in Rom geboren worden war.

lich hatte sich Q. Pedius, Rittersohn und Consul 43 v. Chr., bereits um die Aedilität beworben.[92]

Während die Genannten damit einen Weg in die Politik beschritten hatten, der für die Angehörigen der beiden ersten *ordines* üblich war und darüber hinaus Calenus, Pedius, Plancus, Trebonius und Vatinius gleich dem *nobilis* Antonius und im Gegensatz zu Ventidius als Legaten in Gallien gedient hatten[93], erscheint Ventidius erst im Zuge der Ergänzungen des Senats durch Caesar in den Jahren 47/46 v. Chr. während des von Caesar ausgelösten Bürgerkrieges auf der politischen Bühne Roms – im Alter von etwa 43 Jahren.[94]

Es liegt nahe, in der Herkunft des Ventidius und in seiner gesellschaftlichen Stellung, die nicht so negativ zu bewerten ist, wie uns die Quellen glauben machen wollen, die aber im Vergleich mit den Senatoren und führenden Rittern vom Üblichen abfiel, die Ursache für seinen als verspätet anzusehenden Einstieg in eine politische Karriere zu betrachten. Vermutlich hatte eine solche Laufbahn nicht nur angesichts der zu erwartenden Ablehnung durch die, sondern auch aufgrund der mangelnden Verbindungen zu den maßgeblichen politischen Schichten zunächst außerhalb seines Blickfeldes gelegen und wurde von ihm erst durch den sich abzeichnenden Bürgerkrieg als Option wahrgenommen. Caesars Gegner hatten zu Beginn des Jahres 49 v. Chr. im Falle eines Sieges des Proconsuls die Entlohnung seiner Anhänger mit politischen Ämtern erwartet.[95] Während bis dahin vermutlich finanzielle Motive ausschlaggebend für seine Beteiligung an Caesars Feldzügen waren, dürfte Ventidius spätestens ab diesem Zeitpunkt die Chance gesehen haben, an seiner Seite auch eine politische Karriere zu verfolgen und dabei durch die Ausübung eines Amtes Macht erlangen und seinen gesellschaftlichen Aufstieg bewerkstelligen zu können. Als sich ihm die Gelegenheit schließlich bieten sollte, wird er nicht gezögert haben, sie zu ergreifen:

[92] Cic. Planc. 17. Allerdings unterlag Pedius seinen Gegenkandidaten. Nach Suet. Caes. 83,2 hatte er verwandtschaftliche Beziehungen zu Caesars Familie. Broughton, MRR, S. 336f.
[93] Caes. Gall. 8,39,4 (Calenus). Gall. 5,17,2 (Trebonius). Gall. 5,24,3 (Plancus). Gall. 8,46,4 (Vatinius). Gall. 2,2,1. 2,11,3 (Pedius).
[94] Vgl. S. 63.
[95] Cic. Att. 7,11,1. 10,9(8),2–3: »Denn siegt er [Caesar], dann sehe ich schon, was die Stunde geschlagen hat: Mord, Eingriffe in das Privatvermögen, Rückberufung der Verbannten, Beförderung der größten Lumpen in die Ämter und eine Tyrannei, die nicht einmal ein Perser ertragen könnte, geschweige denn ein Römer.« Plut. Caes. 58. Vgl. Gelzer, S. 172.

Ventidius gelangte im Zuge der von Caesar in den Jahren 47 und 46 v. Chr. vorgenommenen Ergänzungen des Senates in dieses Gremium, spätestens im Jahre 45 v. Chr. bekleidete er das Volkstribunat.[96] Die Zuerkennung[97] dieser Magistratur und die Aufnahme in den Senat sind jedoch nicht nur als die fällige Entlohnung des Ventidius und als der Versuch Caesars anzusehen, ein ihm ergebenes Gremium zu schaffen, als er zuverlässige Leute brauchte, die seine Sache in allen Bereichen des staatlichen Lebens vertraten.[98] Sie zeigen auch, welch großes Vertrauen Caesar zum einen in die Loyalität seines Gefolgsmannes setzte und zum anderen, dass er einen weiterhin uneingeschränkten Einsatz für seine Interessen erwartete. Denn das Volkstribunat bot zu dieser Zeit immer noch die Möglichkeit, eine relativ eigenständige Politik zu verfolgen und es war immer wieder der Ausgangspunkt für eine Opposition gegen die Politik Caesars gewesen, so dass die Besetzung dieses Amtes mit ihm ergebenen Gefolgsleuten eminent wichtig war.[99] Damit besteht die Möglichkeit, Ventidius zum einen zumindest ein Mindestmaß an (innen)politischer Befähigung zu attestieren, auch wenn er natürlich weder die Ausbildung noch die jahrelange Erfahrung eines Vertreters der politischen Klasse Roms besessen hatte. Zum anderen bestätigt dies nochmals die Aussage des Gellius, der seine Zuverlässigkeit bei der Ausführung der ihm aufgetragenen Befehle als Ursache

---

[96] Gell. 15,4,3. Dio berichtet über die Ergänzungen des Senats im Abschnitt über die Maßnahmen des Jahres 47 v. Chr. (Cass. Dio 42,51,5) und an einer Stelle, die sich auf das Jahr 46 v. Chr. bezieht (Cass. Dio 43,47,3). Eine genauere Angabe ist nicht möglich. Broughton, MRR, S. 308, datiert die Ausübung des Volkstribunats durch Ventidius ins Jahr 45 v. Chr., versieht diese Angabe allerdings mit einem Fragezeichen und dem Hinweis, dies sei der späteste mögliche Termin, da die Tribunen des folgenden Jahres alle bekannt sind.

[97] Zu den Magistratswahlen unter Caesar vgl. Hinnerk Bruhns, Caesar und die römische Oberschicht in den Jahren 49–44 v. Chr. Untersuchungen zur Herrschaftsetablierung im Bürgerkrieg, Göttingen 1978, S. 157ff. Die Wahlen der Magistrate für das Jahr 46 v. Chr. und die Wahl der Volkstribune (und der plebeiischen Aedile) für das Jahr 45 v. Chr. verliefen formal nach dem Herkommen (Bruhns, S. 158. Cass. Dio 43,47,1. Zum Jahr 45 v. Chr.: Suet. Caes. 76,2). Die »Monopolisierung der Wahlleiterfunktion« stellte sicher, dass die von Caesar gewünschten Kandidaten gewählt wurden (Bruhns, S. 166).

[98] Vgl. Gelzer, S. 243/S. 244: »So schuf er [Caesar] sich zuverlässige Regierungsorgane.«

[99] Vgl. Bruhns, S. 157. Einige der Tribunen hatten Caelius 48 v. Chr. gegen den Senat und Caesars Mitconsul Servilius unterstützt (Cass. Dio 42,23,1). Bekannt ist die Opposition des Tribunen Pontius Aquila (Suet. Caes. 78). Eine Aufgabe der Volkstribune beschreibt Cass. Dio 43,27,2: Caesar habe im Jahre 46 v. Chr. Verbannte mit Hilfe »gewisser Volkstribune« zurückkehren lassen.

für seine Aufnahme in den Senat bezeichnet.[100] An dieser Einschätzung hielt Caesar offensichtlich fest, denn Ventidius wurde zu Beginn des Jahres 44 v. Chr. im Zuge der Vorbereitungen für den Partherkrieg und der damit zusammenhängenden Bestimmung der Magistrate für den prognostizierten Zeitraum des Feldzuges zum Praetor für das Jahr 43 v. Chr. ernannt, eine für Dio äußerst bemerkenswerte Tatsache.[101]

Ventidius hatte sich durch seine Leistung auf dem militärischen Sektor, die in Rom seit jeher ein Sprungbrett für eine politische Karriere gewesen war, für selbige qualifiziert. Die Bewährungsprobe auf dem innenpolitischen Parkett, auf dem Forum, hingegen war der Oberschicht vorbehalten[102] und ihm verwehrt geblieben: es war die Ausnahmesituation des Bürgerkrieges gewesen, die es ihm erlaubt hatte, seine Laufbahn zu beginnen. Diesen Umständen war es offensichtlich ebenfalls geschuldet, dass auch andere Caesarianer wie etwa C. Rabirius Postumus, dem als führendem *publicanus* und damit Mitglied der Oberschicht ein Einstieg in die Politik grundsätzlich früher schon möglich gewesen wäre, der daran aber kein Interesse gezeigt hatte, oder mit Aulus Hirtius ein weiterer der mit besonderen Aufgaben betrauten Spezialisten militärische Führungsaufgaben und hohe politische Ämter übernahmen.[103] Einen anderen Weg indessen beschritten Oppius und Balbus: Sie verzichteten auf öffentliche Ämter und Kommandos und zogen es vor, ihre Tätigkeit im Dienste der Interessen Caesars im Hintergrund auszuüben; damit vertraten sie eine Herrschaftsauffassung, die bereits auf das Prinzipat verweist.[104]

Der Senat Caesars war, wie Syme gezeigt hat, nicht so übel beleumdet, wie uns die Quellen suggerieren wollen.[105] Sie geben jedoch die dominierende Meinung der regierenden Nobilität wieder. Somit war es – um nochmals darauf hinzuweisen – nicht nur der soziale Status der Anhängerschaft Caesars, der das Entsetzen der *nobiles* hervorrief – an deren gesellschaftlicher Stellung machte sich vielmehr deren Empörung fest –, sondern auch die Tatsache, dass sie Anhänger des Dictators Caesar waren und sie in ihrer Berufung in das Gremium nicht nur ein

---

[100] Gell. 15,4,3.
[101] Cass. Dio 43,51,4.
[102] Vgl. Dahlheim, Caesar, S. 48, S. 73f.
[103] Zu Rabirius: Bell. Afr. 8,1. 26,3. CIL III 7239. Die Überlieferung ist allerdings bei beiden lückenhaft, vgl. Friedrich Vonder Mühll, RE 2,1, s.v. Rabirius (Nr. 6), Sp. 25ff. Friedrich Vonder Mühll, RE 1,16, s.v. Hirtius (Nr. 2), Sp. 1965f.
[104] Vgl. Malitz, Die Kanzlei Caesars, S. 58, S. 71f.
[105] Syme, RR, S. 84ff.

Sinnbild von dessen Allmacht verkörperten, sondern dass diese Gefolgsleute dadurch auch in die bisherigen Vorrechte der Nobilität, d. h. konkret in die Regierung des Staates eingriffen und somit die alte regierende Schicht obsolet zu werden drohte.[106]

Zum Schluss ist es nötig, eine These von Ronald Syme anzusprechen, der zufolge sich zu Beginn des Bürgerkrieges 49 v. Chr. viele Italiker unter Caesars Fahne eingefunden hätten, da sie zu den alten Parteigängern des Marius und zu den Unterlegenen des Bundesgenossenkrieges gehört hätten.[107] Bruhns hat jedoch gezeigt, dass von einer generellen Sympathie der Italiker für das Vorgehen Caesars nicht die Rede sein kann.[108] Zwar können Motive, die auf einer vergangenheitsbedingten *inimicitia* gegenüber der Familie des Feldherrn Pompeius Strabo beruhen, der im Bundesgenossenkrieg die Heimat des Ventidius verwüstet hatte, nicht von vornherein ausgeschlossen werden, doch wenn diese ausschlaggebend gewesen wären, hätte Ventidius' Anbindung an Caesar keinen Sinn ergeben, da dieser zum mutmaßlichen Zeitpunkt des Anschlusses ein Verbündeter des Pompeius gewesen war. Die Ursache für die Parteinahme des Ventidius im Bürgerkrieg ist in erster Linie in dem Wunsch zu sehen, durch den Anschluss an Caesar die Möglichkeit eines gesellschaftlichen Aufstieges wahrzunehmen. Als Widersacher im Bürgerkrieg betrachtete er daher diejenigen Persönlichkeiten, oder in der Diktion der procaesarianischen Propaganda die *factio*[109], die den Interessen Caesars und damit seinen eigenen Interessen im Weg standen. Dass der Führer der gegnerischen Gruppierung der Sohn des Pompeius Strabo war, könnte Ventidius möglicherweise als positiven Nebeneffekt betrachtet haben, entscheidend für sein Parteiverhalten im Bürgerkrieg war es sicherlich nicht.

---

[106] Cic. Att. 10,9(8),2–3. Cic. fam. 9,21(15),3.
[107] Syme, RR, S. 95f. und S. 97 zu Ventidius.
[108] Bruhns, S. 81ff.
[109] Vgl. Sall. ep. 2,11,6.

IV. Im Lager des Antonius

Nach der Ermordung Caesars[1] wird Ventidius sicherlich nicht lange gezögert haben, sich Antonius anzuschließen. Appian bezeichnet Ventidius als Αντωνίῳ φίλος, in einer Darstellung, die sich zwar auf den Zeitraum Dezember 44 v. Chr. bis März 43 v. Chr. bezieht.[2] Aber Antonius präsentierte sich, wie Matijević dargelegt hat, in den ersten Wochen nach den Iden des März als Politiker, der zum einen den Ausgleich der Interessen der verschiedenen politischen Gruppierungen vorantrieb und den Staat als Consul auf traditionelle Weise in Kooperation mit dem Senat führte.[3] Zum anderen band er frühzeitig viele der ehemaligen Parteigänger Caesars durch die Sicherstellung ihrer vom Dictator verliehenen Privilegien an sich, um so seine eigene Position zu festigen.[4] Zu dieser Gruppe wird man auch Ventidius zählen dürfen, der angesichts seines sozialen Hintergrundes und als designierter Praetor besonderes Interesse an der Bestätigung seiner erst vor kurzem erkämpften gesellschaftlichen Stellung hatte. Dazu war aber die Gruppierung um die ehemaligen Vertrauten Caesars, Oppius, Balbus und Matius, die Angehörigen seiner sog. Kanzlei, und Octavian, der alsbald an ihrer Spitze stehen sollte, mangels politischer Funktionen zu diesem Zeitpunkt nicht in der Lage.[5] Da sie sich, im Gegenteil, gegen den Ga-

---

[1] Ventidius' Aufenthaltsort an den Iden des März 44 ist nicht bekannt. Vgl. Ciceros Bemerkung (de div. 2,23), Caesar sei in dem Senat ermordet worden, dessen Mitglieder zum großen Teil von ihm ernannt worden waren.

[2] App. civ. 3,66,270.

[3] Kresimir Matijević, Marcus Antonius. Consul – Proconsul – Staatsfeind. Die Politik der Jahre 44 und 43 v. Chr., Rahden/Westf. 2006, S. 98f.

[4] Matijević, S. 99f. Die Gültigkeit der *acta caesaris* wurde bekanntermaßen in der Senatssitzung am 17.3. bestätigt (App. civ. 2,128,535–537. 2,135,563f. Cic. Att. 16,16(14),1. Cass. Dio 44,33,3–34,3). Am 2. Juni wurden den Consuln die Entscheidung über die Rechtsgültigkeit der Acta durch die *lex antonia cornelia de acta caesaris confirmandis* übertragen (Cic. Att. 15,31C,2[=16,16C,2]), vgl. Matijević, S. 135.

[5] Vgl. Ulrich Gotter, Der Diktator ist tot! Politik in Rom zwischen den Iden des März und der Begründung des Zweiten Triumvirats, Stuttgart 1996, S. 61: Die Macht Oppius', Balbus' und Matius' entsprach nicht ihrer sozialen Stellung, daher »waren sie nach den Iden des März ihrer Funktion beraubt«. Matijević, S. 100, macht deutlich, dass Antonius die Wünsche dieser Gruppierung, u. a. nach Rache für Caesar nicht erfüllen konnte. Diese Rolle wurde von Octavian übernommen, dennoch blieb dieser Gruppe mangels Senatoren nur das »populare Betätigungsfeld« (Matijević, S. 125. S. 133). Zur Rolle des Balbus beim Aufstieg des Octavian,

ranten von Ventidius' Stellung, Antonius, zu positionieren begannen, wird Ventidius einen Anschluss an den Erben Caesars kaum erwogen haben.[6] Ob eine persönliche Bindung an Antonius bei Ventidius' Entscheidung eine Rolle spielte, ist ungewiss.[7]

Der politische Kurswechsel des Antonius, der ihn von einer optimatischen Politik Abstand nehmen ließ[8], wird von Ventidius wahrscheinlich aus folgender Überlegung heraus begrüßt worden sein: Nur in Opposition zu der alten Führungsschicht der *nobiles* würde es ihm möglich sein, seine politische Karriere über das bisher Erreichte fortzuführen. Die Haltung, die von den Republikanern[9] ihm gegenüber aufgrund seiner Herkunft und der bisherigen Form seines Aufstieges eingenommen wurde, ließen ihm vermutlich keine Wahl, als weiterhin auf Wege zu setzen, die außerhalb der bekannten Koordinaten der *res publica* gelegen waren. Diese Wege waren allerdings nur in einer Ausnahmesituation begehbar, wie sie in den Jahren 49–44 v. Chr. geherrscht hatte.[10] Ob er nun aktiv auf die Herbeiführung einer Konfrontation gedrängt hat, wissen wir ebenso wenig, wie wir beurteilen können, ob er sich vor den von ihm vorgenommenen Aushebungen Ende 44 v. Chr. in einer Position befand, in der Antonius ihn als Ratgeber anhörte. Ein Wechsel auf die Seite der Republikaner unter Ciceros Führung wäre in

---

vgl. Alföldi, Octavians Aufstieg zur Macht, Bonn 1976, S. 31–54 und der Überblick über die Forschungsdiskussion bei Matijević, S. 116ff.

[6] Vgl. Matijević, S. 124ff, der S. 128 feststellt, dass das Verhältnis zwischen Antonius und Octavian von Beginn an eines von Kontrahenten war.

[7] Persönliche Bindungen können selten als Hauptgrund für die Wahl politischer Bindungen angeführt werden. Vgl. Peter A. Brunt, *Amicitia* in the Late Roman Republic, in: ders., The fall of the Roman Republic and related essays, Oxford 1988, S. 351–381. Vgl. aber Dettenhofer, S. 98f. zu Caelius.

[8] Nach Matijević, S. 373, im April 44 v. Chr.

[9] Die Republikaner waren jedoch keine homogene Gruppe, wie Dettenhofer gezeigt hat: Brutus scheint in den ersten Tagen nach Caesars Ermordung eine Versöhnungs- und Einigungspolitik betrieben zu haben. Die Konzeption beruhte allerdings auf der Einigkeit der *Nobilität* (S. 279f.). Daneben stellt Dettenhofer die »radikaleren Verfechter« der alten Ordnung unter Cicero und Cassius (S. 280). Matijević stellt, S. 120, heraus, dass die *factiones* in dieser Zeit »keine starren und fest gefügten Gebile waren«.

[10] Cic. Att. 10,9(8),2–3. Cic. Att. 9,21(18),2. Die hier dokumentierte Einstellung der Optimaten gegenüber der Anhängerschaft Caesars hatte sich gewiss nicht gewandelt. Der verächtliche Ausspruch Plancus', »Ventidius [der] Maultiertreiber[...]«, fällt ins Jahr 43 v. Chr. (Cic. fam. 10,21(18),3). Erinnert sei auch an die Auseinandersetzungen unter den Aristokraten in Pompeius' Feldlager, die noch vor der Entscheidungsschlacht von Pharsalos um die zukünftige Verteilung der Magistraturen, Priesterämter und Güter der Gegner stritten. Caes. civ. 3,82,3–3,83,4.

der sich im Herbst des Jahres 44 v. Chr. anbahnenden Auseinandersetzung für Ventidius jedoch unmöglich gewesen, weil eine Annäherung der *nobiles* an Emporkömmlinge wie Ventidius kaum denkbar gewesen wäre. Das Angebot seiner Hilfe hätten sie wohl angenommen, seiner zwangsläufigen Forderung, nach Fortführung seiner politischen Karriere hätten sich die Verfechter der traditionellen *res publica* aber in den Weg gestellt.[11] Denn: Es war nicht nur Bestandteil ihres Selbstverständnisses, sondern auch ursächlich für die Verschwörung gegen den Dictator, dass sie ihre althergebrachten Ansprüche auf die Regierung des Staates gegen die Alleinherrschaftsambitionen eines Standesgenossen zu verteidigen suchten.[12] Notwendigerweise gehörte dazu aber auch, die Beteiligung der Anhänger des Dictators an der Macht im Staat zu verhindern, die das Vorrecht der Nobilität gewesen war. Die Ermordung Caesars wird von Ventidius auch als Zeichen ihrer Gegnerschaft ihm gegenüber aufgefasst worden sein.

1. Praetor und Staatsfeind: Die Rolle des Ventidius im Jahre 44 v. Chr. und in den Ereignissen um Mutina im Jahre 43 v. Chr.

1.1 Die Truppenaushebungen für Antonius

Die Tätigkeit, die Ventidius bis zum Ende des Jahres 44 v. Chr. ausübte, ist anhand der Quellen nicht ersichtlich. Dennoch gab es Versuche, sie zu bestimmen: Schmidt äußerte die Ansicht, Ventidius habe im Sommer des Jahres mit der Anwerbung zweier Legionen für Antonius begonnen, die er diesem im Frühjahr 43 v. Chr. zuführte.[13] Diese Interpretation ist das Ergebnis einer Kombination der Nachrichten in Ciceros Briefen mit einer von Appian überlieferten und auf den ersten Blick sehr seltsam anmutenden Geschichte, die von einem angeblichen Marsch des Ventidius auf Rom berichtet, der dort Cicero habe festnehmen wollen.[14]

Als Cicero Anfang Juli 44 v. Chr. plante, von Puteoli nach Grie-

---

[11] Das angeblich von Cicero (fam. 11,18(20),1) stammende bekannte Bonmot, Octavian sei zu loben, auszuzeichnen und zu befördern (ins Jenseits), gibt die Haltung eines *nobilis* gegenüber einem zunächst als nützlich erachteten Emporkömmling treffend wieder. Vgl. Gotter, S. 188 mit Anm. 108.
[12] Vgl. Dahlheim, Caesar, S. 239f.
[13] Otto Eduard Schmidt, P. Ventidius Bassus, Philologus 51 (1892), S. 198–211.
[14] App. civ. 3,66,269–271.

chenland zu reisen, um dem Wirkungsbereich des Consuls Antonius zu entfliehen[15], diskutierte er mit Atticus die sicherste Reiseroute.[16] Cicero fürchtete einerseits die bald erwartete Ankunft der makedonischen Legionen in Brundisium, andererseits die Piratenschiffe des Sextus Pompeius; vor Ventidius dagegen glaubte er keine Angst haben zu müssen, da er die diesbezüglichen Gerüchte für eine Ente halte.[17] Nachdem Brutus einer gemeinsamen Seereise mit Cicero eine Absage erteilt hatte, favorisierte der Redner am 9. Juli die Reise über Land nach Brundisium[18], deren Route er zwei Tage später gegenüber Atticus konkretisierte.[19] In letzterem Brief liegt jedoch eine Textverderbnis vor, die Schmidt korrigierte, indem er »*De Tutia: ita putaram. De Aebutio: non credo nec tamen curo plus quam tu*« zu »*De tuta via dubitaram, de Ventidio non credo; nec tamen curo plus quam tu*« verbesserte.[20] Aus der vorgenommenen Emendation gehe hervor, so Schmidt, dass die Gerüchte über Ventidius zu diesem Zeitpunkt immer noch vorhanden waren, auch wenn Cicero ihnen an diesem Tag noch immer keine Bedeutung beimaß.[21] Da Cicero am 17. Juli aber schließlich doch – trotz der Piratengefahr – eine Seereise an der Küste entlang nach Syrakus antrat, um von dort aus nach Griechenland überzusetzen, bedeute dies, dass sich die Gerüchte über Ventidius letztendlich bewahrheitet hätten[22] und dieser in den Veteranenkolonien in Campanien mit der Anwerbung der Legionen für Antonius begonnen habe, die Appian dann fälschlicherweise ins Frühjahr 43 v. Chr. datiert hätte. Ein von Nonius überliefertes Fragment eines Briefes von Cicero an Pansa zeige, dass der Redner die Gefahr schließlich erkannt und seine Reiseroute geändert habe: »*nos Ventidianis rumoribus calfacimur.*«[23]

---

[15] Vgl. Fuhrmann, S. 240ff.
[16] Cic. Att. 16,1,3 vom 8. Juli. 16,3(4),4 vom 10. Juli. 16,4(2), 4–5 vom 11. Juli.
[17] Cic. Att. 16,1,3.
[18] Cic. Att. 16, 2(5),3.
[19] Cic. Att. 16,4(2),4–5. Vgl. Schmidt, P. Ventidius Bassus, S. 201f.
[20] Schmidt, P. Ventidius Bassus, S. 203. Vgl. Anm. 22.
[21] Schmidt, P. Ventidius Bassus, S. 203f.
[22] Schmidt, P. Ventidius Bassus, S. 203: »Erstens passt der Gedanke ganz vorzüglich. An die genaue Bezeichnung der Reiseroute knüpft Cicero das Schlußurteil: ›Allerdings bin ich über die Sicherheit des Weges im Zweifel, obwohl ich an die Gerüchte über Ventidius nicht glaube; immerhin ist meine Sorge um meine Person noch nicht so groß wie die, die du als liebender Freund um mich hast‹.« Zudem sei ein Hörfehler beim Diktieren aufgrund des Gleichklanges der beiden Versionen sehr gut möglich und Cicero habe sich schon in 16,3(4),4 im Zweifel über die Sicherheit des Weges befunden.
[23] Cic. ad Pansam lib. III (3), Non. p. 92,16. Schmidt, P. Ventidius Bassus, S. 204.

Matijević hat jüngst die Emendation Schmidts als zu großen Eingriff in den Text betrachtet und dessen Argumentation verworfen.[24] Zu Recht, denn sollte Ventidius tatsächlich schon zu diesem Zeitpunkt, im Juli 44 v. Chr., mit der Anwerbung der beiden Legionen begonnen haben, wäre es schwer zu erklären, weshalb diese Antonius nicht bereits Ende des Jahres 44 v. Chr. zur Verfügung gestanden hatten.[25] Eine so frühzeitige Aufstellung dieser Legionen müsste auch einen Widerhall in den Schriften Ciceros gefunden haben, der ein Herannahen des Ventidius jedoch erstmalig in der 12. Philippica Anfang März erwähnt.[26] Matijević weist darauf hin, dass Cicero selbst am besten über die vermeintlichen Anwerbungen hätte informiert sein müssen, da sie sich in unmittelbarer Nachbarschaft Ciceros zutrugen. Die kurzfristige Änderung, die der Redner an seiner Reiseroute vornahm und die ihn veranlasste, den Landweg zu meiden, erklärt er sich mit dessen Furcht vor der von ihm erwarteten Ankunft der makedonischen Legionen.[27] Der Inhalt des Gerüchts oder der Gerüchte bezüglich Ventidius, die er Anfang Juli zu Gehör bekam, ist letztlich nicht zu bestimmen, wie Matijević zu Recht urteilt.[28]

Es ist daher nicht ersichtlich, wo sich Ventidius im Sommer 44 v. Chr. aufgehalten hat. Botermann beurteilt zwar die Möglichkeit von Aushebungen negativ, sie vermutet jedoch, Antonius habe Ventidius in dieser Zeit zur Beaufsichtigung bzw. Kontrolle der in Campanien angesiedelten caesarischen Veteranen beordert.[29] Botermann stützt sich dabei jedoch auf die Interpretation Schmidts.[30] Zwar würde eine Entsendung des Ventidius zu den angesiedelten Veteranen Caesars gut zu der von Antonius nach den Iden des März betriebenen Politik passen, deren

[24] Matijević, S. 275. Er weist zudem daraufhin, dass keine der ihm bekannten Ausgaben der Cicero-Briefe Schmidt gefolgt ist. Zur möglichen Verderbtheit von Tutia und Aebutio, vgl. D. R. Shackleton Bailey, Cicero's letters to Atticus, Bd. 6, Cambridge 1967, S. 279 und S. 287.
[25] Vgl. Walter Schmitthenner, The Armies of the Triumviral Period, D. Phil. Thesis (Maschinenschrift), Oxford 1958, S. 190, Anm. 36.
[26] Cic. Phil. 12,20. 12, 23. So auch Matijević, S. 275.
[27] Matijević, S. 275 mit Anm. 459. Die makedonischen Legionen trafen tatsächlich erst im Oktober 44 v. Chr. in Brundisium ein, vgl. Cic. fam. 12,21(23),2. Das habe Cicero jedoch nicht wissen können. Allerdings hielt es Cicero am 11.7. noch für einfacher, sich den Legionen auf dem Weg nach Brundisium zu entziehen, als den Piraten aus dem Weg zu gehen (Att. 16,4(2),4).
[28] Matijević, S. 278. Das Fragment des Briefes an Pansa lib. III (3), Non. p. 92,16, gehört vielleicht in das Frühjahr 43 v. Chr. Vgl. S. 78.
[29] Botermann, S. 41. S. 76. S. 195.
[30] Botermann, S. 41. S. 46. Vgl. Matijević, S. 275, Anm. 460.

Ziel es war, seinen Führungsanspruch gegenüber diesen zu festigen und deren Machtpotential für seine Zwecke auszunutzen, wie wiederum Botermann deutlich gemacht hat.[31] Appian zufolge bestand zwischen Ventidius und den Veteranen der in Campanien angesiedelten Legionen sieben und acht ein Bekanntschafts- oder Vertrauensverhältnis. Damit wäre Ventidius als Verbindungsmann zu diesen Legionen hervorragend geeignet gewesen. Eine Anwesenheit des Ventidius in Campanien lässt sich jedoch abgesehen von der Bemerkung Ciceros, er schenke den Gerüchten über Ventidius keinen Glauben, durch keine Hinweise in den Quellen untermauern.[32]

In den Quellen erscheint Ventidius wieder in dem bereits angesprochenen Bericht des Appian, der von seinen Anwerbungen berichtet und als Ziel die Beseitigung der Bedrückung Roms durch Cicero nennt, ein Vorhaben, dem durch die Flucht des Redners schließlich Erfolg beschieden gewesen sei.[33] Appian berichtet von dieser Begebenheit im Kontext des Mutinesischen Krieges im Frühjahr 43 v.Chr. Von Interesse ist diese Episode besonders deswegen, weil die Initiative für die Anwerbungen nach Appian ausdrücklich von Ventidius ausgeht und damit das Bild eines nur auf Anweisung anderer handelnden Befehlsempfängers, das Gellius gezeichnet und das hier bisher Bestätigung erlangt hat, eine deutliche Veränderung erfährt.[34]

Die Forschung ist Appians Darstellung mit Skepsis begegnet.[35] Diese ist jedoch nur teilweise berechtigt. Denn die Schilderung gibt offensichtlich die Sichtweise der Antonianer wieder[36], was in der Vorlage des Appian begründet sein mag und sie enthält mehr zutreffendes,

---

[31] Botermann, S. 19ff. Dazu gehörte die Befriedigung der Interessen der Veteranen durch die *lex antonia agraria*, die Durchsetzung der Gesetze über die geänderte Verteilung der Provinzen des Antonius und des Dolabella und die Bildung einer von Appian als Leibwache bezeichneten Truppe von Evocaten (App. civ. 3,4,13). Vgl. Matijević, S. 111f.

[32] Cic. Att. 16,1,4

[33] App. civ. 3,66,269–271.

[34] Gell. 15,4,3 betont die eifrige Pflichterfüllung, die Ventidius – allerdings bezogen auf die Zeit, die er unter Caesar diente – an den Tag gelegt hatte.

[35] Schmidt, P. Ventidius Bassus, S. 204, vermutet, die Darstellung des Appian habe aufgrund der zeitlichen Übereinstimmung der Abreise Ciceros nach Griechenland und des von ihm angenommenen Beginns der Anwerbungen des Ventidius in Campanien im Sommer 44 v.Chr. die Abreise Ciceros und den Marsch des Ventidius nach Norden vermengt. Emilio Gabba, Appiano e la storia delle guerre civili, Florenz 1956, S. 170, Anm. 2, hält die Geschichte für ein reines Phantasiegebilde. Vgl. Matijević, S. 276, Anm. 461.

[36] So bereits Eduard Schwartz, RE 1,3, s.v. Appianus (Nr. 2), Sp. 233.

als ein erster Blick zu erkennen vermag: Cicero war nach eigenem Bekunden im Frühjahr 43 v. Chr. die zentrale politische Kraft in Rom[37], eine Aussage, die er – gerade nach dem Abgang der Consuln nach Mutina – zu Recht traf, wie Fuhrmann betont.[38] Appian berichtet, Cicero habe die Geschäfte unter Einsatz demagogischer Mittel geführt, womit die Philippica gemeint sein dürften.[39] Darauf folgt die Angabe, Cicero habe Waffen anfertigen lassen.[40] Ciceros Politik zielte bekanntermaßen auf einen Krieg gegen Antonius.[41] Die Beschlüsse des Senats, einen Consul zum Heer abgehen und Aushebungen in Italien vornehmen zu lassen, entsprachen diesem Ansinnen.[42] Daraus resultierte aber auch die Notwendigkeit, die Rekruten zu bewaffnen. Die Beobachtung Appians, Cicero habe Rüstungen betreiben lassen, ist damit richtig. Die rege Aktivität Ciceros rief jedoch den Widerstand der Antonianer hervor, die daher mit Kompromissvorschlägen auf sein Vorgehen antworteten[43] und die Öffentlichkeit in ihrem Sinne zu beeinflussen versuchten, wie die Gerüchte um eine angeblich bevorstehende Diktatur Ciceros zeigen.[44] Aus Sicht der Parteigänger des Antonius war die Bedrückung durch Cicero[45] somit tatsächlich gegeben und diente damit, so auch Matijević, zur Legitimation der Aushebungen durch Ventidius.[46]

Ein Magistrat mit Imperium, dem die Durchführung eines *dilec-*

---

[37] Cic. ad Brut. 1,2: »[…] wo ich mir die schwere Aufgabe gestellt habe, das Ruder des Staates zu führen […].«

[38] Fuhrmann, S. 285. Syme, RR, S. 154, dagegen bezeichnet die Lage im Staat als verworren, Parteien und Personen als uneinig. Cicero hatte wohl nicht die alleinige Kontrolle über die Politik des Staates, war jedoch sicherlich einer seiner prägenden und aktivsten Akteure. Vgl. Matijević, S. 229 und S. 237 zur Senatssitzung am 20.12. 44: »Der Senat selbst zeigte sich gegen die Überzeugungskraft Ciceros machtlos.«

[39] App. civ. 3,66,269. In Appians Bericht über die Ermordung des Cicero (App. civ. 5,19,73) wird die Auffassung, Cicero habe zu dieser Zeit eine starke Machstellung besessen, ebenfalls vertreten.

[40] App. civ. 3,66,269.

[41] Syme, RR, S. 170. Botermann, S. 55.

[42] Cic. Phil. 7,12–13.

[43] Vgl. Syme, RR, S. 177f., Matijević, S. 306, S. 376.

[44] Cic. Phil. 14,14. Vgl. Fuhrmann, S. 272.

[45] App. civ. 3,66,270. Vgl. Schwartz, RE 1,3, s. v. Appianus (Nr. 2), Sp. 232: »[B]ei allen Entstellungen und Erfindungen sind die grossen Züge richtig und scharf herausgearbeitet, ein Teil der Erfindungen dient geradezu diesem Zweck.« Die Kontributionen, die Cicero den Antonianern habe auferlegen lassen, könnte eine solche Erfindung sein.

[46] Matijević, S. 276.

tus vorbehalten war, bedurfte im Regelfall eines vorherigen Senatsbeschlusses, um die Aushebungen vornehmen zu können.[47] Zwar wurde diese Regel durch die Aufstellung von Armeen durch Privatleute in den Bürgerkriegen konterkariert[48], doch grundsätzlich wird sie auch im Jahre 44 v.Chr. noch Bestand gehabt haben, wie aus einem Brief Ciceros an Decimus Brutus hervorgeht.[49] Das gleiche gilt meines Erachtens auch für die *evocatio* der Veteranen Caesars, die neben einigen Rekruten den personell größten Anteil[50] an den von Ventidius ausgehobenen Legionen stellten: Auch hier hätte – streng genommen – vermutlich ein Beschluss des Senates vorangehen müssen.[51]

[47] Kunkel-Wittmann, S. 330ff. Nach Theodor Mommsen, Römisches Staatsrecht, Bd. 1, unveränderter fotomechanischer Nachdruck der dritten Auflage, Leipzig 1887, Darmstadt 1963, S. 119, ging der Senatsbeschluss dem Dilectus »gewöhnlich« voraus, sei jedoch gerade bei einer »gewöhnlichen Aushebung von je zwei Legionen für jeden Consul« wohl nicht »verfassungsmässig nothwendig«. Mommsen weist daraufhin, dass die Vollmacht des Senates von den Quellen nicht ausdrücklich gefordert wird (Staatsrecht, Bd. 3, S. 1075). An anderer Stelle betrachtet er die Aushebung als abhängig vom Senatsbeschluss (Staatsrecht, Bd. 2,1, S. 96).

[48] Es sei nur auf das bekannteste Beispiel verwiesen, auf Pompeius (App. civ. 1,80,366. Plut. Pomp. 6).

[49] Cic. fam. 11,7,2–3. Cicero fordert D. Brutus auf, nicht auf eine Ermächtigung des Senates zu warten, um gegen Antonius Widerstand zu leisten, was die zuvor notwendigen Rüstungen sicherlich mit einschloss. Bezeichnend ist auch der Hinweis im selben Brief, Brutus habe sich schon zweimal festgelegt – d.h. ohne Ermächtigung des Senates gehandelt, wie aus der vorangegangenen Bemerkung hervorgeht: »[D]er Wunsch des Senates muß Dir als Ermächtigung gelten, wenn die ausdrückliche Ermächtigung unterbleibt« –, an den Iden des März und dadurch, so Cicero, »daß Du eine neue Armee aufstelltest und Magazine anlegtest«. D. Brutus amtierte zwar nicht als Magistrat, sondern als Promagistrat, das macht in dieser Frage meines Erachtens jedoch keinen Unterschied.

[50] D. Brutus bei Cic. fam. 11,11(10),3.

[51] Drei Zeugnisse deuten meines Erachtens darauf hin, dass der Senat die *evocatio* zu genehmigen hatte: Die von Marius gewünschten Aushebungen wurden vom Senat bewilligt (Sall. Iug. 84,2–3). Cicero hatte 51 v.Chr. als Proconsul »nach Senatsbeschluß ein starkes Aufgebot von Reservisten«(Cic. fam. 15,4,3) unter einem eigenen Praefecten (Cic. fam. 3,6,5) aufgeboten. Auch Antonius erhielt die Erlaubnis, sich im Frühjahr 44 v.Chr. eine Leibwache aus den Veteranen Caesar zu bilden, ausdrücklich vom Senat (App. civ. 3,4,13–5,15). Pompeius hatte 49 v.Chr. viele *evocati* in seinem Heer (Caes. civ. 1,3,2), doch dies war sicherlich durch den Senatsbeschluss zu Beginn des Jahres gedeckt (Cass. Dio 41,3,3–4). Matijević, S. 278, betrachtet die Reaktivierung von *evocati* durch Ventidius als legal, doch es erscheint mir kaum glaubhaft, dass der Senat die Aushebungen, seien es Rekruten, seien es Ehemalige nicht zu kontrollieren verlangte, auch wenn dieses Recht möglicherweise auf Gewohnheit basierte (vgl. Anm. 47).

Einen Hinweis auf den Zeitpunkt der Aushebungen können wir daher dem Argument zu ihrer Legitimierung nicht entnehmen, denn ohne Autorisierung durch den Senat wären sie sowohl unter der Leitung des Praetors Ventidius im Jahre 43 v. Chr. als auch unter der des Consuls Antonius mit Ventidius als Beauftragtem im Jahr zuvor als unrechtmäßig zu betrachten gewesen, ganz zu schweigen von einer eigenmächtigen Vorgehensweise des Ventidius als Privatmann ohne offiziellen Auftrag eines Magistrats. Allerdings: Von Syme und Matijević wurde – unter anderen – die rechtliche Situation des Antonius in der Auseinandersetzung mit D. Brutus, Cicero und den meuternden Legionen dahingehend bewertet, Antonius im Recht zu sehen.[52] Die Aushebungen des Octavian waren illegal und eigene Rüstungen hätte der Consul als notwendige Verteidigungsmaßnahme gegen den Erben Caesars rechtfertigen können.[53] Doch auch eine solche Notstandsmaßnahme hätte vom Senat sanktioniert werden müssen[54], wozu er allerdings spätestens Ende Dezember 44 v. Chr. nicht mehr in der Lage gewesen ist, da er, so die von Appian wiedergegebene Sichtweise der Antonianer, von Cicero kontrolliert wurde – ein Standpunkt, der – wie erwähnt – durchaus seine Berechtigung hat.[55] Es ist daher auch fraglich, ob der vorgebrachte Rechtfertigungsgrund in erster Linie dazu diente, eine illegale Vorgehensweise des Ventidius zu verschleiern, oder ob Appian oder seiner Vorlage nicht viel mehr daran gelegen war, den Leser durch eine moralische Argumentationsweise zu überzeugen.

Wie ist der ausdrückliche Hinweis der Darstellung Appians auf die Eigeninitiative des Ventidius zu bewerten?[56] Zunächst scheint mir die

---

[52] Verfassungsrechtlich bedenklich war etwa die Forderung Ciceros, Antonius zu ächten. Vgl. Syme, RR, S. 175 mit Anm. 18, S. 599. Auch die Legalisierung der Aushebungen Octavians kann man kritisch betrachten, vgl. Syme, RR, S. 154f. Syme, RR, S. 170: Diese Legalisierung »bedeutete die Machtergreifung durch den Senat – oder eher durch eine Partei im Senat – und Krieg gegen den Prokonsul Antonius«. Vgl. Matijević, S. 220ff.

[53] Vgl. Matijević, S. 192.

[54] Cass. Dio 41,3,3–4. Cic. Phil. 6,16. Vgl. Kunkel-Wittmann, S. 228ff. mit weiteren Quellenbelegen. Die *evocatio* ehemaliger Soldaten und Privatleute hatte ihren Ursprung in der Ausrufung des Notstandes. Die klassische Studie ist von Theodor Mommsen, Evocati Augusti, Ephemeris Epigraphica 5 (1884), S. 142–154. Vgl. auch Johannes Schmidt, Die Evocati, Hermes 14 (1879), S. 321–353.

[55] Vgl. Matijević, S. 237 zur Senatssitzung am 20.12.44: »Der Senat selbst zeigte sich gegen die Überzeugungskraft Ciceros machtlos. Gerade Ciceros falsche Darstellung des militärischen Kräfteverhältnisses wird dazu geführt haben, dass Antonius fallen gelassen wurde.«

[56] App. civ. 3,66,269–271.

Feststellung wichtig zu sein, dass die Behauptung als plausibel angesehen werden kann, denn die Darstellung braucht die Eigeninitiative nicht, um ihr Ziel zu erreichen, das darin besteht, die Machenschaften Ciceros offen zu legen und die Aushebungen zu begründen: Auch Antonius selbst hätte mit dem Argument, es gelte die Bedrückung durch Cicero zu beseitigen, Ventidius den Auftrag erteilen können, Truppen zunächst gegen Rom zu führen und diese anschließend ihm zu übergeben.

Den Zeitpunkt der Initiation der Aushebungen möchte ich auf Anfang Dezember 44 v. Chr. setzen, denn die vorangegangenen Ereignisse, die Werbungen des Octavian, dessen Marsch auf Rom und der Abfall von zwei der vier aus Makedonien kommenden Legionen werden den Antonianern die Dringlichkeit eigener Rüstungen vor Augen geführt haben.[57] Die Restituierung der siebten und achten Legion, die sich wohl im Dezember und Januar 44/43 v. Chr. zutrug[58] und bei der Ventidius vermutlich von Saxo und Cafo unterstützt wurde[59], war möglicherweise sogar als Ersatz für die beiden abtrünnigen Einheiten gedacht.

Antonius wird sich der Notwendigkeit dieser Maßnahmen wahrscheinlich genauso bewusst gewesen sein, wie Ventidius.[60] Es scheint

---

[57] Vgl. die überzeugende Chronologie bei Matijević, S. 205 mit Quellen und Diskussion der Forschung und S. 198ff.: Vom Abfall der *legio martia* und der *legio* IV erfuhr Antonius kurz vor der Senatssitzung am 28.11. Aus unbekanntem Grund hatte es Antonius unterlassen, Octavian zum *hostis* zu erklären. Möglicherweise fand sich, nachdem sich die beiden Legionen für Octavian erklärt hatten, kein Antragsteller mehr dazu bereit (Matijević, S. 203 mit Verweis auf Syme, RR, S. 132). Hieraus folgt auch, dass Antonius einen Senatsbeschluss zur Aushebung von Truppen oder zur Reaktivierung von Veteranen nicht mehr hätte erwirken können, oder der Meinung war, ein solcher Versuch wäre von Vornherein zum Scheitern verurteilt gewesen.

[58] Eine exaktere Angabe ist nicht möglich. Appians Bericht ist chronologisch ungenau, denn ihm zufolge begann Ventidius mit den Aushebungen nachdem beide Consuln Rom verlassen hatten, d. h. um den 19./20. März 43 v. Chr., was natürlich unmöglich zu bewerkstelligen gewesen wäre. Die Rolle Ciceros als Kopf der gegen Antonius gerichteten Aktionen des Senats begann mit der Sitzung am 20.12.44 v. Chr. in der u. a. der Widerstand des D. Brutus gegen Antonius gelobt wurde und die Aushebungen Octavians und der Übertritt der beiden aus Makedonien kommenden Legionen legalisiert wurde (Cic. Phil. 3,38f. 4,2–6. 4,9. 10,23). Vgl. Matijević, S. 230ff.

[59] Die Rollenverteilung ist nicht ganz eindeutig zu bestimmen, denn Ventidius wird erst Phil. 12,20 erwähnt, auf Saxa und Cafo wird dagegen schon früher (Cic. Phil. 11,37) eingegangen. Da Ventidius alle drei Legionen kommandierte, kann man annehmen, auch die Aushebungen fielen unter seine Oberaufsicht.

[60] Antonius führte selbst eine Evocatenlegion gegen Mutina. Vgl. Matijević, S. 245f. mit Verweis auf App. civ. 3,46,189.

daher müßig zu sein, darüber zu räsonieren, wer der Urheber der Maßnahmen war. Nach Appian geht die Initiative allerdings eindeutig von Ventidius aus. Die Untersuchungen von Botermann haben gezeigt, dass nach den anfänglichen Erfolgen des Octavian bei den Werbungen unter den Veteranen Caesars, dessen vorläufiger politischer Kurswechsel auf die Seite der Republikaner die Stimmung vieler Veteranen zugunsten des Antonius beeinflusst hat.[61] Möglicherweise hatte Ventidius den Stimmungsumschwung schnell erfasst, da er aus der Zeit in Gallien und im Bürgerkrieg unter Caesar noch Verbindungen zu den ehemaligen Angehörigen der siebten und achten Legion pflegte. Seine Argumente könnten, Antonius folgend, in etwa folgendermaßen gelautet haben: Es gelte, Antonius, ihren Patron, zu schützen und zu unterstützen, den Bestand der *acta caesaris* und damit ihre ureigensten Interessen zu verteidigen und Rache für den Tod Caesars zu üben.[62] Die eigentlichen Gegner waren unter diesen Voraussetzungen die nicht verständigungsbereiten Teile der Republikaner unter der Führung von Cicero.[63] So wird nochmals deutlich, warum eine proantonianisch gefärbte Quelle die Beseitigung der Bedrückung Ciceros als Grund für die Anwerbungen nennt. Die bereits üblichen hohen finanziellen Zuwendungen wird man möglicherweise auch ihnen versprochen haben.[64]

Aufgrund der von Appian genannten Eigeninitiative darf man annehmen, dass Ventidius bei Konzeption und Durchführung der Aushebungen eine entscheidende Rolle spielte, wobei er möglicherweise, um die Legalität zumindest in Teilen zu wahren, einen offiziellen Aushebungsbefehl des Consuls Antonius erhalten haben wird.[65] Eine eigenmächtige Vorgehensweise – vergleichbar der des Octavian – erscheint mir unwahrscheinlich. Die Darstellung des Alexandriners macht sich zwar die Sichtweise der Antonianer zu Eigen und ist daher tendenziös,

---

[61] Botermann, S. 74–80.
[62] Vgl. Botermann, S. 75f. S. 77f. Das Argument, die Einheit der Caesarianer zu wahren, diente v. a. dazu, die Soldaten des Octavian abzuwerben, vgl. Botermann, S. 78.
[63] Vgl. Botermann, S. 78. Cic. Phil. 12,28f.: Cicero befürchtet, dass die Veteranen ihn als Friedenshindernis betrachten.
[64] Botermann, S. 49, S. 54. App. civ. 3,45,187. Cic. fam. 10,32,4: Antonius habe jedem Soldaten des Pollio bis zu 500 Drachmen versprochen.
[65] Vgl. Matijević, S. 278. Ein vom Senat mit den Aushebungen betrauter Magistrat musste in einer Zeit, in der die Soldaten nur noch selten in Rom selbst ausgehoben wurden, die Aufgabe delegieren, die dann von *conquisitores* durchgeführt wurde (Cic. Att. 7,22(21),1. Mil. 67.).

sie bietet aber trotz gewisser Fehler korrekte Details.⁶⁶ Ventidius wird im Gegensatz zu dem bisher gezeichneten Bild des Befehlsempfängers von der vorliegenden Darstellung als Mann charakterisiert, der auf eigene Initiative handelt und dabei zunächst eigene Ziele verfolgt, die allerdings nicht völlig eigennützig, sondern dem Vorteil des Antonius und der Antonianer verpflichtet sind.

Es ist jedoch unwahrscheinlich, dass ein Zug gegen die Hauptstadt von Ventidius ernsthaft erwogen worden war, denn dies hätte zum einen unabwägbare propagandistische Risiken mit sich gebracht – vermutlich eher als militärische –⁶⁷, zum anderen wurden die Legionen des Ventidius dringend von Antonius erwartet. Eine Zersplitterung ihrer Kräfte werden die Antonianer in der gegebenen militärischen Situation unbedingt zu vermeiden versucht haben. Es werden auch keine Gerüchte über ein solches Vorhaben im Umlauf gewesen sein, denn Cicero wäre sicherlich nicht umhin gekommen, dies in den Philippischen Reden zu behandeln: spätestens im Zusammenhang mit seiner angeblich angestrebten Diktatur, zu deren Beseitigung Ventidius nach Appian angetreten sei.⁶⁸ Die Erwähnung des angeblich begonnenen, dann aber abgebrochenen Marsches auf Rom innerhalb der Passage diente dazu, die angeführte Begründung der Aushebungen zu untermauern: die Befreiung von der Bedrückung durch Cicero.

1.2 Die Rolle des Ventidius im Krieg um Mutina

Asinius Pollio bezifferte die Legionen des Ventidius mit den Nummern sieben, acht und neun.⁶⁹ In Verbindung mit der behandelten Passage Appians und einer Nachricht von Nikolaos sind die beiden ersteren,

---

⁶⁶ Schmidt, P. Ventidius Bassus, lässt es S. 204 offen, ob die Fehler auf Appian oder seine Vorlage zurückgehen. Schwartz, RE I,3, s.v. Appianus (Nr. 2), Sp. 233, hält Pollio als Gewährsmann Appians für wahrscheinlich. Nach István Hahn, Appian und seine Quellen, in: Gerhard Wirth (Hg.), Romanitas, Christianitas. Untersuchungen zur Geschichte und Literatur der römischen Kaiserzeit; Johannes Straub zum 70. Geburtstag am 18. Oktober 1982 gewidmet, Berlin 1982, S. 275, bemühte sich Appian, zeitgenössische Quellen zu benutzen, für die Bücher zwei bis fünf der Emphylia wäre Pollio sehr wahrscheinlich. Vgl. S. 72, Anm. 45 zu Schwartz, RE I,3, s.v. Appianus (Nr. 2), Sp. 232. Den Philippica hingegen ist eine extreme Tendenz gegen Antonius eigen, auch wenn beide Quellen nicht vergleichbar sind, da sie in einer anderen Zeit entstanden sind und ihrer Abfassung unterschiedliche Intentionen zugrunde liegen. Vgl. auch Matijević, S. 11–15.

⁶⁷ Dies dürfte trotz – oder vielleicht gerade wegen – des erst im vorigen Herbst erfolgten Marsches auf Rom durch Octavian gelten.

⁶⁸ App. civ. 3,66,270.

⁶⁹ Cic. fam. 10,31(33),4.

so Botermann im Anschluss an Ferrero⁷⁰, als die restituierte siebte und achte Legion Caesars zu betrachten.⁷¹ Die in Picenum ausgehobene neunte Legion kann daher wahrscheinlich ebenfalls als die alte neunte Legion Caesars betrachtet werden, obwohl nicht bekannt ist, wo diese ihre Kolonien hatte.⁷² Nach Appian wurde die neunte Legion ausgehoben, nachdem Hirtius und Octavian Ventidius, der im Begriff war, nach Mutina zu marschieren, den Weg versperrt hatten. Richtig ist: Hirtius und Octavian marschierten – von der Via Flaminia über das an der Adria gelegene Fanum kommend – über die Via Aemilia nach Mutina.⁷³ Über letztere Straße musste zwar auch der Aufmarsch des Ventidius erfolgen, die Truppen des Consuls wurden jedoch bereits im Januar nach Mutina verlegt. Die Anzahl von insgesamt vier Evocaten- und Veteranenlegionen, die der Consul und der Propraetor mit sich führten, haben Ventidius vermutlich die Notwendigkeit der Aushebung einer dritten Legion deutlich gemacht.⁷⁴ Das von Nonius überlieferte Fragment eines Briefes von Cicero an Pansa, in dem sich ersterer beunruhigt zeigt über Gerüchte betreffs Ventidius, könnte sich auf die Aushebungen in Picenum beziehen und in den Zeitraum März/April 43 v. Chr. fallen, nachdem Pansa Rom verlassen hatte.⁷⁵

Ausgehend von Schmidt ergibt sich folgendes chronologisches Grundgerüst über den Marsch des Ventidius von Picenum bis zur Vereinigung mit Antonius:⁷⁶ Um den 9. März befand sich Ventidius im Norden Picenums, kurz vor Ancona.⁷⁷ An den Auseinandersetzungen mit den Truppen des Pansa und des Hirtius bei Forum Gallorum am 14. April nahmen die Truppen des Ventidius nicht teil, die Quellen geben keinen Hinweis auf ihren Aufenthaltsort. Am 21. April, dem Tag

---

⁷⁰ Guglielmo Ferrero, Größe und Niedergang Roms, Bd. 3: Das Ende des alten Freistaats, Stuttgart 1921, S. 175f. Vgl. Botermann, S. 197.
⁷¹ Die siebte und achte Legion siedelte in Campanien, wie aus Nik. Dam. 31,132 hervorgeht.
⁷² Botermann, S. 197.
⁷³ App. civ. 3,66,271. Diese Verbindung war, so Gerhard Radke, RE Suppl. 13, s.v. viae publicae romanae, Sp. 1540, trotz des Umweges, die sie machte, die wichtigste in die Gallia Cisalpina. Hirtius übernahm in Ariminum die Truppen von Octavian, nachdem er am 5. Januar Rom verlassen habe (So Robert Y. Tyrell, Louis C. Purser, The Correspondence of M. Tullius Cicero, Bd. 6, reprograf. Nachdruck der 2. Auflage Dublin und London 1933, Hildesheim 1969, S. 352, nach Cic. ad Caes. iun. 1, frg. 2, Non. p. 239,23).
⁷⁴ Vgl. die Aufstellung bei Botermann, S. 202ff.
⁷⁵ Cicero ad Pansam lib. III (3), Non. p. 92,16.
⁷⁶ Schmidt, P. Ventidius Bassus, S. 205–209.
⁷⁷ Cic. Phil. 12,23.

der Schlacht von Mutina, befand sich Ventidius vermutlich in der Gegend von Faventia an der Via Aemilia 59 m. p. vor Mutina, nicht, wie dies früher zumeist angenommen wurde, noch in Picenum. Schmidt begründet seine Annahme mit der Marschleistung der Legionen, die von Picenum kommend durchschnittlich etwa 60 km pro Tag hätte betragen müssen – bei einer Marschdauer von 10 Tagen ohne Pause ein deutlich zu hoch angesetzter Wert.[78] So wurde die Entfernung von etwa 200 bis 250 m. p. in rund 12 Tagen bewältigt; das sind immer noch etwa 25 bis 30 km pro Tag.[79] Zudem lassen zwei Bemerkungen des Decimus Brutus den Schluss zu, Ventidius habe von Faventia kommend und dem Lauf des Anemus folgend, auf einer kleineren Bergstraße den Apennin überschritten, um so über Florentia und anschließend die Via Aemilia Scauri nach Vada Sabatia (heute Vado Ligure) an der ligurischen Küste zu gelangen.[80] Dort fand am 3. Mai die Vereinigung mit Antonius statt.[81] Bereits in den Senatssitzungen vom 26. und 27. April waren Antonius und Ventidius zusammen mit anderen Anhängern des Antonius zu Staatsfeinden erklärt worden.[82]

[78] Schmidt, P. Ventidius Bassus, S. 207f., veranschlagt mindestens 400 m. p. für die Strecke vom nördlichen Picenum bis Vada. Caesar marschierte in 17 Tagen die 465 km von Corfinium nach Brundisium, d.h. etwa 27 km am Tag, was als herausragende Leistung beurteilt wurde (Cic. Att. 8,14,1). Vgl. Kromayer-Veith, S. 423. Im Selbstversuch machte Junkelmann, Die Legionen des Augustus, 30 km am Tag als »wirkliche Leistungsgrenze« aus (S. 234). Als durchschnittliche Geschwindigkeit rechnet er mit 20 km pro Tag, bei 3 Marschtagen à 25 km und einem Ruhetag. Mit ebenfalls 20 km pro Tag als Durchschnittsgeschwindigkeit rechnen Kromayer-Veith, S. 422.

[79] Schmidt, P. Ventidius Bassus, S. 207: 250 m. p. Tyrell-Purser, Bd. 6, S. liii, Anm. 152: mindestens 200 m. p. Nach Addierung der Angaben bei Konrad Miller, Itineraria Romana. Römische Reisewege an der Hand der Tabula Peutingeriana, Stuttgart 1916, zähle ich 242 m. p.: Faventia-Florentia: 70 m. p. (Passhöhe im Apennin: 967m, vgl. Sp. 199. 209), Florentia-Pistoris-Luca: 50 m. p. (Sp. 288–289), Luca-Lune: 33 m. p. (Sp. 288), Lune-Genua: 30 m. p. (Sp. 238–239), Für Genua-Vada wurden 59 m. p. gerechnet, was im Vergleich zum Seeweg von 30 m. p. recht viel ist (Umwege ins Landesinnere oder Verderbnis? Vgl. Sp. 237f.).

[80] Cic. fam. 11,11(10),3: »Dazu ist dann der Haufe des Ventidius gekommen, der auf überaus schwierigem Marsch über den Apennin nach Vada gelangt ist und sich dort mit Antonius vereinigt hat.« Cic. fam. 11,11(10),4. Geschrieben wurde letzterer Brief im Lager bei Dertona am 5. Mai, daher fand die Vereinigung wohl am 3. Mai statt. App. civ. 3,84,348.

[81] Schmidt, P. Ventidius Bassus, S. 207.

[82] Cic. ad Brut. 7(10). 8(13),1. Gell. 15,4,3. Friedrich Münzer, RE 2,4, s.v. Servilius (Nr. 67), Sp. 1801, nimmt aufgrund Cic. ad Brut. 8(13),1 an, dass Servilius Isauricus die Ächtung des Ventidius gefordert habe. Matijević weist S. 339 darauf hin, dass es Servilius jedoch eher um die militärische Vorgehensweise ging und Ventidius mit Antonius zusammen zum *hostis* erklärt wurde.

1.2.1 Die Abwesenheit des Ventidius während der Kämpfe um Mutina

Es stellt sich jedoch die Frage, weshalb Ventidius den vor Mutina stehenden Antonius nicht rechtzeitig erreichte. Schmidt vermutet, Ventidius habe beabsichtigt, den Consul Pansa, dessen Aufmarsch auf der Via Flaminia erwartet wurde, bei Fanum oder Ariminum abzufangen. Dieses Vorhaben sei jedoch gescheitert, da Pansa über die Via Cassia nach Bononia vorgerückt sei. Das vergebliche Warten auf den Consul scheint für Schmidt die Ursache für die Verzögerung gewesen zu sein.[83] Die Überlegung, Pansa habe die Via Cassia gewählt, ist zwar nicht ganz von der Hand zu weisen, je nachdem, welchen Kenntnisstand man ihm über die Aushebungen des Ventidius zubilligt[84], aber wenn Ventidius zur Zeit des Abmarsches von Pansa am 19. oder 20. März bereits in Fanum war[85], dann hätte er am 25. März von der veränderten Route des Pansa Kenntnis haben können.[86] Bei einem normalen Marschtempo

[83] Schmidt, P. Ventidius Bassus, S. 206, vermutet, Ventidius habe in Fanum oder Ariminum die Ankunft Pansas eine Weile vergeblich abgewartet. Als er durch »Recognoscierungen oder durch Briefe seiner Freunde in Rom« von der alternativen Route des Pansa erfahren hatte, habe er versucht, Antonius über die Via Aemilia möglichst nahe zu kommen.

[84] Die Tabula Peuteringiana verzeichnet keine Verbindung von Florentina nach Bononia (Miller, Itin. Rom., Sp. 199). Aus Cic. Phil. 12,22–23 geht jedoch hervor, dass es eine Straße gegeben haben muss, die nach Liv. 39,2,6 von C. Flaminius im Jahre 187 v. Chr. angelegt wurde. Wenn Pansa von den drei Evocatenlegionen des Ventidius Kenntnis hatte, dann wird er mit seinen vier Rekrutenlegionen vermutlich die Via Cassia benutzt haben. Da Cicero an der angegebenen Stelle jedoch keine Legionen erwähnt und das Fragment des Briefes an Pansa (Cicero ad Pansam lib. III (3), Non. p. 92,16), das möglicherweise in diesen Zeitraum gehört, lediglich von beunruhigenden Gerüchten spricht, ist es keineswegs sicher, dass man exakte Kenntnisse über die Truppen des Ventidius besaß.

[85] Schmidt, P. Ventidius Bassus, S. 206.

[86] Von Rom bis Fanum über Spoletium und Forum Semproni sind es 184 m. p., vgl. Itin. Anton. 124,8–126,2. Dies entspricht rund 272 km. Ein Bote zu Fuß schaffte zwischen 60 und maximal 90 km pro Tag (so Wolfgang Riepl, Das Nachrichtenwesen des Altertums. Mit besonderer Rücksicht auf die Römer, reprograf. Nachdruck der Ausgabe Leipzig 1913, Hildesheim und New York 1972, S. 142f.). Marcus Junkelmann, Die Reiter Roms, Bd. 1: Reise, Jagd, Triumph und Circusrennen, Mainz 1990, S. 84, geht von 60–70 km pro Tag aus. Ein Bote, ausgesandt von einem der zahlreichen Parteigänger des Antonius oder einem Vertrauten des Ventidius, der mit der Nachricht am 21. 3. in Rom aufbricht, sollte daher am 25. 3. Fanum erreicht haben. Briefboten waren wohl meist zu Fuß unterwegs; allerdings liegen dafür nur indirekte Zeugnisse vor, vgl. Anne Kolb, Transport und Nachrichtentransfer im Römischen Reich, Berlin 2000, S. 22. Ein berittener Bote ohne Pferdewechsel hätte es bei einer solchen eher kurzen Strecke wohl auf 100 bis maximal 150 Km pro Tag gebracht, vgl. Riepl S. 147ff. und Junkelmann, Die Reiter Roms, Bd. 1, S. 83ff.

von durchschnittlich 20 km am Tag wären die 200 km von Fanum bis Mutina[87] in 10 Tagen zu bewerkstelligen gewesen. Selbst wenn Ventidius am 20. März die Gegend von Ancona noch nicht verlassen haben sollte, wäre es möglich gewesen, Forum Gallorum bis zum 14. April zu erreichen.[88]

Matijević hat die Vermutung geäußert, Ventidius habe Antonius bewusst seine Unterstützung versagt, da dieser nicht bereit gewesen sei, die unerhörten Forderungen des Praetors Ventidius nach Consulat und Pontifikat zu erfüllen. Erst nach den Niederlagen vom 14. und 21. April habe Antonius eingelenkt und ihm die geforderten Ämter zugesichert, da er auf die Truppen des Ventidius nicht mehr verzichten konnte.[89] Diese These scheint auf den ersten Blick dem Bild eines treu ergebenen Parteigängers zu widersprechen und setzt an den Beginn einer – wie sich zeigen wird – funktionierenden und für beide Seiten gewinnbringenden Gemeinschaft die Erpressung des Antonius durch seinen Gefolgsmann. Es ist daher erforderlich, sich näher mit dem Sachverhalt zu befassen.

Zunächst ist zu prüfen, ob es möglich ist, andere Erklärungen für die Verspätung der von Ventidius geführten Legionen bzw. für deren Abwesenheit während der Kämpfe von Forum Gallorum und Mutina zu finden: Die Aushebungen in Picenum dürften um den neunten März bereits beendet gewesen sein und nicht für die Verzögerung verantwortlich gemacht werden können, da Cicero an diesem Tag von im Umlauf befindlichen Nachrichten spricht, Ventidius sei im Begriff Ancona zu erreichen.[90] Militärischer Widerstand scheint ihm unter-

---

[87] 133 m. p. Vgl. Miller, Itin. Rom., Sp. 207–210. Itin. Anton. 126,2–4, 126,10–127,3: 135 m. p.
[88] Die Entfernung Rom-Ancona über Nuceria, Septempeda und Auximum betrug 179 m. p. (Itin. Anton. 310,5–312,6.) Von Ancona nach Mutina sind es etwa 180 m. p. – etwa 270 km – (Miller, Itin. Rom. Sp. 212–213), d.h. Ventidius hätte – ein sofortiges Abrücken nach Erhalt der entsprechenden Nachrichten aus Rom am 26. 3. vorausgesetzt – zwischen dem 8. und 10. 4. in der Gegend von Mutina stehen können.
[89] Matijević, S. 279 mit Anm. 467: Matijević ist der Ansicht, dass Antonius Consulat *und* Pontifikat dem Ventidius nicht freiwillig überlassen hätte, da er das Priesteramt gerne selbst übernommen hätte. In dieser Hinsicht sei schon vor dem Abschluss des Triumvirats die »Überlegenheit der octavianischen Münzlegende deutlich« geworden.
[90] Cic. Phil. 12,23. Hermann Bengtson, Untersuchungen zum Mutinesischen Krieg, in: ders., Kleine Schriften zur Alten Geschichte, München 1974, S. 513, ist der Ansicht, Ventidius wäre noch mit dem Einüben seiner Truppen beschäftigt gewesen. Bengtson geht dabei fälschlicherweise davon aus, dass Ventidius keine Veteranen zur Verfügung gestanden hatten.

wegs, nach allem was wir wissen, ebenfalls nicht begegnet zu sein.[91] Angesichts des anschließenden schwierigen Marsches nach Vada und der später gezeigten militärischen Fähigkeiten wird man mangelnde Kompetenz ebenfalls ausschließen dürfen.[92]

War sich Ventidius möglicherweise unklar, wem er seine Loyalität in diesem Konflikt schenken sollte? Überlegungen hinsichtlich der Gründe, die Ventidius veranlasst hatten, seinen politischen Standort zu wählen, wurden bereits angestellt.[93] Natürlich mag er in einer solchen Situation des bevorstehenden militärischen Konflikts nochmals Zweifel an seiner Entscheidung gehegt haben, das wäre eine normale menschliche Regung. Nach Außen getragen haben wird er diese Gedanken nicht, zumindest widerspricht einer solchen Vermutung Appian: Die behandelte Passage spricht deutlich von seiner Entschlossenheit und seiner Parteinahme für Antonius.[94]

Besteht die Möglichkeit, das Fernbleiben des Ventidius mit seiner Opposition gegen die augenblickliche – nicht grundsätzliche – politische und militärische Handlungsweise des Antonius zu erklären? Politisch favorisierte Ventidius vermutlich aus den gleichen Gründen, die für seine Parteinahme ausschlaggebend waren, den ab Mitte Februar eingeschlagenen Kurs des Antonius, der nach vorangegangener Kompromissbereitschaft auf Konfrontation mit den Republikanern abzielte.[95] Rein rechnerisch waren die Truppen des Senats denen der Antonianer zwar überlegen, so dass Ventidius zu der Ansicht gelangt sein könnte, es gelte eine militärische Auseinandersetzung zunächst zu verhindern.[96] Doch gerade hier hätte ein schnelles Vorgehen des Ventidius mit seinen drei Evocatenlegionen gegen die ungeübten Rekrutenlegionen des Pansa die Gewichte zu Gunsten der Antonianer verschieben können. Damit bleibt als einziger Aspekt eines solchen Argumentationsstranges, der das Fernbleiben mit einem Dissens über die Vorgehensweise erklären möchte, meines Erachtens lediglich die Annahme,

---

[91] Schmidt, P. Ventidius Bassus, S. 206.
[92] Cic. fam. 11,11(10),3.
[93] Vgl. S. 66f.
[94] App. civ. 3,66,269–271.
[95] Matijević, S. 260ff. S. 376.
[96] Nach Matijević, S. 246, hatte Antonius drei Veteranenlegionen, eine Evocatenlegion, eine Rekrutenlegion und möglicherweise eine Legion des Lucius Antonius nebst seiner Leibwache und den Legionsauxilien zur Verfügung. Zu diesen sechs Legionen wären die drei des Ventidius hinzuzufügen. Die Republikaner und Octavian kommandierten 13 Legionen, darunter allerdings auch sieben Rekrutenlegionen. Vgl. Botermann, S. 202 und Matijević, S. 247, zu den Truppen des D. Brutus.

Ventidius habe frühzeitig darauf gedrängt, sich vor der Eröffnung von Kampfhandlungen die politische und militärische Unterstützung weiterer Koalitionspartner, wie etwa Lepidus, zu sichern und er habe sein Erscheinen von der Erfüllung dieser Forderung abhängig gemacht.[97]

Es scheint damit tatsächlich kaum eine andere plausible Erklärung als die Vermutung Matijevićs zu geben: Ventidius blieb bewusst den Kampfhandlungen mit dem Ziel fern, Forderungen gegenüber Antonius durchzusetzen. Hieraus folgt jedoch die Notwendigkeit zu prüfen, ob es möglich ist, eine Vorstellung vom Ablauf der Ereignisse zu gewinnen, unter Berücksichtigung dieses Schlusses und in Verbindung mit dem, was uns bisher aus den Quellen bekannt ist.[98] Weiterhin soll beurteilt werden, ob daraus Rückschlüsse zu ziehen sind, inwieweit diese Forderungen persönlich-politischer oder strategischer Natur waren.

Als Antonius von der baldigen Ankunft des Pansa erfahren hatte und ihm spätestens damit klar geworden war, dass Ventidius ihn nicht zu unterstützen gedachte, führte er die Aufgabe selbst aus, die eigentlich seinem Anhänger zugedacht gewesen wäre[99], um die drohende Vereinigung seiner Gegner zu verhindern: einen Überraschungsangriff auf Pansa.[100] An diesem 14. April wird sich Ventidius jedoch nicht in der Nähe von Forum Gallorum aufgehalten haben, um seine Soldaten gar nicht erst in die Versuchung kommen zu lassen, von ihm ein Eingreifen in die Schlacht zu fordern. Dies wäre möglicherweise der Fall gewesen, wenn sie die Gelegenheit vor Augen gehabt hätten, ihren ehemaligen Kameraden im Kampf gegen Pansa zum Sieg zu verhelfen, oder deren Niederlage gegen Hirtius zu verhindern. Die Legionen des Ventidius werden daher wahrscheinlich nicht in der näheren Umgebung von Forum Gallorum gelagert haben. Nach dieser Nie-

---

[97] Matijević hat S. 365f. darauf hingewiesen, dass Lepidus seit Mitte März 44 v. Chr. bis zur Vereinigung mit Antonius am 29.5. 43 v. Chr. »durchgängig« an der Seite des Antonius gestanden habe. Nur in dem Zeitraum nach der Schlacht von Mutina bis zur Vereinigung ihrer Heere habe Lepidus möglicherweise den Anschluss an den Senat erwogen.

[98] Es ist allerdings seltsam, dass das Fernbleiben der Legionen des Ventidius in den Quellen nicht thematisiert wird.

[99] Dies ergibt sich aufgrund der geographischen Nähe Picenums, des Ortes seiner letzten Aushebungen, zu dem erwarteten Anmarschweg Pansas auf der Via Flaminia über Fanum zur Via Aemilia. Denselben Weg nahmen auch Hirtius und Octavian. Diese Verbindung war, so Radke, RE, Suppl. 13, s.v. viae publicae romanae, Sp. 1540, die bei weitem wichtigere. Ob Pansa von der Anwesenheit des Ventidius wusste, steht auf einem anderen Blatt. Vgl. S. 80, Anm. 84.

[100] App. civ. 3,66,272ff. Cic. fam. 10,29(30). Cass. Dio 46,37,3–5.

derlage ging Antonius einer weiteren Auseinandersetzung aus dem Weg.[101] Diese Zurückhaltung könnte man auch als Ausharren interpretieren, denn es ist unwahrscheinlich, dass sich Antonius nach seiner ersten Niederlage noch immer gegen die Forderung des Ventidius nach dem Consulat gesträubt hätte: Antonius könnte somit in dieser Zeit die Ankunft des Ventidius erwartet haben, der nun im Anmarsch war, nachdem ihm signalisiert worden war, seine Forderungen würden erfüllt werden. Seine erneute Verspätung könnte man dann nur mit der Entfernung erklären[102], die diesmal tatsächlich zu groß war, um Antonius rechtzeitig zu erreichen, bevor dieser am 21. April von seinen Gegnern erneut in einen Kampf verwickelt wurde, dem er nicht aus dem Weg gehen konnte.[103] Dieses Szenario ist möglich, aber nicht zu beweisen. Vermutet man ein absichtliches Fernbleiben auch noch nach dem 14. April, würde das eher auf den angedeuteten Dissens in strategischen Fragen deuten.

Am 21. April, dem Tag von Mutina, muss Ventidius in der Nähe von Faventia gestanden haben, denn sonst wäre der Weg nach Vada wohl kaum bis zum 3. Mai zu schaffen gewesen. Am Abend des 21. April votierte Antonius in einem Kriegsrat dafür, die Belagerung abzubrechen und nach Westen zu ziehen. Die Begründung lautete: *»Ziehen wir hingegen von Mutina ab, wird Ventidius von Picenum aus sogleich mit drei Legionen zu uns stoßen und Lepidus und Plancus werden ihm nachdrücklich Beistand leisten.«*[104] Die Truppen des Ventidius werden demzufolge nur dann zur Verfügung stehen, wenn die Belagerung von Mutina beendet wird. Bedeutet dies nun, sie bzw. ihr Anführer *konn-*

---

[101] App. civ. 3,71,290–291. Nach Appian beabsichtigte er, D. Brutus auszuhungern. Cass. Dio 46,38,5.

[102] Ein Gedankenspiel sei erlaubt: Angenommen Ventidius lagerte in Fanum an der Adria, dann hätte er eine Nachricht von Antonius aus dem 135 m. p./200 km entfernten Mutina durch einen Schnellboten, der 100–150 km täglich schaffte (vgl. S. 80, Anm. 86) und noch in der Nacht vom 14. auf den 15.4. abgeschickt wurde, am 16.4. erhalten können. Den Abmarsch am 17.4. vorausgesetzt, hätte er am 21.4. bei einem Durchschnittstempo von etwas über 20 Km pro Tag das 76 m. p./112 km entfernte Faventia erreichen können.

[103] App. civ. 3,71,290–294. Anders stellt Dio 46,38,5–7 die Ereignisse dar: Durch die von Lepidus gesandte Verstärkung unter M. Silanus habe Antonius neuen Mut gefasst und einen Überraschungsangriff unternommen. Diese praetorische Kohorte stellte jedoch keine, so Matijević, S. 351, »das militärische Kräfteverhältnis maßgeblich beeinflussende Einheit [...]« dar und stand Antonius überdies schon vor Forum Gallorum zur Verfügung (Cic. fam. 10,29(30),1). Vgl. Syme, RR, S. 181: Antonius wurde die Schlacht aufgezwungen.

[104] App. civ. 3,72,297.

ten oder *wollten* Antonius nicht unterstützen, wenn letzterer sich gegen einen Abbruch der Belagerung entscheiden sollte?

Hierbei ist zu bedenken, dass das Vorhaben, die Vereinigung mit Lepidus zu suchen, die vernünftigste Option in der gegeben Situation war.[105] Die Bedeutung, die die Legionen des Ventidius für den Zusammenschluss mit Lepidus hatten, wurde von Schmidt hervorgehoben: Antonius war dank ihnen wieder zu einem attraktiven, weil militärisch starken Partner für Lepidus geworden.[106] Der Abzug des Antonius von Mutina ist daher zuerst als eine militärische Notwendigkeit zu betrachten, um – den erfolgreichen Marsch des Ventidius nach Vada vorausgesetzt – die Vereinigung beider Truppenteile unter dem Oberkommando des Antonius, die als Voraussetzung für den Anschluss des Lepidus angesehen wurde, durchführen zu können, ohne die Legionen erneut in einer Schlacht zu gefährden. Im Falle des Verbleibens vor Mutina hätten die Armeen des D. Brutus und des Octavian zwischen Ventidius und Antonius gestanden, eine Vereinigung wäre damit nur durch einen erneuten Kampf, diesmal unter Einbeziehung der Truppen des Ventidius möglich gewesen. Dabei hätte man den Trumpf, den sie darstellten, gefährden müssen.[107]

Die zur Verfügung stehende kurze Passage bei Appian erlaubt es über diese Feststellung hinaus sicherlich nicht, den Abzug und den dann möglichen Zusammenschluss mit den gallischen Statthaltern als politische Bedingung oder Forderung des Ventidius zu interpretieren. Damit finden weder die Vermutung, Ventidius habe durch das Zurückhalten seiner Truppen sein Consulat erzwingen wollen, noch die Annahme, er habe Forderungen nach einem Zusammenschluss mit Lepidus durchsetzen wollen, letztlich Unterstützung durch die Quellen. Es ist daher nicht mit Bestimmtheit zu sagen, weshalb Ventidius nicht in die Kämpfe von Forum Gallorum und Mutina eingegriffen hatte.

Die Schwierigkeit, zu einer Lösung des Problems zu gelangen, wird an zwei weiteren Aspekten deutlich: Einerseits ist – um an dieser Stelle eine dritte Alternative zu erwähnen – der Gedanke nicht ganz von der Hand zu weisen, dass ein zumindest zeitweiliges Problem mit der Disziplin der Soldaten des Praetors bestanden und zu der entscheidenden Verzögerung beim Anmarsch geführt haben könnte. Die Soldaten der

---

[105] Botermann, S. 110.
[106] Schmidt, P. Ventidius Bassus, S. 209. Matijević, S. 273.
[107] Antonius zog gen Westen nach Vada ab (Cic. fam. 11,14(13),2), Ventidius kam aus östlicher Richtung. Die Truppen des Senats standen somit dazwischen.

siebten und achten Legion des Ventidius entstammten denselben Kolonien wie die der siebten und achten Legion Octavians.[108] Die nun konkret werdende Gefahr einer Konfrontation mit ihren Kameraden und ehemaligen Nachbarn könnte trotz des zuvor bereitwillig erfolgten Wiedereintritts in die Legionen auf Seiten des Antonius ihren Widerwillen hervorgerufen haben. Im Februar 43 v. Chr. scheint bei den Veteranen der Ruf nach Frieden unter den Caesarianern laut geworden zu sein.[109] Andererseits könnte diese Überlegung, die man gegen die Vermutung anführen könnte, Ventidius habe bewusst den Anmarsch verzögert, auch zu der Antwort auf die Frage führen, wie die Offiziere und Soldaten des Ventidius seine Eigenmächtigkeit, die sich gegen Antonius richtete, aufgenommen und ob sie diese einfach so hingenommen hätten. Gerade vor seinen Offizieren hätte Ventidius eine bewusste Verzögerung des Marsches nicht verborgen halten können. Möglicherweise hatte Ventidius seine Legionen im Griff. Möglicherweise wusste er die unsichere Haltung, die einige von seinen Offizieren und Mannschaften zumindest zeitweilig an den Tag gelegt haben könnten – sollte man für Geld und für seinen Patron Antonius, aber gegen seinen ehemaligen Kameraden kämpfen? – aber auch zur Durchsetzung seiner Zwecke auszunutzen. Eine in dieser Frage uneinige Truppe hätte ihrem Befehlshaber kaum Probleme bei der Durchsetzung seiner Ziele bereiten können.

Sicherheit ist in dieser Frage somit kaum zu erlangen. Die Vermutung, Ventidius habe seine Legionen als Druckmittel eingesetzt, um von Antonius die Zustimmung zu einer künftigen Übernahme des Consulats zu erhalten, ist meines Erachtens als die wahrscheinlichste der erwähnten Varianten zu betrachten, obwohl es zu diesem Zeitpunkt natürlich noch nicht absehbar war, ob und wann Antonius die Entscheidung über das höchste Staatsamt in der Hand halten würde. Zwei Gesichtspunkte gilt es zu bedenken: Zum einen wird man einem Aufsteiger, der eine solch unerhörte Karriere vorzuweisen hat ein gehöriges Maß an Ehrgeiz und ein offensives, ja aggressives Agieren bei der Durchsetzung seiner Wünsche und Vorstellungen attestieren dürfen. Zum anderen stand Antonius im Verhältnis zu seinen Anhängern vermutlich vor demselben Problem wie einst Caesar: Er war auf sie angewiesen und konnte nicht umhin, deren Forderungen zu erfül-

---

[108] Vgl. S. 77f. und Botermann, S. 197.
[109] Vgl. Botermann, S. 79. Botermann glaubt, dass ein Friedenswunsch lediglich von den Veteranen Octavians gehegt wurde.

len, selbst wenn diese ihm möglicherweise überzogen erschienen.[110] Es ging für beide, Antonius und Ventidius, um Macht und wie man sie erreicht; persönliche Beziehungen dürften hinten angestanden haben.[111] Es wäre wünschenswert, in dieser äußerst wichtigen Frage – hat Ventidius sein Consulat von Antonius erzwungen und nahm er um seine Forderung durchzusetzen eine militärische Niederlage des Antonius in Kauf? – nicht auf Vermutungen und Plausibilitätserwägungen angewiesen zu sein. Eine positive Antwort auf diese Fragen scheint allerdings auch mir die wahrscheinlichste Erklärung für das Fernbleiben des Ventidius zu sein. Dafür spricht, dass Ventidius auch zu einem späteren Zeitpunkt die mögliche Gefährdung eines Anliegens der Antonianer aus Gründen seiner persönlichen Machtstellung hingenommen hat.[112] Aufgrund der Quellenlage müssen in dieser Angelegenheit letzte Zweifel jedoch bleiben. In Anbetracht der vorangehenden Erwägungen gilt es – unabhängig von der Frage, ob Ventidius Antonius erpresst hat – bei der Beurteilung der Handlungen des Ventidius seinen Ehrgeiz und seine an jene gerichteten Erwartungen, die er unterstützte, als Triebfedern seines Handelns stärker zu berücksichtigen, als es das auf Loyalität und gewissenhafte Pflichterfüllung fixierte Zeugnis des Gellius in Rechnung stellt.[113]

1.2.2 Ventidius und Octavian

Kurz nach der Schlacht von Mutina auf dem Weg nach Vada, vermutlich noch im Apennin[114], soll es zu einer Begegnung zwischen den Truppen des Ventidius und des Octavian gekommen sein. Octavian habe Ventidius gegenüber das Angebot geäußert, sich ihm entweder anzuschließen, oder von ihm unbehelligt abzuziehen, sich mit Antonius zu vereinigen und ihm die Vorteile eines Bündnisses mit dem Erben Cae-

---

[110] Cic. fam. 4,9,3: »Denn vieles muß der Sieger nach dem Willen derer tun, die ihm den Sieg verschafft haben, auch wenn er es nicht will.« Ähnlich, fam. 12,18,2. Vgl. auch Cass. Dio 43,47,2.
[111] Das schließt nicht aus, dass es zuvor und auch danach wieder eine Form von freundschaftlicher Beziehung zwischen Ventidius und Antonius gegeben haben könnte.
[112] Im Jahre 41 v.Chr. im Perusinischen Krieg. Die Sachlage ist jedoch nur bedingt vergleichbar. Vgl. S. 107.
[113] Ventidius musste – in seiner Position – Wert darauf legen, dass in der öffentlichen Wahrnehmung das Bild eines loyalen Parteigängers dominierte. Dies scheint ihm gelungen zu sein, denn die Quellen haben dieses Bild offensichtlich übernommen.
[114] Vgl. S. 79, Anm. 80.

sars vor Augen zu führen. Ventidius habe sich mit letzterem Vorschlag einverstanden gezeigt.[115]

Diese Episode ist Bestandteil der Schilderungen Appians, die die Annäherung Octavians an Antonius beschreiben. Um die Situation und das Verhalten des Ventidius angemessen beurteilen zu können, ist es zunächst notwendig, die Authentizität des Anschlussangebots Octavians zu bewerten: Was waren die Intentionen des Erben nach der Schlacht von Mutina? Die diesbezüglichen Informationen der Quellen lassen sich nach einem Vergleich und einer kritischen Beurteilung meines Erachtens auf folgende Feststellung reduzieren: Octavians Bestrebungen zielten – neben dem Erwerb des Consulats – spätestens nach dem Bekanntwerden der ihn brüskierenden Beschlüsse der Senatssitzungen vom 26. und 27. April des Jahres 43 v. Chr.[116] auf eine Verständigung mit Antonius ab.[117] Die Annahme, dahinter habe ein längerfristiges Konzept, eine gezielte Planung gestanden[118], scheint mir nicht das Richtige zu treffen, denn die diesbezüglichen Hinweise der Quellen sind, so Matijević, eher als eine *interpretatio ex eventu* zu betrachten.[119]

Ein Anschluss des Ventidius an Octavian kurz nach der Schlacht von Mutina hätte nun aber das beschleunigt, was letzterer eigentlich zu vermeiden beabsichtigte, den Untergang des Antonius, der ohne die Legionen des Ventidius in einem Zustand der offensichtlichen militärischen Schwäche von Lepidus wahrscheinlich fallengelassen worden wäre. Entweder, so die Folgerung, hat es ein solches Angebot an Ventidius nicht gegeben oder Octavian war sich in diesem Moment über die künftige Vorgehensweise noch nicht vollständig im Klaren. Sollte

---

[115] App. civ. 3,80,328.
[116] Matijević, S. 336. D. Brutus erhielt das Kommando über alle republikanischen Truppen, Octavian wurde ihm unterstellt (App. civ. 3,74,302. 3,80,325. Cass. Dio 46,40,1. Cic. fam. 11,11(10),4) und D. Brutus wurde der Triumph bewilligt (Liv. per. 119. Vell. 2,62,4. App. civ. 3,74. Cass. Dio 46,40,1). Die Ovatio für Octavian wurde möglicherweise nur beantragt (Liv. per. 119. Vell. 2,62,4). Mit Hilfe der Verteilung der Siegesprämien an die verschiedenen Truppenteile beabsichtigte der Senat eine Spaltung zwischen Octavian und seinen Soldaten herbeizuführen (App. civ. 3,86. Cass. Dio 46,40,5–41,2. Matijević, S. 337). Zu einem Überblick über die Forschungslage und zu weiteren Quellen, vgl. Matijević, S. 333ff.
[117] App. civ. 3,80. 3,81. Liv. per. 119. Cass. Dio 46,41. Es ist hier weder der Ort, die Schritte Octavians im Einzelnen zu diskutieren, noch kann auf Fragen bezüglich seines Wunsches, das Consulat zu erlangen, eingegangen werden. Hierzu wiederum Matijević, S. 336ff.
[118] So etwa Fuhrmann, S. 302.
[119] Matijević, S. 340.

er seine eigene Position, so könnten Octavians Überlegungen gelautet haben, durch den Versuch stärken, Ventidius zu einem Übertritt zu veranlassen, oder sollte er sich die Option auf ein Bündnis mit Antonius offen halten, indem er erstens seinen Offizier unbehelligt ließ und ihm zweitens damit half, seine Stellung militärisch zu konsolidieren? So entschied sich Octavian zunächst dafür, Ventidius die Offerte zu unterbreiten, nach ihrer Ablehnung wählte er jedoch die andere Alternative. Die Annahme, der Erbe Caesars habe aus einer Unsicherheit heraus gehandelt und zunächst versucht, seine Position zu stärken, ist meines Erachtens die wahrscheinlichere, da sie die Situation nicht von ihrem späteren Ergebnis her deutet. Darüber hinaus waren Octavian zum Zeitpunkt der Begegnung die ihn brüskierenden Beschlüsse des Senats vermutlich noch gar nicht bekannt.[120] Es ist zudem fraglich, ob er überhaupt in der Lage gewesen wäre, sich Ventidius in den Weg zu stellen: Denn zum einen hätten sich seine Soldaten möglicherweise geweigert, gegen ihre früheren Kameraden zu kämpfen[121], zum anderen wären die drei Evocatenlegionen für die von den vorangegangenen Schlachten gegen Antonius noch in Mitleidenschaft gezogenen Truppen Octavians im Falle eines Kampfes ein ernstzunehmender Gegner gewesen.[122] Daraus mag man einerseits schließen, Octavian habe gänzlich inaktiv einen Abzug der Truppen des Ventidius zugelassen.[123] Andererseits könnte Octavian diese Situation gerade zum Anlass genommen haben, die Herbeiführung eines Übereinkommens zwischen

---

[120] Nach App. civ. 3,80,325ff. fand die Begegnung mit Ventidius nach dem Eintreffen der Nachricht statt, die D. Brutus zum Oberkommandierenden machte. Allerdings: Die Begegnung zwischen beiden hat wahrscheinlich im ersten Teil des Marsches des Ventidius stattgefunden – der dauerte vom 21.4. bis 3.5.43 v. Chr. –, da D. Brutus berichtet, Octavian habe sich geweigert den Apennin zu überschreiten. Vgl. S. 79, Anm. 80. Die Senatsbeschlüsse bezüglich D. Brutus und Octavian ergingen am 26. und 27. 4. Die Nachricht wird Octavian je nach Standort kaum vor Anfang Mai erreicht haben, da befand sich Ventidius jedoch schon in Ligurien. Am 29.4. weiß D. Brutus zwar noch nichts davon, dass Ventidius der Durchbruch gelungen war (Cic. fam. 11,10(9),1), doch Octavian wird sich kaum beeilt haben, diese Tatsache dem D. Brutus mitzuteilen. Zudem wird nicht ersichtlich, ob sich diese Aussage überhaupt auf die Tätigkeit des Octavian bezieht, oder D. Brutus vielleicht selbst noch hoffte, Ventidius abzufangen.

[121] Das schließt Botermann, S. 137, aus einer Bemerkung des D. Brutus bei Cic. fam. 11,11(10),4. Die Soldaten stammten z.T. aus denselben caesarischen Legionen und Kolonien.

[122] So auch Matijević, S. 341.

[123] So scheint Gotter, S. 186 mit Anm. 91, die Situation zu betrachten, da er die Nachricht Appians ablehnt, es sei zu Verhandlungen zwischen Octavian und Ventidius gekommen.

beiden Heerführern zumindest zu versuchen, das man dann als eine Einigung unter zwei vorläufig – d. h. situationsbedingt – Gleichberechtigten verstehen müsste.

Unter Berücksichtigung der vorgebrachten Gesichtspunkte kann das Anschlussangebot Octavians als plausibel angesehen werden. Man hat daher keine Veranlassung, das Zeugnis Appians in Zweifel zu ziehen.[124] Ein Versuch seitens Octavians, eine Verständigung herbeizuführen, muss nicht zwingend mit einem persönlichen Gespräch der beiden Kommandeure einhergegangen sein. Es ist vorstellbar, dass der Erbe Caesars lediglich brieflich an Ventidius herangetreten ist.

Die Antwort des Ventidius wäre allerdings in jedem Fall negativ ausgefallen: Octavian war kein attraktiver Partner für ihn, solange er auf Seiten der Republikaner unter Ciceros Führung stand, denn dort wäre für Ventidius, wie dargelegt, kein Platz gewesen.[125] Darüber hinaus mangelte es Octavian an einer Machtbasis in Form eines hohen Amtes, d. h. des Consulats, um die zwangsläufigen Forderungen seines neuen Parteigängers – Sicherung und Ausbau seiner politischen und gesellschaftlichen Stellung – erfüllen zu können. Die bloße Ankündigung, sich um den Erwerb des Consulats zu bemühen und seine Bereitschaft darzulegen, sich mit Antonius zu verständigen und damit einen Seitenwechsel in Aussicht zu stellen, waren für Ventidius offensichtlich zu wenig.

Da Antonius derjenige war, der zuerst von der Notwendigkeit der Einheit der Caesarianer überzeugt war und diesen Standpunkt gegenüber Octavian und seinen Soldaten schon früher vertreten hatte, war es nicht notwendig, dass Ventidius Antonius davon erst überzeugen musste, wie Appian meint.[126]

Daher lässt sich festhalten: Die Loyalität, die Ventidius Antonius entgegenbrachte, wurde in dieser Situation keiner wirklich schweren Prüfung unterzogen, da sich Octavian nicht in der Position befand, ein attraktives Angebot zu unterbreiten. Wie sich Ventidius verhalten hätte, wenn ein solches vorgelegen hätte, wissen wir nicht. Es wird aber deutlich, dass Ventidius in der Verbindung mit Antonius nach wie vor

---

[124] Anders urteilt Bengtson, Untersuchungen zum Mutinesischen Krieg, S. 514.
[125] Vgl. S. 66f.
[126] Botermann, S. 66ff. In erster Linie waren die Soldaten des Octavian und Hirtius die Ansprechpartner eines offenen Briefes des Antonius, der aus Cic. Phil. 13,22ff. rekonstruiert werden kann (Botermann, S. 67ff.). Octavian war zudem das unnatürliche Bündnis mit dem Senat eingegangen, nicht Antonius. Vgl. Matijević, S. 261 (zur fünften Philippica) und S. 349 (zur 13. Philippica).

die besten Chancen gesehen haben muss, seine Karriere fortzusetzen und er wird bemüht gewesen sein, Antonius durch sein Handeln den Gewinn, den er ihm einzubringen in der Lage war, vor Augen zu führen. Das gilt unabhängig davon, ob ihm das Consulat zuvor bereits versprochen worden war oder nicht.

Der Marsch nach Vada wird Antonius den Wert der Verbindung mit Ventidius demonstriert haben, auch wenn diese Leistung, die Schmidt ausdrücklich hervorhob[127], durch die Inaktivität Octavians und seiner Soldaten relativiert wird, denn letztlich unternahm Octavian nichts, um Ventidius aufzuhalten. Dennoch sind Ventidius Wagemut und großes Geschick zu attestieren. Letzteres beruhte sicherlich auch auf den Erfahrungen, die er als Transportspezialist in Gallien gesammelt hatte.

Nach der Zusammenkunft mit Antonius am 3. Mai in Vada wurde der Marsch mit dem Ziel fortgesetzt, ein Treffen mit Lepidus herbeizuführen. D. Brutus berichtet, die Soldaten des Ventidius hätten sich in einer *contio* gegen diese Pläne ausgesprochen und sich mit ihrem Verlangen, stattdessen nach Pollentia zu ziehen, gegenüber Antonius durchgesetzt.[128] Daraufhin habe er, Brutus, Vorbereitungen getroffen, um die Antonianer abzufangen und er glaubte, dieses Ziel und damit den Sieg durch sein schnelles Erscheinen vor Pollentia bereits greifbar zu haben. Diese Nachricht war mit großer Wahrscheinlichkeit jedoch Bestandteil eines Täuschungsmanövers – auf das D. Brutus hereinfiel – mit dem Ziel, ungehindert von seinem Heer in Richtung Alpen abziehen zu können.[129]

Nach einem getrennten Marsch trafen Antonius am 15. Mai und Ventidius am 18. Mai am Argenteus auf Lepidus.[130] Am 29. Mai fand die Vereinigung zwischen Antonius und Lepidus statt.[131] Dieser für Antonius so wichtige Zusammenschluss mit Lepidus wäre ohne die

---

[127] Vgl. Schmidt, P. Ventidius Bassus, S. 209, der die Rettung des Antonius, »zur einen Hälfte der Schwenkung in der Politik Octavians, zur größeren Hälfte der Entschlossenheit und Tüchtigkeit des Ventidius« zuschreibt.
[128] Cic. fam. 11,14(13),3–4.
[129] So urteilten bereits Friedrich Münzer, RE Suppl. 5, s.v. Iunius (Nr. 55a), Sp. 382, Gundel, RE, Sp. 802, Tyrell-Purser, Bd. 6, S. 169f. Botermann, S. 112ff., ist der Ansicht, die Soldaten hätten sich ernsthaft gegen die Pläne des Antonius aufgelehnt. Ein Reitertrupp unter Trebellius wurde tatsächlich nach Pollentia beordert (Cic. fam. 11,14(13),4), das Manöver diente jedoch sicherlich dazu, die Ablenkung perfekt zu machen.
[130] Cic. fam. 10,34,1. Vgl. Botermann, S. 124.
[131] App. civ. 3,83,340–3,84,348. Cic. fam. 10,36(35),1.

Truppen des Ventidius kaum möglich gewesen.[132] Daher betrachtete Schmidt, wie bereits erwähnt, den Zug des Ventidius mit seinen Legionen als Wendepunkt im Kampf mit den Republikanern, der mit der Zuführung der drei Legionen die Position des Antonius gegenüber seinen Gegnern auf einen Schlag in einen Vorteil verwandelt habe.[133] Dabei ist es in diesem Zusammenhang letztlich unerheblich, ob sich Lepidus von seinen Soldaten zu diesem Schritt genötigt sah[134], oder die Einigung mit Antonius schlussendlich seiner Überzeugung entsprach, wofür Matijević mit guten Gründen plädiert.[135]

2. Consul

Die Kooptation des Ventidius in das Collegium der Pontifices[136] war eine Maßnahme, die ähnlich seiner Aufnahme in den Senat Belohnung und Pflicht zugleich beinhaltete, denn aufgrund der traditionell engen Verbindung von Staat und Religion[137] wurden die Priesterstellen meist mit den Inhabern oder ehemaligen Inhabern hoher Staatsämter besetzt, die damit Einfluss auf das gesellschaftliche und politische Leben Roms wahrzunehmen suchten.[138] Die Aufnahme eines Mitstreiters der Antonianer in die Priesterschaft entspricht dieser Praxis und stand damit einerseits in der Tradition republikanischer Gepflogenheiten, brach andererseits aber mit ihnen, da Ventidius als Vertreter einer sozial nur gering angesehenen Gesellschaftsschicht wiederum nur in der Ausnahmesituation des fortgesetzten Bürgerkrieges die Möglichkeit hatte, in

---

[132] Vgl. Matijević, S. 343. Botermann, S. 128, hat die Rolle der Soldaten des Lepidus hervorgehoben, die schon im Winter auf Seiten des Antonius gestanden hatten und den Frieden und die Eintracht zwischen den Caesarianern wünschten. Sie wurden durch die Anwesenheit ihrer alten Kameraden und die Möglichkeit einer kriegerischen Auseinandersetzung mit ihnen sicherlich in ihrem Standpunkt und ihrem Votum für Antonius bestärkt.

[133] Schmidt, P. Ventidius Bassus, S. 210. Die Bemerkung des Plancus vom 18. Mai (Cic. fam. 10,21(18),3), er verachte die »zerschlagenen Truppen« des Antonius und »den Haufen des Ventidius, des Maultiertreibers«, entspringt sicherlich keiner realistischen Einschätzung von deren Stärke, sondern seinem Wunsch, Cicero zu beeindrucken (Matijević, S. 356).

[134] Vgl. Botermann, S. 127ff.

[135] Matijević, S. 365f., zusammenfassend mit Verweis auf die Forschung.

[136] Gell. 15,4,3. Vgl. die Münzlegende »P VENTIDI PONT IMP«. Hierzu Kap. VI.

[137] George John Szemler, RE Suppl. 15, s.v. Pontifex, Sp. 351–354.

[138] Szemler, RE Suppl. 15, s.v. Pontifex, Sp. 347–349.

die Reihe dieser Würdenträger aufzusteigen.[139] Der Bericht des Gellius legt nahe, dass Ventidius das Pontifikat bereits vor der Erhebung zum Consul erlangt hatte. Ist diese Angabe richtig, dann muss die Aufnahme des Ventidius unter die Pontifices zwischen der Aufhebung der Ächtung des Antonius, des Lepidus und ihrer Anhänger im Oktober des Jahres 43 v. Chr. und der Vereinbarung des Zweiten Triumvirats erfolgt sein, möglicherweise als ein Zeichen des guten Willens seitens Octavian an den ehemaligen Gegner und zukünftigen Verbündeten.[140]

Dies sollte jedoch nur der Auftakt für Größeres sein: Nach Inkraftsetzung des Triumvirats am 27. November 43 v. Chr. durch die *lex tita*[141] wurde Ventidius für den Rest des Jahres zum nachgewählten Consul ernannt.[142] Octavian hatte sein Consulat zuvor niedergelegt. Diese Auszeichnung des Ventidius ist als Ergebnis sowohl seiner Forderungen an als auch seines Handelns für Antonius zu betrachten. Die Durchsetzung seines Anspruchs oblag Antonius, der seinen Teil der Abmachung ebenfalls erfüllt und damit auch demonstrierte hatte, dass er der tonangebende Mann innerhalb des Triumvirats war.[143] Ein möglicher Groll, den Antonius aufgrund von Ventidius' Forderungen gehegt haben mag, wird mit dem Sieg über die Republikaner, den man durch die Errichtung des Zweiten Triumvirats feierte und zu dem Ventidius entscheidend beigetragen hatte, vergessen gewesen sein.

Um diese Maßnahme angemessen in die an außergewöhnlichen Ereignissen und Umwälzungen reiche Zeit einzuordnen, ist es erforderlich, den Blick nochmals auf Caesar zu richten. Unter dem Dictator war es den *nobiles* gelungen, ihren Anspruch auf das Consulat »im Rahmen der veränderten Umstände« weiterhin durchzusetzen, wie Bruhns in seinen Studien zu dessen Ämterpolitik resümiert.[144] Die Vergabe des

---

[139] Direktes Vorbild war die Ämterpolitik Caesars. Vgl. Cass. Dio 43,51,9: »Da er [Caesar] nämlich vielen Leuten Gunstbezeigungen schuldetet, so stellte er sie durch Beförderungen wie diese und die Verleihung von Priesterwürden zufrieden [...].« Vgl. aber Matijević, S. 279.

[140] Gell. 15,4,3. Broughton, MRR, S. 356. Die Aufhebung der Acht erfolgte auf Antrag des Q. Pedius. App. civ. 3,96,396–397. Cass. Dio 46,52,3. Vgl. Botermann, S. 159. Nach Szemler, RE Suppl. 15, s.v. Pontifex, Sp. 348, war die Aufstellung der Kandidaten für das Pontifikat wahrscheinlich Sache der Auguren (nach Auct. ad Her. 1,20). Octavian und Antonius hatten beide das Augurat zu diesem Zeitpunkt inne, vgl. Matijević, S. 41 und S. 441.

[141] Vgl. Syme, RR, S. 197f.

[142] Gell. 15,4,3. Dio 47,15,2. Vell. 2,65,3. App. civ. 4,2,6. Val. Max. 6,9,9. Fast. Colot. CIL I² p. 64. Fast. Amer. CIL I² p. 63.

[143] Botermann, S. 163. Vgl. Syme, RR, S. 196.

[144] Bruhns, S. 166.

Consulats an Ventidius entsprach in einigen Aspekten durchaus noch der zurückhaltenden Praxis Caesars: Ventidius erhielt ebenso wie die *homines novi* unter dem Julier nur ein zeitlich stark verkürztes Oberamt, das durch das Vorhandensein einer übergeordneten Instanz – hier die Diktatur, dort das Triumvirat – zudem abgewertet wurde; das erforderliche Mindestalter hatte er bereits überschritten.[145] Unerhört und einzigartig waren jedoch die direkte Beförderung vom Praetor zum Consul noch im selben Jahr[146] und wiederum die Herkunft des Ventidius, die von den spottfreudigen Römern sogleich aufs Korn genommen wurde: »*Concurrite omnes augures, haruspices! Portentum inusitatum conflatum est recens: nam mulos qui fricabat, consul factus est.*«[147] Die unter Caesar begonnene Abwertung des höchsten Amtes der Republik wurde damit fortgesetzt.[148]

Ronald Syme bemerkte, es sei unwahrscheinlich, dass Ventidius – und auch Balbus – das Consulat von Caesar erhalten hätten.[149] In Anbetracht von dessen moderater Ämterpolitik[150] ist es sicherlich richtig, Ventidius nicht zum engeren Kandidatenkreis für zukünftige Consulate unter Caesars Ägide zu rechnen. Ventidius verdankte seine Laufbahn dem Umstand, in einer Ausnahmesituation agieren und sich dort mit seinen Fähigkeiten hervortun zu können. Doch ein Bürgerkrieg erzeugt permanent Ausnahmesituationen und gibt seinen Protagonisten immer wieder die Gelegenheit, sich auszuzeichnen.[151] Caesar hatte wahrscheinlich nicht vor, Ventidius zum Consul zu ernennen, aber die Verhältnisse hätten ihn möglicherweise dazu gezwungen. Denn keiner kann wissen, wie die Geschichte weiter verlaufen wäre,

---

[145] Ventidius war wohl mindestens 45 Jahre alt. Vgl. Bruhns, S. 150f. Zum Triumvirat: Jochen Bleicken, Zwischen Republik und Prinzipat. Zum Charakter des Zweiten Triumvirats, Göttingen 1990, S. 36ff.

[146] Val. Max. 6,9,9.

[147] Gell. 15,4,3: »Ihr Seher all' und Zeichendeuter, kommt herbei, es ward ein seltnes neues Wunder ausgeheckt, der einstens Eselsstriegler war, ist Consul jetzt.« Als Urheber oder Initiatoren dieser Verse sind auch die politischen Feinde des neuen Consuls denkbar, vgl. Kap. II.2 und II.3.

[148] Syme, RR, S. 196: »Durch die wiedererstandene Dictatur zu einem bloßen Namen herabgesunken, gewann das Konsulat danach nie mehr seine Autorität zurück.« Vgl. Bleicken, Zwischen Republik und Prinzipat, S. 49.

[149] Syme, RR, S. 99.

[150] Vgl. Bruhns, S. 166. Syme, RR, S. 99.

[151] Syme, RR, S. 99: »[...] [D]er Bürgerkrieg [brach] von neuem aus, und die militärischen Führer beschleunigten die Beförderung ihrer wichtigsten Parteigänger ohne Rücksicht auf Gesetz oder Präzedenzfälle und setzten auch zahlreiche Suffektkonsuln ein.«

wäre Caesar dem Komplott der Verschwörer entgangen. Man hat aber berechtigten Anlass zu der Annahme, dass Caesar den eingeschlagenen Weg, die ehemals regierende Nobilität mehr und mehr von der Leitung des Staates zu entbinden, fortgeführt hätte.[152] Die Notwendigkeit, auf die Fähigkeiten solcher Männer wie Ventidius zurückzugreifen, die sich aufgrund der Ineffektivität und Unzuverlässigkeit der Vertreter der alten republikanischen Ordnung ergab und die Erfordernis, diese Fähigkeiten angemessen zu belohnen, hätten zum einen Ventidius die Gelegenheit zu Leistungen geben können, die zum anderen Caesar mit der Zuerkennung des höchsten Staatsamtes hätte beantworten müssen. Zu beweisen ist dies allerdings nicht, denn der Bürgerkrieg war zunächst von Caesar beendet worden, und ein am Leben gebliebener Dictator hätte möglicherweise für eine zeitweilige Stabilisierung des Staates gesorgt. Die rasche Aufsplitterung der Parteien nach Caesars Tod hingegen förderte – in Verbindung mit den Kriegsverlusten der *nobiles* – ein verstärktes Zurückgreifen auf Männer geringeren gesellschaftlichen Renommees. Somit begünstigte die fortwährende Destabilisierung der Verhältnisse den Aufstieg des Ventidius ebenso, wie den zahlreicher anderer neuer Männer, die in der Zeit des Zweiten Triumvirats aufgrund ihrer militärischen Leistungen in hohe politische Ämter gelangten, obwohl sie bisher wenig bekannten Familien entstammten. In dieser Hinsicht kam Ventidius eine Vorreiterrolle zu, wie Syme zu Recht feststellt.[153] Antonius war nach den Niederlagen von Forum Gallorum und Mutina auf die Hilfe seines Anhängers angewiesen. Diese ließ Ventidius sich mit dem Consulat vergelten. So berechtigt die Annahme ist, Caesar habe Ventidius zunächst nicht für das Consulat vorgesehen, so wichtig ist es auch, zu erkennen, wie schnell sich die Verhältnisse hätten ändern können und wie sehr die Protagonisten von ihnen abhingen: Ventidius wie auch der große Caesar.[154]

Während der kurzen Dauer seines Consulats fanden in Rom die Proskriptionen der Triumvirn statt.[155] Über Aktivitäten des Ventidius während dieser Zeit ist uns nichts bekannt, »perhaps fortunately«, wie

---

[152] Vgl. S. 58.
[153] Syme, RR, S. 99f. S. 206f.
[154] Cic. fam. 9,19(17),3: »Denn wir sind von ihm abhängig, er selbst von den Verhältnissen. Somit kann weder er wissen, was die Zeiten einmal fordern werden, noch wir, was er sich denkt.«
[155] Zu den Proskriptionen: App. civ. 4,5ff. Cass. Dio 47,3ff.

Seaver dazu bemerkte[156]. In der Tat wäre die Beantwortung der Frage nach einer Beteiligung des Ventidius an den Proskriptionen möglicherweise geeignet, seinen Ruf nachhaltig zu schädigen, aber dadurch darf man sich nicht von der Pflicht entbunden fühlen, sie zu stellen. Ihre Berechtigung erhält sie einerseits durch die Aufmerksamkeit, die dem Terror der Proskriptionen sowohl von den Zeitgenossen als auch von antiken und modernen Historikern zuteil wurde[157], andererseits durch die herausgehobene Stellung, die Ventidius in seiner damaligen Funktion als Consul im Staat einnahm. Da wir auf keine direkten Quellenzeugnisse zurückgreifen können, müssen sich die Erwägungen über die Involvierung des nachgewählten Consuls an der historischen Wahrscheinlichkeit orientieren: Ventidius befand sich mit der Übernahme des Amtes auf dem vorläufigen Höhepunkt seiner Karriere, er wird sich daher nicht gegen die Vereinbarungen der Triumvirn ausgesprochen haben, die bei den Verhandlungen auf einer Flussinsel bei Bononia[158] getroffen worden waren.[159] Er wird sich – im Gegenteil – später wahrscheinlich eifrig darum bemüht haben, seine Bestellung zum Consul zu rechtfertigen und seine Gönner in ihren Machenschaften unterstützt haben. Die Amtsgewalt der Triumvirn war formal der des Consuls nicht übergeordnet, sie war aber, so Bleicken, »zum Zwecke der Durchsetzung gegenüber den Consuln in besonderer Weise privilegiert worden«.[160] Man könnte daher die Befugnisse des amtierenden Consuls als eingeschränkt betrachten und seine Verantwortung für die Proskriptionen als eher gering einschätzen. Dennoch wird man kaum annehmen können, dass der Inhaber des höchsten ordentlichen Amtes des Staates die Maßnahmen der Triumvirn nicht mit aller Kraft unterstützt und für deren Ausführung gesorgt hätte.[161] Eine

---

[156] James E. Seaver, Publius Ventidius – Neglected Roman Military Hero, The Classical Journal 47 (1951–52), S. 277.
[157] App. civ. 4,16,64. Syme, RR, S. 199. Syme bietet eine nüchterne Betrachtung der Motive der Triumvirn und der Ereignisse während der Proskriptionen.
[158] Cass. Dio 46,55,1.
[159] Nach App. civ. 4,2,5 berieten Lepidus, Antonius und Octavian allein auf der Flussinsel, deren engste Vertraute dürften aber zumindest im Vorfeld ihre Meinung kundgetan haben. Vgl. auch M. P. Charlesworth, The Avenging of Caesar, in: S. A. Cook, F. E. Adcock, M. P. Charlesworth (Hg.), The Cambridge Ancient History, Bd. 10, The Augustan Empire 44 B.C.-A.D. 70, korr. Nachdruck der Erstausgabe 1936, Cambridge 1952, S. 19. Ventidius wird auch nicht zu den Unterführern gehört haben, die nach Cass. Dio 46, 54,1 in Gallien zurückgeblieben waren, da er im Anschluss in Rom sein Consulat antreten sollte.
[160] Bleicken, Zwischen Republik und Prinzipat, S. 49f.
[161] Dies gilt umso mehr, da ihm dieses Amt gerade erst von den Triumvirn zuerkannt worden war.

derartige Handhabung der Dinge findet man etwa im Bereich der Gesetzgebung. Die *leges* wurden nicht von den Triumvirn, sondern von anderen, ordentlichen Beamten vor das Volk gebracht.[162] Überdies war mit den Proskriptionen die Gelegenheit gekommen, einerseits Rache zu nehmen sowohl für den Tod Caesars als auch an seinen persönlichen Gegnern, die ihn noch vor einem halben Jahr zum Staatsfeind hatten erklären lassen und sich andererseits an den Besitztümern der Proskribierten zu bereichern. Aber: Ohne Rückhalt in den Quellen muss der Standpunkt, den Ventidius gegenüber den Proskriptionen einnahm und seine eventuelle Verwicklung in diese spekulativ bleiben. Vielleicht widerstrebten Ventidius die Proskriptionen, möglicherweise opponierte er, wenn nicht offen, so doch heimlich dagegen. Wir können es nicht wissen. Sehr wahrscheinlich ist dies jedoch nicht, denn die Freude über das Amt wird wohl alle moralischen Erwägungen, wenn er sie denn gehabt haben sollte, überstimmt haben.

Die Karriere des Ventidius und sein schneller Aufstieg nach Caesars ersten Siegen im Bürgerkrieg sind bis hierhin als das Ergebnis von Pflichterfüllung, Durchsetzungsvermögen und Loyalität[163] zu betrachten, angetrieben durch Ehrgeiz und Eigeninitiative. Angesichts der Ereignisse im Krieg um Mutina und ihrer – allerdings in Teilen nur auf Hypothesen basierenden – Hintergründe wird man feststellen dürfen: Ventidius verlangte eine hohe Gegenleistung für seine Treue und er scheint entschlossen gewesen zu sein, seine Forderungen mit allen Mitteln durchzusetzen.[164] Es wird deutlich, dass seine Loyalität als Mittel zum Zweck der Karriere diente, die nach römischer Tradition auf die Übernahme der höchsten Staatsämter ausgerichtet war. Ventidius unterstützte mit aller Kraft die Ziele seiner Gefolgsherren, da er – sehr wahrscheinlich zu Recht – der Ansicht war, nur so ließen sich seine eigenen Ziele verwirklichen. Ventidius war seinen Preis wert, das zeigen der Marsch nach Vada und der letztlich dadurch ermöglichte Zusammenschluss des Antonius mit den gallischen Statthaltern Lepidus und Plancus. Ventidius hatte bislang keine Position angestrebt, die der seines Gefolgsherrn Antonius gleichkam; insofern stellte er dessen Führungsrolle nicht in Frage.[165] Dergleichen lag allerdings auch nicht in seiner

---

[162] Bleicken, Zwischen Republik und Prinzipat, S. 38.
[163] Vgl. Gellius 15,4,3.
[164] Die Beförderung zum Consul noch in seinem Amtsjahr als Praetor war ein einzigartiger Vorgang. Zudem hatte er noch das Pontifikat erhalten. Vgl. Matijević, S. 279 mit Anm. 467.
[165] Dies gilt auch, wenn man der Ansicht ist, Ventidius habe sein Consulat von Antonius

Macht, denn Ventidius war aufgrund seiner Herkunft und der herausgehobenen politischen und gesellschaftlichen Stellung des Antonius von diesem abhängig. Entscheidend ist daher, dass Ventidius es sich nicht leisten konnte, gegen seinen Gönner zu opponieren, obwohl sie ihm nur ein Suffektconsulat von kurzer Dauer zugestanden hatten, das zudem durch das Triumvirat entwertet wurde, und er nahm vermutlich keinen Anstoß an der Tatsache, dass er in seinen Ämtern und Ehren von Caesar und Antonius abhing, da er sie sonst niemals erhalten hätte.[166] Eine solche Haltung aber wäre für ehrgeizige *nobiles* wie Brutus und Cassius kaum vertretbar gewesen, da sie ihre politischen Ziele nicht nur auf das traditionelle Streben nach den höchsten Positionen des *cursus honorum* beschränkten, sondern bemüht waren, von den *exempla* der großen Militärs und Politiker des ersten vorchristlichen Jahrhunderts getrieben, es Caesar gleich zu tun.[167] Sie hatten ihre Abhängigkeit von Caesar als Herabsetzung ihrer Würde empfunden und mit der Ermordung des Dictators beantwortet, der es ihnen verwehrt hatte, ihre Ansprüche durchzusetzen – die, wie im Falle des C. Cassius, nicht mit dem Amt des Praetor Peregrinus abgetan werden konnten – und durch eigene Leistungen für den Staat Lorbeeren zu erwerben, eine Praxis, die seit Jahrhunderten der Lebensinhalt dieser Klasse war.[168] Zu den Mördern Caesars gehörte aber auch ein Rittersohn wie Trebonius – er war der einzige Consular unter den Verschwörern – dessen Beweggründe vermutlich ähnlicher Natur waren, womit deutlich wird, dass die angesprochene Haltung, die Brutus und Cassius einnahmen, nicht auf *nobiles* beschränkt blieb.[169]

---

erpresst. C. Curio beispielsweise scheint sich, so Dettenhofer, S. 155f., die Karrieren Caesars und des Pompeius »als Maßstab für das Erreichbare genommen zu haben«.

[166] Eine andere Frage ist, ob Ventidius aufgrund seiner Herkunft mit dem ihm zugestandenen Amt zufrieden war, oder ob er es – in Anbetracht seines Ehrgeizes – bedauerte, nicht ein vollwertiges Consulat erhalten zu haben.

[167] Vgl. Dettenhofer, S. 33 und 321. Meier, Caesar, S. 494, bezeichnet diese als »kleine Caesares«. Wie immer man die bekannte Szene am Lupercalienfest am 15.2.44 v. Chr. einschätzen mag (Plut. Ant. 12. Caes. 61.): Auch Antonius konnte kein Interesse daran gehabt haben, seinem Standesgenossen Caesar eine dauerhafte Vorrangstellung einzuräumen und ihm zur Alleinherrschaft zu verhelfen (Vgl. Dettenhofer, S. 182).

[168] Vgl. Dettenhofer, S. 247ff. und 256ff., zu den Motiven von C. Cassius und D. Brutus an der Verschwörung gegen Caesar teilzunehmen. Vgl. Dahlheim, Caesar, S. 238ff. Das angesehenere Amt des Stadtpraetors erhielt M. Brutus. Beide betonten Antonius gegenüber, dass sie ihre Freiheit über seine Freundschaft stellten (Cic. fam. 11,3,4).

[169] Nach Cicero habe Trebonius »die Freiheit des Römischen Volkes« über die Freundschaft Caesars gestellt und dessen »Herrschaft lieber abschütteln als tei-

Dennoch ist die Entscheidung für oder wider Loyalität immer auch eine persönliche und nicht an Standeszugehörigkeit gebunden, denn an der Verschwörung hatten keineswegs alle *nobiles* unter den Caesarianern teilgenommen.[170] Einstmals eingeschränkte Handlungsspielräume mögen sich darüber hinaus im Zuge eines gesellschaftlichen Aufstieges ausweiten; damit aber erscheint ein Gedanke im Blickfeld, der durch eines der im folgenden Kapitel behandelten Ereignisse möglicherweise Unterstützung erfährt: Die Versuchungen der Macht könnten auch Ventidius dazu bewegen, seine Haltung gegenüber Antonius im weiteren Verlauf seiner Karriere unter Umständen zu ändern.

3. Ventidius im Krieg um Perusia

Zum Jahre 42 v. Chr., dem Jahr von Philippi, liegen uns keine Nachrichten bezüglich Ventidius vor. Er wird von den Quellen erst wieder im Zusammenhang mit dem Beginn des Perusinischen Krieges im Herbst des Jahres 41 v. Chr. erwähnt. Zu diesem Zeitpunkt hatte er zusammen mit Q. Fufius Calenus die Statthalterschaft über die Gallia Transalpina inne und beide verweigerten den nach Spanien abkommandierten Truppen des Octavian den Übergang über die Alpen.[171] Daher ist es möglich, wenn auch nicht zu erweisen, dass Ventidius dieses Amt bereits im Jahr zuvor, in Vertretung des Triumvirn ausgeübt hatte.[172]

In den verworrenen Ereignissen des Perusinischen Krieges scheint

---

len wollen« (Phil. 2,27). Ersetzt man *die Freiheit des römischen Volkes* durch *die Freiheit der römischen Führungsschicht*, dürfte man Trebonius' Motive bereits recht treffend charakterisiert haben. Dies deckt sich mit der Aussage bei Cic. fam. 11,3,4 in der vorangegangenen Anmerkung. Auch Trebonius amtierte nur als Suffektconsul, zudem war »nicht einmal die Form der alten Wahl gewahrt worden«, wie Bruhns, S. 160ff. bemerkt. Trebonius war direkt von Caesar ernannt worden. Vgl. die Verachtung, die Trebonius' Kollegen Q. Fabius entgegengebracht wurde (Suet. Caes. 80,2. Cic. fam. 7,30,1).

[170] M. Aemilius Lepidus und M. Antonius beispielsweise.
[171] Cass. Dio 48,10,1. Drumann, Geschichte Roms, Bd. 1, reprografischer Nachdruck d. 2. Aufl., Leipzig 1908/10, Hildesheim 1964, S. 296 mit Anm. 8, setzt, nach Jung, den Beginn der Belagerung Perusias in den Oktober 41 v. Chr.
[172] Vgl. Gundel, RE, Sp. 803f. Broughton, MRR, S. 363. S. 375. Broughton hält auch die Übernahme der Statthalterschaft des westlichen Teils der Cisalpina für möglich. Ventidius dürfte dabei das Amt eines Proconsuls bekleidet haben. Antonius benötigte während des Feldzuges gegen Brutus und Cassius zuverlässige Militärs in Gallien, das bedeutet, Ventidius nahm an der Schlacht von Philippi nicht teil und damit auch nicht – wenn man so will – an der Rache für Caesar.

Ventidius ein unglückliches Bild abzugeben: Wäre er uns nur aus diesem Konflikt als Heerführer bekannt, »dann müsste man in ihm einen sehr vorsichtigen, ja sogar einen unentschlossenen und daher nicht sehr fähigen General sehen«[173], urteilt Gundel – nicht ganz zu Unrecht auf den ersten Blick. Es ist hier nicht der Platz, die Ereignisse während des Kriegsverlaufes im Einzelnen nachzuzeichnen, die Ursachen für das unentschlossene, zögerliche und damit militärisch uneffektive Verhalten des Ventidius können jedoch aus den Quellen erschlossen und gedeutet werden.

Ventidius und die anderen Heerführer des Antonius sahen sich unerwartet in einen Krieg verwickelt, als der Consul des Jahres 41 v. Chr., Lucius Antonius, den Aufruhr und die ausbrechenden Kämpfe um die von Octavian zu besorgenden Landverteilungen für die Veteranen von Philippi zum Ausbau seiner eigenen Machtstellung, so Dios Interpretation, auszunutzen gedachte – unter dem Vorwand, im Interesse seines Bruders Marcus tätig zu sein.[174] Nach Appian handelte Lucius zwar aus republikanischer Überzeugung und als Vorkämpfer für den alten Staat der Nobilität, doch diese Charakterisierung wird von Klebs als Widerhall der politischen Ansichten Pollios gedeutet, dessen Geschichtswerk dem Appian hier als Vorlage gedient habe.[175] Ohne nochmals auf die Quellenproblematik bei Appian eingehen zu wollen, ist es sicherlich angebracht, Klebs zumindest ein Stück weit zu folgen und die angeblich republikanische Überzeugung des Lucius anzuzweifeln. Ob Lucius jedoch tatsächlich daran dachte, die Interessen seines Bruders zu vertreten, oder ob er mehr aus Eigennutz handelte und wie die Rolle einzuschätzen ist, die Marcus Antonius' Frau Fulvia und dessen Sachwalter Manius in der Angelegenheit spielten, ist schwer zu beurteilen.[176] Deren gemeinsamer Versuch, Octavians Stellung bei den beiden relevanten politischen Gruppierungen zu untergraben, indem man daran ging, mit Zugeständnissen sowohl die Veteranen als auch die Landbesitzer für sich zu gewinnen[177] und dabei hoffte, der Erbe Caesars würde zwischen

---

[173] Gundel, RE, Sp. 806f.
[174] Cass. Dio 48,5,4.
[175] Elimar Klebs, RE 1,2, s.v. Antonius (Nr. 23), Sp. 2589.
[176] Nach App. civ. 5,19,75 trieb Fulvia Lucius aus Eifersucht gegenüber Kleopatra in den Konflikt mit Octavian. Eingeredet habe ihr dies jedoch Manius. Seine Motive wiederum sind nicht eindeutig zu klären. Handelte er aus Feindschaft gegenüber Octavian (vgl. Friedrich Münzer, RE 1,27, s.v. Manius (Nr. 1), Sp. 1147–1148), oder glaubte er tatsächlich im Interesse des Antonius zu agieren? Zu Fulvia, vgl. Syme, RR, S. 215 mit Anm. 28, S. 608.
[177] Cass. Dio 48,7,3.

den Fronten aufgerieben werden, schien zunächst von Erfolg gekrönt zu sein.[178] Dies führte jedoch letztlich zu der bewaffneten Auseinandersetzung zwischen Octavian und Lucius Antonius, die als Perusinischer Krieg bekannt wurde. Die drohende Vereinigung der Truppen des aus Gallien heranrückenden Caesarianers Salvidienus mit Octavian und der Beginn der Kämpfe um Perusia schienen schließlich ein Eingreifen der Kommandeure des Antonius zugunsten ihres Verbündeten Lucius Antonius erforderlich zu machen.[179] Doch diese agierten äußerst zögerlich und unentschlossen: »*[Die] unter Ventidius heranrückenden Feinde […] aber zögerten schon von sich aus mit dem Anmarsch, da sie mit dem Waffengang ganz und gar nicht einverstanden waren und sich über Antonius' Absicht keine klare Vorstellung machen konnten.*«[180]

Ventidius und der an anderer Stelle genannte Pollio[181] lehnten diesen Krieg ab, da sie erkannt hatten, dass er den Interessen der Antonianer zuwider lief. Die ersten, zu Beginn der Auseinandersetzungen vorgenommenen Maßnahmen des Lucius, die geplanten Ansiedlungen hinauszuzögern, mit dem Ziel, die Popularität des Octavian nicht zu sehr anwachsen zu lassen und im Gegenzug eine Verminderung des Ansehens des Antonius zu verhindern, fanden zwar gewiss noch deren Zustimmung.[182] Denn neben militärischen Siegen war die Durchsetzung der Landzuteilungen immer noch entscheidend für den Gewinn und den Erhalt der Gefolgschaftstreue der Soldaten.[183] Zum Zeitpunkt des Beginns der Kämpfe um Perusia hatten sich die bis dahin verworrenen Fronten jedoch geklärt: Lucius vertrat nunmehr die Rechte der enteigneten oder noch zu enteignenden Landbesitzer – nach Dio, weil er und Fulvia sich durch deren Unterstützung einen größeren Machtgewinn versprachen[184] –, während sich Octavian als Interessenvertreter der Soldaten und Veteranen präsentieren

---

[178] Cass. Dio 48,7,1ff. Möglicherweise glaubte man sich in Übereinstimmung mit Antonius' Absichten, denn die Betrauung des Octavian mit der undankbaren Aufgabe, die Enteignungen vorzunehmen, barg von vornherein die Möglichkeit, Octavian damit in Schwierigkeiten zu bringen. Vgl. Syme, RR, S. 214f. und Hermann Bengtson, Marcus Antonius. Triumvir und Herrscher des Orients, München 1977, S. 153 und S. 168. Nach Dio 48,6,1 und App. civ. 5,2,11 wählte Octavian diese Aufgabe für sich selbst aus, Dio zufolge um das Wohlwollen der Soldaten zu erhalten, nach Appian aufgrund seiner schwachen Gesundheit.
[179] App. civ. 5,31,121ff. Ventidius und Pollio verfolgten gemeinsam Salvidienus.
[180] App. civ. 5,32,126.
[181] App. civ. 5,31,121.
[182] App. civ. 5,14,54. Cass. Dio 48,6,2.
[183] Cass. Dio 48,6,1.
[184] Cass. Dio 48,6,4ff. Zunächst waren Lucius und Fulvia noch bemüht, die Veteranen trotz der Unterstützung der Landbesitzer nicht zu verprellen.

konnte.[185] Ventidius und Pollio werden sich somit um das Ansehen des Antonius bei seinen Truppen[186] gesorgt haben, das sie als gefährdet betrachtet haben müssen, wenn seine Bevollmächtigten einerseits zuließen, dass Octavian als deren Sachverwalter auftrat, andererseits aber den Gegnern dieser Ansiedlungspolitik aktiv Hilfe leisteten und sich damit faktisch sogar auf die Seite der Republikaner begaben.[187] Denn aus der Perspektive der Soldaten muss Lucius Antonius als derjenige betrachtet werden, der mit seinem Eintreten für die Belange der italischen Landbesitzer nicht nur ihre materiellen Interessen, sondern auch die Einheit der Truppen der Triumvirn[188] gefährdete. Diese Einheit war jedoch noch immer ein wichtiges Anliegen der Soldaten, wie deren zahlreiche Vermittlungsvorschläge bis hin zur Erzwingung des Paktes von Brundisium zeigen, denn nur dann konnten sie auf Erfüllung ihrer materiellen Forderungen hoffen.[189] Als truppennaher Befehlshaber muss sich gerade Ventidius der Problematik dieser Situation bewusst gewesen sein, weshalb er nur widerwillig und zögerlich in die Kämpfe eingriff, gewiss voller Misstrauen gegen die Vorgehensweise des Lucius und im Zweifel über die Absichten des Antonius, wie Appian mehrfach betont.[190] Da Lucius vorgab, im Interesse seines Bruders zu handeln und dies mit dem Versuch, die Veteranen von Vertrauensleuten des Antonius ansiedeln zu lassen zunächst auch unter Beweis gestellt hatte[191], ist es verständlich, dass die anschließenden Maßnahmen des Lucius Ventidius und Pollio in große Verwirrung stürzten. Denn diese sollen angeblich von Antonius abgesegnet gewesen sein – so müssen es Lucius und Fulvia der Öffentlichkeit jedenfalls zu verstehen gegeben haben[192] -, konnten aber aus Sicht der Kommandeure des Antonius nicht im Interesse ihres Gefolgsherrn liegen.

Dennoch griffen die Heerführer des Antonius trotz dieses Wider-

---

[185] App. civ. 5,27,106.
[186] Dies bezieht sich sowohl auf die zur Ansiedlung bestimmten Veteranen als auch auf die noch unter Waffen stehenden Truppen. Antonius stand damals auf dem Höhepunkt seines Ansehens, da ihm der Sieg bei Philippi allein zugeschrieben wurde (App. civ. 5,14,57).
[187] App. civ. 5,29,114.
[188] Botermann benützte in ihrer Studie den Begriff »Caesarianer«. Hier wird dieser Begriff nur für die Anhänger des Octavian verwendet, um zwischen diesen und den Anhängern des Antonius zu unterscheiden.
[189] App. civ. 5,20,79. 5,23,90. Der Pakt von Brundisium bei App. civ. 5,59,246f.
[190] App. civ. 5,32,126. 5,33,131. Ventidius als truppennaher Befehlshaber: App. civ. 3,66,270.
[191] App. civ. 5,14,55.
[192] Cass. Dio 48,6,5.

spruchs zugunsten des Lucius in die bewaffneten Auseinandersetzungen ein, da sie zum einen von Fulvia und Manius dazu gedrängt wurden, zum anderen einer möglichen Niederlage und Vernichtung des Lucius und seiner Truppen wohl nicht tatenlos zusehen wollten.[193] Aber auch hier verhinderten ihr Zögern und ihre Unentschlossenheit ein erfolgreiches Vorgehen. Das Ausbleiben klarer Anweisungen von Antonius[194] und das Wissen um die politische und militärische Sinnlosigkeit der Auseinandersetzung wurden ergänzt durch Streitigkeiten zwischen Ventidius, Asinius Pollio und Plancus über das adäquate taktische Vorgehen im weiteren Verlauf der Ereignisse.[195] Letzterer setzte sich mit seiner Auffassung durch, ein weiteres Abwarten sei dem Kampfe vorzuziehen. Die Zustimmung seiner Kollegen, die Plancus entgegen ihrer zwischenzeitlichen Überzeugung und trotz der persönlichen Ressentiments erhielt, die Ventidius und Pollio ihm gegenüber hegten[196], kann als weiterer Hinweis gewertet werden, wie sehr dieser Waffengang zur Unterstützung des Lucius im Grunde von Ventidius und Pollio abgelehnt wurde – und von deren Soldaten, wie dies bereits dargelegt wurde.[197] Nebenbei könnte sich die Ansicht Plancus', man dürfe nicht zwischen Octavian und Agrippa geraten, tatsächlich als die vernünftigste militärische Option herauskristallisiert haben. Verkompliziert wurde die Situation nicht zuletzt durch den Disput zwischen Ventidius und Pollio über den militärischen Oberbefehl – aus Eifersucht, wie Appian zu berichten weiß.[198]

[193] App. civ. 5,33,130f. 5,35,139: Nach Appian »schämten« sie sich zuzusehen, wie Lucius an Hunger zugrunde ging.
[194] App. civ. 5,29,112: Ein von Manius vorgelegter Brief des Antonius, an dessen Echtheit jedoch Zweifel bestanden, gab nur die Anweisung zu kämpfen, wenn »jemand seiner Würde zu nahe trete«. M. Barbatius, ein Quaestor des Antonius hingegen erklärte, dass dieser gegen einen Krieg mit Octavian sei, woraufhin einige Anhänger des Lucius zu Octavian wechselten. Da sich Barbatius mit Antonius scheinbar zerstritten hatte, bezeichnet App. civ. 5,31,120 diese Aussage als Täuschungsversuch des Barbatius. Tatsächlich scheint er die Interessenlage der Antonianer jedoch richtig gedeutet zu haben.
[195] App. civ. 5,35,141.
[196] Vgl. den schon mehrfach angeführten Ausspruch des Plancus bei Cic. fam. 10,21(18),3 über Ventidius den Maultiertreiber und Syme, RR, S. 219.
[197] Vgl. S. 101f. Syme, RR, S. 219. Natürlich kann bei der großen Anzahl der auf beiden Seiten kämpfenden Soldaten bei diesen keine einheitliche Meinung vorausgesetzt werden. Auch Lucius Antonius wusste, so App. civ. 5,30,115, seine Truppen von seiner Sache zu überzeugen – mit den bewährten Mitteln Geld und Versprechungen.
[198] App. civ. 5,32,126. Die grundsätzliche Ablehnung des Krieges stand vermutlich nicht zur Diskussion. Zu der Problematik der Eifersucht der beiden Feldherren vgl. S. 107f.

Am Ende stand die Vorgehensweise des Lucius den Interessen der Antonianer entgegen, denn so vernünftig es gewesen war, im Vorfeld der Auseinandersetzungen Octavian nicht allein den Dank der Soldaten für ihre Landzuweisungen zu überlassen, so wenig konnte ihnen daran gelegen sein, sich auf Seiten der Landbesitzer und damit gegen ihre Soldaten zu stellen. Die Gründe waren in beiden Fällen die gleichen. Es galt, das hohe Ansehen, das Antonius bei seinen Truppen seit Philippi genoss, nicht zu gefährden und sich deren bedingungslose Treue und damit die Basis seiner Macht zu erhalten.[199] Zudem konnte ihnen zu diesem Zeitpunkt, während der Abwesenheit von Antonius, nicht an einem Krieg zwischen den Teilhabern des Triumvirats gelegen sein.[200] Der Unwille der antonianischen Generäle, in den Kämpfen für Lucius Partei zu ergreifen und ihr daraus resultierendes zögerliches Vorgehen waren letztlich folgerichtig.

Konsequenterweise zogen sich die Antonianer nach Ende des Perusinischen Krieges zurück, da sie Lucius als die treibende Kraft des Konfliktes betrachtet hatten.[201] Den Versuchen der Caesarianer, ihren Sieg auszunutzen und die Armeen der Antonianer und deren Führer zu einem Anschluss zu bewegen – denn so wird man die »*Friedensangebote*«, von denen Appian spricht, wohl verstehen dürfen –, war jedoch nur wenig Erfolg beschieden:[202] Nur zwei Legionen des Plancus traten auf Seiten des Agrippa. Der Rest des Heeres wählte nach Plancus' Flucht – aus Feigheit, so Appian – Ventidius zu seinem Befehlshaber.[203] Dies ist ein deutliches Zeichen für das Vertrauen, das er trotz – oder möglicherweise sogar wegen – seiner Vorgehensweise im soeben beendeten Krieg bei den Soldaten besaß.

Die Quellen lassen es leider nicht zu, den Aufenthaltsort des Ventidius nach dessen Rückzug exakt zu bestimmen, der ihn wahrscheinlich zunächst nach Süditalien geführt hatte.[204] Mit einem Verbleiben in die-

---

[199] App. civ. 5,14,57.
[200] Nach App. civ. 5,19,75 wurde Lucius auch von Fulvia gerügt, da er »zu einem unpassenden Zeitpunkt einen Krieg« entfacht hatte.
[201] App. civ. 5,50,208.
[202] App. civ. 5,50,209.
[203] App. civ. 5,50,209ff.
[204] Appian berichtet (civ. 5,50,208–212), dass sich die Heerführer des Antonius auf verschiedenen Wegen an die Meeresküste zurückgezogen hätten. Leider nennt Appian keine Namen, nur die Ziele: »Die einen gelangten nach Brundisium, die anderen nach Ravenna, eine weitere Gruppe nach Tarent, wieder andere zu Murcus oder Ahenobarbus und schließlich welche zu Antonius.« Da Ventidius die übrigen Truppen des Plancus übernommen hatte, der Italien

ser Gegend bis zur Ankunft des Antonius hätten Ventidius und seine Truppen die Verhandlungsposition ihres Gefolgsherrn bei der Verständigung von Brundisium erheblich gestärkt, doch dem steht das Fehlen eines jeglichen Hinweises in den Quellen über die Anwesenheit verbündeter Truppen bei der Rückkehr des Antonius entgegen, wie Gundel bemerkte.[205] Darüber hinaus stellt sich die Frage, ob Ventidius das Risiko eingehen konnte, mit den allein ihm zur Verfügung stehenden geringen Kräften von den zahlenmäßig weit überlegenen Legionen des Octavian möglicherweise angegriffen zu werden, oder erneuten Abwerbungsversuchen ausgesetzt zu sein.[206] Unter diesem Gesichtspunkt betrachtet, ist die Nachricht Appians, Ventidius und Pollio hätten in Erwartung des Antonius »*Landeplätze und Verpflegungsdepots über Italien hin in Bereitschaft*« gesetzt, in Verbindung mit einer Notiz des Velleius möglicherweise folgendermaßen zu verstehen: Nach dem Ende Perusias hatte sich Pollio zunächst nach Ravenna bzw. Venetien zurückgezogen. Im Anschluss daran gewann er Ahenobarbus für Antonius, bevor er zwecks Vorbereitung der Ankunft des Antonius erneut an der Küste der Adria mit Ventidius zusammentraf.[207] Zusammen verfügten sie über 11 Legionen, damit hätten sie einen Landungsplatz behaupten können.

zusammen mit Fulvia von Brundisium aus verlassen hatte, wird er wohl zunächst nach Brundisium oder Tarent gelangt sein müssen. Vgl. Gundel, RE, Sp. 806. Ein Verbleiben des Ventidius in Oberitalien (vgl. Ulrich Kahrstedt, Geschichte des griechisch-römischen Altertums, München 1948, S. 363) ist dagegen unwahrscheinlich. In Begleitung der Fulvia schließlich befand sich nur Plancus.

[205] Vgl. Gundel, RE, Sp. 806.
[206] Von den nach den Kämpfen um Perusia verbliebenen dreizehn Legionen (App. civ. 5,50,208) gelangten sieben unter dem Kommando des Pollio zu Antonius (Vell. 2,76,2). Die zwei Legionen, die von Plancus zu Agrippa übertraten müssen wohl ebenfalls abgezogen werden. Ventidius hätte somit nur vier Legionen zur Verfügung gehabt. Vgl. W. W. Tarn, Antony's Legions, Classical Quarterly 26 (1932), S. 77. Auch von den anfangs 6500 Reitern werden ihm bei Weitem nicht alle geblieben sein. Octavian dagegen besaß – wenn auch sicherlich nicht alle davon in Italien standen – mehr als vierzig Legionen (App. civ. 5,53,221).
[207] App. civ. 5,50212. Vell. 2,76,2. Der Ort des Zusammentreffens lag vermutlich irgendwo zwischen dem Gebiet der Veneter, das Pollio verlassen musste, da Alfenus Varus die Cisalpina übernahm (Serv. ecl. 6,6. 9,27), und Brundisium. Vgl. Drumann, Bd. 1, S. 301. S. 302. Vgl. auch Paul Groebe, RE 1,4, s.v. Asinius (Nr. 25), Sp. 1591, demzufolge Pollio jedoch die Landungsplätze mit Ahenobarbus vorbereitete.

Syme bezeichnete die Untätigkeit des Marcus Antonius gegenüber den Maßnahmen seines Bruders Lucius, der versucht hatte, die Landbesitzer gegen die Soldaten zu beschützen, als Irrtum[208], weiß dessen Ursache aber anders als Dio, der plakativ und herablassend von »*Liebeslust und Trunksucht*«[209] spricht, durchaus überzeugend zu erklären.[210] Ventidius erkannte den Fehler des Lucius, so wie er es möglicherweise schon von vornherein als falsch angesehen hatte, die Ansiedlungen und die damit verbundene Dankbarkeit der Soldaten allein dem Octavian zukommen zu lassen. Daraus erklärt sich sein zögerliches und unentschlossenes Vorgehen, das durch den Mangel an klaren Willensäußerungen – bzw. deren Verdunkelung durch Lucius, Fulvia und Manius – seitens seines Gefolgsherrn Antonius noch verstärkt wurde. Letztlich sollten sich die Zweifel, die die Generäle des Antonius am Sinn dieser Auseinandersetzung hegten, als berechtigt erweisen. Antonius teilte am Ende deren Auffassung, denn er kritisierte die Vorgehensweise seines Bruders, seiner Frau Fulvia und seines Sachwalters Manius scharf als er von den Ereignissen in Perusia erfuhr.[211] Das Verhalten seiner Kommandeure wird er zumindest im Nachhinein gebilligt haben.

Ventidius begegnet uns als loyaler Parteigänger seines Gefolgsherrn, der in einer schwer durchschaubaren Konfliktsituation bemüht ist, deren gemeinsame Sache bestmöglich zu vertreten – eine Beurteilung, die allerdings in einem Punkte relativiert werden muss, auf den noch zurückzukommen sein wird. Problematisch erwies sich in der Auseinandersetzung, dass Mitglieder der eigenen Parteiung für die Spannungen verantwortlich zeichneten und die Wünsche des gemeinsamen Gefolgschaftsführers nicht klar zu erkennen waren. Die zögerliche und unentschlossene Haltung, die Ventidius, neben den anderen Feldherren

[208] Syme, RR, S. 224f.
[209] Cass. Dio 48,27,1f.
[210] Syme, RR, S. 223: Die Enteignungen und die Landzuteilungen waren, so Syme, Octavians Anteil an den gemeinsam beschlossenen und zu verantwortenden Maßnahmen. Antonius gedachte sich an diese Vereinbarungen zu halten und sich nicht einzumischen. Möglicherweise war er nicht ausreichend informiert bzw. zog es vor, sich aus den schwer zu durchschauenden Ereignissen herauszuhalten.
[211] App. civ. 5,52,216. App. civ. 5, 66,278 berichtet, Antonius habe Manius nach seiner Rückkehr nach Rom hinrichten lassen, da er durch seine »verleumderischen Anklagen gegen Kleopatra« Fulvia aufgehetzt und dadurch »viel Unglück verursacht« habe. Somit scheint Antonius in ihm den Hauptschuldigen gesehen zu haben, doch möglicherweise war er nur ein Bauernopfer. Überdies war Fulvia (Plut. Ant. 30. App. civ. 5,59,249) in Sikyon gestorben, auch Lucius scheint, nicht lange nach dem er von Octavian als Statthalter nach Spanien geschickt worden war, das gleiche Schicksal ereilt zu haben Vgl. Klebs, RE 1,2, s.v. Antonius (Nr. 23), Sp. 2589.

des Antonius, dabei einnahm, war jedoch auch durch seine Fähigkeit bedingt, eine eigenständige Beurteilung der Lage vorzunehmen, denn ein gedankenlos handelnder Befehlsempfänger hätte diesen Krieg möglicherweise mit großem Elan auf Seiten des Lucius Antonius geführt. Ob dies der Sache der Antonianer dienlicher gewesen wäre, oder ob eine andere Vorgehensweise den Konflikt früher hätte beenden können, muss dahin gestellt bleiben. Ventidius zeigte in dieser Auseinandersetzung nicht nur sein Einfühlungsvermögen in die Empfindungen des römischen Legionärs[212], sondern er offenbarte auch ein tieferes Verständnis für die gemeinsame Politik der Antonianer als Lucius Antonius, der möglicherweise nur im eigenen Interesse handelte.

Einem erfolgreichen Vorgehen hinderlich erwies sich allerdings das Konkurrenzverhältnis zu Asinius Pollio: eine schnelle Einigung über den militärischen Oberbefehl wäre geboten gewesen, auch wenn dies am Verlauf und am Endergebnis des Krieges wohl nichts geändert hätte.[213] Ein interessantes Schlaglicht auf die Entwicklung des Ventidius wirft es allemal. Denn dem Betrachter tritt ein machtbewusster Kommandeur gegenüber, der aus Rivalität gegenüber einem anderen Befehlshaber bereit ist, eine gewisse Gefährdung der gemeinsamen Anliegen zumindest hinzunehmen und der Sorge um den eigenen Status unterzuordnen, eine Haltung, die nach der nur auf einer Hypothese beruhenden Interpretation seines Verhaltens vor Mutina[214] erstmals durch eine Quelle belegt wird, auch wenn beide Vorgänge nur bedingt miteinander vergleichbar sind: einen direkten Vorteil hatte Ventidius diesmal nicht zu erwarten. Die Hoffnung, sich gegenüber Antonius erneut gewinnbringend auszuzeichnen, wird aufgrund von dessen unklarer Haltung und der eigenen Ablehnung des Krieges eine untergeordnete Rolle gespielt haben.

Die Auseinandersetzung mit Pollio über die militärische Führung kann daher als Anzeichen für ein enorm gesteigertes Selbstbewusstsein des Consulars und Provinzstatthalters gewertet werden, das ihm in

---

[212] Die Interessen der Soldaten und deren Willen und Macht diese durchzusetzen, stellten somit auch weiterhin einen gewichtigen Faktor in der Politik dar, wie dies Botermann für den Zeitraum von Caesars Tod bis zur Errichtung des Zweiten Triumvirats nachgewiesen hat.

[213] App. civ. 5,32,126. Die Nachricht ist meines Erachtens plausibel. Christopher J. Simpson, Imp. Caesar Divi Filius. His second imperatorial acclamation and the evolution of an allegedly »exorbitant« name, Athenaeum 86 (1998) S. 424, beurteilt den Quellenwert des Berichts von Appian zum Perusinischen Krieg positiv. Vgl. Hahn, S. 275.

[214] Vgl. S. 86f.

diesem Stadium seiner Karriere gebot, sich keinem anderen als Antonius selbst unterzuordnen. Mangelnde Bereitschaft zur Unterordnung beruht aber meist auf der Einschätzung, dass diese eine Verletzung der Ehre und des Ansehens zur Folge hätte. Das über die Jahre gewonnene Selbstbewusstsein wiederum gründete auf den erbrachten Leistungen für Antonius und auf der alltäglichen Machtausübung als Proconsul und lässt sich somit als eine typische Eigenschaft eines Angehörigen der römischen Führungsschicht charakterisieren.[215] Insofern wird man nicht fehlgehen, festzustellen, dass Ventidius deren Selbstverständnis ein Stück weit verinnerlicht hatte. Ein überbordendes Konkurrenzdenken als Konsequenz aus einem gleichfalls übersteigerten Selbstbewusstsein lässt sich jedoch als eine Schwäche dieser Schicht auslegen, die mitverantwortlich war für den Verlust ihrer Macht und ihre Selbstzerstörung.[216] So scheinen die Unterschiede zwischen Ventidius und den selbstbewussten Anhängern Caesars aus der Oberschicht langsam zu verwischen. Aber Konkurrenzdenken zwischen mehr oder weniger gleichrangigen Untergebenen[217] ist nichts Außergewöhnliches. Die

---

[215] Christian Meier, Res Publica Amissa. Eine Studie zu Verfassung und Geschichte der späten Römischen Republik, Wiesbaden 1966 (RPA), S. 48: Die Nobilität begründete ihre Ansprüche mit ihrer Leistung für den Staat. Diese aber, so Meier, RPA, S. 297, wurde das Maß, nach dem Ehre und Geltung, lat. *dignitas*, bemessen wurde. Vgl. auch Jochen Bleicken, Die Nobilität der Römischen Republik, Gymnasium 88 (1981), S. 250. Vgl. Sall. Iug. 85,17: Adelsstand beginnt mit Tüchtigkeit. Meier, RPA, S. 298, Anm. 187, führt als Beispiel für die »Versuchungen der übergroßen Macht«, die gottgleichen Verehrungen an, die manche Statthalter in den Provinzen genossen.

[216] Vgl. Karl-Joachim Hölkeskamp, *Exempla* und *mos maiorum*. Überlegungen zum kollektiven Gedächtnis der Nobilität, in: Hans-Joachim Gehrke, Astrid Möller, Vergangenheit und Lebenswelt. Soziale Kommunikation, Traditionsbildung und historisches Bewußtsein, Tübingen 1996, S. 327.

[217] Beide waren sie Provinzstatthalter des Antonius, dabei wäre Ventidius möglicherweise als Consular und als Älterem die Führung zugekommen. Appian unterscheidet leider nicht eindeutig zwischen den Truppen des Ventidius und des Pollio. Spricht Appian (civ. 5,32,126) von den »unter Ventidius heranrückenden Feinden«, scheinen damit Ventidius und Pollio gemeint zu sein, da er kurz darauf von der Rivalität beider Feldherren berichtet, ohne Pollio nochmals explizit erwähnt zu haben. Civ. 5,32,128 spricht Appian von einem Hilfegesuch des Lucius an Ventidius und Pollio. Anschließend solle Perusia als Winterquartier ein Aushalten ermöglichen, bis »Ventidius und die Seinen« einträfen. Gemeint sind offenbar wiederum die Armeen Ventidius' und Pollios. Die Wortwahl Appians könnte den Eindruck entstehen lassen, das Oberkommando über beide Armeen habe letztlich bei Ventidius gelegen, wahrscheinlich aber waren beide tatsächlich gleichberechtigt. Beispiele für konkurrierende Feldherren (nicht Untergebene) bei Meier, RPA, S. 297.

entscheidende Frage ist, ob sich einer dieser Untergebenen irgendwann veranlasst sieht, in Konkurrenz zu seinem Gefolgsherrn zu treten und ob demzufolge an dem bisherigen Bild des Ventidius als loyalem Anhänger entscheidende Korrekturen vorgenommen werden müssen.

4. Das Kommando gegen die Parther

Antonius betraute Ventidius noch im selben Jahr mit der wahrscheinlich wichtigsten Aufgabe, deren Lösung damals anstand, dem Krieg gegen die bis nach Kleinasien vorgedrungenen Parther und den römischen Überläufer Q. Labienus.[218] Diese Tatsache ist aus zwei Blickwinkeln zu betrachten: Zum einen wird Antonius Ventidius zu diesem Zeitpunkt als einen seiner fähigsten und vertrauenswürdigsten Feldherrn angesehen haben – und damit wohl auch als einen der ersten unter seinen Anhängern –, sonst hätte er ihm diesen Auftrag nicht erteilt.[219] Inwieweit er darüber hinaus etwa als Ratgeber bei Antonius Geltung fand, ist den Quellen nicht zu entnehmen; grundsätzlich aber sollte der Einfluss, den ein enger Vertrauter auf seinen Vorgesetzten ausüben kann, nicht unterschätzt werden.[220] Zum anderen wird man Ventidius wiederum den Ehrgeiz attestieren dürfen, dass er seine militärischen Fähigkeiten unter Beweis stellen und durch ein erfolgreiches Vorgehen die Macht des Antonius und dadurch seine eigene Stellung stärken wollte. Nicht zuletzt versprach ein erfolgreicher Feldzug seinem Kommandeur große finanzielle Gewinne. Er wird daher wahrscheinlich aktiv auf die Übernahme des Kommandos hingewirkt und dabei das Amt eines Proconsuls gefordert haben, das er gleich anderen Heerführern des Antonius

---

[218] Zu Q. Labienus, einem Sohn des Titus Labienus, Caesars Legaten in Gallien, und dessen Bündnis mit den Parthern und der anschließenden Eroberung Syriens und Kleinasien, vgl. Dio 48,24,4–26,5. Holger Sonnabend, Fremdenbild und Politik. Vorstellungen der Römer von Ägypten und dem Partherreich in der späten Republik und frühen Kaiserzeit, Frankfurt u. a. 1986, S. 185ff. mit weiteren Quellen. Die Münzprägung des Labienus mit der Legende Q. *Labienus Parthicus Imperator* in: H. A. Grueber, Coins of the Roman Republic in the British Museum (BMCRR), Bd. 2: Coinages of Rome (continued), roman Campania, Italy, the social war, and the provinces, first published 1910, photolitographic reprint, Oxford 1970, East Nr. 131/132, S. 500. Michael H. Crawford, Roman Republican Coinage, Bd. 1: Introduction and Catalogue, Cambridge 1974 (RRC 1), Nr. 524, S. 529.

[219] Vgl. Syme, RR, S. 228.

[220] Vgl. Suet. Caes. 78,1: Balbus solle Caesar dazu veranlasst haben, sich zur Begrüßung einer Abordnung des Senats nicht zu erheben.

und des Octavian erhielt.[221] Syme hat bereits darauf hingewiesen, dass viele dieser Kommandeure, die zu dieser Zeit ihr Amt antraten, neuen, bisher unbekannten und oftmals italischen Familien entstammten und einige von ihnen, wie etwa C. Sosius, P. Canidius Crassus oder T. Statilius Taurus, vermochten es – auch hierin dem Ventidius vergleichbar -, als fähige Kommandanten und loyale Parteigänger Consulate und Triumphe zu erlangen.[222] Auch unter ihnen sind Persönlichkeiten anzutreffen, die möglicherweise nicht der Oberschicht entstammten, deren Vergangenheit aufgrund der lückenhaften Überlieferung jedoch noch schwerer zu rekonstruieren ist.[223]

Vertrauenswürdig bedeutet im Zusammenhang mit den vorangegangenen Überlegungen über das Ethos der Führungsschicht aber nicht nur, dass Antonius um die militärischen Fähigkeiten des Ventidius wusste und ihm zutraute, dieses Problem zu lösen, sondern dass er auch sicher war, sich weiterhin auf die Loyalität seines Untergebenen verlassen zu können. Denn die Ergebenheit eines Kommandeurs und seiner Truppen – sowohl gegenüber dem Staat als auch gegenüber einem übergeordneten Parteiführer – war eines der zentralen Probleme der letzten Jahrzehnte, wie es jüngst erst durch den Verrat des Salvidienus wieder dokumentiert worden war.[224] Die Gefahr eines derartigen Parteiwechsels war bei dem bevorstehenden Einsatz des Ventidius zwar kaum gegeben, doch jeglicher Einsatz von militärischen Machtmitteln mit der Aussicht auf prestigeträchtige Siege[225]

---

[221] Vgl. zu dieser Problematik S. 205f. und S. 218f. Nach Gell. 15,4,4 wurde Ventidius die Statthalterschaft über die morgenländischen Provinzen übertragen. Gellius beruft sich hierbei auf Sueton. Vgl. Martin Schanz, Carl Hosius, Geschichte der römischen Literatur bis zum Gesetzgebungswerk des Justinian, Teil drei: Die Zeit von Hadrian 117 bis auf Constantin 324, unveränderter Nachdruck der 1922 ersch. dritten neubearb. Aufl., München 1959, S. 62, über die angebliche Schrift Suetons über den Bürgerkrieg. August Bürcklein, Quellen und Chronologie der römisch-parthischen Feldzüge in den Jahren 713–718 d. St., Berlin 1879, S. 55f., ist der Ansicht, Ventidius habe die Provinzen Kilikien und Syrien zugewiesen bekommen, da diese sein Nachfolger Sosius als Statthalter erhalten habe (Cass. Dio 49,22,3). Asia muss aber auch zu seinem Kommandobereich gehört haben, da Labienus bis dorthin vorgedrungen war (Cass. Dio 48,26,3-4).

[222] Syme, RR, S. 207. Zu Sosius/Canidius und Statilius vgl. S. 162, Anm. 231 und S. 219, Anm. 122. Vgl. Sen. suas. 7,3: »Wird Cicero gerettet, lebt er inmitten von Leuten wie Ventidius, Canidius und Saxa.«

[223] Decidius Saxa war, so Syme, Who was Decidius Saxa, RP 1, S. 39f., Zenturio. Der Jurist und *consul suffectus* 39 v. Chr. P. Alfenus Varus ist möglicherweise mit dem von Horaz als Schuster verspotteten Alfenus identisch (Porph. Hor. serm. 1,3,130–132).

[224] App. civ. 5,65,278f. Cas. Dio 48,33,1ff.

[225] Dieter Timpe, Die Bedeutung der Schlacht von Carrhae, Museum Helveticum 19

beinhaltete die Gefahr, dass daraus Ansprüche erwachsen könnten, die die Führungsposition des Gefolgschaftsführers in Frage stellen könnten. Das Ende der Orientmission des Ventidius wird zeigen, ob Antonius dieser Problematik seine Aufmerksamkeit widmete.

Es stellt sich auch die Frage, ob die Erfolge des Ventidius gegen die Parther Antonius in seiner Entscheidung beeinflusst haben könnten, einen Angriffskrieg auf parthisches Territorium durchzuführen. Es gilt dabei folgende Gesichtspunkte zu beachten: Welcher Art war der Auftrag, den Ventidius von Antonius erhalten hatte? Weshalb übernahm der Triumvir nicht sogleich selbst das Kommando? Was veranlasste ihn, die Übernahme desselben bis zum Sommer des Jahres 38 v. Chr. hinauszuzögern?

Voranzustellen ist: Antonius beorderte Ventidius noch Ende des Jahres 40 v. Chr. nach dem Vertrag von Brundisium in den Osten.[226] Das bedeutet, dass die Angaben von Dio und Plutarch[227], die die Abreise des Ventidius erst auf die Zeit nach dem Vertrag von Misenum datieren, zu verwerfen sind, wie dies schon von Bürcklein gezeigt wurde.[228] Denn es gibt keinen Grund, weshalb Antonius die Lösung dieses dringenden Problems noch weiter aufschieben sollte, war er doch schon durch den Perusinischen Krieg von seinem Vorhaben abgehalten worden, den Parthern entgegenzutreten.[229] Der noch schwelende Konflikt mit Sextus Pompeius und die Möglichkeit, hierin verwickelt zu werden, befanden sich zunächst nicht auf seiner Agenda, da diese Aufgabe in Brundisium dem Erben Caesars übertragen worden war; Antonius dagegen ausdrücklich der Krieg gegen die Parther.[230]

(1962), S. 104–129, hat gezeigt, dass die Niederlage des Crassus zunächst nicht die symbolische Bedeutung und den traumatischen Effekt hatte, die sie in der kaiserzeitlichen Literatur einnehmen sollte. Nur die Caesarianer nahmen zunächst eine feindliche Haltung gegenüber den Parthern ein, die auf Caesars Unterstützung des Crassus, Caesars eigenen Plänen und der Unterstützung ihrer republikanischen Gegner durch die Parther beruhte. Obwohl auch der geplante Feldzug Caesars schon eine breite Popularität genossen hatte, gelang es den Triumvirn, so Timpe, Die Bedeutung der Schlacht von Carrhae, S. 119, die Parteiangelegenheit, die die Partherfeindschaft zunächst dargestellt hatte, in einen Gegenstand nationalen Interesses zu verwandeln.

[226] App. civ. 5,65,276.
[227] Cass. Dio 48,39,2. Nach Dio ging Ventidius zuerst mit Antonius nach Athen und begab sich von hier aus in den Osten. Plut. Ant. 33,1.
[228] Bürcklein, S. 51ff.
[229] Plut. Ant. 30,2.
[230] App. civ. 5,65,275. Die Ansicht Drumanns, Bd. 1, S. 320, Anm. 7, Antonius habe erst nach dem Vertrag von Misenum frei über seine Truppen verfügen können, war

III

Die Anordnungen, mit denen Ventidius von Antonius nach Asien geschickt worden war, besagten, er solle »*dem weiteren Vordringen der Parther*« entgegentreten[231] bzw. »*die Parther und Q. Labienus [...] zurückdrängen*«[232]. Dadurch wird deutlich, dass Ventidius' Auftrag defensiver Natur war und seine Befehle nicht die Führung einer Offensive gegen das Partherreich beinhalteten – dafür wird seine Armee mit der wahrscheinlichen Zahl von 11 Legionen allerdings auch nicht stark genug gewesen sein.[233] Dio und Plutarch betonen, der Triumvir habe Ventidius »*vorausgeschickt*«[234], d. h. Antonius plante zu einem späteren Zeitpunkt das Oberkommando über den Feldzug zu übernehmen.

Antonius selbst hatte die Aufgabe, den bereits gefährlich weit vorgedrungenen Gegner aufzuhalten, zunächst Ventidius überlassen, da seine Anwesenheit in Rom gefordert war.[235] Zudem wurde er aufgehalten durch die Verwicklung in den Konflikt zwischen Octavian und S. Pompeius, der schließlich in den Vertrag von Misenum mündete – ein Ereignis, das vorher nicht abzusehen war.[236] Dennoch gedachte Antonius wohl noch vor der Vertreibung der Parther von römischem Ter-

bereits von Groebe a. a. O. abgelehnt worden. Bürcklein wies S. 52 zudem darauf hin, dass Antonius den Q. Dellius, der spätere Verfasser eines Berichtes über die Feldzüge gegen die Parther in den 30er Jahren, mit Befehlen betreffs der Unterstützung des Herodes zu Ventidius nach Palästina geschickt hatte (Ios. bell. Iud. 1,15,3,290. Ant. Iud. 14,15,1,394-395). Herodes wurde aber noch im Jahre 40 v. Chr. vom Senat zum König von Judäa ernannt und verließ Italien nach nur einer Woche wieder (Ios. ant. Iud. 14,14,5,387-388). Wäre Ventidius zu diesem Zeitpunkt noch in Italien gewesen, hätte es der Entsendung des Dellius nicht bedurft. Schließlich: die Ereignisse des Jahres 39 v. Chr. ließen sich bei einer Abreise in den Osten erst nach dem Vertrag von Misenum im Frühsommer des gleichen Jahres kaum in der kurzen verbliebenen Zeit zusammendrängen (Bürcklein, S. 53).

[231] Plut. Ant. 33,1.
[232] App. civ. 5,65,276.
[233] Tarn, Antony's Legions, S. 76. Tarn stützt sich dabei auf Ios. ant. Iud. 14,16,1,469 (bell. Iud. 1,17,9,346): Nach der Übernahme des Heeres durch Sosius im Jahre 38 v. Chr. bestand dieses aus 11 Legionen und 6000 Reitern. Antonius zog 36 v. Chr. mit 16 Legionen gegen die Parther.
[234] Cass. Dio 48,39,2. Plut. Ant. 33,1.
[235] Zu den verschiedenen Angelegenheiten, die der Regelung bedurften, gehörte nicht zuletzt die Verbesserung seines Verhältnisses mit Octavian. Wichtigste Maßnahme war die Hochzeit mit Octavians Schwester Octavia (App. civ. 5,66,278). Die Hinrichtung des Manius, der Verrat des Salvidienus (ebd.) und die Erhebung des Herodes zum König von Judäa fallen ebenfalls in diese Zeit (Ios. bell. Iud. 1,14,4,282-285. Ant. Iud. 14,14,4,381-5,389).
[236] App. civ. 5,67-72. Zu Beginn des Konflikts hatte Antonius, so App. civ. 5,67,281, Octavian geraten, »angesichts der Hungersnot mit Pompeius den Krieg rasch zu beenden«. Cass. Dio 48,36,3-6.

ritorium in den Orient zu gehen, denn schon nach Abschluss der Verhandlungen in Misenum begann er mit den Vorbereitungen seiner Reise auf den östlichen Kriegsschauplatz, die er nach einer Unterbrechung während des Winters im Frühjahr 38 v. Chr. mit umso größerem Elan fortführte.[237] Das bedeutet, dass Antonius ursprünglich wohl geplant hatte, die von Ventidius begonnene Mission selbst zu beenden.

Antonius hatte nach dem Sieg bei Philippi den östlichen Reichsteil und die Aufgabe übernommen, dort die Finanzmittel, die zur Auszahlung der Soldaten notwendig waren einzutreiben und die örtlichen Verhältnisse nach den Wünschen der Machthaber in Rom zu ordnen und wieder auf eine sichere Grundlage zu stellen.[238] Obwohl es die Quellen nicht ausdrücklich benennen, beinhaltete dies ferner die Möglichkeit, einen wie auch immer gearteten Krieg gegen die Parther zu führen, denn diese hatten einerseits den republikanischen Gegnern der Triumvirn ihre Unterstützung gewährt[239], andererseits stand ein derartiger Waffengang – dem Leitsatz folgend, Rache für Carrhae zu nehmen – eindeutig in der Tradition caesarischer Politik.[240] Welches Ausmaß dieser Krieg annehmen sollte – ein begrenzter Waffengang zur Sicherung der Grenze, eine einzelne siegreiche Schlacht als Vergeltung für die Niederlage des Crassus oder ein schrankenloser Eroberungskrieg – ist allerdings nicht ersichtlich und wird Antonius zu diesem frühen Zeitpunkt wohl selbst noch nicht klar gewesen sein.

Nur Plutarch berichtet, Antonius habe schon im Jahre 41 v. Chr. – d. h. vor dem Überfall der Parther und ihres Verbündeten Q. Labie-

---

[237] App. civ. 5,75,318 – 76,324. Wiederum wurde Antonius jedoch durch Auseinandersetzungen zwischen Octavian und S. Pompeius aufgehalten, die ihn zwangen, nach Süditalien zu segeln, wobei es jedoch nicht zu einem Treffen mit Octavian kam (App. civ. 5,78,333 – 79,334. Cass. Dio 48,46,1 – 4). Nach Dio benutzte Antonius die beängstigende Lage an der Partherfront als Vorwand für seine schnelle Abreise, ohne Octavian getroffen zu haben.
[238] Plut. Ant. 23,1. Cass. Dio 48,2,2. App. civ. 5,3,11.
[239] Die Entsendung von parthischen Hilfstruppen gegen Antonius und Octavian wird bei Iust. 42,5,3 als Grund für den Feldzug von 36 v. Chr. genannt. Vgl. hierzu Hans Buchheim, Die Orientpolitik des Triumvirn M. Antonius. Ihre Voraussetzungen, Entwicklung und Zusammenhang mit den politischen Ereignissen in Italien, Heidelberg 1960, S. 79. Das Hilfegesuch des Cassius ließ der Partherkönig Orodes vor der Schlacht von Philippi zwar unbeantwortet (Cass. Dio 48,24,5), aber für den Krieg gegen Dolabella hatten die Parther Bogenschützen zur Verfügung gestellt (App. civ. 4,59,257).
[240] Vgl. Timpe, Die Bedeutung der Schlacht von Carrhae, bes. S. 118f.

nus[241] – mit den Vorbereitungen zu einem Feldzug gegen dieselbigen begonnen.[242] Diese Information entbehrt jedoch jeglicher konkreter Hinweise auf das geplante Vorhaben; auch bleibt ungewiss, welcher Art die Vorbereitungen waren.[243] Meines Erachtens ergibt diese Angabe nur dann einen rechten Sinn, wenn man annimmt, dass sich Antonius zwar gedanklich schon mit einem zukünftig gegen die Parther zu führenden Krieg befasste, aber dabei noch nicht über ein rudimentäres Planungsstadium hinausgekommen war.[244] Denn um einen Angriffskrieg gegen Parthien führen zu können, waren sorgfältige Vorarbeiten und immense Rüstungen notwenig; Plutarch erwähnt jedoch nichts dergleichen. So wird es zu diesem Zeitpunkt solch weit reichende Maßnahmen wahrscheinlich auch nicht gegeben haben, denn einerseits verzichtet Antonius' Biograph in der Darstellung über den Beginn des Feldzuges des Jahres 36 v. Chr. keineswegs dar-

---

[241] Zur Rolle des Labienus vgl. Buchheim, S. 75.

[242] Plut. Ant. 25,1: »Erobert wurde er [Antonius] von ihr [Kleopatra] auf folgende Weise. Als er sich anschickte, den Krieg gegen die Parther zu beginnen, sandte er zu ihr und ließ ihr befehlen, nach Kilikien zu kommen[...].«

[243] Pelling, Life of Antony, S. 193, sieht in dem Bau einer großen Flotte (App. civ. 5,55,230) und dem Überfall der Reiter des Antonius auf Palmyra (App. civ. 5,9,37–39) Anzeichen für die Vorbereitungen auf den Partherkrieg. Die Flotte wurde jedoch als Gegengewicht zur Seemacht des S. Pompeius und des Ahenobarbus gebaut, da sie in einem Krieg gegen Parthien nutzlos gewesen wäre. Der missglückte Überfall auf Palmyra sollte es – so Appian – den Reitern ermöglichen, Beute zu machen. Diese Erklärung ist plausibel, denn die Beschaffung von Geld war ausdrücklich das Ziel der Orientmission des Antonius. Zwar bezeichnet Appian diesen Überfall und die vorangegangene Vertreibung der mit den Parthern kooperierenden Tyrannen aus Syrien als ein auslösendes Moment des Krieges, doch diese Maßnahmen sind im Rahmen der Neuorganisation und der Geldbeschaffung zu sehen und nicht als direkte Vorbereitung zu einem großen Eroberungsfeldzug. Pelling, Life of Antony, bemerkt S. 185 zu der unvermittelten Erwähnung des Partherkrieges bei Plut. Ant. 25,1: »P[lutarch]. is again allusive, for he has not told us, that an invasion of Parthia was planned.« Man beachte die ironische Konnotation bei Plutarch: Gerade als Antonius beabsichtigt Parthien zu erobern – was ihm nie gelingen sollte – wird er selbst von Kleopatra erobert.

[244] Ein sofortiger Beginn der Feindseligkeiten, wie die deutsche Übersetzung von Ziegler nahe legt (Plutarch, Grosse Griechen und Römer, eingeleitet und übersetzt von Konrat Ziegler, Bd. 5, Zürich und Stuttgart 1960), wäre ohnehin nicht möglich gewesen, da Antonius nicht genügend Soldaten zur Verfügung standen. Von den ursprünglichen acht Legionen und zehntausend Reitern, die er nach App. civ. 5,3,14 mit in den Osten genommen hatte, hatte er sechs offensichtlich mit Censorinus nach Makedonien geschickt (vgl. Tarn, Antony's Legions, S. 77f.). Vgl. auch Bürcklein, S. 48f.

auf, von ihnen in eindringlichen Worten zu berichten.[245] Andererseits war Antonius 41 v. Chr. zunächst mit der Beschaffung des Geldes für die Soldaten und der Organisation der östlichen Provinzen beschäftigt[246], so dass Vorbereitungen für einen Krieg gegen den Nachbarn im Zweistromland, die über diese Maßnahmen hinausgingen, wohl kaum möglich waren.

Als nach dem parthischen Angriff[247] ein (Verteidigungs-) Krieg unausweichlich wurde, scheinen sich Antonius und Octavian in Brundisium darauf verständigt zu haben, jener möge keinen uneingeschränkten Eroberungskrieg gegen Parthien führen, sondern lediglich Rache für Carrhae üben[248], da keiner von beiden, so Buchheim, einen zu großen Macht- und Prestigegewinn des Anderen hätte tolerieren können.[249] Sicherlich ist der Begriff der Rache dehnbar und bot Anlass zu Diskussionen, wann diese vollzogen sei. Aber gerade die Tatsache, dass Antonius sein Feldzugsvorhaben im Jahre 36 v. Chr. damit begründete, die Rache sei noch nicht vollzogen worden, da die Rückgabe der Gefangenen und der Feldzeichen des Crassus noch ausstehe, zeigt, dass diese Interpretation durchaus ihre Berechtigung hat.[250]

---

[245] Plut. Ant. 37,4.
[246] Plut. Ant. 23. Cass. Dio 48,2,2. App. civ. 5,3,11.
[247] Cass. Dio 48,24,4ff. Vgl. auch Buchheim zu weiteren Quellen und der Datierungsfrage, S. 118, Anm. 188.
[248] App. civ. 5,65,275.
[249] Buchheim, S. 39. Wann der Vollzug dieser Rache erfolgt sei, habe Octavian daher mitzubestimmen gehabt. Man beachte, dass auch Octavians Krieg gegen Pompeius eine gewisse Einschränkung erfährt, durch den Zusatz, »[...] falls nicht irgendein Vertrag zustande komme [...]«. (App. civ. 5,65,275). Vgl. auch Pelling, Life of Antony, S. 210f. App. civ. 5,79,334 deutet – angesichts des Strebens nach Alleinherrschaft – das latent vorhandene Misstrauen und die Rivalität beider Führer an. Anderer Meinung ist Timpe, Die Bedeutung der Schlacht von Carrhae, S. 120, der darin keine Begrenzung der Kriegsziele, sondern die Andeutung eines Programmpunktes caesarischer Außenpolitik sehen will.
[250] Cass. Dio 49,24,5. Plut. Ant. 37,2. Beide Autoren sehen zwar in der Forderung nach Rückgabe der Gefangenen und der Feldzeichen ein Manöver des Antonius, Phraates zu täuschen. Dazu aber Pelling, Life of Antony, S. 222: »It is implausibel, for A[ntony]. certainly knew that Phraates could not afford the indignity of restoring the standards and prisoners. This looks like propaganda aimed at the Roman public [...]: Crassus was still unavenged, and a campaign was needed.« Die Ansicht, die Rache für Carrhae sei durch Ventidius vollzogen worden und Antonius habe daher keine Rechtfertigung mehr für seinen eigenen Feldzug gehabt, tritt besonders bei Florus zu Tage, Vgl. S. 140, Anm. 104. Es ist dennoch möglich, dass Octavian dieselbe Auffassung bereits 38 v. Chr. vertrat, was wiederum die Annahme Buchheims stützen würde.

Wie auch immer man zu der Frage stehen mag, wie konkret die Pläne des Antonius in den Jahren 42/41 v. Chr. entwickelt waren, mit dem Einfall der Parther war eine völlig neue Situation entstanden, durch die alle eventuell bisher vorhandenen Pläne obsolet wurden. Ein erfolgreicher Umgang mit der Bedrohung durch die feindlichen Truppen, d. h. deren Vertreibung von römischem Territorium, war allein schon geeignet, den Verantwortlichen zu einem enormen Prestigegewinn zu verhelfen, der einen Angriffskrieg dann als nicht mehr notwendig erscheinen lassen konnte.

V. Der militärische Einsatz im Orient: ein missgönnter Erfolg?

Der Feldzug gegen die Parther, sein Verlauf und die Ereignisse, die sich währenddessen zutrugen, repräsentieren einen Abschnitt im Leben des Ventidius, der vergleichsweise ausführlich dokumentiert ist.[1] Gleichwohl existieren Unstimmigkeiten innerhalb der Zeugnisse und zwischen den verschiedenen Quellen, die eine Reihe offener Fragen nach sich ziehen, etwa im Hinblick auf die taktischen Maßnahmen, durch die der Sieg gegen die Parther erkämpft wurde. Zu einigen Ereignissen liegen uns widersprüchliche Schilderungen vor und angeblich, so wird es von den Quellen kolportiert, habe sich Ventidius durch seine Siege den Unmut und Neid seines Gefolgsherrn Antonius zugezogen.

Zwei der Gründe, die es angebracht erscheinen lassen, eine ausführlichere Behandlung der Ereignisse und eine eingehende Diskussion der angedeuteten Problematik an dieser Stelle vorzunehmen, wurden bereits in der Einleitung genannt: Erstens das uns zur Verfügung stehende reichhaltigere Quellenmaterial und zweitens die herausragende Bedeutung, die die Vorkommnisse im Orient für das Leben des Ventidius einnehmen sollten.[2] Drittens hat es die Forschung bisher versäumt, sowohl die militärischen Aspekte als auch die angedeuteten politischen und persönlichen Konsequenzen des Feldzuges für das Verhältnis Ventidius – Antonius einer eingehenden Betrachtung zu unterziehen. Im Folgenden sollen daher zunächst die Angaben, die die verschiedenen Quellen über den Feldzug gegen die Parther liefern, wiedergegeben, anschließend verglichen und geprüft werden, während die angeblich vorhandene Missgunst des Antonius im Kapitel V.2 thematisiert werden wird.

---

[1] Cass. Dio 43,51,5. 48,39,2–41,6. 49,19,1–21,3. Plut. Ant. 33,1. 33,4. 34,1–5. Iust. 42,4,7–10. Flor. 2,19,5–7. Frontin. 1,1,6. 2,2,5. 2,5,36. 2,5,37. Fest. 18. Eutr. 7,5. Oros. 6,18,23–24. Liv. Per. 127. 128. Strab. 16,2,8. Vell. 2,78,1. Gell. 15,4,4. Ios. bell. Iud. 1,15,2,288–3,292. 6,297–302. 16,1,303. 4,309. 6,317–319. Ios. ant. Iud. 14,14,6,391–14,15,3,412. 4,418. 5,420–421. 7,434–438. Tac. Germ. 37. Hist. 5,9,1. Val. Max. 6,9,9.
[2] Vgl. S. 12f.

1. Die militärischen Erfolge des Ventidius

1.1 Die Darstellung der Quellen

Die Überlieferung spricht an den Stellen, die eine konkrete Zahl angeben, von drei Schlachten, die Ventidius siegreich gegen die Parther geschlagen habe.[3] Dio, der die ausführlichste Darstellung der Ereignisse liefert, berichtet, die überraschende Ankunft des Ventidius und seiner Legionen in Asien habe Q. Labienus und seine lediglich aus abtrünnigen provinzialrömischen Verbänden zusammengesetzte Truppe veranlasst, sich bis zum Taurus zurückzuziehen, um sich dort mit den aus Syrien kommenden Parthern zu vereinigen.[4] Die entscheidende taktische Maßnahme des Ventidius war Dio zufolge, den parthischen Angriff mit seinen Truppen auf einer Anhöhe zu erwarten, auf der er in Erwartung seiner schweren Infanterie, die den vorauseilenden Leichtbewaffneten nachgefolgt war, sein Lager aufgeschlagen hatte. Die Parther waren ob ihrer zahlenmäßigen Überlegenheit und ihrer vorangegangenen Erfolge zu siegesgewiss und versäumten die Vereinigung ihrer Verbände mit denen des Labienus. Der Vorteil, sich den bergauf angreifenden Feinden von oben entgegen werfen zu können und die Unordnung, die von nachdrängenden Einheiten der Parther verursacht wurde, sicherten den Römern den Sieg.[5] Frontin, die einzige andere Quelle zu dieser Schlacht, spricht nur unspezifisch von ungünstigem Gelände, auf das Ventidius die Parther gelockt habe, indem er Furcht vortäuschte und so die Parther zu ihrem Angriff provozierte.[6]

Die durch die Niederlage des parthischen Verbündeten demoralisierten Truppen des Labienus entzogen sich einer Auseinandersetzung, wurden aber auf ihrem nächtlichen Rückzug von Ventidius in einen Hinterhalt gelockt. Nach der Flucht des Labienus, die auf Zypern enden sollte, schlossen sich deren Reste dem Ventidius an.[7] Während der Neuordnung des auf diese Art zurückgewonnenen Kilikiens wurde ein Offizier des Ventidius, Pompaedius Silo[8], mit einer Kavallerieabteilung zur Sicherung des Passes über das Amanosgebirge vorausgeschickt, der

---

[3] Plut. Ant. 34,2. Oros. 6,18,23. Eutr. 7,5. Gell. 15,4,4.
[4] Cass. Dio 48,39,2ff. Fest. 18 spricht fälschlicherweise von »capro monte«.
[5] Cass. Dio 48,40,1–3.
[6] Frontin. 2,5,36.
[7] Cass. Dio 48,40,4ff.
[8] Möglicherweise lautete der Name auch Poppaedius. Herbert Nesselhauf, RE 1,43, s. v. Poppaedius, Sp. 81, nimmt an, dass er ein Nachkomme des Marserführers von 89 v. Chr. Q. Poppaedius Silo war.

die Verbindung nach Syrien darstellte.⁹ Dio berichtet, dass Silo während des Versuchs, den Übergang gegen die parthischen Bewacher zu erzwingen, von dem Unterführer des Pakoros, Phranapates, in große Bedrängnis gebracht wurde, bis der überraschend auftauchende Ventidius die hier zahlenmäßig unterlegenen Parther zu besiegen und den Phranapates zu töten vermochte.¹⁰ Eine andere Version über den Tod des Phranapates liegt bei Frontin vor: Ventidius postierte 18 Kohorten in einem seitlich von seinem Lager gelegenen Tal, während nur eine kleinere Abteilung den Angriff beginnen sollte. Diese lockte durch eine vorgetäuschte Flucht den ungeordnet folgenden Gegner an dem Tal vorbei, aus dem die Hauptmacht der Römer hervorstürmte, den Parthern eine Niederlage beibrachte und ihren Kommandeur tötete.¹¹ Nach Strabo schließlich soll sich die Schlacht zwischen Ventidius und Phranapates auf dem Hügel Trapezon über der Ebene des Labotas ereignet haben.¹² Nach diesen Niederlagen räumten die Parther das von ihnen besetzte Syrien vollständig, so dass Ventidius daran gehen konnte, die Alliierten und Unterstützer der Parther, meist abtrünnige römische Verbündete, zur erneuten Anerkennung der römischen Herrschaft zu zwingen. Zu diesem Zwecke trieb er von ihnen große Geldbeträge ein und zog gegen den judäischen König Antigonos.¹³ Diese Ereignisse und ihre Hintergründe werden im Kapitel V.2.3 behandelt.

Ventidius erschien jedoch erst im Herbst 39 v. Chr. nach Beendigung der Feldzüge gegen Labienus und Phranapates in Judäa, nicht schon zu Beginn des Jahres, wie dies gelegentlich angenommen wurde.¹⁴ Denn die Befreiung Kleinasiens war sicherlich dringlicher als die Lösung der Probleme in Palästina, womit man den gerade zum König ernannten Herodes beauftragt hatte. Ein Feldzug zur Befreiung Kleinasiens, der von Palästina aus geführt worden wäre, hätte zudem mit einem parthischen Gegenangriff auf die Flanke und in den Rücken der römischen Armee rechnen müssen; eine Rückkehr nach Palästina im selben Jahr wäre darüber hinaus in der zur Verfügung stehenden Zeit wohl nicht möglich gewesen.

---

⁹ Cass. Dio 48,41,1–4.
¹⁰ In den verwendeten deutschen Ausgaben wird er Phranipates (Plut. Ant. 33), Pharnastanes (Frontin. 2,5,37) und Phranikates (Strab. 16,2,8) genannt. Zu den verschiedenen Schreibweisen des Namens vgl. S. 132.
¹¹ Frontin. 2,5,37.
¹² Strab. 16,2,8.
¹³ Cass. Dio 48,41,4–5.
¹⁴ Linda-Marie Günther, Herodes der Große, Darmstadt 2005, S. 73.

Im Frühjahr 38 v. Chr. schickte sich ein großes parthisches Heer an, unter der Führung des Pakoros, des Sohnes des parthischen Königs Orodes, erneut in Syrien einzufallen.[15] Überrascht wurde Ventidius durch die Geschwindigkeit der gegnerischen Mobilmachung, wahrscheinlich jedoch nicht durch die Tatsache eines erneuten Angriffs an sich. Die Parther hatten zwar mehrere Niederlagen erlitten und dabei mit Phranapates auch den Unterfeldherrn des Königssohnes Pakoros verloren, doch keine scheint vernichtend gewesen zu sein, so dass ein erfahrener Militär davon ausgehen musste, dass die andere Seite eine Entscheidungsschlacht herbeizuführen suchte, um die Eroberungen und Erfolge der vergangenen Jahre letztlich doch noch behaupten zu können.[16] Dies gilt besonders vor dem Hintergrund einer vorherrschend antirömischen Stimmung in Syrien, die einem parthischen Vorgehen wiederum nützlich sein mochte.[17] Das Versäumnis, diese auszunutzen, wäre den verantwortlichen Stellen in Ktesiphon wohl als ein sträflicher Fehler erschienen, zu einem Zeitpunkt, an dem die Römer weiterhin mit zahlreichen Unruheherden zu kämpfen hatten, wie etwa Arados und Judäa.[18] So in etwa dürften auch die römischen Überlegungen ausgesehen haben; die Fähigkeiten des Partherkönigs, eine neue, große und schlagkräftige Armee in Marsch zu setzen, wurden von Ventidius offensichtlich jedoch unterschätzt. Ein klarer Fehler.

Durch das überraschend schnelle Erscheinen dieser Armee, die im Frühjahr 38 v. Chr. im Begriff war, über den Euphrat zu setzen, brauchte Ventidius Zeit, um die von Judäa bis Kappadokien verstreut in den Winterlagern liegenden Legionen zu versammeln.[19] Er ersann eine

---

[15] Cass. Dio 49,19,1.
[16] Vgl. W. W. Tarn, M. P. Charlesworth, The Triumvirs, in: S. A. Cook, F. E. Adcock, M. P. Charlesworth (Hg.), The Cambridge Ancient History, Bd. 10, The Augustan Empire 44 B.C.-A.D. 70, korr. Nachdruck der Erstausgabe 1936, Cambridge 1952 (Tarn, CAH), S. 50: »[...] Pacorus [...] did not recognise its defeat as decisive.«
[17] Die schnelle Eroberung des römischen Ostens, Syrien und Kleinasien, war – neben der Entblößung der Provinzen von römischen Truppen – auch aufgrund der Unterstützung der örtlichen Dynasten und der Bevölkerung möglich, vgl. Tarn, CAH, S. 47ff.
[18] Die Kämpfe in Judäa endeten erst im Jahre 37 v. Chr. mit der Eroberung Jerusalems. Die Aradier wurden vermutlich Ende 38/Anfang 37 v. Chr. von Sosius besiegt (Cass. Dio 48,41,4. 48,41,6. 49,22,3).
[19] Nach Frontin. 1,1,6 brauchten besonders die in Kappadokien, jenseits des Taurus stehenden Legionen mehr Zeit, um zu Ventidius zu stoßen. Die Truppen in Judäa: Ios. bell. Iud. 1,16,4,309. Ant. Iud. 14,15,5,420.

List, um seine Fehleinschätzung zu kompensieren:[20] Ventidius war bekannt, dass ein Aristokrat des nordsyrischen Volkes der Cyrrhester namens Channaios oder Pharnaios den Parthern Informationen lieferte. Diesem verschaffte er eine Position als Ratgeber in seinem Stab und als dieser glaubte, er habe das Vertrauen des Römers gewonnen, lancierte Ventidius gezielt die entscheidende Fehlinformation, die Pharnaios wie gewünscht an die Parther weiter gab: Ventidius gab vor, er hoffe, die Parther würden den Euphrat auf dem kürzesten Weg bei Zeugma überqueren[21], da die dortigen Hügel seinen eigenen Truppen günstig wären bzw. diese – so Frontin präziser – es ihm erlaubten, den parthischen Bogenschützen ihre Wirkung zu nehmen. Große Befürchtungen hege er dagegen, wenn der Gegner den Fluss weiter südlich überschreite, da dort flaches Gelände vorherrschend sei. Diese Behauptung verleitete die Parther dazu, ihr Heer an einer im Süden von Zeugma gelegenen Stelle überzusetzen, worauf sie durch den Umweg und den mühevollen Bau einer Brücke mehr als 40 Tage später in Syrien eintrafen. Diese Verzögerung ermöglichte es Ventidius, seine Truppen zwei Tage vor der Ankunft der Parther zu versammeln. Die Fähigkeit, Truppen trotz schlechter Wegverhältnisse – die Pässe des Taurus wurden wohl gerade erst begehbar[22] – mit hoher Geschwindigkeit zu verschieben, kam dem einstigen Transportfachmann wieder einmal zu gute.

Über den Verlauf der entscheidenden Schlacht von Gindaros in der Cyrrhestike, die sich am Jahrestag der Schlacht von Carrhae zugetragen haben soll[23], liegen uns mehrere meist knappe Berichte vor. Dios Darstellung zufolge hielt Ventidius seine Truppen zurück, bis die Parther, die ihren Gegnern wegen des ihnen widerstandslos ermöglichten Übergangs über den Euphrat Feigheit nachsagten, das wiederum auf einer Anhöhe gelegene Lager der Römer angriffen. Ein plötzlicher Ausfall aber habe die Angreifer den Abhang hinunter geworfen, an deren Fuße die mehrheitlich aus Panzerreitern bestehende Armee der Parther, die infolge des überraschenden römischen Angriffs und des »*gegenseitige*[n] *Durcheinander*[s]« in Unordnung geraten war, von

---

[20] Cass. Dio 49,19,1–4. Frontin. 1,1,6.
[21] Nach Adrian N. Sherwin-White, Roman Foreign Policy in the East. 168 B.C. to A.D. 1, London 1984, S. 304, Anm. 19, war diese Route nur dann länger, wenn die Parther über Nisbis anrückten.
[22] Zum Zeitpunkt der Schlacht von Gindaros, vgl. S. 140ff. Zu den Pässen des Taurus vgl. S. 141, Anm. 109.
[23] Cass. Dio 49,21,2. Eutr. 7,5. Fest. 18. Oros. 6,18,23. Zur Geographie: Strab. 16,2,8.

der schweren römischen Infanterie und den Schleuderern entscheidend geschlagen wurde. Pakoros ereilte dabei der Tod.[24]

Der Bericht des Justin lautet dagegen wie folgt:

> »[Ventidius] aber hielt sich mit verstellter Furcht lange gänzlich zurück und ließ sich eine Zeitlang geduldig den Hohn der Parther gefallen. Zuletzt ließ er gegen die Sorglosen und Vergnügten einen Teil seiner Legionen einen Ausfall machen, durch deren Ansturm die Parther geworfen wurden und sich nach verschieden Richtungen davonmachten. Pakoros meinte nun, seine Leute hätten fliehend die römischen Legionen fortgelockt, und griff das Lager des Ventidius an, gleich als wäre es ohne Verteidiger. Da aber ließ Ventidius den übrigen Teil der Legionen hervorstürmen und tötete so den ganzen Partherhaufen samt seinem König Pakoros selber;«[25]

Nach Frontin war die entscheidende taktische Maßnahme des Ventidius im Gegensatz zu den Ausführungen Dios, die Parther bis auf eine halbe römische Meile heranrücken zu lassen und ihnen dann durch einen überraschenden, schnellen Angriff den Nahkampf aufzuzwingen und dadurch den Pfeilen zu entgehen.[26] Diese Nachricht wird durch Florus gestützt, der wiederum berichtet, Ventidius habe zuerst Furcht vorgetäuscht und dann zugelassen, »*dass sein Feind zu unserem Lager vorrückte, bis er den Feinden jeden militärischen Nutzen von Bogenschützen dadurch nahm, dass der Zwischenraum für das Schießen genommen war*«.[27]

Aus dieser Zusammenstellung der relevanten Quellenstellen ergeben sich mehrere Fragen: Sind die verschiedenen Nachrichten über den Verlauf der Treffen mit Phranapates 39 v. Chr. und Pakoros 38 v. Chr. miteinander zu vereinbaren, wenn ja, auf welche Weise? Woher rühren die unterschiedlichen Versionen der Geschehnisse? Welches war die ausschlaggebende taktische Maßnahme, die den Sieg über die Parther, vor allem in der Entscheidungsschlacht bei Gindaros ermöglichte? Dio zufolge beruhte der Erfolg im Taurus und bei Gindaros auf der Wahl eines erhöhten Standortes, so dass die Parther gezwungen waren, ihren Angriff bergauf zu führen. Tarn vertrat daher die Ansicht, dass die Siege des Ventidius durch einen strategischen Fehler der Parther ermöglicht wurden, da sie aus innenpolitischen Gründen auf ihre Bogenschützen verzichtet, und sich stattdessen nur auf ihre schwere Kavallerie, die Kataphrakten verlassen hatten.[28] Sherwin-White widersprach

[24] Cass. Dio 49,20,1–3.
[25] Iust. 42,4,8–10.
[26] Frontin. 2,2,5.
[27] Flor. 2,19,6.
[28] Tarn, CAH, S. 49: »Carrhae had been won by the common man, trained and led

dieser Auffassung und betrachtete dagegen die Kombination aus einem wirksamen Einsatz der Schleuderer und dem geschickten Ausnutzen des Vorteils eines erhöhten Standortes als die römische Antwort auf die parthische Kampfweise.[29] Wie aus den referierten und zitierten Quellenstellen ersichtlich ist, waren Bogenschützen jedoch nicht nur ein Bestandteil der parthischen Truppen, ihre Ausschaltung wird von Frontin und Florus als die ausschlaggebende taktische Maßnahme bezeichnet. Die Ansichten von Dio sowie Florus/Frontin stehen sich offenbar gegenüber und verlangen daher eine nähere Betrachtung. Ein erster Schritt zur Klärung des Sachverhalts wird daher sein, zunächst die Vorlage oder die Vorlagen unserer Berichte zu identifizieren.

1.2 Die Quelle(n) der Feldzugsberichte 1
1.2.1 Q. Dellius

Bereits Bürcklein sah sich veranlasst, auf eine gemeinsame Ursprungsquelle aller Berichte über die genannten Ereignisse zu schließen, aufgrund von zahlreichen Übereinstimmungen der verschiedenen Stellen, die über die römisch-parthischen Auseinandersetzungen in den Jahren 39 – 36 v. Chr. Auskunft geben, die trotz der angesprochenen Unstimmigkeiten auszumachen sind.[30] Dahinter steht seine Auffassung, dass sich die verschiedenen Überlieferungen nicht ausschließen, sondern meist nur ergänzende Informationen bieten.[31] Der Autor dieses Originalberichts wurde von Bürcklein mit Q. Dellius identifiziert.[32] Dellius, der aufgrund seines Geschicks, im Bürgerkrieg immer rechtzeitig die Seite zu wechseln als *desultor bellorum civilium* bezeichnet

---

by a genius; the nobility had felt slighted – hence perhaps Surenas' fall – and they were now going to show the Romans what they could do themselves.«

[29] Sherwin-White, S. 305. S. 304: »The basic innovation was the effective use of high ground, which Ventidius also used, like the Duke of Wellington in his Peninsular campaigns and at Waterloo to conceal the scale and disposition of his forces.«

[30] Bürcklein, S. 40f. S. 44ff.

[31] Bürcklein, S. 40f. So auch Manuwald, S. 222f.

[32] Bürcklein, S. 6ff., S. 40f. Vgl. Pelling, Life of Antony, S. 28: »He [Dellius] is probably the source for Ventidius' campaigns [...].« Bernard van Wickevoort Crommelin, Die Parther und die parthische Geschichte bei Pompeius Trogus – Iustin, in: Josef Wiesehöfer (Hg.), Das Partherreich und seine Zeugnisse: Beiträge des internationalen Colloquiums, Eutin (27. – 30. Juni 1996), Stuttgart 1998, S. 272. Auch Meyer Reinhold, From Republic to Principate. An historical Commentary on Cassius Dio's Roman History Books 49-52 (36-29 B.C.), Atlanta/Georgia 1988, S. 19, betrachtet Dellius' Bericht über die Kampagne gegen die Parther als Quelle für die entsprechenden Abschnitte bei Dio und Plutarch.

worden ist³³, schrieb nach Strabo einen Bericht über den Partherzug des Antonius, an dem er in der Funktion eines höheren Offiziers auch selbst teilgenommen hatte.³⁴ Dellius aber befand sich bereits gegen Ende des Jahres 40 v. Chr. im Orient, denn er hatte Ventidius die Anweisung des Antonius überbracht, den Herodes nach dessen Ernennung zum König von Judäa gegen Antigonos zu unterstützen.³⁵ Über die Tätigkeit und den Aufenthaltsort des Dellius zur Zeit der Feldzüge des Ventidius ist nichts bekannt, es spricht allerdings nichts gegen die Annahme, er habe sich weiterhin im Orient aufgehalten, oder möglicherweise sogar an den Einsätzen gegen die Parther teilgenommen, so dass er eine gute Gelegenheit gehabt hätte, die nötigen Informationen auch über die Feldzüge von Antonius' Kommandeur zu sammeln.³⁶

1.2.2 Sallust

Hirschfeld dagegen vertrat die Ansicht, dass die Berichte von Livius und den anderen Historikern – dies schließt Plutarch wohl mit ein – über die Feldzüge des Ventidius nicht aus Dellius geschöpft hätten, sondern aus einer Rede des Sallust, die dieser für Ventidius anlässlich seines Triumphes verfasst hatte, wie es eine Notiz des Fronto nahe lege.³⁷ Dellius könne daher nur als Quelle für den Partherzug des Antonius gelten.³⁸ Diese Auffassung beruht jedoch auf einer falschen Deutung des Satzes *orationem a C. Sallustio mutuatus est*, der zumeist in dem Sinn verstanden wird, Ventidius habe sich von Sallust »eine Rede schreiben lassen«.³⁹ Skard hat dieser Deutung widersprochen: *mutuari* habe vielmehr die Bedeutung »entlehnen«⁴⁰, daher sei der Schluss zu ziehen, Vent-

---

[33] Sen. suas. 1,7. »Der Pferdewechsler der Bürgerkriege.« Vgl. Vell. 2,84,2.
[34] Strab. 11,13,3. Dellius war auch Plutarch als Geschichtsschreiber bekannt (Ant. 59,4).
[35] Ios. bell. Iud. 1,15,3,290. Ant. Iud. 14,15,1,394.
[36] Vgl. Bürcklein, S. 9: Die nächste erhaltene Nachricht (Ios. ant. Iud. 15,2,6,25) bezüglich Dellius stammt aus dem Jahr 37 v. Chr. Hier befindet er sich in Judäa.
[37] Front. ad Verum imp. 2,9, p. 122 v. d. Hout [1988]: »Ventidius ille, postquam Parthos fudit fugavitque, ad victoriam suam praedicandam orationem a C. Sallustio mutuatus est, et Nerva facta sua in Senatu verbis rogaticiis commendavit.«
[38] Otto Hirschfeld, Dellius ou Sallustius, in: Kleine Schriften, Berlin 1913, S. 780–782 (Mélanges Boissier, S. 293–295, Paris 1903), S. 782.
[39] Jürgen Malitz, Ambitio mala: Studien zur politischen Biographie des Sallust, Bonn 1975, S. 92, Anm. 28. Vgl. auch: Büchner, Sallust, S. 19. S. 357. S. 437, Anm. 268. Ronald Syme, Sallust, Darmstadt 1975, S. 217. S. 289, Anm. 118. Bengtson, Antonius, S. 181.
[40] Eiliv Skard, Sallust – Geschichtsdenker oder Parteipublizist, Symbolae Osloenses 47, S. 76f.

idius habe seine Rede verfasst, indem er »Worte, Phrasen und Schilderungen den Werken Sallusts entlieh«.[41] Diese Sichtweise wurde von Leisner-Jensen[42] anhand einer weiterführenden Untersuchung über die Verwendung des strittigen Wortes verteidigt; zu Recht meines Erachtens.[43] Darüber hinaus bezweifelt Leisner-Jensen zum einen Sallusts Befähigung, anderen als Redenschreiber zu dienen, da er – abgesehen von seinen zu literarischen Zwecken verfassten Orationes – nie als bedeutender Redner angesehen wurde[44], zum anderen bestreitet Leisner-Jensen die Möglichkeit einer näheren Verbindung von Ventidius und Sallust, da ihre politischen Positionen nicht kompatibel gewesen wären. Die Annahme, Sallust habe Sympathien für die Antonianer gehegt, sei daher ebenfalls abzulehnen.[45]

1.2.3 Ventidius

Dennoch – so urteilte bereits Leisner-Jensen – lässt sich der Angabe Frontos entnehmen, dass Ventidius eine Rede gehalten hat, um von seinen Taten und Erfolgen zu berichten.[46] Über den Anlass der Rede, den Vortragsort, ihren Inhalt und die Form der Weitergabe ist man allerdings auf Vermutungen angewiesen. Offenbar folgte Ventidius damit einer alten Tradition.[47] Aus den Informationen, die wir über die wenigen

---

[41] Skard, S. 77.
[42] Mogens Leisner-Jensen, Ventidius and Sallust, Classica et mediaevalia 48 (1997), S. 325–346.
[43] So auch Reinhold, From Republic to Principate, S. 220. Der Einwand von Antonio La Penna, Ancora su Sallustio e Ventidio Basso, Maia 24 (1972), S. 349–352, der bei Fronto im gleichen Satz genannte Nerva habe sich Manuskripte professioneller Schreiber bedient, wird von Leisner-Jensen, S. 336, akzeptiert, doch er fügt hinzu, man dürfe daraus analog nicht schließen, Ventidius habe sich eine Rede von Sallust schreiben lassen, da hier entscheidend sei, dass sowohl Ventidius als auch Nerva sich bei ihren Ansprachen fremder Hilfe bedienten, nicht jedoch woher und auf welche Weise sie diese erlangten.
[44] Leisner-Jensen, S. 339. Vgl. Sen. contr. 3, praef. 8: Nach Cassius Severus lese man Sallusts Reden nur aus Höflichkeit. Vgl. Malitz, Ambitio Mala, S. 22.
[45] Leisner-Jensen, S. 344. Sallust als ein Parteigänger des Antonius im Jahre 38 v. Chr.: Walter Allen, Sallust's Political Career, Studies in Philology 51 (1954), S. 11. Vgl. Syme, Sallust, S. 217: »Sallust hatte an dem neuen Herrschaftssystem und seinen emporgekommenen Feldherrn keinen Gefallen.« Allerdings: »Gegenüber Ventidius jedoch mag er persönliche Gründe zur Dankbarkeit gehabt haben.«
[46] Leisner-Jensen, S. 338f.
[47] So Enrica Malcovati, Oratorum romanorum fragmenta liberae rei publicae, Bd. 1: Textus, Turin 1976⁴, S. 212, zum Triumph des Caecilius Metellus Numidicus. Vgl. Liv. 45,40,9.

anderen Reden besitzen, die in einem vergleichbaren Kontext stehen, wie die berühmte Ansprache des Aemilius Paulus über den Tod seiner Söhne nach dem erfolgreichen Feldzug gegen Makedonien 167 v. Chr., lässt sich schließen, dass Ventidius seine Rede wahrscheinlich in Verbindung mit seinem Triumph vor der Volksversammlung oder im Senat gehalten hatte.[48] Eine schriftliche Fixierung und anschließende Herausgabe der Rede, die üblicherweise in Form von privater Abschrift und Weitergabe vonstatten ging[49], oder die Aufbewahrung in einem Familienarchiv waren grundsätzlich möglich.[50]

Über den Inhalt kann man zunächst ebenfalls nur spekulieren: Die von Sallust entliehenen Passagen könnten, so Leisner-Jensen, der Rede des Marius aus dem *Bellum Iugurthinum* entnommen worden sein, in der der *homo novus* den *nobiles* entgegenhält, ihre *virtus* beruhe lediglich auf der Leistung ihrer Ahnen, seine dagegen habe er sich durch seine militärischen Leistungen, seine Taten und seine Narben erworben.[51] Darüber hinaus jedoch wird Ventidius – denn dies war ja der Anstoß zu seiner Ansprache – mit Sicherheit eine Schilderung seiner Kämpfe und Siege gegen die Parther geboten haben, die natürlich nicht aus dem Oeuvre des Sallust entliehen worden sein kann. Es gilt somit nach wie vor die Möglichkeit in Betracht zu ziehen, dass diese Rede

---

[48] Liv. 45,40,9 – 41,12. Val. Max. 5,10,2. Vell. 1,10,4. Plut. Aem. Paulus 36. Übereinstimmend wird berichtet, dass die Rede vor der Volksversammlung gehalten wurde. Q. Caecilius Metellus Numidicus hielt nach Gell. 12,9,4 im Jahre 106 v. Chr. eine Rede *de triumpho suo*. Athen. 6, 274 berichtet, Lucullus habe 63 v. Chr. eine Rede über seine Unternehmungen im Krieg gegen Mithridates und Tigranes gehalten. Pompeius sprach nach Plin. nat. 7,99 in der Volksversammlung über seine Taten. Nach Liv. 28,9,7 berichteten die Consuln M. Livius Salinator und C. Claudius Nero 207 v. Chr. jedoch im Senat nach Sitte aller Feldherren über ihre Taten. Vgl. hierzu auch Liv. 31,47,7 und Liv. 28,38,2.

[49] Annette Dortmund, Römisches Buchwesen um die Zeitwende. War T. Pomponius Atticus (110 – 32 v. Chr.) Verleger?, Wiesbaden 2001, hat deutlich gemacht, dass gegen Ende der Republik die private die üblicherweise praktizierte Form der Weitergabe von Texten innerhalb der Oberschicht war.

[50] Cic. Brut. 16,61–62 erwähnt die *laudationes funebres*. Vgl. Karl Büchner, Überlieferungsgeschichte der lateinischen Literatur des Altertums, in: Herbert Hunger (u.a.), Die Textüberlieferung der antiken Literatur und der Bibel, unveränderter Nachdruck des 1961 ersch. Bandes I der ›Geschichte der Textüberlieferung der antiken und mittelalterlichen Literatur‹, München 1988², S. 316. Zur Publikation von Reden vgl. Oivind Andersen, Im Garten der Rhetorik. Die Kunst der Rede in der Antike, Darmstadt 2001, S. 104ff. Itgenshorst weist auf S. 111 darauf hin, dass der Cicero-Stelle nicht zu entnehmen sei, ob neben den Begräbnisreden auch andere Reden aufbewahrt wurden.

[51] Leisner Jensen, S. 344f.: Sall. Iug. 85,4. 85,7. 85,24–25. 85,29–30.

die Ursprungsquelle für die Berichte über seinen Feldzug darstellt und man bei der Antwort auf die Frage nach der Vorlage der uns heute vorliegenden Schilderungen folgende erstaunliche Alternativen in Betracht zu ziehen hat: War Ventidius möglicherweise selbst der Überbringer der Nachrichten seiner eigenen Taten? Oder existierten mit dem Werk des Dellius und der Rede des Ventidius zwei Urquellen parallel?

Inwieweit die Ansprache des Ventidius geeignet gewesen wäre, Informationen zu liefern, die als Basis für die späteren Darstellungen des Feldzuges ebenso verwertbar waren, wie dies von dem Werk des Dellius zu erwarten wäre, darüber lassen sich wiederum nur Vermutungen anstellen: Die Erwähnung militärischer Details dürfte als eher unwahrscheinlich anzusehen sein, hingegen die Verwendung pointierter Formulierungen des Inhalts, man habe den Pfeilen des Gegners durch einen schnellen Vorstoß den Nutzen genommen, sind in einer Rede, die die eigenen Taten hervorheben soll, durchaus vorstellbar; ohne dass damit gesagt sein soll, die entsprechenden Passagen bei Frontin bzw. Florus beruhten auf den Äußerungen des Ventidius selbst.[52] Allerdings dürften die rhetorischen Qualitäten des Ventidius nicht auf sehr hohem Niveau angesiedelt gewesen sein, da er sich sonst kaum der Passagen des Sallust bedient hätte. Aufgrund seiner Herkunft hatte er vermutlich keine Gelegenheit gehabt, sich in der Kunstfertigkeit des Redners zu üben.

Die mutmaßliche Existenz einer zweiten Ursprungsquelle steht aber im Widerspruch zu der angesprochenen Auffassung Bürckleins, der die Abweichungen der Überlieferung nicht für unvereinbar hielt, sondern darin lediglich sich ergänzende Informationen erblicken möchte, die über eine gemeinsame Zwischenquelle, nämlich Livius, überliefert wurden.[53]

Als Ursache für die bestehenden Divergenzen bieten sich somit zwei Erklärungsmöglichkeiten an: Erstens der Verlust von Informationen im Zuge ihrer Übernahme und Weitergabe durch eine oder mehrere Zwischenquellen, ein Modell, wie es offenbar Bürcklein vorschwebte. Dahinter steht zum einen die Notwendigkeit, die Informationen zur

---

[52] Frontin. 2,2,5. Flor. 2,19,6.
[53] Bürcklein, S. 40f.: »Die Gleichartigkeit der Ueberlieferung, wie sie sich bei unserer Untersuchung herausgestellt hat, würde sich dann in der Weise erklären, dass auch für die Darstellung dieser Feldzüge die Schrift des Dellius von Livius, Strabo und vielleicht auch von Plutarch direct benutzt worden ist, während aus Livius wieder, abgesehen von seinen gewöhnlichen Ausschreibern, Velleius und Dio geschöpft haben.«

Herstellung einer Epitome zusammenzufassen, wobei mit Auslassungen und Verkürzungen, oder mit einer anderen Gewichtung der Information gearbeitet worden sein könnte. Zum anderen dürften die literarischen oder politischen Absichten des jeweiligen Bearbeiters eine Rolle gespielt haben; zudem muss mit Missverständnissen oder Fehlern des Epitomators gerechnet werden. Generell dürften sowohl die Autoren derjenigen Werke, die die Ursprungsquelle(n) noch direkt benutzten, als auch die Urheber der zahlreichen Epitome, die ihre Informationen größtenteils aus jenen Darstellungen – möglicherweise aber auch aus dem oder den Urtexten – bezogen, vor allem das Kriterium des Nachrichtenwerts als Richtschnur ihrer Auswahl angesehen haben, d. h. unsere antiken Gewährsmänner haben im Zuge der notwendigen Zusammenfassung des Inhalts nur die Ereignisse und Fakten ihrer Vorlage übernommen, die ihnen – auch im Hinblick auf den Zweck ihres Werkes – relevant bzw. berichtenswert erschienen.

Zweitens kann die unterschiedliche Gestalt der Überlieferung(en) auf die mutmaßliche Existenz von zwei Urquellen zurückgeführt werden, die inhaltliche Diskrepanzen aufweisen. Es wird daher nötig sein, zu prüfen, wie gravierend die Abweichungen der verschiedenen Berichte sind und ob sie sich im Laufe der Tradierung der Informationen ergeben haben, oder ob es andere Hinweise gibt, die auf die Existenz eines zweiten Urtextes schließen lassen. Auf die Frage nach dem wahrscheinlichen Urheber der Information wird daher noch einmal zurückzukommen sein.

1.3 Zur Überlieferungsgeschichte der Feldzüge

Die Autoren der auf uns gekommenen Berichte haben mehrheitlich – mit der möglichen Ausnahme von Plutarch und Strabo – nicht aus der Urquelle geschöpft, sondern Zwischenquellen benutzt.[54] Die nicht erhaltenen Darstellungen der Feldzüge des Ventidius von Livius und von Pompeius Trogus dürften ihre Informationen aufgrund der relativen zeitlichen Nähe der Abfassung und des Fehlens jeglicher Hinweise auf eine weitere Zwischenquelle ebenfalls aus dem Original bezogen ha-

---

[54] Bürcklein, S. 40f. Zu Plutarch: Pelling, Life of Antony, S. 28 und ders., Plutarch's method of work in the Roman Lives: »[...] we shall never be quite certain that Plutarch knew Dellius at first hand; but it does seem very likely.« Sherwin-White, S. 306, Anm. 25, dagegen hält es für wenig wahrscheinlich, dass Plutarch Zugang zu dem Werk des Dellius hatte. Reinhold, From Republic to Principate, S. 19, Anm. 5, nimmt an, dass Dellius nur indirekt von Dio und Plutarch benutzt wurde.

ben.⁵⁵ Letzterer, so die Annahme van Wickevoort Crommelins, hat eine gründliche Schilderung der Auseinandersetzungen mit den Parthern in den Jahren 39 und 38 v. Chr. geliefert.⁵⁶ Ob dies auch für Livius gilt, muss – wie zu sehen sein wird – dahin gestellt bleiben.

Zunächst soll daher ein kurzer Blick auf die Überlieferungsgeschichte geworfen werden, obwohl die Frage nach den Abhängigkeitsverhältnissen der auf Livius zurückgehenden und der – zumindest in Teilen – auf Livius zurückgeführten Werke auf ein äußerst unwegsames Gelände führt. Denn nicht nur die Rekonstruktion der verlorenen Bücher des Livius, sondern auch der Versuch aufzuzeigen, welchen Darstellungen der augusteische Schriftsteller als Vorlage diente, welcher Art deren Abhängigkeiten untereinander waren und der Versuch, die Existenz einer mutmaßlichen Livius-Epitome zu beweisen, hat zu zahlreichen Kontroversen in der Forschung geführt, die noch immer nicht ganz als abgeschlossen betrachtet werden können.⁵⁷ Eine ausführliche Behandlung der Quellenfrage der *Strategemata* Frontins, zu deren Vorlagen

---

⁵⁵ Vgl. van Wickevoort Crommelin, S. 272. Eine Hauptquelle für die Nachrichten über die Parther bei Trogus/Justin Buch 41 und 42 bis zum Jahr 70 v. Chr. ist nach Franz Altheim und Ruth Stiehl, Geschichte Mittelasiens im Altertum, Berlin 1970, S. 359–379, Apollodoros von Artemita. Nach Martin Schottky, Quellen zur Geschichte von Media Atropatene und Hyrkanien in parthischer Zeit, in: Josef Wiesehöfer, Das Partherreich und seine Zeugnisse, S. 438, ist diese These als bisher nicht widerlegt zu betrachten.

⁵⁶ Van Wickevoort Crommelin, S. 269. Nach J. M. Alonso-Núñez, An Augustan world history: the historiae philippicae of Pompeius Trogus, G&R 34 (1987), S. 70, hat Trogus, soweit dies aus dem Auszug des Justin ersichtlich sei, seine Quellen recht sorgfältig wiedergegeben.

⁵⁷ Vgl. Reinhart Herzog, Peter Lebrecht Schmidt, Handbuch der lateinischen Literatur der Antike, Bd. 5: Reinhart Herzog (Hg.), Restauration und Erneuerung. Die lateinische Literatur von 284 bis 374 n. Chr., München 1989 (HLL 5), § 533.1: Die Livius-Epitome. Peter Lebrecht Schmidt, Iulius Obsequens und das Problem der Livius-Epitome. Ein Beitrag zur Geschichte der lateinischen Prodigienliteratur, Wiesbaden 1968. Peter Lebrecht Schmidt, Livius-Rezeption und kaiserzeitliche Historiographie, in: Wolfgang Schuller (Hg.), Livius. Aspekte seines Werkes, Konstanz 1993, S. 189–201. Die Diskussion über eine mutmaßliche Livius-Epitome kann hier nicht aufgegriffen werden. Hierzu Schmidt, Livius-Rezeption, S. 200, zusammenfassend und mit einem den Forschungsstand wiedergebenden Stemma: »Eine alles Spätere bestimmende, große Livius-Epitome des 1. Jh. n. Chr. ist nicht bewiesen und generell unwahrscheinlich. Den Namen ›Livius-Auszug‹ verdienen vielmehr nur drei Texte, Florus, das Chronikon und die Periochae;« Eine Position, die durch Joachim Fugmann untermauert wurde: ders., Königszeit und Frühe Republik in der Schrift »De viris illustribus urbis Romae«. Quellenkritisch-historische Untersuchungen, Bd. II,2: Frühe Republik (4./3. Jh.) Frankfurt u.a. 2004, S. 11 mit Anm. 1 und S. 241 mit Anm. 15.

auch Livius zu zählen ist[58], hingegen hat den Zusammenhang mit dem Problemkreis der sog. Exemplatradition zu berücksichtigen.[59] Deshalb soll diese Problematik hier nur angerissen werden, soweit es der Thematik dienlich erscheint.

1.3.1 Livius

Auf Livius direkt bzw. auf einem auf Livius basierenden Text beruhen in der Tat die Angaben des Eutropius, des Festus und Orosius, die Periochae und wahrscheinlich auch die Darstellung des Velleius[60] und die des Florus.[61]

Ob Frontin allerdings sein Wissen über die Abwehr der Bogenschützen derselben Quelle wie Florus – nämlich dem Werk des Livius – entnommen hat, erscheint bei einem Vergleich der von Florus und Frontin überlieferten Einzelheiten zumindest als fraglich.[62] Denn Frontin gibt im Gegensatz zu Florus eine exakte Entfernungsangabe[63] und er weiß nichts von der Furcht, die Ventidius den Parthern vortäuschte, um sie zum Angriff zu bewegen, sondern spricht explizit von einem selbstbewussten Auftreten der Römer[64]- ein Gebaren, das dem Handeln

---

[58] Vgl. Alfred Kappelmacher, RE 1,19, s.v. Iulius (Frontinus) (Nr. 243), Sp. 599f.: Livius als Quelle Frontins. Gerhard Bendz, Die Echtheitsfrage des 4. Buches der frontinschen Stratagemata, Lund 1938, S. 56–100. Zusammenfassend: ders., Frontin, Kriegslisten, Berlin 1963, Einleitung, S. 7f. Frontins wichtigste Quellen waren nach Bendz Livius, Caesar, Sallust, eine Stratagemensammlung in griechischer Sprache und eine Beispielsammlung, aus der auch Velleius geschöpft habe. Frontin selbst erwähnt in seiner Vorrede die Geschichtsschreiber und die Verfasser von Beispielsammlungen (Frontin. 1, pr. 3).

[59] Fugmann, Königszeit und Frühe Republik in der Schrift »De viris illustribus urbis Romae«. Quellenkritisch-historische Untersuchungen, Bd. I: Königszeit, Frankfurt u.a. 1990, S. 60ff. Zur Exemplatradition vgl. Alfred Klotz, Zur Literatur der Exempla und zur Epitoma Livii, Hermes 44 (1909), S. 198–214. Ders., Studien zu Valerius Maximus und den Exempla, München 1942.

[60] Vgl. S. 28, Anm. 67. Die Abhängigkeit dieser Stelle von der livianischen Tradition ergibt sich aus der inhaltlichen Übereinstimmung.

[61] Vgl. Schmidt, in: HLL 5 (1989): § 533.2 (Periochae), § 538 (Eutr.) und §539.1 (Festus). Vgl. Schmidt, Livius-Rezeption, S. 200. Fugmann, Bd. I, S. 62f. Zu Florus vgl. auch Martin Hose, Erneuerung der Vergangenheit. Die Historiker im Imperium Romanum von Florus bis Cassius Dio, Stuttgart und Leipzig 1994, S. 53ff./138ff. Zu den Quellen des Orosius bietet Hans-Werner Goetz, Die Geschichtstheologie des Orosius, Darmstadt 1980, S. 25–28, einen kurzen Exkurs.

[62] Flor. 2,19,6. Frontin. 2,2,5.

[63] Frontin. 2,2,5: 500 Schritte. Der Wegfall der Entfernungsangabe bei Florus wäre allerdings auch aus Gründen der Zusammenfassung und Verknappung der Informationen zu erklären.

[64] Allerdings geschah das Vortäuschen der Furcht vor dem Angriff (Flor. 2,19,6),

des Ventidius offensichtlich auch in einem anderen Beispiel, das dasselbe Ereignis berührt, als zugrunde liegend zugeschrieben wird.[65] Da Frontin an einer anderen Stelle nicht auf Livius, sondern nachweislich auf dessen Vorlage beruht, ist diese Möglichkeit auch für das Strategem des Ventidius in Betracht zu ziehen.[66]

Die Absenz des Todes des Phranapates bei Florus und den Periochae kann allerdings nicht zur Unterstützung dieser Vermutung herangezogen werden, denn sie kann auf eine Verkürzung des livianischen Textes durch letztere zurückgeführt werden und lässt daher nicht zwingend den Schluss zu, Livius habe den Untergang des parthischen Feldherrn nicht behandelt und scheide auch deswegen als Quelle Frontins aus.[67]

Sollte Frontin an dieser Stelle nicht aus Livius geschöpft haben, wäre daraus die Folgerung zu ziehen, dass neben der bei Florus fassbaren livianischen eine zweite Tradition existierte, die ebenfalls das Ausschalten der Bogenschützen behandelte. Dabei ist es unerheblich, ob diese Information über eine Zwischenquelle – etwa die postulierte Exemplasammlung[68] - übermittelt wurde, oder ob Frontin möglicherweise direkt auf eine der beiden möglichen Urquellen zurückgeht. Der Stellenwert, den der Aspekt der Abwehr der Bogenschützen im Rahmen ihrer Schilderung der Feldzüge einnahm, würde dadurch zwar unterstrichen, aber für eine Antwort auf die Frage nach den entscheidenden taktischen Maßnahmen ist dies nicht ausreichend; um so mehr, da die Quellenfrage nicht mit Sicherheit zu klären ist.

Auch eine Abhängigkeit des Dio von Livius kann keinesfalls als sicher gelten. Nach dem Urteil Manuwalds ist die Benutzung des Livius für die Beschreibung der Feldzüge des Ventidius durch Dio zwar mög-

---

das Selbstbewusstsein wurde während des Angriffs an den Tag gelegt (Frontin. 2,2,5).

[65] Frontin. 1,1,6: Als Ventidius seine Truppen drei Tage »vor der berechneten Ankunft der Parther gesammelt hatte, ging er zum Angriff über und besiegte und tötete Pakoros«.

[66] Klotz, Studien zu Valerius Maximus und den Exempla, S. 45: Frontin. 4,7,29. Liv. 26,4,4ff.

[67] Vgl. S. 135.

[68] Klotz, Zur Literatur der Exempla und zur Epitoma Livii. Ders., Studien zu Valerius Maximus und den Exempla. Rudolf Helm, Valerius Maximus, Seneca und die Exemplasammlung, Hermes 74 (1939), S. 130–154, hatte sich gegen die Theorie von Klotz ausgesprochen, Valerius Maximus habe für seine Denkwürdigkeiten in großen Teilen eine Beispielsammlung benutzt. Die Existenz von Exemplasammlungen bleibe, so Weileder, S. 11, hypothetisch.

lich, aber nicht zu erweisen.[69] Mit der livianischen Tradition – genauer: mit Eutropius, Festus und Orosius – hat Dio lediglich die Angabe über das Datum der Schlacht von Gindaros gemeinsam.[70]

Die Ungereimtheiten der Überlieferung und ihre möglichen Erklärungsversuche lassen sich anhand einer Gegenüberstellung der Angaben von Dio und Frontin verdeutlichen.

1.3.2 Dio und Frontin

Ein erster – gleichwohl noch nicht sehr aussagekräftiger – Hinweis auf die mögliche Existenz zweier Urquellen findet sich in den geringfügigen Unterschieden in der Schreibweise von Orts- oder Personennamen, die etwa bei der Benennung des parthischen Unterführers im Jahre 39 v. Chr. auftreten. Sein Name erscheint in den Formen Phranapates, Pharnapates, Phranipates, Phranikates oder Pharnastanes.[71] Abweichungen solcher Art werden zwar zumeist auf eine Verderbnis der Handschriften oder auf Fehler der Abschreiber zurückgeführt.[72] Handelt es sich dabei jedoch um Personen geringerer Prominenz, deren Name nicht als bekannt vorausgesetzt werden kann – besonders wenn es sich um Angehörige eines anderen Volkes handelt -, kann eine solche Abweichung auch mit der unterschiedlichen Rezeption des fremden Namens durch zwei verschiedene Augen-, besser Ohrenzeugen begründet werden.[73] Neben Phranapates ist auch der Name des Informanten des Pakoros unklar, den Ventidius täuschte, um im

---

[69] Manuwald S. 222f.: »Livius ist als Quelle Dios für die Darstellung des Feldzuges des Ventidius – wie bei allen Übereinstimmungen zwischen Dio und Livius – zwar möglich, aber nicht erweisbar.« Vgl. S. 29, Anm. 69. Reinhold, From Republic to Principate, S. 17ff., über die Bücher 49–50 von Dios Werk: »[...] it would be fruitless to determine with confidence the source or sources upon which he relied.«

[70] Cass. Dio 49,21,2. Eutr. 7,5. Fest. 18. Oros. 6,18,23.

[71] Phranapates (Cass. Dio 48,41,3–4.), Pharnapates (Plut. Ant. 33,4, in: Plutarch's lives in eleven Volumes, Griech. und Engl., übers. v. Bernadotte Perrin, Bd. 8, London und Cambridge/Mass. 1959³), Phranipates (Plut Ant. 33,4, in: Plutarch, Grosse Griechen und Römer, eingeleitet und übersetzt von Konrat Ziegler, Bd. 5, Zürich und Stuttgart 1960), Phranikates (Strab. 16,2,8) oder Pharnastanes (Frontin. 2,5,37).

[72] In anderem Kontext: Alfred Klotz, Die Quellen Ammians in der Darstellung von Julians Perserzug, RHM 71 (1916), S. 467. 486. 489.

[73] Charles Fornara, Julian's Persian Expedition in Ammianus and Zosimus, in: Journal of Hellenic Studies 111 (1991), S. 13. Vgl. Fornaras Schlussfolgerung über geringfügige Differenzen bei fremden Ortsnamen in den Berichten des Ammianus und des Zosimus über den persischen Feldzug Julians: »Such minor differences as these are best explained as denoting what Ammianus and Oribasius had heard pronounced but had not read.«

Frühjahr 38 v. Chr. die benötigte Zeit für die Sammlung seiner Legionen zu gewinnen, bevor die Parther den Euphrat überquerten: Frontin nennt ihn Pharnaios, Dio dagegen Channaios.[74]

Bezeichnenderweise werden die Umstände, die zum Tod des Phranapates führten und die ihn begleitenden Ereignisse von diesen beiden Chronisten jeweils gänzlich unterschiedlich geschildert. Da es keinen Anlass gibt, eine der Darstellungen vollständig ins Reich der Fabel zu verweisen, bleiben folgende Möglichkeiten: Zunächst könnten die Einzelheiten beider Berichte miteinander verbunden und als Teil einer Begebenheit betrachtet werden.[75] Eine sinnvolle Kombination scheint zunächst zwar durchaus möglich zu sein, es spricht jedoch ein Detail für die Annahme, dass wir es mit zwei unterschiedlichen Ereignissen zu tun haben, wobei der Tod des Befehlshabers dann freilich einem von beiden zugeordnet werden muss: Frontin zufolge besaßen die Parther die zahlenmäßige Überlegenheit während des Kampfes mit Pakoros' Unterführer, nach Dio aber die Römer.[76]

Die zentrale Frage nach der entscheidenden taktischen Maßnahme bei Gindaros wird von Frontin (und Florus) mit der Notiz über das Unterlaufen der Bogenschussreichweite beantwortet. Eine gänzlich andere Erklärung bietet wiederum Dio, der die parthischen Bogenschützen nicht einmal erwähnt. Daneben sind weitere Auffälligkeiten zu beobachten:

So gleicht in Dios Darstellung nicht nur die taktische Vorgehensweise der Römer bei Gindaros fast exakt derjenigen am Taurus, sondern beide Gefechte nehmen auch eine ähnliche Entwicklung. Denn in beiden Fällen erwarten die Römer ihren Gegner auf einem Hügel und werfen die Parther mit einem überraschenden Angriff zurück, die sich zudem in beiden Fällen gegenseitig behindern. Wie wahrscheinlich ist es, dass die Parther den gleichen Fehler wie am Taurus noch einmal begingen? War Dio einem Missverständnis unterlegen und übertrug den Verlauf des ersten Treffens fälschlicherweise auch auf das zweite?[77]

Bezeichnenderweise berichtet Frontin, der als militärischer Fach-

---

[74] Frontin. 1,1,6. Cass. Dio 49,19. Der Verräter, der bei Frontin Pharnaios heißt, erscheint bei Dio als »Fürst Channaios«. Neilson Carel Debevoise, A Political History of Parthia, Repr. d. Ausgabe Chicago 1938, New York 1968, S. 117, Anm. 94, hält die von Frontin überlieferte Form für wahrscheinlicher, da sie das iranische Element »Phar« enthalte.
[75] Seaver, S. 278.
[76] Frontin. 2,5,37. Cass. Dio 48,41,4. Vgl. auch Sherwin-White, S. 304, Anm. 18.
[77] Cass. Dio 48,40,1–3. 49,20,1–3.

mann in Geländefragen zu gelten hat[78], nichts von diesen an sich einleuchtenden Maßnahmen des Ventidius, in einem Kapitel, das die Überschrift trägt, »*Wie man den Ort des Kampfes wählt*« und das von ähnlichen Strategemata anderer Feldherren berichtet.[79] Auch im Abschnitt über das Gefecht am Taurus wird von Frontin nicht explizit ein Hügel erwähnt, es ist lediglich von einem den Parthern ungünstigen Gelände die Rede.[80]

Darüber hinaus offenbart die einzige Übereinstimmung Dios mit Frontin Unterschiede im Detail. Um die Parther zur Überquerung des Euphrats an einem südlicher gelegenen Übergang zu verleiten, ließ Ventidius nach Frontin den parthischen Agenten glauben, er gedächte die Hügel bei Zeugma dazu zu benutzen, die gegnerischen Bogenschützen auszuschalten. Diese Information lässt Dio – neben weiteren Einzelheiten – vermissen; er spricht lediglich von einem den Truppen des Ventidius günstigeren Gelände.[81]

Diese Tatsachen zusammengenommen wecken gewisse Zweifel, zunächst an der Richtigkeit der Darstellung Dios. Allerdings weist Frontin in seiner Vorrede ausdrücklich darauf hin, dass er weder die Möglichkeit hatte, seine Quellen vollständig auszuwerten, noch Details wiedergeben wollte, die schon anderswo ihren Berichter gefunden hatten.[82] Auch Frontin bietet, soviel ist auch aus dem Vergleich mit den anderen Quellen auf den ersten Blick ersichtlich, keineswegs alle Informationen.

Nochmals: Die Ursache für die Divergenzen wäre erstens in den Vorlagen unserer Chronisten zu suchen: Dio und Frontin übernahmen das, was sie vorfanden. Es wird allerdings deutlich, dass die Quellenforschung hier an ihre Grenzen stößt und nicht imstande ist, aufzuklären, über welche Kanäle die Informationen zu ihren Rezipienten gelangten.

[78] Tac. Agr. 17,2. Vgl. Karl Christ, Sextus Iulius Frontinus, princeps vir, in: Werner Dahlheim, Wolfgang Schuller, Jürgen von Ungern-Sternberg (Hg.), Festschrift Robert Werner zu seinem 65. Geburtstag, Konstanz 1989, S. 151f.
[79] Frontin. 2,2. Etwa Frontin. 2,2,2 (Pompeius in Kappadokien) oder 2,2,4 (Lucullus bei Tigranocerta).
[80] Frontin. 2,5,36. Als bedeutender erachtete Frontin wohl die Tatsache, dass es Ventidius gelang, die Parther dorthin zu locken. Kapitel 5 trägt die Überschrift »Über Hinterhalt«.
[81] Frontin. 1,1,6. Cass. Dio 49,19. Frontin ist darüber hinaus präziser bei der Angabe des Zeitraumes, den die Parther für ihren Umweg brauchten (»mehr als 40 Tage«) und nennt Kappadokien als konkreten Ort für einen Teil der im Winterlager stehenden Legionen.
[82] Frontin. 1, pr. 3.

Allenfalls könnte man vermuten, Dio repräsentiere eine zweite, respektive dritte Säule der Überlieferung der Feldzüge des Ventidius, die im Gegensatz zu den bei Florus und Frontin hervortretenden Traditionen den Maßnahmen gegen die Kataphrakten mehr Gewicht beimaß als denjenigen gegen die Bogenschützen. Dies kann als ein Hinweis auf die Existenz von mehreren Urquellen gewertet werden, zwingend ist dies aber nicht.

Zweitens: Unsere Berichterstatter entnahmen – aufgrund unterschiedlicher Interessen oder aus Platzmangel – ihrer(n) ausführlich berichtenden Quelle(n) diejenigen taktischen Schritte des Ventidius, die sie für entscheidender oder für ihr Publikum lehrreicher hielten. Interessanterweise lässt sich an der Berücksichtigung bzw. Nichtberücksichtigung des Todes des parthischen Unterführers Phranapates in einem Teil der Berichte der Prozess der Zusammenfassung und Verknappung unserer Informationen mitverfolgen:

Plutarch spricht zunächst recht unpräzise von einer erfolgreichen Schlacht des Ventidius gegen die Parther, erwähnt anschließend aber den Tod des Labienus und des Phranipates, so dass beim Leser der Eindruck entsteht, beide Vorfälle ereigneten sich in diesem einen Kampf.[83] Doch im Anschluss, nachdem der Biograph die Schlacht von Gindaros angesprochen hat, ist unvermittelt von drei Feldschlachten die Rede, in denen die Parther schwer geschlagen wurden. Nachvollziehbar wird das für den Leser nur anhand der Namensnennung der besiegten und getöteten Gegner, Labienus, Phranipates und Pakoros und die Annahme, jeder von ihnen wurde in einer der drei Schlachten getötet. Verzichtete nun ein Epitomator der Einfachheit halber darauf, den Namen des Phranipates überhaupt zu erwähnen, und ließe daraufhin, um den Leser nicht zu verwirren, auch eine Angabe zur Zahl der Schlachten weg, so erhielte man als Ergebnis eine noch weiter verkürzte Darstellung, wie sie uns etwa in den Periochae oder bei Velleius und Florus vorliegt. Während die Periochae der Bücher 127 und 128 zusammengenommen noch von zwei Schlachten zu berichten wissen, bei denen zunächst Labienus und schließlich Pakoros den Tod fanden, so sind in den kürzeren Werken des Velleius und des Florus beide Ereignisse bereits verschmolzen.[84]

Ob nun Dio und Frontin in ihren Berichten über den Tod des Phranapates analog zu der gerade beschriebenen Informationsreduzierung

---

[83] Plut. Ant. 33,4–34,2.
[84] Liv. per. 127. Per. 128. Vell. 2,78,1. Flor. 2,19,5.

die jeweils andere Hälfte der Information einfach nicht berücksichtigten – Frontin etwa, weil er die Ereignisse am Amanospass bereits an anderer Stelle berichtet fand –, obwohl sie beide Ereignisse in ihrer Quelle beschrieben fanden, oder ob Dio und Frontin verschiedene Quellen benutzten, ist allerdings wiederum nicht zu klären.

Allen Unsicherheiten zum Trotz lässt sich ein Ergebnis der vorangegangenen Betrachtungen festhalten: Es scheinen von allen Autoren der auf uns gekommenen Berichte nicht nur Informationen weggelassen worden zu sein – wie etwa bei Dio die Nichtberücksichtigung der parthischen Bogenschützen und auf welche Weise der von ihnen ausgehenden Gefahr begegnet wird –, sondern es drängt sich auch der Verdacht auf, dass wir die entscheidenden Zusammenhänge vermissen, die für das Verständnis der Schlacht von Gindaros wichtig sind, so dass ein schlichtes Nebeneinanderstellen der Informationen keinen Erkenntnisgewinn für Verlauf und Taktik dieser Auseinandersetzung zu liefern vermag.

Diese Zusammenhänge werden aber möglicherweise durch eine Beleuchtung der aufeinander stoßenden Taktiken und Kampfesweisen deutlich. Es wird daher notwendig sein, in erster Linie die parthische Kampftaktik einer näheren Betrachtung zu unterziehen, bevor im Anschluss daran der Versuch unternommen werden wird, die Angaben der Quellen zu einer sinnvollen Rekonstruktion zu verbinden. Zuvor soll die Aufmerksamkeit jedoch noch einmal auf zwei bedeutsame quellenkritische Aspekte gerichtet werden.

1.4 Die Quelle(n) der Feldzugsberichte 2: Dellius oder Ventidius?

Lediglich einige Verdachtsmomente sprechen für die Existenz einer zweiten Urquelle, so dass es geboten scheint, methodisch einen anderen Weg einzuschlagen: Da wir weder das Werk des Dellius noch die Rede des Ventidius im Original kennen, bleibt nur der Versuch, aus den uns vorliegenden Darstellungen Rückschlüsse auf den Urheber der Informationen zu ziehen. Meines Erachtens ist es zwar nicht möglich, in unseren Quellen Passagen oder Stellen zu finden, die ohne Zweifel auf Ventidius oder Dellius zurückgeführt werden können, aber vielleicht gelingt es umgekehrt, Details zu identifizieren, die nicht von Ventidius herrühren können, um so seine Rede als Vorlage auszuschließen.

Letzteres trifft zu auf die Berichte unserer Quellen über die Belagerung von Samosata, in denen eine negative Tendenz gegenüber Antonius zu Tage tritt; die Bezeichnung Neidmotiv mag hier zur Umschreibung dienen. Im Abschnitt V.2 wird ausführlich dargelegt werden, dass Ventidius keinen Grund gehabt hatte, Antonius gegenüber eine kritische Haltung einzunehmen, geschweige denn, seinen Gefolgsherrn öffentlich bloßzustellen.[85] Diese Feststellung kann aus zwei Gründen jedoch nicht als Ausschlusskriterium gegen die Annahme fungieren, Ventidius' Rede habe als Quelle für die Beschreibung seiner Feldzüge gedient:

Erstens ist es nicht eindeutig zu klären, ob der negative Charakter der Darstellung bereits in der Ursprungsquelle vorhanden war, oder ob er von einem späteren Schriftsteller, wie etwa Livius, hinzugefügt wurde. Für die Vermutung, Dellius als Urheber anzusehen, spricht die gemeinschaftliche Verwendung zweier Aspekte jeweils bei Plutarch, Dio und Orosius: die Lesart des vermeintlichen Versagens des Triumvirn vor Samosata und das dabei benutzte Neidmotiv.[86] Entscheidend ist hier die zwar nicht wörtliche, aber inhaltliche Übereinstimmung von Plutarch und Orosius, der wiederum Livius bzw. die von Livius abhängige Literatur benutzt hat.[87] Da Plutarch, so Pelling, Livius für die Biographie des Antonius nicht eingesehen hat, deutet die Kongruenz auf eine gemeinsame Vorlage hin, aus der Livius und aus seinem Werk wiederum Orosius auf der einen und Plutarch auf der anderen Seite das Neidmotiv entnommen haben.[88] Diese Quelle kann, wie bereits erwähnt, nur Dellius und nicht Ventidius sein. Sicherheit ist in dieser Frage allerdings nicht zu erlangen, denn es bliebe der Einwand, diese Stelle beweise die Benutzung des Livius durch Plutarch.[89]

---

[85] Vgl. S. 157ff.
[86] Plut. Ant. 34,3. Cass. Dio 49,21,1. 49,22,1–2. Oros. 6,18,23.
[87] Martin Schanz, Carl Hosius, Gustav Krüger, Geschichte der römischen Literatur bis zum Gesetzgebungswerk des Justinian, Teil vier: Die römische Literatur von Constantin bis zum Gesetzgebungswerk Justinians, Bd. 2, Die Literatur des fünften und sechsten Jahrhunderts, unveränd. Nachdruck der 1920 ersch. ersten Aufl., München 1959, S. 486f. Schmidt, Livius-Rezeption, S. 199. Plut. Ant. 34,3: »[Antonius] gestattete Ventidius nicht, den Vergleich mit Antiochos zu schließen, weil er wünschte, daß wenigstens diese Tat seinen Namen tragen und nicht alle Erfolge durch Ventidius erzielt sein sollten.« Oros. 6,18,23: »Antonius schloß, nachdem er nur eine einzige Festung eingenommen hatte, Frieden mit Antiochos, damit es schien, er selbst habe ein so großes Unternehmen beendet.«
[88] Pelling, Life of Antony, S. 30f. Allerdings kannte Plutarch das Geschichtswerk des Livius, vgl. Pelling, Plutarch's Method of Work in the Roman Lives, S. 88. Vgl. auch Pelling, Life of Antony, S. 211: »The envy theme clearly derives from a source, for Dio 49.22 makes similar charges […].«
[89] Pelling, Plutarch's Method of Work in the Roman Lives, S. 95, zufolge sind jedoch die geringen Spuren, die gerade von Livius und Strabo in den Biographien zu finden sind, möglicherweise auf die Hilfe von Sklaven und Freigelassen bei der Recherche und Niederschrift zurückzuführen.

Betrachtet man Dellius als Urheber der Auffassung, Antonius habe Ventidius seinen Erfolg geneidet, vor Samosata aber versagt, dann kann er sein Werk jedoch erst nach seinem Wechsel auf die Seite des Octavian – so geschehen kurz vor Actium[90] – vollendet haben, da Dellius zuvor als Offizier und Anhänger des Antonius gewiss keinerlei Details in sein Werk aufgenommen hätte, die seinen Gefolgsherrn in ungünstigem Licht hätten erscheinen lassen. Im Gegensatz zu der Ansicht Hirschfelds und Bengtsons[91] ist meines Erachtens die Annahme, Dellius habe – angesichts seiner fortgesetzten Beschäftigung unter Antonius, nachdem dieser seine Offensive gegen Parthien beendet hatte [92] – die Veröffentlichung seines Werkes erst nach dem Sieg des Octavian betrieben, zwar nicht zwingend, aber doch problemlos vorstellbar.[93] Im letzteren Falle wären gewisse negative Konnotationen gegenüber seinem einstigen Herrn sogar wahrscheinlich; alleine um Loyalität gegenüber seinem neuen zu demonstrieren.

Der zweite Einwand gegen die Beweiskraft der angesprochenen Berichte ist gravierender: Es ist nicht bekannt, ob der siegreiche Feldherr in seiner Ansprache auf eine Darlegung der Ereignisse um Samosata verzichtete und ob er sie mit dem – aus seiner Sicht – Höhepunkt des Feldzuges beschloss, der Schilderung seines großen Sieges bei Gindaros. Letzteres erscheint mir eine durchaus plausible Vermutung. Dann aber hätte die Beantwortung der Frage nach dem Urheber des Neidmotivs keinerlei Aussagekraft und für die Beschreibung der Ereignisse bis zum Zeitpunkt der Entscheidung in der Cyrrhestike kämen weiterhin Dellius und Ventidius als Gewährsmänner in Frage.

Ein Detail jedoch, dessen Veröffentlichung durch Ventidius meines Erachtens als sehr unwahrscheinlich zu gelten hat, ist eine taktische Fehleinschätzung, die dem Pakoros während der Schlacht von Gindaros unterlief und die uns von Justin überliefert worden ist: »*Pakoros meinte nun, seine Leute hätten fliehend die römischen Legionen fortgelockt, und griff*

---

[90] Cass. Dio 50,13,8. 23,1–2. Plut. Ant. 59,4. Vell. 2,84,2.
[91] Hirschfeld, S. 781. Bengtson, Antonius, S. 187. Bengtson geht von einer positiven Grundhaltung der Historien des Dellius gegenüber Antonius aus, daher müsse das Werk im Jahre 32 v.Chr. schon vollendet gewesen sein. Bengtson, S. 186, betrachtet Dellius vornehmlich als Quelle für Plutarchs Antoniusbiographie.
[92] Cass. Dio 49,39,2.
[93] Ebenso Pelling, Life of Antony, S. 28. Pelling, Plutarch's Method of Work in the Roman Lives, S. 88, mit Anm. 101. Bürcklein, S. 44ff., ist der Ansicht, das Werk des Dellius müsse mit der Schlacht von Actium geschlossen haben, da Dellius – ersichtlich aus Plut. Ant. 59,4 – selbst über die Gründe seines Übergangs zu Octavian berichtet habe.

das Lager des Ventidius an, gleich als wäre es ohne Verteidiger.«[94] Die ihr im Rahmen des zu erörternden Problems zugesprochene quellenkritische Signifikanz vermag die Formulierung – für sich allein genommen – möglicherweise nicht zu vermitteln, doch die Tatsachen, die sich hinter dieser lapidaren Ausdrucksweise[95] verbergen, dürften eine deutlichere Sprache sprechen. Denn die Rekonstruktion des Schlachtverlaufs, die im Abschnitt V.1.6.2 dargelegt werden wird, wird zeigen, dass der Sieg der Römer unter Ventidius nicht ausschließlich, aber auch auf dem folgenschweren Fehler des Gegners beruhte.[96] Würde ein stolzer römischer Feldherr in einer Rede, die seinen Sieg preisen soll, nicht auf die Erwähnung eines vermeidbaren Fehlers seines Feindes verzichten, dessen Bekanntmachung seinen Ruhm unter Umständen zu schmälern im Stande wäre und sich ausschließlich der Hervorhebung seiner eigenen Leistung widmen?

Wird diese Frage positiv beantwortet[97], so erlaubte dies streng genommen lediglich den Schluss, dass man – da Ventidius als einzige Alternative ausfällt – in Dellius den Autor eines Berichtes über den Kampf des Ventidius mit Pakoros zu sehen hat, der von Trogus als Vorlage benutzt worden ist. Aber diese Darstellung dürfte dann wahrscheinlich nicht nur den gesamten Feldzug des Ventidius behandelt haben, sondern auch von unseren anderen Autoren als Hauptquelle herangezogen worden sein. Ob daneben auch verwertbare Informationen aus der Rede des Ventidius existierten und ob diese Eingang in die Überlieferung fanden, muss dahin gestellt bleiben.

Die Frage nach den Vorlagen der Berichte über die Feldzüge des Ventidius ist letztlich zwar nicht mit absoluter Gewissheit zu beantworten, da man angesichts der Quellenlage gezwungen ist, auf zu viele Vermutungen zurückzugreifen. Es ist nicht ganz auszuschließen, dass die Rede des Ventidius von einem oder mehreren Autoren als Parallelquelle benutzt worden ist, aus der das eine oder andere Detail in die Berichterstattung mit eingeflossen sein könnte. Meines Erachtens deuten die Ergebnisse der vorangegangenen Erörterungen aber dennoch auf Dellius als Ursprungsquelle hin.

---

[94] Iust. 42,4,9.
[95] Die vorliegende Fassung des Justin stellt – nach Trogus – überdies bereits die zweite Bearbeitung des Originals dar.
[96] Vgl. S. 150ff.
[97] Sonnabend, S. 239, ist der Ansicht, dass »Berichte römischer Feldherrn selten frei von einer tendenziösen Färbung waren, daß man im Allgemeinen dazu neigte, den Gegner möglichst gefährlich, die eigenen Taten möglichst positiv darzustellen«.

1.5 Das Datum von Gindaros – Rache für Carrhae?

Unseren Berichterstattern zufolge soll Ventidius die Parther am selben Tage geschlagen haben, an dem Crassus seine Niederlage bei Carrhae erlitten[98] bzw. sein Leben verloren hatte.[99] Der von Ovid genannte Zeitpunkt, der – nach altrömischer Zählung – 9. Juni 53 v. Chr., bezieht sich auf den Tag der Schlacht von Carrhae und nicht auf den Tod des Crassus, der auf einen Zeitraum zwischen dem 12. und 15. Juni zu datieren ist.[100] Gleichwohl dürften unsere Quellen nicht zwischen beiden Ereignissen unterschieden, sondern beide synonym gebraucht haben. Diese Angabe, die von der Forschung sowohl gestützt als auch verworfen wurde[101], dürfte historisch jedoch nicht korrekt, sondern eher einem politischen Zweck dienlich gewesen sein; ihren Ursprung wird man daher in Kreisen vermuten dürfen, die Octavian bzw. Augustus in irgendeiner Form nahe standen.[102] Denn durch die Gleichsetzung beider Daten wird die an anderen Stellen der auf uns gekommenen Überlieferung in Erscheinung tretende Auffassung untermauert, den Römern sei durch die Niederlage der Parther bei Gindaros und den Tod des Pakoros die vollständige Genugtuung für Carrhae widerfahren.[103] Zunächst wendet sich eine solche Interpretation gegen Antonius und seinen Partherzug – wie etwa bei Florus zu sehen ist[104] –; sie vermag aber auch die Partherpolitik des Augustus, dessen friedliche Lösung im Widerspruch zu den von der

---

[98] Cass. Dio 49,21,2. Fest. 18.
[99] Eutr. 7,5. Oros. 6,18,23.
[100] Ov. fast. 6,465. Paul Groebe, Der Schlachttag von Karrhae, Hermes 42 (1907), S. 319ff. Der 9. Juni 53 v. Chr. entspricht, so Groebe, S. 321, dem 6. Mai nach julianischer Zählung.
[101] Bürcklein, S. 37, Anm. 1, hält die Angabe für historisch korrekt. Gundel, RE, Sp. 811, dagegen bezeichnete dies als eine »geschichtsklitternde Synchronisierung, sei es irgendeines Zeitgenossen, sei es der öffentlichen Meinung [...]«. Tarn, CAH, S. 51: »probably an invention [...].« Ebenso Seaver, S. 279. Wylie, S. 137.
[102] So betrachtete bereits K. Regling, Crassus' Partherkrieg, Klio 7 (1907), S. 389, Anm. 1, Livius als Urheber. Pelling, Life of Antony, S. 210: »The suggestive tradition is probably contemporary.« Ähnlich: Reinhold, From Republic to Principate, S. 50.
[103] Flor. 2,19,7. Cass. Dio 49,21,2. Von besonderer Bedeutung für die Römer war dabei die Tatsache – so Dio –, dass sich beide Ereignisse am selben Datum zutrugen. Plut. Ant. 34,2. Zu Val. Max. 6,9,9 vgl. Weileder, S. 110.
[104] Man beachte Flor. 2,19,7: »So glichen wir die Niederlage des Crassus durch die Ermordung des Pakoros wieder aus.« Kurz darauf wird Antonius ein rechter Anlass für seinen Partherkrieg abgesprochen: »Aber er [Antonius] griff [...] weder mit gerechtfertigtem Grund, noch mit planvoller Überlegung [...] die Parther an [...]« (Flor. 2,20,2).

caesarischen Partei selbst geweckten Erwartungen stand[105], zu stützen und dadurch verständlicher zu machen, indem man propagierte, zumindest ein Teil des Versprechens sei bereits erfüllt worden. Da diese Sichtweise auch von Plutarch überliefert wurde[106], der nicht der livianischen Tradition zuzuordnen ist, zeigt sich, dass es der augusteischen Propaganda gelungen war, ihre Sicht der Dinge im allgemeinen Wissen der Zeit zu verankern, das als Quelle für die Chronisten nicht zu vernachlässigen ist.[107]

Es ist grundsätzlich zwar möglich, dass die Schlacht von Gindaros tatsächlich am Jahrestag von Carrhae geschlagen wurde, doch ein solcher Zufall wäre recht unwahrscheinlich.[108] Beide Ereignisse dürften allerdings in etwa im selben Zeitraum stattgefunden haben – Anfang Mai julianisch -, denn dies ergibt sich einerseits aus der Chronologie[109], andererseits ist eine zeitnahe Wiederkehr des Jahrestages in der Realität die Voraussetzung für die Entstehung – oder Erfindung? – einer glaubhaften Legende.[110]

Strugnell hat die Ansicht vertreten, dass man erst nach dem Tode von Gaius und Lucius Caesar und dem Wiederaufleben von Problemen an der Nordgrenze des Imperiums sowie der darauf folgenden Abkehr von Plänen »for Eastern conquest« Gindaros als Wiedergutmachung für Carrhae betrachtet habe.[111] Die Autorin begründet dies mit dem Schweigen der augusteischen Literatur über die Erfolge des Ventidius. Einzige Ausnahme sei Livius, der aber Ventidius' Triumph, wie die Pe-

---

[105] Timpe, Die Bedeutung der Schlacht von Carrhae, S. 128.
[106] Plut. Ant. 34,2. Ähnlich auch Tac. Germ. 37.
[107] Zu Plutarchs nicht schriftlichen Quellen, vgl. Pelling, Life of Antony, S. 29. Anders als die Verwendung des Neidmotivs – vgl. S. 136f./S. 159ff. – entstammt Plutarchs Deutung des Sieges von Gindaros als Revanche für Carrhae dem Allgemeinwissen der Zeit. Hierzu, in Bezug auf Valerius Maximus, vgl. Weileder, S. 12.
[108] Vgl. Gundel, RE, Sp. 811. Die Möglichkeit einer bewussten Entscheidung, die Schlacht am Jahrestag von Carrhae zu schlagen – aus Gründen der Motivation der Soldaten etwa – ist kaum gegeben, denn die notwendige Eile bei der Sammlung seiner Legionen, die nur zwei Tage vor der Ankunft der Parther beendet worden war, ließen ihm keinen Spielraum (Frontin. 1,1,6).
[109] Sherwin-White, S. 316, schätzt, mit Bezug auf Cic. Att. 5,21,14, dass die Pässe des Taurus Ende April schneefrei wurden. Die vierzigtägige Verzögerung des parthischen Aufmarsches durch die List des Römers miteinberechnet (Frontin. 1,1,6), wäre Ventidius der Bedrohung der Parther Ende März gewahr geworden. Eine plausible Annahme, da auch die restlichen Ereignisse des Jahres sich gut einpassen lassen würden. Vgl. auch Bürcklein, S. 37f.
[110] Vgl. S. 50, Anm. 30.
[111] Emma Strugnell, Ventidius' parthian war: Rome's forgotten eastern triumph, Acta antiqua 46 (2006), S. 252.

riochae nahe legten, übergangen und die Ereignisse mehr im Kontext des Bürgerkrieges betrachtet habe.[112]

Hierzu ist anzumerken, dass sich auch Livius die zur Debatte stehende Interpretation zueigen gemacht haben dürfte, da sie uns auch bei Florus begegnet.[113] Der mutmaßliche Zeitpunkt der Niederschrift bzw. der Veröffentlichung der entsprechenden Passagen bei Livius[114] lässt sich mit der von Strugnell vorgeschlagenen Chronologie zwar vereinbaren. Auf die endgültige Abkehr von einer expansiven Politik gegen das Partherreich hatte sich Augustus aber bereits im Jahre 20 v. Chr. festgelegt[115] und wahrscheinlich wird der Sieg bei Gindaros ab diesem Zeitpunkt seine Interpretation als Wiedergutmachung für Carrhae erfahren haben. In der Auseinandersetzung mit Phraates V. im Jahre 1 n. Chr. ging es im Wesentlichen um die Durchsetzung römischer Interessen in der Armenienfrage, nicht um die Wiederaufnahme alter Expansionsbestrebungen.[116]

Die mehrfach wiederkehrende Angabe, Ventidius habe die Parther in drei Schlachten besiegt[117], beruhte ursprünglich wohl auf der Beobachtung, dass drei der gegnerischen Heerführer im Verlaufe der Kampagne den Tod gefunden hatten. Dieses Motiv, das nach Plutarch zuerst bei Gellius, dann bei Eutropius[118] wieder zu finden ist, dürfte einerseits von den es verwendenden Autoren benutzt worden sein, um bei der Kürze ihres Berichts die wichtigsten Fakten übermitteln zu können, eine Intention, die möglicherweise bereits der Darstellung des Plutarch zugrunde lag.[119] Andererseits ist es denkbar, dass sich der Gegen-

---

[112] Strugnell, S. 248ff.
[113] Vgl. S. 129, Anm. 57 und S. 140, Anm. 104.
[114] Vgl. Martin Schanz, Carl Hosius, Geschichte der römischen Literatur bis zum Gesetzgebungswerk des Justinian, Teil zwei: Die römische Literatur in der Zeit der Monarchie bis auf Hadrian, unveränderter Nachdruck der 1935 ersch. vierten neubearb. Aufl., München 1967, § 322.
[115] Dahlheim, Die Antike, S. 485f.: Augustus erhielt mit dem Verzicht auf die Eroberung Parthiens den »nötigen Handlungsspielraum« zur Eroberung Mittel- und Nordeuropas.
[116] So auch Sonnabend, S. 223. Zur Partherpolitik des Augustus vgl. Karl-Heinz Ziegler, Die Beziehungen zwischen Rom und dem Partherreich, Wiesbaden 1964, S. 45–57. Strugnell, S. 251, betrachtet die Rückgewinnung der Feldzeichen des Crassus als »temporary measure« und stützt sich dabei auf Ov. ars 1,179–181.
[117] Plut. Ant. 34,2. Oros. 6,18,23. Eutr. 7,5. Gell. 15,4,4.
[118] Vgl. Manuwald, S. 221.
[119] Auf die Möglichkeit eines Epitomators, Sätze einzufügen, »um bei der Knappheit der Darstellung nicht unklar zu werden«, wies bereits Gustav Reinhold hin: Das Geschichtswerk des Livius als Quelle späterer Historiker, Progr. Berlin Luisen-

stand – möglicherweise aufgrund der einprägsamen Dreizahl – irgendwann verselbständigt hat und zu einer Form von nicht hinterfragtem Allgemeinwissen wurde, vergleichbar der Gleichsetzung des Datums der Schlacht von Gindaros mit der von Carrhae.

Exkurs: Die parthische Armee

Trotz der eher spärlich gesäten Angaben unserer Quellen sind der Aufbau, die Ausrüstung, die taktische Ausrichtung und die Kampfesweise der parthischen Armee in Grundzügen bekannt, die hier kurz wiedergegeben werden sollen.[120] Dieser Exkurs ist notwendig, da – wie zu sehen war – die Quellenforschung alleine nicht in der Lage ist, die an unsere Überlieferung gestellten Fragen zu beantworten. Ohne die nachfolgend präsentierten Erkenntnisse ist eine sinnvolle Quelleninterpretation nicht möglich.

Das parthische Heer bestand aus zwei Hauptwaffengattungen, der leichten und der schweren Reiterei, Fußtruppen hingegen wurden nur in Ausnahmefällen eingesetzt.[121] Ross und Reiter der schweren Kavallerie waren durch einen Schuppenpanzer geschützt und mit einer Lanze bewaffnet, einige der Kämpfer waren zusätzlich mit einem Bogen ausgerüstet.[122] Nach dem Ende des Hellenismus scheint sich

---

städt. Gymn. 1898. Beil. (63), Berlin 1898, S. 19. Bei Plutarch trägt dies allerdings eher dazu bei, die Darstellung missverständlich werden zu lassen.

[120] Josef Wiesehöfer, Das antike Persien. Von 550 v. Chr. bis 650 n. Chr, Zürich 1993, S. 202ff. Verwertbare Zeugnisse sind neben den literarischen Quellen »archäologische Funde von Waffen und Ausrüstungsgegenständen [und] Abbildungen parthischer Krieger auf Reliefs und Graffiti«. J. C. Coulston, Roman, Parthian and Sassanid tactical developments, in: Philip Freeman, David Kennedy (Hg.), The Defence of the Roman and Byzantine East. Proceedings of a colloquium held at the University of Sheffield in April 1986, Bd. 1, Oxford 1986, S. 59–75. Eine Aufstellung zahlreicher Quellenstellen zur Kampftaktik der Parther und Sasaniden findet sich bei Alice Landskron, Parther und Sasaniden. Das Bild der Orientalen in der römischen Kaiserzeit, Wien 2005, S. 187ff.

[121] Klaus Schippmann, Grundzüge der parthischen Geschichte, Darmstadt 1980, S. 94: Die Aufbietung von 20000 Fußsoldaten gegen die Alanen durch Vologaises III. 136 n. Chr. ist ein seltenes Gegenbeispiel.

[122] Malcolm Colledge, The Parthians, London 1967, S. 65. Die Panzerreiter bei Tigranocerta 69 v. Chr. scheinen nur mit einer Lanze bewaffnet gewesen zu sein (Plut. Luc. 28,3), zumindest in der Spätantike führten einige zusätzlich einen Bogen mit sich, vgl. Marcus Junkelmann, Die Reiter Roms, Bd. 2: Reitweise und militärischer Einsatz, Mainz 1991, S. 82. Auf die Frage nach der Unterscheidung zwischen cataphractarii und clibanarii wird hier nicht eingegangen werden. Vgl. hierzu: Michael P. Speidel, Catafractarii, Clibanarii and the Rise of the Later Roman Mailed Cavalry, in: ders., Roman Army Studies 2, Stuttgart 1992, S. 406–413.

der zweihändige Gebrauch der Lanze im Gefecht durchgesetzt zu haben.[123] Die Aufgabe dieser als Kataphrakten bezeichneten Reiter – ihre Herkunft aus Zentralasien gilt als wahrscheinlich[124]- war es, durch einen Schockangriff einen Einbruch in die gegnerischen Linien zu erzielen. Richtete sich der Angriff gegen eine geschlossene Formation von Fußsoldaten, so war der Impetus jedoch weniger physischer, denn moralischer Natur: die im vollen Galopp heranstürmende, lanzengespickte Reitermasse sollte bei ihren Gegnern Panik auslösen und sie in die Flucht treiben, bevor es zu einer Berührung der Kontrahenten kam.[125] Denn Pferde verweigern in der Regel die Kollision mit einem festen Gegenstand, als solcher eine eng stehende, tief gestaffelte Infanterieformation erscheint.[126] Gelingt es dieser jedoch, den normalen menschlichen Fluchtreflex zu unterdrücken und ihre Position zu halten, wird der Zusammenstoß mit der angreifenden Kavallerie und ihr Einbruch in die Linie der Fußtruppen durch die Weigerung der Tiere normalerweise verhindert. Darüber hinaus besteht die Möglichkeit, eine Reiterattacke durch den massierten Einsatz von Wurfgeschossen bereits vorher zu stoppen. Von den ersten Begegnungen mit Panzerreiterformationen zeigte sich die römische Armee daher nicht sonderlich beeindruckt[127], selbst bei Carrhae gelang den Parthern zunächst nicht der Einbruch in die diszipliniert stehenden Legionen.[128] Weitere Zeugnisse aus der Antike – das bekannteste ist vielleicht Arrians Schlachtordnung gegen

---

[123] Vgl. Coulston, Roman, Parthian and Sassanid tactical developments, S. 65: »All Hellenistic period depictions of lances show them being held in one hand […]. All post-Hellenistic representations of lances used in combat show them being carried in two hands.« Großflächige Abbildungen finden sich in Roman Girshman, Iran: Parther und Sasaniden, München 1962, Abb. 63, S. 50, Abb. 163–166, S.125ff.

[124] Berthold Rubin, Die Entstehung der Kataphraktenreiterei im Lichte der chorezmischen Ausgrabungen, Historia 4 (1955), S. 264–283.

[125] Adrian Goldsworthy, The Roman Army at War. 100 BC-AD 200, Oxford 1996, S. 230f.

[126] Goldsworthy, S. 230f. Coulston, Roman, Parthian and Sassanid tactical developments S. 68. Junkelmann, Die Reiter Roms, Bd. 2, S. 129. John Keegan, Das Antlitz des Krieges. Die Schlachten von Azincourt 1415, Waterloo 1815 und an der Somme 1916, Frankfurt und New York 1991, S. 109.

[127] John Eadie, The Development of the Roman Mailed Cavalry, JRS 57 (1967), S. 163f. Die Schlachten von Magnesia 190 v.Chr. (Liv. 37,42. 43) und Tigranocerta 69 v.Chr. (Plut. Luc. 26,6. 28,1–7).

[128] Plut. Crass. 24,3

die mit Kontoi bewaffneten Reiter der Alanen[129] -, dem Mittelalter[130] und der Neuzeit sowie moderne Versuche[131] stützen diese Sichtweise.

Entscheidend für einen Erfolg eines parthischen Angriffs war daher das Zusammenspiel mit der zweiten Waffengattung, den leichten berittenen Bogenschützen. Deren Aufgabe war es, der Infanterie mit einem ständigen Pfeilhagel Verluste beizubringen, deren Reihen in Unordnung zu bringen, sie zu demoralisieren und durch wiederholte Angriffe mit anschließendem schnellen Rückzug – hierbei kam der berühmte rückwärtsgerichtete sog. parthische Schuss zur Anwendung[132] – einzelne Abteilungen zu Gegenangriffen zu provozieren, die dann isoliert vom Hauptverband ein leichtes Ziel für die Panzerreiter wurden.[133] Die Effizienz der berittenen Bogenschützen lag auch in der Möglichkeit, sich einer endgültigen Niederlage durch schnelle Flucht zu entziehen, falls eine Attacke auf unerwartet heftige Gegenwehr stieß, oder sie selbst Ziel eines Angriffes wurden.[134] Diese Kampfesweise verlangte allerdings sowohl ein der Reiterei günstiges, flaches Gelände als auch die Vermeidung des Nahkampfes.[135] Die Anwendung dieser Taktik, einschließlich der vorgetäuschten Flucht, die ein beliebtes Manöver nicht

---

[129] Arr. Ektaxis 15–17. Arrian staffelte seine Legionen acht Reihen tief, die ersten vier mit Speeren ausgerüstet. Tac. hist. 4,33,2. Procop. 1,18,45–49: Die Perser ritten in der Schlacht von Callinicum gegen die römische Infanterie an, »um sie in Panik zu versetzen und die Front zu zerbrechen, mussten aber ohne Erfolg umkehren; denn das Getöse der Schilde machte ihre Pferde scheu, so daß sie sich aufbäumten und samt den Reitern in ein wildes Durcheinander gerieten«.

[130] Keegan, S. 109, über den Angriff der französischen Ritter bei Azincourt 1415.

[131] Junkelmann, Die Reiter Roms, Bd. 2, S. 129.

[132] Plut. Crass. 24,6. Herodian. 3,4,8. Xen. an. 3,3,10: Die persischen Reiter wandten den rückwärtsgerichteten Schuss bereits gegen die Zehntausend an.

[133] J. C. Coulston, Roman archery equipment, in: M. C. Bishop (Hg.), The Production and Distribution of Roman Military Equipment. Proceedings of the Second Roman Military Equipment Research Seminar, S. 220–366, Oxford 1985, S. 293f. Coulston, Roman, Parthian and Sassanid tactical developments, S. 68. Plut. Crass. 27,1–2. Tac. ann. 6,35,1: »Der Parther, an Verfolgung und Flucht mit gleicher Geschicklichkeit gewöhnt, zog seine Scharen auseinander und suchte Raum für die Geschosse zu gewinnen.«

[134] Plut. Ant. 39,5: Nach der Verfolgung einer geschlagenen parthischen Abteilung herrschte »Ratlosigkeit und Niedergeschlagenheit« im römischen Heer, da »man bei der Überschau nur dreißig Gefangene und achtzig gefallene Feinde feststellte«. Amm. Marc. 25,1,18.

[135] Coulston, Roman, Parthian and Sassanid tactical developments, S. 68. Plut. Crass. 24,6. Iust. 41,2,7–10. Herodian. 4,15,2–3. Gelände: Plut. Ant. 41,1–2. Herodian. 6,5,6 zum Feldzug des Alexander Severus gegen die Perser: »[…] die Reiterei der Barbaren aber wurde durch die schroffen Berge sowohl vom Galopp abgehalten wie auch am raschen Vorstoß und Rückzug gehindert.«

nur bei den Parthern und ihrer leichten Reiterei war[136], war eines der entscheidenden Momente, das zu der Niederlage von Carrhae führte.[137] Goldsworthy merkte allerdings an, dass dies nur möglich gewesen sei, da Crassus eine unausgewogene Armee befehligte, der es an ausreichend Kavallerie und Fernwaffen gemangelt habe.[138]

Man wird daher die berittenen Bogenschützen als die möglicherweise entscheidende der beiden Hauptwaffengattungen des parthischen Heeres bezeichnen dürfen, was seine Ursache aber auch darin hat, dass die – wesentlich leichter auszurüstenden – Bogenschützen weitaus zahlreicher vertreten waren als die Panzerreiter.[139] Die Handhabung des Bogens wurde von Kindheit an erlernt und zudem von den Römern als typisch für das Volk der Parther angesehen.[140]

Die Parther benutzten den reflexen Kompositbogen[141], dessen Effektivität – wie in modernen Versuchen nachgewiesen werden konnte – auf der Verbindung von hoher Abschussgeschwindigkeit mit geringem Zuggewicht und handhabbarer Größe beruhte; letzterer Aspekt war entscheidend für den Gebrauch zu Pferde.[142] Ein gezielter Schuss war mit diesen Waffen auf etwa 50 bis 70 Meter abzugeben, die effektive Reichweite der in großer Anzahl zu Zermürbungszwecken auf ein großflächiges Ziel abgeschossenen Pfeile dagegen ist nicht eindeutig zu beziffern, sie mag zwischen 170 und 230 Meter gelegen haben, mögli-

---

[136] Coulston, Roman archery equipment, S. 293.

[137] Coulston, Roman archery equipment, S. 294. Rubin, S. 273f.: »Bei Karrhai wird die vernichtende Wirkung einer den Bogen meisternden Reitertruppe offensichtlich.« Plut. Crass. 25 über den Tod des Publius Crassus. Ausschlaggebend war wohl auch die von Surenas organisierte dauerhafte Belieferung der Bogenschützen mit Pfeilen (Plut. Crass. 27,1–2).

[138] Goldsworthy, S 67, ist der Ansicht, man habe in der Forschung die Effektivität der parthischen Armee überschätzt. Eadie, S. 164, verweist auf taktische Fehler der Römer in Carrhae.

[139] Schippmann, S. 94.

[140] Iust. 41,2,5. Amm. Marc. 25,1,13. Rolf Michael Schneider, Die Faszination des Feindes, in: Josef Wiesehöfer (Hg.), Das Partherreich und seine Zeugnisse: Beiträge des internationalen Colloquiums, Eutin (27. – 30. Juni 1996), Stuttgart 1998, S. 98. Vgl. aber Landskron, S. 129: »An keinem einzigen Denkmal der römischen Kunst wird ein Parther als Bogenschütze dargestellt, ein krasser Gegensatz zu den schriftlichen Überlieferungen.«

[141] Wallace McLeod, The Range of the ancient bow, Phoenix 19 (1965), S. 2f.

[142] C. A. Bergmann, E. McEwan, R. Miller, Experimental Archery: projectile velocities and comparison of bow performance, Antiquity 62 (1988) S. 658–670. Über Herstellung der Bögen, Abschusstechnik, Durchschlagskraft der Pfeile, vgl. Marcus Junkelmann, Die Reiter Roms, Bd. 3: Zubehör, Reitweise, Bewaffnung, Mainz 1992, S. 149–173.

cherweise auch etwas darüber.¹⁴³ Extreme Reichweiten waren nur in Ausnahmefällen zu erzielen.¹⁴⁴

Vor dem Versuch, aus den Überlegungen zur Überlieferung und den Erkenntnissen der Forschung über die Kampftaktik des parthischen Heeres Schlüsse auf die Vorgehensweise der Römer und ihres Befehlshabers während der Feldzüge zu ziehen, soll eine Bemerkung vorangestellt werden: Die relative Kürze des überlieferten Materials und die gerade auch bei Kampfschilderungen bestehende Möglichkeit der literarischen Verzerrung lässt es nicht zu, die taktische Vorgehensweise und den Ablauf der Gefechte exakt und im Detail zu rekonstruieren.¹⁴⁵ Mit Hilfe des Versuchs, die herausgearbeiteten und als entscheidend betrachteten Aspekte in eine plausible Anordnung zu bringen, ist es lediglich möglich, eine grobe Skizze des Verlaufs in mehr allgemein gehaltenen Formulierungen zu zeichnen. Eine Darstellung, was etwa das »Ausschalten der Bogenschützen« für diese tatsächlich bedeutete – eine Form der Militärgeschichtsschreibung, die von Keegan eindrucksvoll am Beispiel anderer kriegerischer Auseinandersetzungen praktiziert wurde – kann demzufolge hier nur in Ansätzen – und anhand anderer taktischer Maßnahmen – geleistet werden, so dass man sich zumeist auf Formulierungen wie der erwähnten zu beschränken hat.¹⁴⁶ Angesichts der zuvor dargelegten Quellenlage ist die Rekonstruktion der Kämpfe natürlich nur als Vorschlag zu verstehen.

1.6 Der Verlauf der Kämpfe
1.6.1 Jahr Eins (39 v. Chr.)

Verbindet man die Angaben, die die Quellen – Dio und Frontin¹⁴⁷ – über das Treffen am Taurus liefern mit den Erkenntnissen über die aufeinander treffenden Kampfesweisen, so ergibt sich folgendes Bild: Die Parther ließen sich aufgrund ihrer vorangegangenen Erfolge und in Erwartung

---

[143] McLeod, S. 8. S. 13. Coulston, Roman archery equipment, S 290. A. D. H. Bivar, Cavalry tactics and equipment on the the Euphrates frontier, Dumbarton Oaks Papers 26 (1972), S. 283, gibt 250 yards (etwa 229m) an. Junkelmann, Die Reiter Roms, Bd. 3, S. 170ff.: Mit einem rekonstruierten sassanidischen Bogen wurde ein 50g schwerer Pfeil bei einem Abschusswinkel von 40° 188 Meter weit geschossen. Veg. mil. 2,23,7: Römische Bogenschützen übten an 600 Fuß (etwa 175m) weit entfernten Zielen.
[144] McLeod, S. 8. S. 13.
[145] Vgl. Philip Sabin, The Face of the Roman Battle, JRS 90 (2000), S. 3.
[146] Keegan, Das Antlitz des Krieges. Vgl. das einführende Kapitel über Militärgeschichte, S. 11–88.
[147] Cass. Dio 48,40,1–3. Frontin. 2,5,36.

eines sicher geglaubten Sieges von Ventidius zu einem übereilten Frontalangriff gegen die Legionen verführen, ohne diesen durch die bei Carrhae betriebene Zermürbungstaktik angemessen vorbereitet zu haben. Dabei kam den Römern das hügelige oder bergige Gelände zu Gute, das die parthische Kavallerie bei der Entfaltung ihrer auf Desorganisation, Demoralisierung und Zerstreuung der gegnerischen Infanterie ausgelegten Taktik behinderte.[148] Möglicherweise veranlasste die Vergegenwärtigung des Geländeprofils im Verein mit der Überschätzung der eigenen Kräfte die Parther zu dem Entschluss, von vornherein auf diese Vorgehensweise zu verzichten. Aber auch der Angriff der Kataphrakten wurde durch das ansteigende Gelände offensichtlich erschwert.[149] Auf weitere Einzelheiten, wie man sich die Abwehr der Panzerreiter vorzustellen hat, wird bei der Behandlung der Schlacht von Gindaros einzugehen sein, die hierin den Kämpfen am Taurus wohl tatsächlich vergleichbar war.[150]

Der Respekt, den die Römer nach Dio der gegnerischen Reiterei zollten, wird echt gewesen sein, denn sonst hätte es der taktisch klugen Vorgehensweise nicht bedurft, gleichzeitig aber war das bewusste Zurückhalten der eigenen Truppen – so Frontin – ein Grundstein des Erfolges[151]; der Fehler der Parther, sich unter Missachtung ihrer eigenen taktischen Vorgaben auf einen Kampf in ungünstigem Gelände einzulassen, war der zweite – wahrscheinlich sogar der entscheidende. Zu Recht hat Sherwin-White darauf hingewiesen, dass die Parther, ähnlich den Galliern im Kampf gegen Caesar, gezwungen waren, den Kampf zu Bedingungen anzunehmen, die ihnen von ihrem Gegner aufgezwungen worden waren.[152]

Die bei Dio beschriebene Auseinandersetzung mit Phranapates wird aus geographischen Gründen zeitlich vor der von Frontin berichteten anzusetzen sein, da nach der Rückeroberung Kilikiens der Übergang über den Pass des Amanos nach Syrien der nahe liegende Schritt war und Zweifel an Dios Chronologie daher nicht angebracht erscheinen.[153] Die römischen Reiter, die unter Pompaedius Silo als Vorhut zu dem Pass gesandt worden waren, gerieten in Gefahr von der dort anwesenden par-

---

[148] Herodian. 6,5,6.
[149] Wylie, S. 136ff., zur Schlacht am Taurus: Die Kataphrakten, »could not maintain a full gallop up a steep incline«.
[150] Vgl. S. 150ff.
[151] Cass. Dio 48,40,1. Frontin. 2,5,36.
[152] Sherwin-White, S. 305.
[153] Cass. Dio 48,41,1–4. Zur Geographie vgl. Barrington Atlas of the Greek and Roman World, hrsg. v. Richard J. A. Talbert, Princeton and Oxford 2000, Karten 66 und 67.

thischen Kavallerie vernichtet zu werden, da diese aufgrund ihrer Panzerung und ihrer Ausrüstung mit Bogen und Lanze ihren römischen Kontrahenten überlegen war.[154] Ausschlaggebend für den römischen Sieg nach dem Eintreffen des Ventidius und seiner Schwerbewaffneten war wahrscheinlich – neben deren zahlenmäßiger Überlegenheit – das überraschende Erscheinen der Legionäre, das sie in die Lage versetzte, direkt in das Handgemenge der beiden gegnerischen Reiterabteilungen einzugreifen und so die parthischen Reiter in einen Nahkampf zu verwickeln, in dem diese unterlegen waren – umso mehr, da sie weder imstande gewesen waren, ihre Bogenschützen massiert einzusetzen, noch einen Angriff aus vollem Galopp heraus zu unternehmen.[155]

Der Tod des Phranapates ist daher für das zweite, bei Frontin geschilderte Gefecht anzunehmen.[156] Die hierbei von Ventidius angewandte Taktik ähnelt interessanterweise derjenigen, die Caesar gegen die überlegene Reiterei des Pompeius bei Pharsalos entwickelt hatte, die seinen rechten Flügel zu umgehen und seinen Legionen in den Rücken zu fallen drohte.[157] Gleich Caesars Kavallerie, die vor den heranpreschenden Pompeianern zurückwich, um sie auf diese Weise vor die Front der sechs Kohorten zu lenken, die hinter Caesars rechtem Flügel postiert waren, täuschten die Reiter des Ventidius[158] eine Flucht vor, deren Zweck es war, die nachfolgenden Parther vor den Ausgang eines Tals zu locken, aus dessen Deckung die römische Infanterie schließlich hervorstürmte und den parthischen Reitern in die Flanke fiel. Die verbliebenen Kavallerieeinheiten des Ventidius, die in dem Tal ausdrücklich hinter den Fußtruppen postiert wurden, werden schließlich durch ihr Erscheinen die Niederlage der Parther besiegelt haben, entsprechend dem Gegenangriff der Reiter Caesars, die gewendet hatten und zurückgekehrt waren, um den Erfolg der Caesarianer auf dem rechten Flügel zu vollenden.[159] Ob sich Ventidius diese Maßnahme, die die Schlacht von Pharsalos letztlich entschieden hatte[160], bei Caesar

---

[154] Zur römischen Kavallerie vgl. Junkelmann, Die Reiter Roms Bd. 1–3, bes. Bd. 3, Kap. 2: Die Ausrüstung des römischen Kavalleristen, S. 121–216.
[155] Iust. 41,2,7. Herodian. 4,15,2–3.
[156] Frontin. 2,5,37.
[157] Caes. civ. 3,89,4–5. 3,93,3–8.
[158] Dieses Manöver kann – auch wenn diese nicht ausdrücklich erwähnt wird – nur von der Reiterei durchgeführt worden sein, da flüchtende Infanterie von der parthischen Kavallerie sofort eingeholt worden wäre, bevor sie die Lockfunktion erfüllt hätte.
[159] Vgl. Junkelmann, Die Reiter Roms, Bd. 2, S. 126f.
[160] Dahlheim, Caesar, S. 166.

abgeschaut hatte, und ob man dies möglicherweise sogar als Hinweis auf seine Anwesenheit in der Entscheidungsschlacht gegen Pompeius werten könnte, muss jedoch spekulativ bleiben. Denn in Pharsalos war das Kampfgeschehen, in das auch andere Truppenteile an anderen Schauplätzen verwickelt waren, offensichtlich komplexer und derartige Manöver gehörten letztlich zum Repertoire vieler Feldherren.[161] Ganz auszuschließen ist es jedoch nicht.

Ungeklärt muss allerdings bleiben, ob sich dies auf oder zumindest in der Nähe des Hügels Trapezon ereignete, der nach Strabo Ort der Auseinandersetzung des Ventidius mit Phranikates war.[162] Das bei Frontin angedeutete Gelände – ein dunkles Seitental – ist nicht ohne weiteres mit einem Kampf auf einem Hügel in Verbindung zu bringen, ein Geländemerkmal, das damit zum dritten Mal Schauplatz eines Kampfes gewesen sein soll. Möglicherweise ist die Information bei Strabo nicht ganz korrekt oder es gab sogar ein drittes Gefecht mit Phranapates, da der Geograph den Tod des Parthers nicht erwähnt.[163] Die letzten beiden beschriebenen Gefechte sind in ihrem Ausmaß sicherlich nicht mit der Schlacht am Taurus und der Entscheidungsschlacht von Gindaros vergleichbar. Die Bewachung des Passes über den Amanos wurde nur von einem Teil des parthischen Heeres übernommen; gleichermaßen musste Ventidius seine Armee spätestens nach dem Übergang über den Amanos ebenfalls aufgeteilt haben, da er zum Zeitpunkt des zweiten Gefechtes mit Phranapates nur über 18 Kohorten verfügte.[164]

1.6.2 Jahr Zwei (38 v. Chr.) – Gindaros

Nach den obigen Ausführungen über die parthische Taktik ist es offensichtlich, dass der Abwehr der gefährlichen Bogenschützen bei der Schlacht von Gindaros höchste Priorität zukam, denn Pakoros wird nach den Niederlagen des Vorjahres bestrebt gewesen sein, die Stärken seiner Armee voll zur Geltung zu bringen. Wie aber hat man sich die bei Frontin und Florus erwähnte Vorgehensweise gegen *berittene* Bogenschützen vorzustellen, deren Stärke gerade darin lag, sich nach

---

[161] Cassius lockte das parthische Heer 51 v. Chr. ebenfalls mit der Reiterei in einen Hinterhalt, in dem es von der römischen Infanterie besiegt wurde (Frontin. 2,5,35.).
[162] Strab. 16,2,8. So etwa Sherwin-White, S. 304.
[163] Debevoise, S. 116, Anm. 86, zieht sogar die Möglichkeit in Betracht, dass sich die Angaben Frontins auf einen anderen Offizier beziehen (vgl. auch Anm. 87: »The ›tablelike‹ hill in Strabo xvi. 2.8 may have been a tell.«).
[164] Frontin. 2,5,37.

einem erfolgten Angriff fluchtartig zurückzuziehen, um so den Gegner zur Auflösung seiner Linie zu veranlassen? Aus dem Bericht des Justin geht klar hervor, dass sich die Parther dieser taktischen Maßnahme, die – wie gezeigt – ein wichtiges Element ihrer Kampfweise darstellte, auch hier zu bedienen gedachten, denn die Auffassung zu der Pakoros gelangte, die echte Flucht eines Teils seines Heeres fälschlicherweise als Bestandteil des beschriebenen Täuschungsmanövers zu interpretieren, bestätigt dies.[165] Man hat den nur bei Justin als ersten Angriff von zwei gekennzeichneten somit als Angriff einer Formation aufzufassen, die hauptsächlich aus berittenen Bogenschützen bestand und deren Aufgabe es war, Abteilungen des römischen Heeres aus der Linie herauszulösen.[166]

Übereinstimmend berichten unsere Quellen von der wiederum geübten Zurückhaltung der Römer am Beginn des Kampfes, die den Gegner in Sicherheit wiegen und ihn zur Annäherung veranlassen sollte.[167] Gleichwohl es Beispiele für ein schnelles Vorrücken von Fußtruppen gibt[168], kann der schließlich überraschend durchgeführte, schnelle Vorstoß gegen die parthischen Truppen zunächst nur von der Kavallerie unternommen worden sein, denn der Infanterie hätten sich die Parther dank ihrer Schnelligkeit entzogen. Ventidius wird bei der Vorbereitung des Feldzuges für ein großes Kontingent an Reiterei gesorgt haben[169], und vielleicht orientierte er sich damit wiederum an Caesar, der sich der Bedeutung dieser Waffengattung stets bewusst war.[170] Antonius unternahm zwei Jahre später während seiner eigenen Kampagne ein vergleichbares Manöver, zeigte sich dabei jedoch außerstande, die Parther an der Flucht zu hindern, bevor die Fußtruppen sie in einen Nahkampf verwickeln konnten.[171] Weshalb Ventidius diese Aufgabe im Gegensatz

---

[165] Iust. 42,4,9. Vgl S. 122.

[166] Iust. 42,4,8–10.

[167] Frontin. 2,2,5 und Flor. 2,19,6 beziehen sich somit auf den ersten der von Justin angeführten Angriffe der Parther (Iust. 42,4,8–9). Cass. Dio 49,20,1 beschreibt den zweiten Ansturm.

[168] Hdt. 6,112: Die athenischen Hopliten bei Marathon. Amm. Marc. 25,1,17.

[169] Nach Ios. bell. Iud. 1,17,9,346 (ant. Iud. 14,16,1,469) befanden sich *nach* der Übergabe an Sosius 6000 Reiter beim Heer. Vgl. Goldsworthy, S. 67: Einer parthischen Armee müsse man mit einem ausgewogenem Heer begegnen, das »highquality cavalry and missile armed troops« mit sich führe.

[170] Caes. Gall. 7,65,4–5. Bell. Afr. 6,2–3. Caes. civ. 1,55. 59. 61,2.

[171] Plut. Ant. 39,3–5: Auch hier attackierte die römische Kavallerie die parthischen Reiter und erreichte sie so schnell, dass der Gegner von den Pfeilen keinen Gebrauch machen konnte.

zu dem Triumvirn meisterte, ist nicht eindeutig zu klären, da sich die Quellen darüber ausschweigen. Zum einen besteht die Möglichkeit, das Gelingen seiner Maßnahme auf die Beschaffenheit des Geländes zurückzuführen, da Herodian berichtet, eine bergige Landschaft behindere nicht nur den raschen Vorstoß, sondern auch den Rückzug der Reiterei.[172] Somit würde Dios Nachricht über die Topographie bei Gindaros eine erste indirekte Bestätigung erhalten.

Zum anderen – und das schließt das Vorhergehende nicht aus -, war das zweite entscheidende Strategem der Römer bei Gindaros unter Umständen ein gleichzeitig mit dem Vorrücken der Kavallerie stattfindender Einsatz der eigenen Fernwaffen – Bogenschützen und Schleuderer – gegen die berittenen Bogenschützen, um diese in Unordnung zu versetzen und an einem kontrollierten Rückzug zu hindern, bis die römischen Reiter sie erreichten. Auch wenn lediglich die Aufbietung der Schleuderer und dies auch nur gegen die Panzerreiter in den Quellen verbürgt ist[173], erscheint diese Annahme plausibel, denn jene waren in der Lage ihre Bleigeschosse weiter zu schleudern als die Bogenschützen ihre Pfeile zu schießen vermochten.[174] Diese Tatsache wird durch antike Zeugen bestätigt und auch durch moderne Untersuchungen nicht widerlegt.[175] Die dargelegten Erkenntnisse über die Reichweite der Bogenschützen führen allerdings zu dem Schluss, dass die 500 *passus* – runde 750 Meter(!)-, die die Römer ihre Gegner – Frontin zufolge[176]- herankommen ließen bevor sie angriffen, offenbar zu hoch gegriffen sind, denn auch die Schleuderer konnten diese Entfernung wohl nicht überbrücken.[177]

Es muss der Kavallerie in Kooperation mit den Schleuderern und den Bogenschützen – denn auch diese waren mit Sicherheit Bestandteil des römischen Heeres – gelungen sein, den Gegner so lange an der Flucht zu hindern, bis auch die Infanterie nachgerückt war. Gemeinsam wa-

---

[172] Herodian. 6,5,6.
[173] Cass. Dio 49,20,2.
[174] Zudem vermag auch ein Bogenschütze zu Fuß weiter zu schießen, als ein berittener. Vgl. Goldsworthy, S. 67.
[175] Xen. an. 3,3,15–18. 4,16. Cass. Dio 49,26,2. Vgl. Manfred Korfmann, Schleuder und Bogen in Südwestasien. Von den frühesten Belegen bis zum Beginn der historischen Stadtstaaten, Bonn 1972, S. 17f. Eine Einführung in die Schleuderwaffe bietet Korfmann auf den Seiten 4–20. Vgl. Dietwulf Baatz, Schleudergeschosse aus Blei – eine waffentechnische Untersuchung, in: ders., Bauten und Katapulte des römischen Heeres, Stuttgart 1994, S. 294–302. Über die Übung mit Bleigeschossen im römischen Heer: Veg. mil. 1,17.
[176] Frontin. 2,2,5.
[177] Vgl. S. 146f.

ren sie gewiss imstande gewesen, den berittenen parthischen Bogenschützen eine so gravierende Niederlage beizubringen, dass diese – wie es Justins Bericht nahe legt – unkontrolliert die Flucht ergriffen und nicht mehr in der Lage waren, den Kampf nochmals aufzunehmen.[178] In der falschen Beurteilung dieser Situation scheint Pakoros nun aber der entscheidende Fehler unterlaufen zu sein, da er im Anschluss den Frontalangriff auf die römischen Linien befahl, ohne deren Festigkeit tatsächlich erschüttert zu haben.[179] Als eine mögliche Ursache, wie es zu dieser fatalen Fehleinschätzung kam, hat man in erster Linie die Unübersichtlichkeit des Geländes in Betracht zu ziehen, was wiederum als Bestätigung von Dios topographischen Angaben betrachtet werden kann.[180]

Es sei angemerkt, dass der mehrfach erwähnte Angriff der Parther auf das römische Lager gewiss nicht wörtlich zu nehmen ist, sondern dass das römische Heer in Schlachtordnung *davor* aufgestellt gewesen sein muss.[181] Denn wie sollte man sich sonst die Auseinandersetzung zweier großer Heere vorstellen, die beide die Entscheidung suchten?[182] Gleiches gilt für den angeblich vorgenommenen Ausfall aus diesem Lager.[183] Man wird darunter mit Frontin, der in diesem Zusammenhang bezeichnenderweise das Lager mit keinem Wort erwähnt, zum einen den beschriebenen Vorstoß von Kavallerie und Infanterie gegen die Bogenschützen zu verstehen haben, zum anderen den Angriff der Legionäre auf die Panzerreiter der zweiten Welle. Dieser wurde in dem Moment gestartet, als die Pferde der Parther entweder kurz vor der geschlossen stehenden römischen Linie den Einbruch in diese verweigerten oder – und dies ist nach Dios Bericht die wahrscheinliche Variante – nachdem es gelungen war, den Ansturm der Kataphrakten durch den diesmal auf kurze Entfernung auf sie niedergehenden Geschosshagel aus Bleiglandes sowie vermutlich Pfeilen und Pila zum Halten zu

---

[178] Iust. 42,4,8–9.
[179] Iust. 42,4,9.
[180] Cass. Dio 49,20,1.
[181] Cass. Dio 49,20,1. Iustin. 42,4,7. Flor. 2,19,6.
[182] Zur Stärke von Ventidius' Armee vgl. S. 112, Anm. 233. Die Parther verloren nach Flor. 2,19,6 20000 Soldaten, ihr Heer muss somit ursprünglich wesentlich größer gewesen sein. Vgl. Caes. civ. 3,85,1: »Pompeius, der sein Lager auf einer Anhöhe hatte, stellte sein Heer unmittelbar an ihrem Fuße auf [...].« Caes. civ. 3,88,1: »Als sich Caesar dem Lager des Pompeius näherte, beobachtete er, daß dessen Heer in folgender Weise zum Kampfe angetreten war [...].«
[183] Cass. Dio 49,20,2. Iust. 42,4,10.

bringen[184] – vergleichbar Arrians Vorhaben 173 Jahre später gegen die Alanen.[185] Hierbei mag auch das ansteigende Geländeprofil erneut eine Rolle gespielt haben. Eine ungeordnet aus den Toren eines mit Palisaden eingefaßten Lagers hervorstürmende Masse aus Infanteriesoldaten dagegen wäre ohne den Schutz einer geschlossenen Linie ein leichtes Opfer der Panzerreiter geworden.

Diese zweite der von Justin erwähnten Angriffswellen ist diejenige, von der die Darstellung des Dio zu berichten weiß: Sie wurde in der Hauptsache von Kataphrakten durchgeführt und stand unter dem direkten Kommando des Pakoros.[186] Nachdem es gelungen war, sie auf die beschriebene Weise aufzuhalten, entbrannte ein Nahkampf, in dem – neben der nach Aussage unserer Quellen generell bestehenden Überlegenheit der Römer in dieser Form der Auseinandersetzung[187] – folgende Faktoren die endgültige Niederlage der Parther herbeigeführt haben dürften:

Erstens: Sabin hat in Anlehnung an Keegans Ansatz den Versuch unternommen, das Antlitz des römischen Infanteriegefechtes zu modellieren.[188] In Ablehnung der Vorstellungen, die die Form, in der solche Kämpfe abliefen, teils als *othismos*, teils als eine Ansammlung von Einzelduellen charakterisierten, schlägt Sabin vor, sie als eine Auseinandersetzung zu betrachten, die durch ein Abstandhalten der Gegner gekennzeichnet ist, durchsetzt mit periodischen Angriffen und regelmäßigem Ersatz der sich schnell erschöpfenden Soldaten.[189] Ausschlaggebend aber, um in einer solchen Form des Kampfes zu bestehen, ist die Möglichkeit für die Soldaten, sich, wenn nötig, zurückzuziehen und einen gewissen Sicherheitsabstand zum Gegner wieder aufzunehmen; eine Überlegung, die die These auch für unseren Zusammenhang interessant macht.[190] Denn wird letzteres durch den Druck der nachrückenden Truppen verhindert, so wird die vorderste Linie unweigerlich in die Waffen des Gegners getrieben, wobei die Unordnung und das zunehmende Gedränge den Soldaten den Raum nehmen, den sie zur wirksamen Handhabung ihrer Waffen mindestens benötigen; ein Effekt, dessen Auswirkungen Keegan an der Niederlage der franzö-

---

[184] Cass. Dio 49,20,2.
[185] Arr. Ektaxis 25.
[186] Cass. Dio 49,20,2–3.
[187] Iust. 41,2,7. Herodian. 4,15,2–3.
[188] Sabin, S. 1–17.
[189] Sabin, S. 1f., S. 16.
[190] Sabin, S. 16.

sischen Reiter gegen die englischen Fußtruppen 1415 bei Azincourt veranschaulicht hat.[191] Vergleichbares wird bei Gindaros 1453 Jahre zuvor geschehen sein: Der Gegenangriff der Römer verursachte eine Unordnung und ein Gedränge, in dem sich die teilweise bereits verwundeten Parther gegenseitig behinderten und trotz mutiger Gegenwehr nicht in der Lage waren, sich wirkungsvoll zu verteidigen[192], insbesondere wenn sie bereits aus dem Sattel geworfen worden waren.[193]

Zweitens: Der Tod des Pakoros und seiner engsten Mitstreiter hat schließlich die Moral der Parther gebrochen, ein Faktor, der für die Entscheidung über Sieg und Niederlage nicht zu unterschätzen ist, denn er hat die Flucht des Heeres ausgelöst.[194] Wiederum Keegan hat am Beispiel der Schlacht von Waterloo die nicht zu kontrollierende Eigendynamik deutlich gemacht, die entsteht, wenn sich eine geordnete Truppe in eine flüchtende Masse verwandelt.[195] Die fatalen Folgen, die dies für die Überlebenden des Gefechtes von Gindaros hatte, werden aus den dürren Worten Dios ersichtlich: »*Der eine Teil [der Überlebenden] wollte über die Brücke in Richtung Heimat fliehen, war aber dazu nicht imstande, sondern wurde abgeschnitten und getötet.*«[196] Ein nicht unerheblicher Teil der Verluste, die die Parther zu beklagen hatten – nach Florus mehr als 20000 Mann[197] –, dürfte somit das Ergebnis ihrer Flucht sein.

Nachzutragen ist, dass das Zusammentreffen von Fliehenden zu Fuß und zu Pferd und immer noch nachrückenden Reitern die ebenfalls konfuse Situation während der Schlacht am Taurus, die ab dem Zeitpunkt des Zusammentreffens von römischer Infanterie und parthischer Kavallerie wohl einen ähnlichen Verlauf wie bei Gindaros genommen hatte, zusätzlich verschlimmert hatte.[198]

Trotz der zuvor geäußerten Zweifel konnte auch die Richtigkeit von Dios Bericht im Großen und Ganzen bestätigt werden. Die schlachtentscheidende Bedeutung, die der Historiker des dritten Jahrhunderts der Positionierung des römischen Heeres auf einer Anhöhe zur Abwehr der Panzerreiter gleich zweimal zusprechen möchte, scheint

---

[191] Keegan, S. 114ff.
[192] Cass. Dio 49,20,2–3.
[193] Herodian. 4,15,3.
[194] Cass. Dio 49,20,3.
[195] Keegan, S. 201f.
[196] Cass. Dio 49,20,3.
[197] Flor. 2,19,6.
[198] Cass. Dio 48,40,3.

mir zumindest in der Schlacht von Gindaros jedoch nicht gegeben zu sein. Auch ohne erhöhtes Gelände war die Infanterie grundsätzlich in der Lage, einer Kavallerieattacke zu widerstehen.[199] Meines Erachtens war es bei Gindaros wichtiger, den Angriffen der berittenen Bogenschützen ihre Wirkung zu nehmen, wie dies von Florus und Frontin hervorgehoben wird.[200] Am Taurus scheinen sich die Parther selbst der Möglichkeit eines wirksamen Einsatzes ihrer Bogenschützen beraubt zu haben, als sie sich aus Selbstüberschätzung in ungünstiges Gelände locken ließen. Das Zurückhalten der römischen Truppen durch ihren Befehlshaber und das Vortäuschen von Furcht – das vor allem auch als Verharren in geschlossener Linie in Erwartung der parthischen Reiterei zu interpretieren ist – erwiesen sich während des Verlaufs der Feldzüge wiederholt als probates Mittel, den Gegner zu einer ungestümen Annäherung zu veranlassen. Die Bedeutung des hügeligen Geländes könnte bei Gindaros, wie zu sehen war, auch in der Unübersichtlichkeit des Kampfortes gelegen haben, ein Umstand, der Pakoros möglicherweise zu seinem folgenschweren Fehler veranlasste. Hierin und in der Tatsache seines Todes – besonders letzteres war eine nicht vorhersehbare Begebenheit -, der die Moral seiner Truppe brach, dürfte man die zwei Faktoren sehen, die das Pendel endgültig zugunsten der Römer ausschlagen ließen.

Wenn im Auszug des Trogus von Justin im Gegensatz zu den anderen Berichterstattern die Fehleinschätzung des Pakoros mit ins Spiel gebracht wird, deren schlachtentscheidende Bedeutung hier herausgearbeitet werden konnte, so entspringt dies nicht einer vermeintlich antirömischen Tendenz im Werk des Trogus – eine früher in der Forschung diskutierte Ansicht[201] -, sondern ist vielmehr ein Aspekt, der einer realistischeren Betrachtungsweise den Boden zu bereiten vermag, als die Darstellungen der anderen Autoren in der Lage sind. Denn Schlachten werden nicht von Strategien oder Feldherren gewonnen, sondern zum einen zuerst von den Soldaten, die dafür unter Umständen mit ihrem Leben bezahlen, zum anderen sind es nicht vorhersehbare und nicht planbare Ereignisse, die eine entscheidende Rolle zu spielen vermögen.[202] Dennoch soll die Bedeutung eines Heerführers im Krieg nicht unterschätzt werden. Die Analyse der gegnerischen Kampfesweise und die darauf abgestimmte kluge Wahl des Geländes und anderer geeigneter

---

[199] Goldsworthy, S. 67.
[200] Flor. 2,19,6. Frontin. 2,2,5.
[201] Van Wickevoort Crommelin, S. 273.
[202] Vgl. Keegan S. 225 und seine Interpretation eines Zitates von Wellington.

Mittel taktischer und waffentechnischer Art, mit denen der Gegner an der Entfaltung seiner Stärken – unter denen zuerst das Zusammenspiel zwischen berittenen Bogenschützen und Panzerreitern genannt werden muss – gehindert werden konnte, sind das Verdienst des Ventidius und seines Stabes, die damit die besten Voraussetzungen zu schaffen wussten, die im Zusammenspiel mit den Fehlern des Gegners, seiner zeitweiligen Überheblichkeit und unvorhersehbaren Faktoren schließlich zu der furchtbaren Niederlage der Parther führten.[203]

Offen bleiben muss dagegen – neben den nicht endgültig zu klärenden strittigen Punkten, die die Ursprungsquellen und die Überlieferungsgeschichte betreffen – auch die Frage, weshalb Dio im Bericht über Gindaros andere Prioritäten als Florus oder Frontin setzte. Als ein möglicher Grund für seinen Perspektivenwechsel wäre vielleicht das zunehmende Interesse anzuführen, das man seit Trajans Zeiten der Eingliederung von Panzerreitern auch in die römische Armee entgegenbrachte.[204]

2. Missgunst oder Fehlverhalten?

2.1 Die Befriedung Syriens

Die Mission des Ventidius war nach dem Sieg bei Gindaros noch nicht beendet. Folgende Maßnahmen wurden nun ergriffen: Notwendig war erstens die Verfolgung der Reste des gegnerischen Heeres, die dem Tod entronnen waren. Mit dieser Aufgabe wird Ventidius Einheiten seiner Kavallerie betraut haben, die die Parther schließlich in Samosata einschlossen, der Hauptstadt des Antiochos, König von Kommagene und abtrünniger römischer Vasall, in der sie Zuflucht gesucht hatten.[205] Plutarch hingegen behauptet, Ventidius habe die Verfolgung der Parther »*aus Furcht vor der Eifersucht des Antonius*« aufgegeben.[206] Das Problem einer möglichen Eifersucht des Triumvirn wird nachfolgend ausführlich behandelt werden, die Kritik an obigem Zitat kann jedoch vorweggenommen werden: Möglicherweise setzten einige Parther ihre Flucht sogleich über den Euphrat hinweg fort, wie es der Bericht Plutarchs suggeriert; sie im großen Stil weiter zu verfolgen und damit im

---

[203] Sonnabend, S. 188, sieht in den Kriegslisten des Ventidius ein Zeichen für verbesserte strategische Detailkenntnis der Römer.
[204] Eadie, S. 168.
[205] Cass. Dio 49,20,3.
[206] Plut. Ant. 34,2.

Gegenzug eine Offensive nach Mesopotamien zu führen, war jedoch ausgeschlossen, da Ventidius für ein derartiges Vorgehen weder ausgerüstet war – was ihm als Spezialist für das Nachschubwesen bewusst gewesen sein wird – noch einen entsprechenden Auftrag besaß.[207]

Darüber hinaus hatte sich Ventidius – zweitens – einer dringlicheren Aufgabe zu widmen: der Befriedung Syriens, dessen Bevölkerung die Übernahme der Macht durch die Parther begrüßt hatte, da sich Pakoros ihr gegenüber äußerst besonnen gezeigt hatte.[208] Zu diesem Zweck wandte er ein drastisches Mittel an: Ventidius ließ den abgeschlagenen Kopf des Pakoros in den syrischen Städten zur Schau stellen.[209]

Eine solche Maßnahme mag heute abstoßend wirken. Möglicherweise hatte sie dieselbe Wirkung auch auf einen Menschen der Antike, doch dem waren derartige Brutalitäten zumindest wesentlich vertrauter als etwa einem Mitteleuropäer des beginnenden 21. Jahrhunderts[210] und er verstand die Botschaft sofort: In einer Zeit ohne schnell berichtende Massenmedien war dies die einfachste Methode, der Bevölkerung die Tatsache der Beendigung des Krieges zu vermitteln, ihr seinen Sieger zu verkünden und ihr damit unmissverständlich die Sinnlosigkeit fortgesetzten Widerstandes zu signalisieren, der bei unklarer Informationslage – von Hoffnung genährt – zum Nachteil der Römer von der Bevölkerung noch hätte fortgeführt werden können.[211] Diese Vorgehensweise gewann Ventidius gewiss nicht die Herzen der Bevölkerung, die unter den ihr bereits im Vorjahr auferlegten Kontributionen sicherlich schwer zu leiden hatte[212] - wie dies im Krieg meistens der Fall ist.[213]

---

[207] Vgl. S. 112. So auch Pelling, Life of Antony, S. 211. Vgl. Sonnabend, S. 189, der eine Auseinandersetzung mit den Parthern auf ihrem eigenen Territorium für weitaus riskanter hält.

[208] Cass. Dio 48,41,5. 49,20,5.

[209] Cass. Dio 49,20,4.

[210] Eine außergewöhnliche Vorgehensweise war die Präsentation eines vom Körper getrennten Kopfes eines Feindes in der Antike nicht. Ein Beispiel mag genügen: Nach Liv. 27,51,11 wurde der Kopf Hasdrubals vom Consul C. Claudius Nero 207 v. Chr. vor die Posten der Karthager geworfen.

[211] Cass. Dio 49,20,4: »[Ventidius unterwarf Syrien,] das in Erwartung des Kriegsausgangs noch in Unsicherheit schwankte, und zwar schickte er zu diesem Zweck des Fürsten Haupt ringsum in die Städte.« Vgl. Cass. Dio 37,40,2 zur Vorgehensweise des C. Antonius nach der Schlacht gegen Catilina: »Antonius schickte Catilinas Haupt in die Stadt, damit man dort seinen Tod glaube und keine Furcht mehr vor ihm hege [...].«

[212] Cass. Dio 48,41,5.

[213] Zur Schrankenlosigkeit der Kriegführung vgl. Karl-Heinz Ziegler, Völkerrecht der römischen Republik, in: Hildegard Temporini (Hg.), Aufstieg und Nieder-

Ersteres war allerdings auch nicht der Auftrag des Ventidius, sondern die militärische Rückgewinnung römischen Territoriums und er wird den Ehrgeiz gehabt haben, ihn so schnell wie möglich zu erfüllen.[214] Die Machtdemonstration erreichte ihr Ziel: nach Dio gelang die Unterwerfung Syriens ohne weitere Gegenwehr.[215] Weitere Repressalien gegenüber der Bevölkerung sind uns nicht bekannt.

Im Anschluss wandte sich Ventidius vermutlich mit allen verfügbaren Kräften – abgesehen von denen zur Kontrolle der zurückgewonnenen Gebiete notwendigen – gegen Antiochos von Kommagene und begann Samosata zu belagern. Nach Dio waren die dort befindlichen parthischen Flüchtlinge ein Vorwand, tatsächlich habe Ventidius die Reichtümer des Königs begehrt.[216] Im Zuge der Belagerung kam es zu Verhandlungen über die Übergabe. Dabei habe Antiochos Ventidius das Angebot unterbreitet, so die Darstellung Plutarchs, eine Zahlung von tausend Talenten zu leisten und sich dem Antonius zu unterwerfen. Während dieser Verhandlungen aber erschien Antonius selbst vor Samosata und übernahm von Ventidius den Oberbefehl.[217]

2.2 Eifersucht und Missgunst – Die Quellen: Dio und Plutarch

Für die Beurteilung des zuletzt genannten Ereignisses und seiner Auswirkungen stehen die zwei bereits angeführten antike Zeugnisse zur Verfügung, die auf den ersten Blick zwar nur geringfügig voneinander abweichen, bei näherer Betrachtung jedoch einige – in diesem Zusammenhang – entscheidende Unterschiede aufweisen: Nach der Biographie des Plutarch übernahm Antonius das Kommando, da er Ventidius nicht erlauben wollte, ein Abkommen mit Antiochos zu schließen, denn er wünschte, »*daß wenigstens diese Tat seinen Namen trug und nicht alle Erfolge durch Ventidius erzielt sein sollten*«.[218] Die zuvor von Ventidius gehegten Befürchtungen, Antonius könne ihm seine Erfolge neiden, erfuhren, so Plutarch, ihre Bestätigung. Antonius vermochte Samosata jedoch nicht wie geplant zu erobern, sondern war in der Folge gezwungen, einen Vergleich zu deutlich günstigeren Konditionen für

---

gang der Römischen Welt: Geschichte und Kultur Roms im Spiegel der neueren Forschung, 1. Von den Anfängen Roms bis zum Ausgang der Republik, Bd. 2, Berlin und New York 1972, S. 104.
[214] Vgl. S. 112.
[215] Ausgenommen Arados, das vermutlich erst Ende 38/Anfang 37 v. Chr. von Sosius unterworfen wurde (Cass. Dio 49,22,3).
[216] Cass. Dio 49,20,5.
[217] Plut. Ant. 34,3.
[218] Plut. Ant. 34,3-4.

den König von Kommagene zu schließen.²¹⁹ Im Anschluss daran kehrte er nach Athen zurück und sandte seinen Feldherrn nach Rom, damit dieser seinen Triumph feiern könne.²²⁰ Nach der bereits behandelten, äußerst knappen Würdigung des Ventidius²²¹ beschließt Plutarch den Abschnitt mit einer kurzen Betrachtung der Erfolge der anderen Feldherren des Antonius, die – so das abschließende Urteil – den Ruhm des Antonius bei den barbarischen Völkerschaften vermehrt hätten.

Cassius Dio dagegen berichtet²²², Antonius habe sich nicht über die Erfolge seines Feldherrn gefreut, sondern er wäre in Wirklichkeit neidisch gewesen, »*weil dieser selbständig eine ausgezeichnete Leistung ausgeführt haben zu schien*«. Aus diesem Grunde habe Antonius Ventidius nicht nur seines Kommandos enthoben, sondern habe ihn auch nie wieder für eine Aufgabe herangezogen, obwohl er – so streicht es Dio heraus – für die Erfolge seines Gefolgsmannes Dankfeste und einen Triumph empfangen habe.²²³ Dio betont dabei, einerseits stünden diese Ehrungen Antonius als Oberbefehlshaber von Gesetzes wegen zu, andererseits habe man in Rom auch Ventidius einen Triumph gewährt, da er die Niederlage des Crassus gerächt habe.²²⁴ Nach den ebenfalls schon behandelten Bemerkungen über die schicksalhaften Wendungen im Leben des Ventidius²²⁵ wendet sich der Bericht wieder den Ereignissen in Samosata zu. Da die Eroberung der Stadt nicht gelungen sei und Antonius überdies vermutet habe, die Soldaten nähmen ihm die Abberufung des Ventidius übel, habe er einen Vergleich zu äußerst ungünstigen Bedingungen geschlossen. Nach der Übertragung der Statthalterschaft auf Gaius Sosius schließlich habe Antonius den Osten mit dem Ziel Italien verlassen.²²⁶

Antonius wird somit von beiden Autoren der Eifersucht auf die Erfolge seines Feldherrn bezichtigt, eines Mannes, der sich bisher nicht nur als ein fähiger Helfer, sondern auch als ein loyaler Parteigänger erwiesen hatte. Dio wirft Antonius darüber hinaus Undankbarkeit vor.

---

[219] Plut. Ant. 34,4. Antiochos wurde zur Zahlung von nunmehr 300 Talenten verpflichtet. Die Furcht des Ventidius vor dem Neid des Antonius: Plut. Ant. 34,2.
[220] Plut. Ant. 34,4.
[221] Vgl. S. 27f.
[222] Cass. Dio 49,21–22.
[223] Cass. Dio 49,21,1. Vgl. hierzu Kap. VI.2ff.
[224] Cass. Dio 49,21,3. Vgl. Kap. V.1.5.
[225] Vgl. S. 27f.
[226] Cass. Dio 49,22,1–3. Antonius habe demnach keine finanziellen Leistungen erhalten, als Geiseln nur zwei unbedeutende Personen empfangen und dem Antiochos zudem noch die Tötung eines Überläufers namens Alexander gewährt.

Der Begründung, die Dio für die Demission des Ventidius liefert, liegt der Gedanke zugrunde, dass derjenige, der *selbständig* große Taten vollbringt, auch den alleinigen Anspruch auf das aus ihnen resultierende Prestige besitzt und damit auch die Legitimation für eine herausgehobene Stellung in der Gesellschaft. Plutarch argumentiert ähnlich, denn auch hier darf es nicht dem Ventidius vorbehalten bleiben, den Ruhm, der dem Kriegsglück und dem Erfolg entspringt, allein zu beanspruchen.

Dem Betrachter werden daher die folgenden Fragen nahe gelegt: Verbirgt sich hinter der Eifersucht des Antonius die Furcht, Ventidius könne seine Erfolge zum Anlass nehmen, die Führungsposition des Antonius in Frage zu stellen? Gibt es Anzeichen dafür, dass die Haltung des Triumvirn berechtigt ist? Muss bei positiven Antworten das bisher gewonnene Bild eines fähigen und erfolgreichen, dabei aber loyalen Gefolgsmannes am Ende korrigiert werden?

Die Anschuldigungen der beiden Autoren sind jedoch nicht sehr glaubwürdig: Bei Betrachtung der Quellen wird man der negativen Tendenz gegenüber Antonius gewahr, die beiden Berichten zu Eigen ist. Die Version, die Plutarch von den Ereignissen gibt, erweist sich dabei als die moderatere.[227] Dios Darstellung scheint auch an dieser Stelle mehr von allgemeinen Einsichten bestimmt zu sein – wie dies Manuwald für andere Episoden der Bücher 45 bis 51 gezeigt hat[228]–, als eine eingehende Analyse der konkreten Situation liefern zu wollen. Cassius Dio unterstelle, so Manuwald, seinen Protagonisten den »Drang zur Macht«[229] als eigentlichen Beweggrund ihrer Handlungen und unter diesem Gesichtspunkt betrachtet darf Antonius einen zu großen Prestigegewinn eines anderen – und sei es auch der eines seiner Parteigänger – nicht tolerieren. So grundsätzlich richtig diese Einschätzung auch ist, der vorliegende Fall erfordert eine differenziertere Betrachtungsweise.[230] Denn auch die anderen Generäle des Antonius hatten – Ven-

---

[227] Vgl. Malitz, Ambitio mala, S. 92. Bengtson, Antonius, S. 186, zählt die Überlieferung des Plutarch zu einer dem Antonius wohlgesinnten Tradition, Dio zu einer ihm feindlichen.
[228] Manuwald, S. 75.
[229] Manuwald, S. 76. Vgl. Reinhold, From Republic to Principate, S. 18: »He [Dio] presents the conflicts between the roman dynasts [...] as a ruthless struggle for sole power, assessing the motives and behaviour of both Octavian and Antony as equally self-serving and unscrupulous.«
[230] Nach Reinhold, From Republic to Principate, S. 26 und S. 50, war es Dios Anliegen, die Eifersucht der Mächtigen auf die Erfolge ihrer Legaten und ihre Angst dadurch von ihnen übertroffen zu werden hervorzuheben.

tidius gleich – selbständige Kommandos inne und erzielten auf ihren Feldzügen zahlreiche Erfolge, für die sie z. T. ebenfalls mit einem Triumph ausgezeichnet wurden. Antonius bediente sich aber weiterhin ihrer Hilfe.[231] Angesichts der Größe des von einem Triumvirn zu beherrschenden Raumes und der Notwendigkeit, die zahlreichen militärischen Aufgaben zu delegieren, führte – natürlich möchte man sagen – kein Weg daran vorbei, seine Kommandeure mit weitreichenden Kommandos auszustatten.[232]

Plutarch hingegen macht deutlich, dass es Antonius darum ging, in dem gegenwärtig geführten Krieg gegen die Parther, den er von Anfang an selbst erfolgreich zu beenden gedacht hatte, einen Sieg zu erlangen, obwohl er das Wesentliche – so soll es dem Leser gewahr werden – schon verpasst hatte. Der Passage ist implizit, dass Antonius gerne selbst die entscheidende Schlacht geschlagen hätte, obwohl er die vorangegangenen Erfolge seines Kommandeurs nicht missgünstig aufgenommen hatte, wie aus seiner Reaktion über die Ergebnisse des ersten Kriegsjahres hervorgeht.[233] Plutarch bediente sich – nach Pelling – wiederholt der Methode der »phantasievollen Rekonstruktion«, wenn seine Informationen Lücken aufwiesen, oder sich nicht in das Bild, das er von seinen Protagonisten zu entwickeln im Begriff stand, einpassen ließen.[234] Bei dieser Vorgehensweise habe der Biograph jedoch gewöhnlich für sich in Anspruch nehmen können, dass die von ihm rekonstruierten Einzelheiten zumindest wahr gewesen sein könnten.[235] Unter diesem Gesichtspunkt betrachtet wäre die Erklärung, die Plutarch für die an sich unnötige Fortführung der Belagerung liefert – denn Antiochos war ja im Begriff, sich zu fügen –, nämlich der Wunsch des Antonius, einen Erfolg zu erzielen, der seinen Namen trägt, diejenige, die Plut-

---

[231] Pollio (Triumph 39 v. Chr. ex Parthineis), L. Marcius Censorinus (Triumph 39 v. Chr. ex Macedonia), Cn. Domitius Calvinus (Triumph 36 v. Chr. ex Hispania) oder C. Sosius (Triumph 34 v. Chr. ex Iudaea). Vgl. CIL I² p. 50. Sosius, Consul 32 v. Chr. (CIL I² p. 66), befehligte bei Actium die Flotte des Antonius (Vell. 2,85,2), Censorinus bekleidete nach seinem Triumph am 1. Januar das Consulat (CIL I² p. 159) und Canidius Crassus, der *consul suffectus* des Jahres 40 v. Chr. (CIL I² p. 64) bezwang als Feldherr des Antonius die Armenier, Iberer und Albaner, bevor er den Kaukasus erreichte (Plut. Ant. 34,6) und zuletzt bei Actium das Landheer des Antonius befehligte (Vell. 2,85,2).

[232] App. civ. 5,75,318.

[233] Plut. Ant. 33,4.

[234] Pelling, Life of Antony, S. 33, spricht von »imaginative reconstruction«.

[235] Pelling, Life of Antony, S. 36: »When he fabricates detail, he is generally reconstructing, not sacrificing, the truth; he can usually, though not always, say – ›It must have been true‹.«

arch entweder am logischsten und wahrscheinlichsten erschien, oder die am besten in sein Antoniusbild passte.[236]

Es wurde bereits auf die Möglichkeit hingewiesen, dass Dio und Plutarch das Neidmotiv bereits in ihrer Vorlage vorgefunden haben könnten, das sie dann ihren Arbeitsweisen entsprechend ausarbeiteten.[237]

Darüber hinaus scheint Ventidius nach der Überlieferung des Plutarch nicht sofort jeglicher Aufgaben entbunden worden – so berichtet es Dio –, sondern bei Antonius verblieben zu sein und von diesem erst bei seiner Abreise nach Athen bzw. von Athen aus nach Rom geschickt worden zu sein.[238] Während Dios Version der sofortigen Enthebung ein Zerwürfnis zwischen beiden Männern vermuten lässt, legt Plutarchs Darstellung – die zudem durch eine weitere Quelle gestützt wird – nahe, dass Ventidius zumindest eine gewisse Zeit noch als Truppenführer für seinen Oberbefehlshaber tätig gewesen ist[239], der wie erwähnt planmäßig das Kommando übernommen hatte.[240] Demzufolge könnte deren Verhältnis als weitestgehend intakt angesehen werden.

Nach Dio stehen hinter der Eifersucht des Antonius prinzipielle Erwägungen, Plutarch hingegen begründet jene mit der Enttäuschung über die verpasste Gelegenheit.[241] Obwohl die Version des Biographen die

---

[236] So sind es keine sachlichen Erwägungen, die Ventidius vor der Verfolgung der Parther zurückschrecken ließen, sondern es war, Plutarchs späterer Interpretation der Ablösung des Ventidius gemäß, die Furcht vor dem Neid seines Gefolgsherrn (Plut. Ant. 34,2).

[237] Hose, S. 384 und S. 375: Dio habe die Angaben aus seinen Quellen »nicht mechanisch übernommen, sondern sie unter Reflexion zu eigen gemacht«.

[238] Wahrscheinlich reiste Antonius zuerst nach Athen, da App. civ. 5,93,387 berichtet, dass dieser erst im Frühjahr 37 v. Chr. – von Athen aus kommend – in Tarent eintraf. Vgl. Bengtson, Antonius, S. 182. Nach Drumann, Bd. 1, S. 325, Anm. 6, habe Cass. Dio 49,22,3 mit der Bemerkung, Antonius sei von Syrien nach Italien gefahren, mehrere Jahre zusammengefasst. Das Gleiche gilt sicherlich auch für eine Notiz des Josephus (bell. Iud. 1,17,2,327. Ant. Iud. 14,15,9,447), nach der sich Antonius sogleich nach Ägypten begeben habe, denn die nächste Erwähnung des Triumvirn findet man erst wieder im Zusammenhang mit den Gebietsforderungen Kleopatras gegenüber Juden und Arabern (bell. Iud. 1,18,4,359f.).

[239] Plut. Ant. 34,4. Ios. bell. Iud. 1,16,6,317–319. Vgl. Reinhold, From Republic to Principate, S. 50: »It is not unlikely that Ventidius remained with Antony until the capitulation of Samosata [...].«

[240] Vgl. S. 112. Cass. Dio 48,39,2 und Plut. Ant. 33,1 berichten, Antonius habe Ventidius vorausgeschickt.

[241] Der Bericht Dios (48,46,1–4), Antonius habe die beängstigende Lage an der Partherfront als Vorwand für seine übereilte Abreise aus Brundisium benutzt, ohne dass das vereinbarte Treffen mit Octavian stattgefunden hatte, zeigt, dass es Antonius eilig hatte, in den Orient zu gelangen.

moderatere ist und sich näher mit dem konkreten Ereignis befasst als die allgemeinen Einsichten verpflichtete Version Dios, ist auch ihr eine negative Tendenz gegenüber Antonius zu eigen. Entscheidend ist: Antonius hat seinen Feldherrn nach Rom gesandt, seinen Triumph zu feiern – und dies offensichtlich ohne Vorbehalte.[242] Dies berichtet Plutarch trotz der negativen Grundhaltung der Darstellung; daher ist sein Zeugnis mit Sicherheit authentisch. Hätte Antonius Anlass zu der Befürchtung gehabt, Ventidius könnte den mit seinem Sieg verbundenen Prestigegewinn zur Profilierung seiner Person auf Kosten der seines Gefolgsherrn ausnutzen, hätte Plutarch dies zum einen mitgeteilt und Antonius hätte zum anderen den Triumph seines Feldherrn zu verhindern versucht.[243]

Ein Faktum bleibt jedoch trotz der kritischen Behandlung der beiden zentralen Quellenstellen bestehen: Die Spur des Ventidius verliert sich nach seinem Triumph in der Geschichte, so dass man zumindest diesem Zeugnis Dios Glauben zu schenken hat: Antonius hat sich nie wieder der Mitarbeit des Ventidius bedient. Es stellt sich an dieser Stelle somit die Frage, warum Antonius fortan auf einen seiner besten Männer verzichtete. Wäre ein Zerwürfnis zwischen beiden[244], oder die von Dio unterstellte Furcht vor weiteren prestigeträchtigen Erfolgen seines Gefolgsmannes nicht die logische Begründung dafür?

Es ist daher notwendig, die noch nicht angesprochenen Ereignisse des Feldzuges zu behandeln, die sich in Judäa und vor Samosata zutrugen und die Maßnahmen des Ventidius vor dem Hintergrund der militärischen Erfordernisse und des von Antonius entworfenen politischen Konzeptes im Einzelnen zu beleuchten. Dabei gilt es zu prüfen, ob Ventidius während seines Einsatzes im Osten gravierende Pflichtverletzungen oder eigenmächtige Handlungen nachgewiesen werden

[242] Zudem: Antonius wird oft als unkomplizierter, vertrauensseliger Mensch beschrieben. Vgl. Bengtson, Antonius, S. 160 und Syme, RR, S. 223, der von dem loyalen und offenen Charakter des Triumvirn spricht.

[243] Wenn Dio dagegen berichtet (49,21,2), es wären »die Römer in der Hauptstadt« gewesen, die Ventidius diese Auszeichnung zuerkannt hätten, dann ist dies zwar korrekt, denn von Rechts wegen lag die Entscheidung beim Senat, vgl. S. 215, Anm. 103. Im Kontext der Stelle ist diese Aussage aber so zu verstehen, dass Antonius Ventidius den Triumph aufgrund seines Neides nicht zugestehen wollte. Ventidius war als Proconsul in der Lage, unabhängig zu triumphieren, obwohl die Überordnung der Triumvirn die rechtliche Situation verkomplizierte. Vgl. S. 205ff./S. 218ff. Aufgrund der faktischen Machtverteilung musste Antonius jedoch sein Einverständnis geben und er hätte Mittel und Wege gefunden, den Anspruch des Ventidius anzufechten.

[244] So Strugnell, S. 247: »Certainly Ventidius had incurred Antony's displeasure, for he was dismissed from his command and was not employed by Antony again.«

können, die den Interessen des Antonius zuwider liefen bzw. diese sogar gefährdeten, und ob dies als Erklärung für den sicherlich nicht zu bestreitenden Rückzug des Ventidius aus dem aktiven militärischen Dienst glaubhaft ist.

Anhaltspunkte, die unsere Quellen für mögliche Vergehen des Ventidius im Verlaufe seiner Orientmission liefern, finden sich in den zuvor genannten Stellen bei Dio, Plutarch sowie bei Josephus und beziehen sich auf die von Ventidius eingeforderten Tributzahlungen bzw. auf die Bestechungsvorwürfe gegenüber dem Feldherrn und seinem Offizier Silo und damit zusammenhängend auch auf die nur unzureichende Unterstützung, die dem judäischen Thronprätendenten Herodes gewährt wurde.[245] Tarn bezeichnet die Annahme der Bestechungsgelder, die Ventidius von Antigonos und Antiochos offeriert worden sind, als Skandal und sieht darin den Grund für seine Abberufung.[246] Schalit betrachtet diese Vorkommnisse immerhin noch als Verstöße gegen die ausdrücklichen Wünsche des Antonius.[247] Es wird im Einzelnen zu prüfen sein, ob die Berichte unserer antiken Gewährsmänner über diese Vorgänge glaubwürdig sind und ob daraus Schlüsse gezogen werden können, inwieweit sich das bisher ausgezeichnete Verhältnis zwischen Marcus Antonius und seinem Befehlshaber im Osten zum Schlechten gewandelt haben könnte.

2.3 Die Maßnahmen in Judäa

Josephus berichtet, Ventidius sei 39 v. Chr. nach Judäa eingerückt – unter dem Vorwand, Joseph, dem Bruder des Herodes, Hilfe zu leisten, in Wahrheit aber, um von dem in Jerusalem weilenden Antigonos Geld zu erpressen: »*Er lagerte ganz dicht bei Jerusalem, zog sich aber, als seine Geldgier befriedigt war, mit dem größten Teil seines Heeres zurück; den Silo ließ er freilich mit einem Teil zurück, um nicht durch den Abmarsch aller das schändliche Geschäft offenkundig zu machen.*«[248] Josephus unterstellt dem römischen Heerführer somit, egoistische Motive zu verfolgen, anstatt – so klingt es zumindest unterschwellig an – seine

---

[245] Plut. Ant. 34. Cass. Dio 48,41,5. 49,20,5. Ios. bell. Iud. 1,15,1,286–1,16,7,322. Ant. Iud. 14,14,6,392–14,15,9,447.
[246] Tarn, CAH, S. 53: »This second scandal created an impossible situation, and Antony was forced to supersede him and take command in person.«
[247] Abraham Schalit, König Herodes: Der Mann und sein Werk, 2. Aufl. mit einem Vorw. v. Daniel R. Schwartz, Berlin und New York 2001, S. 691.
[248] Ios. bell. Iud. 1,15,2,288–289. Ähnlich in den Ant. Iud. 14,14,6,392–393. Dies geschah im Herbst des Jahres 39 v. Chr., vgl. S. 119.

eigentlichen Aufgaben wahrzunehmen, die dem jüdischen Historiker zufolge darin bestanden, Herodes in seine Herrschaft einzusetzen.[249] Dio dagegen spricht neutraler von hohen Geldbeträgen, die Ventidius von den »*übrigen*« Bewohnern und den namentlich genannten östlichen Dynasten Antigonos, Antiochos und Malchos eingetrieben habe, um sie für die Unterstützung der Parther zu bestrafen.[250]

Die Vorgehensweise des Ventidius wird erklärbar und verständlich bei Betrachtung der militärisch-strategischen Gesamtsituation, in der einerseits die Unruheherde in der Region bekämpft werden mussten[251], die Parthergefahr aber andererseits noch nicht vollständig beseitigt war.[252] Es war daher notwendig, einen Weg zu wählen, der es erlaubte, die abtrünnigen Könige und Städte zur Rechenschaft zu ziehen, ohne die eigenen Kräfte einer Überbeanspruchung auszusetzen, konkreter: ohne diese in einer langwierigen Belagerung zu binden und möglicherweise aufzureiben; die Eroberung Jerusalems hätte jedoch einen solch enormen Zeit- und Kraftaufwand erfordert.[253] Das probateste Mittel für die genannte Absicht aber war die Einforderung von Geldern von den zu bestrafenden Königen und den Bewohnern der Provinz.[254] Dahlheim hat deutlich gemacht, dass dies in den letzten Jahrzehnten der Republik eine nicht ungewöhnliche und daher vielfach praktizierte

---

[249] Ios. bell. Iud. 1,15,3,290. Ant. Iud. 14,15,1,394. Die Befehle des Antonius wurden von demselben Q. Dellius überbracht, der unsere mutmaßliche Quelle für die Feldzüge des Ventidius und des Antonius im Osten ist.

[250] Cass. Dio 48,41,5. 49,20,5.

[251] Ios. bell. Iud. 1,15,3,291 berichtet, dass Ventidius damit beschäftigt war, die Unruhen niederzuschlagen, die in den syrischen Städten aufgrund des Parthereinfalls ausgebrochen waren. Nach Cass. Dio 48,41,4 konnte Ventidius, mit Ausnahme der Aradier, Syrien 39 v. Chr. weitgehend kampflos besetzen, doch dies ist sicherlich eine Übertreibung. Zumindest mussten diese Gebiete, auch wenn es keine Kämpfe mehr gegeben haben sollte, besetzt und gesichert werden. Am Ende des Winters 39/38 v. Chr. waren die Städte, so Dio 49,19,1, noch immer nicht zur Ruhe gekommen. Die finanziellen Forderungen, die Ventidius an die Bewohner und die benachbarten Könige stellte, konnten sicherlich nur unter Androhung von Waffengewalt eingetrieben werden (Cass. Dio 48,41,5). Pat Southern, Marcus Antonius. Ein Lebensbild, Erfurt 2000, S. 133, vermutet, dass Ventidius seine Truppen auch zur Sicherung der Straßen und strategisch wichtiger Punkte aufteilen musste.

[252] Ventidius wurde allerdings von der Geschwindigkeit und dem frühen Zeitpunkt des Erscheinens der Parther 38 v. Chr. überrascht .Vgl. S. 120f.

[253] Nach Ios. bell. Iud. 1,18,2,351 dauerte die Belagerung im Jahre 37 v. Chr. fünf Monate, die Angreifer stießen dabei auf äußersten Widerstand. Zum Datum der Eroberung Jerusalems vgl. Schalit, S. 764ff. Darüber hinaus waren Kräfte bereits durch die Belagerung von Arados gebunden (Cass. Dio 48,41,4. 48,41,6 und 49,22,3).

[254] Cass. Dio 48,41,5.

Maßnahme war, die einerseits der Notwendigkeit der stetigen finanziellen und materiellen Unterstützung der Armeen der Bürgerkriegsgeneräle und andererseits dem Bestreben der Dynasten geschuldet war, demjenigen römischen Politiker und Militär ihre Loyalitätsbezeugungen zukommen zu lassen, der als der möglicherweise kommende starke Mann Roms in Zukunft die Geschicke des Landes bestimmen könnte.[255] Bei der Beurteilung der von Fürsten und Königen erhobenen Zahlungen ist zweierlei zu beachten: Zum einen ist es oft nicht möglich, eine Unterscheidung vorzunehmen zwischen Bestechung, Kriegskostenentschädigung oder den Zahlungen, die den Pflichten eines Verbündeten obliegen;[256] zum anderen ist es notwendig, zwischen ihnen und den Aufwendungen der zu regelmäßigen und dauerhaften Abgaben verpflichteten Untertanen klar zu differenzieren[257], denn die von den Königen eingeforderten Zahlungen begründeten nicht deren Eintritt in ein den Provinzbewohnern vergleichbares Untertanenverhältnis. Oft dienten diese Aufwendungen aber Königen und Fürsten als Loyalitätsbekundung, mit der sie sich die Bestätigung ihrer Herrschaft oder die Wiedereinsetzung in dieselbe erkauften, woraufhin sie den Status eines *amicus populi romani* erhielten.[258] Diese in ihrer außenpolitischen Souveränität von Rom eingeschränkten, sog. Klientelkönige[259] waren u. a.

---

[255] Werner Dahlheim, Gewalt und Herrschaft. Das provinziale Herrschaftssystem der römischen Republik, Berlin und New York 1977, S. 270. Pompeius hat die Klientelkönige somit nicht einer dauerhaften Tributpflicht unterworfen, wie dies von Ernst Badian, Römischer Imperialismus in der Späten Republik, Stuttgart 1980, S. 112, angenommen wurde. Vgl. zu dieser Frage auch David Braund, Rome and the Friendly King. The character of the client kingship, London u. a. 1984, S. 63ff.

[256] Dahlheim, Gewalt und Herrschaft, S. 268. Dahlheim, Gewalt und Herrschaft, nennt auf S. 271f. fünf Formen der finanziellen Leistungen für Rom: Erstens als Preis für die Aufnahme in die *amicitia*, zweitens als Kriegskontributionen im Rahmen der bundesgenössischen Hilfe, drittens als Kriegskostenersatz, viertens als Bestechung und fünftens in Form von goldenen Siegeskränzen.

[257] Vgl. Dahlheim, Gewalt und Herrschaft, S. 262. Auch rechtlich unterschied man weiterhin zwischen den von *regelmäßigen* Abgaben befreiten *populi liberi* und den tributpflichtigen Untertanen.

[258] Dahlheim, Gewalt und Herrschaft, S. 270: »Rechtsgrundlage der Beziehungen zu Rom war zunächst die amicitia, deren Zustandekommen eines Beweises der Loyalität und deren Erhalt der ständigen Bereitschaft zur Unterstützung der römischen Politik bedurfte.« Einen Überblick über »Wege und Perspektiven der Forschung« hinsichtlich des Themas bietet Altay Coşkun, Freundschaft und Klientelbindung in Roms auswärtigen Beziehungen. Wege und Perspektiven der Forschung, in: ders. (Hg.), Roms auswärtige Freunde in der späten Republik und im frühen Prinzipat, Göttingen 2005, S. 1–30.

[259] Die Verwendung des Begriffes ›Klientelkönig‹ bzw. ›Klientelstaat‹ ist, wie mehr-

mit der Grenzsicherung des Reiches beauftragt[260] und seit Pompeius' Neuordnung des Ostens ein wichtiges Standbein der römischen Herrschaft im Osten.[261]

Folgt aus der Einforderung und Annahme finanzieller Leistungen von Antigonos und Antiochos – denn das ist gemeint, wenn Josephus nicht ganz falsch, aber verkürzend von Bestechung spricht – aber auch zugleich deren Aufnahme in die Reihe der römischen Klientelkönige[262] und wäre dies dann im Falle des Antigonos konsequenterweise als ein Verstoß des Ventidius gegen die Beschlüsse des Senats und die Befehle des Antonius zu werten, durch die Herodes zum Herrscher in Judäa bestimmt worden war und als eine Vernachlässigung seiner Pflicht, den Idumäer in seinem Bestreben zu unterstützen, seine Herrschaft zu übernehmen?[263]

Die durch die Zahlung hoher Beträge zustande gekommene Verbindung zwischen dem römischen Befehlshaber und dem Hasmonäer kann als kurzzeitiges, an den militärischen Erfordernissen orientiertes Zweckbündnis charakterisiert werden, das den Römern die mühevolle Belagerung Jerusalems vorerst – d.h. bis zur endgültigen Befriedung des nahen Ostens, einschließlich der Beendigung der parthischen Bedrohung – ersparen und das zugleich einen Beitrag zur Deckung des enormen finanziellen Bedarfs des laufenden Feldzuges leisten sollte.[264] In ihrem informellen Charakter weist die Abmachung zwischen Ventidius und Antigonos durchaus eine Parallele zu einer *amicitia* auf[265],

fach von der Forschung hervorgehoben, nicht unproblematisch; in Ermangelung eines anderen, präziseren Terminus, wird jedoch auch hier nicht darauf verzichtet werden. Vgl. Dahlheim, Gewalt und Herrschaft, S. 273, Anm. 209. David C. Braund, Client Kings, in: ders. (Hg.), The administration of the Roman Empire (241 BC-AD 193), Exeter 1988, S. 69. Jochen Bleicken, Rezension zu Ernst Badian, Foreign Clientela, Gnomon 36 (1964), S. 180ff.

[260] Dahlheim, Gewalt und Herrschaft, S. 270f.
[261] Vgl. Karl Christ, Krise und Untergang der römischen Republik, vierte, durchgesehene und aktualisierte Aufl., Darmstadt 2000, S. 271, S. 273ff.
[262] Dahlheim, Gewalt und Herrschaft, S. 270, Anm. 193, sieht den zum Zustandekommen einer *amicitia* notwendigen Loyalitätsbeweis auch durch die Zahlung einer größeren Summe erfüllt und führt die Aufnahme des Ariarathes IV. in eine *amicitia* durch Manlius Vulso als Beispiel an (Pol. 21,44(47). Liv. 38,39,6).
[263] Auf Antiochos wird an anderer Stelle zurückzukommen sein, vgl. Kap. V.2.4.
[264] Nach Adolf Reifenberg, Israel's History in Coins, London 1953, S. 10, habe der immense Finanzbedarf zur Deckung der römischen Forderungen zu einer Verminderung des Kupfergehalts der Münzen geführt. Anderer Meinung ist Günther, S. 83.
[265] Vgl. die Ausführungen von Alfred Heuss, Die völkerrechtlichen Grundlagen der römischen Aussenpolitik in republikanischer Zeit, Neudr. d. Ausg. Leipzig 1933,

doch aufgrund der Begrenzung der Vereinbarung auf einen zeitlich befristeten und damit einmaligen Vorgang – der Truppenabzug als Gegenleistung für die Zahlung einer gewissen Summe – und des augenscheinlichen Fehlens jeglicher Zurschaustellung eines freundschaftlichen Verhältnisses erscheint es mir nicht angebracht, hier von einer *amicitia* zu sprechen; offensichtlich war weder dem Römer noch dem Hasmonäer an einer solchen gelegen.[266] Ungeachtet einer möglicherweise strittigen Begrifflichkeit sei jedoch hervorgehoben: Die militärischen Notwendigkeiten veranlassten Ventidius zum Abzug von Jerusalem, von einer Opposition gegen die Anweisungen seines Gefolgsherrn und des Senats kann meines Erachtens keine Rede sein.

2.3.1 Eigenmächtiges Vorgehen des P. Silo?

Vor einer endgültigen Klärung des Sachverhalts, in die man auch die Motivation des Antigonos miteinzubeziehen hat, ist es jedoch angebracht, auch die Bestechungsvorwürfe, die Josephus gegenüber dem Unterfeldherrn des Ventidius, Pompaedius Silo, erhebt, einer genaueren Prüfung zu unterziehen, da hierbei einerseits deutlich wird, wie sehr sich die römischen Befehlshaber in Syrien und Palästina vor die Notwendigkeit gestellt sahen, die eigenen Interessen und die des verbündeten Idumäers gegeneinander abzuwägen; andererseits ist das Ergebnis der Betrachtung aufschlussreich hinsichtlich der Beantwortung der Frage nach der Loyalität des Ventidius.

Denn es ist zwar sicherlich richtig, wenn man mit Prause die schlep-

---

Aalen 1963, S. 46: »Vielmehr ist die Tatsache der völkerrechtlichen amicitia durch jede Art zwischenstaatlichen Verkehrs gegeben, und völlig unabhängig von dem Akt einer formellen Begründung.« Werner Dahlheim, Struktur und Entwicklung des römischen Völkerrechts im dritten und zweiten Jahrhundert v. Chr., München 1968, S. 147, bezeichnet die *amicitia* als »formlos zusammengefügte Interessengemeinschaft«. Ziegler, Völkerrecht der römischen Republik, S. 89: »Formlos begründet, wurde sie auch formlos wieder aufgelöst, unter Umständen durch bloßes unfreundliches Verhalten.«

[266] Heuss, S. 54: »Die wenigen inhaltlichen Momente, die mit ihm gegeben sind, beschränken sich einerseits auf den Ausschluß des Krieges, andererseits auf das Vorhandensein eines gewissen, wenn auch noch so spärlichen diplomatischen Verkehrs zwischen den Staaten, d.h. sie stellen sich als Symptome des sich im bloßen Friedenszustande ausdrückenden wie formellen guten Beziehungen dar.« Dahlheim, Struktur und Entwicklung des römischen Völkerrechts im dritten und zweiten Jahrhundert v. Chr, S. 138, Anm. 34: »Es genügte für die Herstellung der amicitia mit Rom freilich nicht, bestehende Feindseligkeiten zu beenden, sondern das gute Einvernehmen beider Staaten mußte in irgendeiner Form, zumeist durch eine Gesandtschaft, demonstriert werden.«

pende Unterstützung des Idumäers zum einen auf die Weigerung der Römer zurückführt, sich von Herodes weder den Zeitpunkt noch die Art und Weise ihrer Beteiligung an den Kämpfen vorschreiben zu lassen, zum anderen mit der Konzentration der Römer auf ihren Hauptauftrag – die Bekämpfung der Parther – begründet[267], da zu sehen war, dass Bestechung oft nicht von Kriegskostenbeteiligung und Bestrafung zu unterscheiden ist, besonders, wenn die militärische Lage und das gegebene Kräfteverhältnis die Einziehung von einmaligen Tributen als das sinnvollste Verfahren erscheinen lassen. Aber sollte es gelingen, Silo einen Verstoß gegen die Befehle des Marcus Antonius nachzuweisen – wofür es gewisse Anzeichen gibt –, wäre das ein Fehlverhalten, für das letztlich Ventidius als sein Vorgesetzter die Verantwortung zu übernehmen hätte. Sollte diese Zuwiderhandlung darüber hinaus mit Wissen und Billigung des Ventidius geschehen sein, dann wäre dies als ein eigenmächtiger und illoyaler Vorgang zu werten, der auch die Konsequenzen, die Antonius nach Dio ergriffen haben soll[268] – der Verzicht auf eine weitere Verwendung des Ventidius –, erklären und als berechtigt erscheinen lassen würde.

Vielfach bestanden in der Forschung generelle Vorbehalte gegenüber dem Wert der Schriften des jüdischen Historikers Josephus als Belege für historische Ereignisse[269], eine Sichtweise, die auch heute noch vertreten wird.[270] Eine Korrektur an diesem Standpunkt wurde von Bilde vorgenommen, der in Josephus eine im Prinzip verlässliche historische Quelle sieht, bei deren Benutzung allerdings die ihr innewohnenden, gewissen literarischen und ideologischen Tendenzen unterworfenen Intentionen in die Betrachtung miteinzubeziehen sind.[271] Es ist daher notwendig, die relevanten Passagen im Einzelnen auf ihre Glaubwürdigkeit zu überprüfen und dabei die ihnen eigenen Tendenzen zu berücksichtigen. Im vorliegenden Fall weisen die Berichte die Neigung auf, Herodes in seinen Aktionen nicht nur als relativ unabhängig von der römischen Unterstützung darzustellen[272], sondern seinen Kampf

---

[267] Gerhard Prause, Herodes der Große. König der Juden, Hamburg 1977, S. 108.
[268] Cass. Dio 49,21,1.
[269] Vgl. der Abschnitt »Josephus' reliability as a historian«, bei Per Bilde, Flavius Josephus between Jerusalem and Rome. His Life, his Works, and their Importance, Sheffield 1988, S. 191ff.
[270] Vgl. Schwartz in dem Vorwort zu Schalit, S. XVII.
[271] Bilde, S. 196. S. 197. S. 200: »[…] Josephus' personal engagemant and his personal interpretation of the historical material appears to be offset by a passionate historical interest in what actually took place.«
[272] Günther, Herodes, S. 74: »Er [Herodes] hilft den Römern, nicht sie ihm.«

um die Macht auch durch die Bestechlichkeit und das Unvermögen seiner Verbündeten beeinträchtigt sehen zu wollen.[273]

Nach dem Abzug seines Vorgesetzten soll Silo ebenfalls von Antigonos bestochen worden sein, der sich damit das Wohlwollen des Römers sichern wollte.[274] Worin dieses bestand, verdeutlicht Josephus im weiteren Verlauf seines Berichtes: Zunächst habe Silo die Unterstützung des Herodes beim Angriff auf Joppe als Vorwand für den einstweiligen Abzug von Jerusalem benutzt.[275] Als Herodes nach der Erstürmung Joppes und des Entsatzes von Masada die Belagerung Jerusalems begann, habe Silo sich ihm zwar vorerst angeschlossen[276], bald darauf durch Aufstachelung seiner eigenen Soldaten aber erreicht, dass Herodes deren Klagen über die schlechte Lebensmittelversorgung und den nahenden Winter zum Anlass nehmen musste, die Versorgung der römischen Truppen zu übernehmen und sie in die Winterquartiere zu schicken. Damit war aber auch die Belagerung der Stadt durch Herodes nicht mehr aufrechtzuerhalten.[277] Antigonos dagegen habe aufgrund der Bestechlichkeit des römischen Truppenführers sogar die Versorgung eines Truppenteils in Lydda übernehmen dürfen, wodurch er den Antonius für sich zu gewinnen gedachte[278], ein Ansinnen, das der König jedoch nach einem Monat bereits wieder aufgegeben habe, so dass auch diese Soldaten schließlich von Herodes unterhalten werden mussten.[279] Während der vorangegangenen Belagerung Jerusalems habe Antigonos als Antwort auf die Bestrebungen seines Konkurrenten versucht, den Bewohnern der Stadt seinen Standpunkt durch öffentliche Verkündigungen rund um die Mauern nahe zu bringen und Silo und den römischen Truppen deutlich zu machen, dass seiner Meinung nach der Privatmann und Idumäer Herodes keinen legitimen Anspruch auf die Königswürde habe.[280] Falls er selbst, so Antigonos weiter, wegen

---

[273] Günther, Herodes, S. 76. Zweifel an der Korrektheit der Angaben äußert Günther etwa auf S. 73 und 75.
[274] Ios. bell. Iud. 1,15,2,289. 1,15,3,291. Ant. Iud. 14,14,6,393.
[275] Ios. bell. Iud. 1,15,3,292. Ant. Iud. 14,15,1,397.
[276] Ios. bell. Iud. 1,15,4,293-294. Ant. Iud. 14,15,2,399-401.
[277] Ios. bell. Iud. 1,15,297-302. Ant. Iud. 14,15,3,406-412.
[278] Ios. bell. Iud. 1,15,6,302. Ant. Iud. 14, 15,3,412.
[279] Ios. ant. Iud. 14,15,4,418.
[280] Ios. ant. Iud. 14,15,2,402-404: »[...] Antigonos [ließ] Silo und der römischen Abteilung zurufen, sie würden wenig gerecht handeln, wenn sie die Herrschaft an Herodes gelangen liessen, der ein Privatmann und als Idumäer nur ein halber Jude sei, während die Königswürde nach den Bräuchen des Landes Männern aus königlichem Geschlecht zufallen dürfe.«

seiner Verbindung mit den Parthern für das Amt nicht mehr in Frage käme, so gäbe es noch andere Mitglieder seines Hauses, deren familiäres oder ererbtes Recht es wäre, König zu werden und die daher nicht übergangen werden dürften.[281] Nach Ende des Winters 39/38 v. Chr., den die Römer, so Josephus, gut versorgt verbracht hätten, befahl Ventidius wegen des erneuten Angriffs der Parther seinen Offizier schließlich zu sich.[282]

Der Interpretation der Stellen ist die Erwägung vorauszuschicken, dass die Berichte des Josephus über die Bestechlichkeit der römischen Befehlshaber nicht grundsätzlich als unhistorisch abgelehnt werden dürfen, da die Einforderung von Tributen – wie bereits dargelegt – nicht außergewöhnlich war und wir zudem im Falle der vermeintlichen Bestechung des Ventidius durch Antigonos die Bestätigung durch eine andere Quelle besitzen.[283] Da diese Vorkommnisse der Mission des Herodes jedoch nicht gerade förderlich waren, ist es nachzuvollziehen, dass Josephus kein Verständnis für diese Maßnahmen aufbringen konnte – auch wenn sie aus römischer Sicht möglicherweise militärisch notwendig erschienen –, er sie daraufhin als Bestechung brandmarkte[284] und in Folge dessen auch sein ganzer Bericht den Eindruck erwecken muss, Silo habe der Mission des Idumäers nur widerstrebend seine Unterstützung gewährt.[285]

2.3.2 Verhandlungen mit Antigonos?

Eine entscheidende Bedeutung kommt den Berichten über die versuchte politische Beeinflussung der Römer während der Belagerung Jerusalems und der Einquartierung römischer Truppenteile durch Antigonos zu, denn Verhandlungen über die Einsetzung eines Hasmonäers zum König von Judäa wären ein klarer Verstoß gegen die Befehle des Antonius und des Senats gewesen.[286] Otto hält die darauf

---

[281] Ios. ant. Iud. 14,15,2,404–405.
[282] Ios. bell. Iud. 1,16,1,303. 1,16,4,309. Ant. Iud. 14,15,3,412. 14,15,4,419. 14,15,5,420.
[283] Cass. Dio 48,41,5.
[284] Fraglich ist, ob Josephus diese Maßnahmen nur als Bestechung erklärbar waren oder ob er diese Interpretation bewusst vornahm, um Herodes in einem besseren Licht darzustellen.
[285] Vgl. Samuel Sandmel, Herodes. Bildnis eines Tyrannen, Stuttgart u.a. 1968, S. 87.
[286] Buchheim, S. 67, hält es nicht für ausgeschlossen, dass die politischen Argumente des Antigonos bei Silo ihre Wirkung hinterlassen haben. Zudem habe auch Ventidius »[...] es offenbar nicht für unmöglich gehalten, den mit parthischer Hilfe eingesetzten Hasmonäer auf dem Thron zu belassen«.

folgende Einquartierung der Römer durch den regierenden König nur aus der – für ihn plausiblen – Annahme heraus für erklärbar, es habe vorher offizielle Verhandlungen wegen eines Verzichts des Antigonos auf das Königtum und der Einsetzung eines anderen Hasmonäers gegeben.[287] Schalit widerspricht Otto und bewertet die Möglichkeit eines Zustandekommens derartiger Verhandlungen als negativ, da die maßgeblichen Kreise in Rom entschlossen gewesen wären, das Hasmonäerhaus aufgrund seiner Frontstellung gegen Rom zu beseitigen.[288] Die Gelegenheit, die Versorgung der römischen Truppenteile zu übernehmen, ergab sich seiner Meinung nach allein aufgrund der Bestechlichkeit des Silo.[289] Betrachtet man die Gründe, die die Römer bewogen hatten, sich für die Einsetzung des Herodes als König von Judäa zu entscheiden, dann erscheint es tatsächlich als unwahrscheinlich, dass Antigonos ernsthaft darauf hätte hoffen können, die maßgeblichen Instanzen in Rom davon zu überzeugen, ihre Meinung zu ändern und ihr Vertrauen erneut einem Hasmonäer zu schenken. Zwar ist auch die Argumentation des Antigonos nicht grundsätzlich als verkehrt zu betrachten, denn sie beruhte sicherlich auf der Beobachtung der römischen Praxis, die Königswürde über sog. Klientelstaaten meist an ein Mitglied des dortigen Herrscherhauses zu vergeben – auch Antonius hielt sich z. T. noch an diesen Grundsatz[290]-, aber Antigonos war aufgrund seiner Verbindung mit den Parthern nicht mehr tragbar, während der tatkräftige Herodes seine Loyali-

---

[287] Walter Otto, RE Suppl. 2, s. v. Herodes (Nr. 14), Sp. 28. Otto weist zudem darauf hin, dass »der letzte Grund der Aufgabe der Belagerung« bei Josephus nicht hervor tritt.

[288] Das Hasmonäerhaus war – so Schalit, S. 690f. – in römischen Militärkreisen als »ständiger Unruheherd und Widerstandsnest« bekannt. Zudem war der einzige gesetzliche Erbe der Hohepriesterwürde, Aristobulos, noch ein Kind (Schalit, S. 86).

[289] Schalit, S. 691. Schalit nennt zwei Gründe, weshalb es die Feldherren des Antonius wagten, gegen dessen Willen zu handeln: Erstens war Antonius weit weg vom Geschehen und zweitens hätten beide keine ausdrücklichen Befehle erhalten.

[290] Vgl. Buchheim, S. 93f. Zwei Kriterien sind entscheidend für die Aufnahme eines Herrschers in die Reihe der Rom hörigen sog. Klientelkönige: Loyalität gegenüber Rom und innenpolitische Stabilität (vgl. Dahlheim, Gewalt und Herrschaft, S. 264). Die Mitglieder eines herrschenden Königshauses brachten meist die idealen Voraussetzungen mit, die innenpolitische Stabilität ihres Staates zu garantieren, da sie auf eine ihnen treue Anhängerschaft bauen konnten und sie in der Verwaltung des Landes erfahren waren. Ein freier Staat kam meist durch eine Niederlage im Krieg in eine *amicitia* mit Rom, oder ersuchte um Aufnahme in dieselbige (vgl. Sall. Iug. 14,5). Ptolemaios XI. wurde etwa von Sulla als König von Ägypten eingesetzt (App. civ. 1,102,476).

tät dagegen schon oft unter Beweis gestellt hatte.[291] Große Bedeutung wurde von der Forschung zudem der Tatsache beigemessen, dass Herodes aufgrund seiner nicht-hasmonäischen Herkunft nicht in der Lage gewesen war, neben der Königswürde das Hohepriesteramt zu übernehmen und somit eine Vereinigung beider Funktionen in einer Person verhindert werden konnte.[292]

Darüber hinaus sind Zweifel angebracht, ob die Passage, die die Existenz von Verhandlungen über diese grundsätzliche politische Frage nahe legt, historisch korrekt ist, denn sie findet sich zusammen mit zwei weiteren Abschnitten gleicher Aussage nur in den *antiquitates*[293], nicht aber im *bellum*, und diente – so Laqueur – dazu, die Illegitimität des Herodes hervorzuheben und sei damit – den korrespondierenden Stellen gleich – als ein antiherodianischer Einschub zu werten.[294] Die Existenz irgendeiner Form von Übereinkommen zwischen Antigonos und Silo wird aber weder durch derartige Zweifel an der Echtheit der Verhandlungen noch durch die Argumente Schalits bestritten, denn auch eine Bestechung erforderte dergleichen. Entscheidend für die hier relevante Fragestellung ist vielmehr das Ergebnis, denn die Übernahme der Versorgung eines Teils der Römer

---

[291] Vgl. Schalit, S. 85f.
[292] Vgl. Otto, RE Suppl. 2, s.v. Herodes (Nr. 14), Sp. 26. Schalit, S. 86. Die Restauration der altjüdischen Monarchie, die beide Ämter in einer Person vereint hatte, wurde, so Günther S. 68, durch die »prinzipielle Trennung der kultisch-sakralen und der politisch-säkularen Funktion« verhindert.
[293] Ios. ant. Iud. 14,15,2,403–404, vgl., S. 171, Anm. 280. Die korrespondierenden Stellen betonen, dass die Herrschaft über Judäa normalerweise nur Personen von königlicher Abstammung zukämen, Herodes dagegen von niedrigem Stand sei: Ant. Iud. 14,14,5,386–387 behandelt das Erscheinen Herodes' vor dem Senat. Ant. Iud. 14,16,4,489–490 berichtet über die Gründe, die Herodes bewogen, von Antonius die Hinrichtung des gefangenen Antigonos zu erbitten.
[294] Richard Laqueur, Der jüdische Historiker Flavius Josephus. Ein biographischer Versuch auf neuer Quellengrundlage, reprograf. Nachdruck der 1. Aufl., Gießen 1920, Darmstadt 1970², S. 195–199. Schalit lehnt die Erklärung Laqueurs ab und ist der Ansicht (S. 689f. und S. 691f.), Josephus folge an den fraglichen Stellen Ant. Iud. 14,14,5,386–387 und Ant. Iud. 14,16,4,489–490 einer Quelle, die Herodes von dem Vorwurf, er habe die Absetzung der rechtmäßig regierenden Hasmonäer und die eigene Inthronisation betrieben entlasten will. Die Verbindung mit der hier relevanten Stelle Ant. Iud. 14,15,2,403–404, die von dem Versuch der politischen Beeinflussung der Römer durch Antigonos berichtet, scheint Schalit jedoch nicht ziehen zu wollen. Die These Laqueurs lässt sich meines Erachtens nicht ganz von der Hand weisen. Günther, S. 74, setzt die hier interessierende Argumentation des Antigonos (Ant. Iud. 14,15,2,403–404) dagegen in die Zeit der zweiten Belagerung der Stadt 37 v. Chr.

durch Antigonos vermochte den bisherigen Feind in den Rang eines Verbündeten zu rücken.²⁹⁵

Einen Sinn ergibt das Vorgehen des Hasmonäers, irgendeine Form von Übereinkommen zu suchen, sei es durch den Gebrauch politischer oder finanzieller Argumente, wenn man seine tatsächlichen Absichten berücksichtigt: Antigonos verhandelte nur zum Schein mit den Römern, um Zeit zu gewinnen, bis er Hilfe von den Parthern erlangen würde.²⁹⁶ Angesichts des erneuten Einfalls der Parther im nächsten Frühjahr (38 v.Chr.) war dies eine berechtigte Hoffnung und damit eine Erfolg versprechende Vorgehensweise. Es war Antigonos somit daran gelegen, sein Verhältnis zu den Römern kurzzeitig zu entspannen und sich eine Art begrenzten Waffenstillstand zu erkaufen, ein Ansinnen, das mit den damals üblichen Tributzahlungen, die je nach Standpunkt als Kriegskostenbeiträge oder Bestechung des Befehlshabers interpretiert werden konnten, am ehesten zu erreichen war.²⁹⁷ Weitere Zugeständnisse – wie etwa die Übernahme von Versorgungsleistungen – vermochten sein Angebot noch attraktiver zu machen.²⁹⁸ In

---

²⁹⁵ Vgl. Dahlheim, Gewalt und Herrschaft, S. 202, über die Pflichten der Rom durch eine *amicitia* verbundenen kleinasiatischen Städte, die rein juristisch zwar als souverän zu betrachten sind, faktisch jedoch in ihrer Außenpolitik von Rom abhängig waren: »Im Kriegsfall waren die römischen Heerführer so zu unterstützen, wie man das von einer verbündeten Gemeinde erwartete. Dazu gehörte die Stellung von Truppen, Schiffen, Belagerungsmaterial, Geld und Getreide. Einquartierungen römischer Verbände galten als selbstverständlich, wenn sich der Krieg im Gebiet der civitates liberae abspielte oder die Legionen zum Überwintern in Übersee zwang.«

²⁹⁶ Ios. bell. Iud. 1,15,2,289. Ähnlich auch die Passage in den Ant. Iud. 14,14,6,393.

²⁹⁷ Die Argumentation des Herodes, mit der er die Truppen des Silo davon abzuhalten suchte, ihn zu verlassen – er wäre derjenige, der das Vertrauen des Octavian, des Antonius und des Senates genieße (Bell. Iud. 1,15,6,298. Ant. Iud. 14,15,3,407) –, ist als ein Hinweis zu werten, dass es zu einer Form von Verständigung zwischen Silo und Antigonos gekommen war.

²⁹⁸ Josephus berichtet an den Stellen, an denen er sich mit den Einquartierungen befasst (Bell. Iud. 1,15,6,302. Ant. Iud. 14,15,3,412), es sei das Ziel des Antigonos gewesen, sich dadurch die Gunst des Antonius zu erwerben (Josephus benützt im Original an beiden Stellen das Wort θεραπεύω). Diese Motivation steht zwar im Widerspruch zu Bell. Iud. 1,15,2,289 und Ant. Iud. 14, 14,6,393, wo Josephus berichtet, die Annäherung an die Römer geschehe nur zum Schein. Die Erfolgsaussichten, die Gunst des Antonius tatsächlich zu gewinnen, waren jedoch wie im vorangegangenen Fall der Verhandlungen bei der Belagerung von Jerusalem (Ios. ant. Iud. 14,15,2,403-404, vgl. S. 171, Anm. 280) aus den bereits dargelegten politischen Gründen äußerst gering, so dass das Ziel des Hasmonäers auch hier hauptsächlich darin gesehen werden kann, Zeit zu gewinnen. Darüber hinaus ist es nicht ausgeschlossen, dass Antigonos gehofft haben mag, eine dem Antonius erwiesene

dem Aspekt einer befristeten Verständigung, die beiden Parteien eine Atempause gewährte, scheinen sich aber die Interessen beider getroffen zu haben.[299] Denn neben der Vermeidung von – aus römischer Sicht[300] – unnötigen Kampfhandlungen, so lange die Parther noch nicht endgültig geschlagen waren, musste es auch im Interesse der Römer liegen, für eine ordentliche Überwinterung ihrer Truppen Sorge zu tragen. Berücksichtigt man die nun deutlich zu Tage tretende Interessenlage beider Parteien auch bei einer erneuten Beurteilung der finanziellen Aufwendungen, die Antigonos dem Ventidius zukommen ließ, dann wird nochmals deutlich, dass diese weder von dem Römer noch dem Hasmonäer ernsthaft als Mittel betrachtet werden konnten, um eine Anerkennung als Klientelkönig zu erwirken.[301]

2.3.3 Winterquartiere vom Gegner?

Trotz gewisser Vorbehalte, die man gegenüber dem Bericht über die Einquartierungen in Lydda hegen mag[302], kann die Darstellung historisch durchaus als plausibel angesehen werden: Denn möglicherweise funktionierte gerade die Versorgung der römischen Truppen durch ihren Verbündeten Herodes nicht ganz so reibungslos, wie es uns Josephus glauben machen will, der in seinem Bestreben, dem Leser einerseits die Fähigkeiten des Herodes und andererseits die Bestechlichkeit des Silo vor Augen zu führen, die diesbezüglichen Bemühungen des Idumäers natürlich als tadellos darstellt.[303]

Die Weigerung des Silo und seiner Truppen, die Belagerung Jerusalems im Winter fortzusetzen – angesichts des noch nicht endgültig gelösten Partherproblems – und deren Klagen über die Versorgungslage können als durchaus authentisch angesehen werden[304], denn der Erwerb und die Lieferung des Nachschubs an die römischen Truppen war eine

---

    Gefälligkeit möge sich irgendwann vielleicht doch bezahlt machen, eine Hoffnung, in der er sich freilich getrogen sah, da ihn der Triumvir 37 v. Chr. hinrichten ließ (Ios. bell. Iud. 1,18,2,357. Ant. Iud. 14,16,4,490. Cass. Dio 49,22,6).

[299] Man denke etwa an die Bedrängnis, in die Silo mit seinen Reitern am Amanos (Cass. Dio 48,41,1–4) und mit seinen Truppen beim ersten Abzug von Jerusalem (Ios. bell. Iud. 1,15,3,292) geriet.

[300] Herodes musste dies natürlich anders beurteilen. Bevor er selbst das Winterquartier bezog, ließ er Idumäa sichern, brachte seine Angehörigen nach Samaria und betrieb die Vertreibung seiner Gegner aus Galiläa (Ios. bell. Iud. 1, 16,1,303).

[301] Vgl. S. 168f.
[302] Vgl. Günther, S. 75.
[303] Vgl. S. 170f.
[304] Vgl. Günther, S. 75.

der Hauptaufgaben gerade der verbündeten Völker.³⁰⁵ Dass tatsächlich ein Mangel an Nahrungsmitteln bestand und dass damit auch die von den Römern vorgebrachten Klagen gerechtfertigt waren, wird aber durch Josephus' Berichte über die Bemühungen des Herodes bestätigt, Lebensmittel gegen den Widerstand der gegnerischen Truppen herbeizuschaffen.³⁰⁶ Denn zum einen wurden die akuten Versorgungsengpässe von Herodes erst nach dem Abbruch des Lagers vor Jerusalem als Reaktion auf die römischen Beschwerden beseitigt³⁰⁷, zum anderen konnte auch die langfristige Sicherstellung des Nachschubs erst nach weiteren Auseinandersetzungen gewährleistet werden, wie die Nachricht über die Lebensmitteltransporte zeigt, die ein Versorgungsdepot in Jericho zum Ziel hatten, die auf ihrem Weg aber von Einheiten des Antigonos bedroht worden waren.³⁰⁸ Die fünf römischen des insgesamt zehn Kohorten umfassenden Truppenkontingents, das Herodes zum Schutz der Transporte ins Felde führte, sahen sich dabei jedoch veranlasst, das in großen Teilen verlassene Jericho zu plündern³⁰⁹ – dies ist ein Hinweis auf die Unzufriedenheit dieser Soldaten, deren Forderungen, zu denen auch die Auszahlung von Geld zum Lebensunterhalt gehört hatte³¹⁰, von Herodes scheinbar noch nicht erfüllt werden konnten. Die mehrfache Betonung des Josephus, wie gut versorgt die Römer über den Winter lebten³¹¹, scheint die tatsächliche Situation, in der sich die Römer zumindest zu Beginn des Winters befanden, somit eher kaschieren zu wollen.

Eine Erweiterung des *bellum* durch die *antiquitates* stellt der Abschnitt dar, der besagt, Antigonos habe Silo und seinen Soldaten lediglich für die Dauer eines Monats Unterkunft gewähren wollen, woraufhin Herodes auch deren Versorgung übernommen habe.³¹² Doch

---

305 Caes. Gall. 1,48,2. 49,1. 5,26,2. Civ. 1,48,4. 3,42,4. Vgl. S. 49.
306 Ios. bell. Iud. 1,15,6,297-302. Ant. Iud. 14,15,3,406-412.
307 Ios. bell. Iud. 1,15,6,298-299. Ant. Iud. 14,15,3,407-408.
308 Ios. bell. Iud. 1,15,6,299-301. Ant. Iud. 14,15,3,408-410. Vgl: Des Flavius Josephus Jüdische Altertümer, Bd. 2, übers. v. Heinrich Clementz, Berlin und Wien 1923. In dieser Ausgabe liegt ein Fehler vor, da Jerusalem statt Jericho genannt wird. Den insgesamt zehn Kohorten, die Herodes wiederum zum Schutz der Transporte ins Feld führte, scheint es lediglich gelungen zu sein, die Bewohner der Stadt gefangen zu nehmen. Josephus spricht Bell. Iud. 1,15,6,301, ant. Iud. 14,15,3,410 von 500 Mann, die sich mit ihren Familien auf den Höhen verschanzt hatten.
309 Ios. bell. Iud. 1,15,6,301-302. Ant. Iud. 14,15,3,410-411.
310 Ios. bell. Iud. 1,15,6,297. Ant. Iud. 14,15,3,406.
311 Ios. bell. Iud. 1,16,1,303. Ant. Iud. 14,15,3,412. 14,15,4,419.
312 Ios. ant. Iud. 14, 15,4,418-419.

warum sollte Antigonos die gerade erst geknüpfte wichtige Verbindung zu den Römern so schnell wieder kappen und darüber hinaus versuchen, wie Josephus weiter berichtet, sie von allen Lebensmitteln abzuschneiden?[313] Möglicherweise ist der Ansicht Laqueurs zuzustimmen, der es für wahrscheinlich hält, dass der hier wiedergegebene Sachverhalt unhistorisch ist.[314]

Es ist schwer, eine definitive Aussage darüber zu treffen, ob und wieweit die einzelnen Schritte des Silo gegen die Direktiven des Antonius verstießen, die sicherlich ein gewisses Maß an Spielraum zuließen oder ob alle Maßnahmen auf militärische Notwendigkeiten zurückgeführt und durch sie begründet werden konnten. Dennoch scheint Silo mit der Zustimmung, einen Teil seiner Truppen durch Antigonos aufnehmen zu lassen, einen Schritt zu weit gegangen zu sein und hiermit nicht nur die Anordnungen des Antonius zu offenherzig interpretiert, sondern auch seine Kompetenzen überschritten zu haben. Für diese Einschätzung ist es wichtig, wie man sich diese Aufnahme vorzustellen hat: Lagerten die Römer Seite an Seite mit den Truppen des Antigonos oder hatte dieser lediglich die Lebensmittel zu bezahlen?[315] Am wahrscheinlichsten ist meines Erachtens die Annahme, der Hasmonäer habe die Bereitstellung und Lieferung der Lebensmittel übernommen, eine Maßnahme, die dem bisherigen Feind aber zeitweise eine Stellung einräumte, die der eines Verbündeten nahe kam.[316]

Der Bericht, der die hier relevante Frage beantwortet, inwieweit die Vorgehensweise des Silo von Ventidius mitgetragen wurde, liegt in zwei sich geringfügig unterscheidenden Versionen vor.[317] Aus beiden geht jedoch hervor, dass Ventidius Herodes als den einzigen legitimen römischen Verbündeten in Judäa betrachtet haben muss und Silo die ausdrückliche

---

[313] Man könnte an eine Art Falle denken, doch die Vernichtung eines Teils der Truppen des Silo durch Hunger hätte wahrscheinlich eine sofortige gemeinsame Reaktion durch Herodes und Silo ausgelöst und die bisherigen erfolgreichen Bemühungen des Antigonos, sich mit den Römern bis zum Eintreffen der Parther gut zu stellen, zunichte gemacht.
[314] Laqueur, S. 202.
[315] Vgl. Günther, S. 75, die annimmt, dass Antigonos allenfalls »das Zugeständnis erreicht hatte, für die Kosten des dortigen Winterquartiers aufzukommen«.
[316] Vgl. S. 49.
[317] Ios. ant. Iud. 14,15,5,420: »Ventidius aber, der in Syrien weilte, nahm den Silo gegen die Parther zu Hilfe, trug ihm jedoch auf, zuerst den Herodes in seinem Krieg zu unterstützen und dann zu dem Partherfeldzuge sämtliche Bundesgenossen aufzubieten.« Bell. Iud. 1,16,4,309: »[…] Ventidius aber entbot Silo und Herodes zum Krieg gegen die Parther, gab ihnen jedoch die Weisung, zuvor die Ordnung in Judäa wiederherzustellen.«

Anweisung gab, diesen nach Kräften zu unterstützen. Die Notwendigkeit, diese an sich klare Vorgabe zu wiederholen, ist möglicherweise sogar als Hinweis zu werten, dass Ventidius die vorangegangene Annäherung an Antigonos missbilligte. Die *Antiquitates* sind an der Stelle präziser, an der sie berichten, Ventidius habe nur den Silo zum Partherkrieg entboten, denn Herodes war aufgrund der noch ungeklärten Lage in Judäa gewiss unabkömmlich. Fraglich ist, inwieweit die beiden Fassungen gemeinsame Angabe korrekt ist, Silo habe Herodes seine Unterstützung gewähren sollen noch bevor jener sich nach Syrien zu begeben hatte[318], denn Ventidius stand – wie bereits dargelegt wurde – vor der Notwendigkeit, seine Truppen angesichts des drohenden Feindes schnellstmöglich zu sammeln.[319]

Die Vermutung, Ventidius habe die Anweisungen seines Gefolgsherrn bewusst missachtet, kann somit nicht aufrechterhalten werden. Ist die vorgenommene Einschätzung der Maßnahmen seines bevollmächtigten Offiziers korrekt, könnte man Ventidius allerdings vorwerfen, dass er Silo nicht gänzlich unter Kontrolle gehabt hatte. Gleiches gilt auch bezüglich des Verhaltens des Machairas, eines von Ventidius zu Herodes entsandten Kommandeurs von Hilfstruppen[320], der aus Unmut über ein misslungenes Unternehmen gegen Antigonos gegen alle Juden vorging, derer er habhaft werden konnte, inklusive der Anhänger des Idumäers.[321] Dieses Vorgehen war jedoch konträr zu den ihm erteilten Befehlen[322] und

---

[318] Wenn denn hier eine Ungenauigkeit vorliegen sollte, dann wäre es denkbar, dass diese einem Missverständnis entspringt, dem Josephus entweder selbst unterlegen war, oder das er in seinen Vorlagen vorgefunden hatte: Silo wurde nicht dazu aufgefordert, Herodes noch vor dem Marsch gegen die Parther zu unterstützen, sondern er wurde darauf hingewiesen, dass Herodes der Bundesgenosse war, für den er einzutreten habe. Man hätte diese Anweisung somit mehr als Ermahnung und richtungsweisende Aussage zu interpretieren.

[319] Cass. Dio 49,19,1. Frontin 1,1,6 spricht zwar davon, dass diese List dazu diente, die Legionen aus Kappadokien herbeizuholen, doch angesichts der drohenden Invasion der Parther wird er es nicht riskiert haben, Teile der Truppen vorher noch in einen anderen Einsatz zu schicken.

[320] Günther vermutet S. 79f. sicherlich zu Recht, dass Machairas Hilfstruppen befehligte, da er als Kommandeur einen griechischen Namen trug und Josephus bemerkt, dass ein Teil der Soldaten erst kürzlich in Syrien ausgehoben worden war (Bell. Iud. 1,17,1,324).

[321] Ios. bell. Iud. 1,16,6,317–319. Antigonos hatte versucht Machairas zu einem Verrat zu bewegen, doch der hatte aufgrund der Befehle des Ventidius und der besseren Bezahlung des Herodes, wie Josephus bemerkt, nicht die Absicht, darauf einzugehen. Er willigte nur zum Schein ein, um Antigonos auszukundschaften, ein Vorhaben, das der Hasmonäer aber durchschaute.

[322] Ios. bell. Iud. 1,16,6,318: Machairas achtete »den Befehl des Feldherrn, der ihn gesandt hatte, nicht gering«. Die *Antiquitates* (14,15,7,434–438) geben diese In-

entsprang seiner persönlichen Verärgerung, so dass Ventidius vorzuwerfen wäre, bei der Bestimmung des Kommandeurs der Einheit wiederum eine unglückliche Wahl getroffen zu haben. Es ist fraglich, ob dies ausreichend ist, um eine Demission des Ventidius durch Antonius zu rechtfertigen. Angesichts der im Großen und Ganzen überaus erfolgreichen Mission gegen die Parther ist dies äußerst unwahrscheinlich.

Zur Bewertung der insgesamt nicht ausreichenden römischen Unterstützung, die Herodes bis dahin erfahren hatte, gilt: Sowohl Antonius wie auch dem Idumäer musste bewusst gewesen sein, dass erst nach der Niederlage der Parther und der Beendigung der Belagerung von Samosata genügend Truppen zur Verfügung standen, um Herodes mit ganzer Kraft zu unterstützen, wie es dann auch geschah.[323] Die zeitweilige militärische Zurückhaltung der Römer gegenüber ihrem Gegner Antigonos, die dem Josephus fälschlicherweise als wohlwollende erschien, ist insgesamt als strategisch sinnvoll und vernünftig zu bewerten und stand im Einklang mit den Anweisungen des Antonius – möglicherweise mit Ausnahme der Annahme der Winterunterstützung, die dem Silo durch den Hasmonäer gewährt worden war.

2.4 Die Vorgehensweise gegen Antiochos von Kommagene

Die Rekonstruktion der Ereignisse vor Samosata und die Bewertung der Haltung, die Ventidius in deren Verlauf einnahm, werden durch die teils widersprüchlichen und teils unglaubwürdigen Angaben der Quellen erschwert. Es ist daher wiederum notwendig, die relevanten Stellen unserer Überlieferung im Einzelnen auf ihre historische Plausibilität zu prüfen, wobei der Bericht des Plutarch als Grundlage des Rekonstruktionsversuchs dienen wird, da die politische Konzeption, die dem Vorgehen des Ventidius und des Antonius zugrunde lag, hier deutlicher zu Tage tritt als bei Dio, wie im Folgenden zu sehen sein wird.

2.4.1 Kommagene im System der sog. Klientelstaaten

Die 1000 Talente, die Antiochos, so Plutarch, von sich aus als Zahlung offerierte, sind nach den Ausführungen über die finanziellen Beiträge

---

formation nicht, da sie den Machairas auf die Bestechungsvorschläge eingehen lassen. Laqueur hat jedoch S. 202ff. gezeigt, dass diese Version »nachträglich auf den Zusammenhang des bell. aufgepfropft« wurde, um das Verhalten des Antigonos in schlechterem Lichte darzustellen.

[323] Ios. bell. Iud. 1,17,2,327. Ant. Iud. 14,15,9,447: Der neue Befehlshaber im Osten und Nachfolger des Ventidius, Sosius, schickte nach dem Ende der Belagerung Samosatas zwei Legionen zu Herodes voraus und folgte mit dem Rest des Heeres.

der hellenistischen Herrscher[324] als selbst auferlegte Buße für seinen Seitenwechsel[325], als Kriegskostenentschädigung und – wohlwollend ausgedrückt – als Entscheidungshilfe für den gegnerischen Feldherrn Ventidius, ob er das Angebot zur Unterwerfung annehmen wolle, zu betrachten.[326] Im Gegensatz zu dem, was wir von den Maßnahmen gegenüber Antigonos wissen, ist hier entscheidend: Verbunden mit den Tributzahlungen war ausdrücklich das Angebot formuliert, sich dem Befehl des Antonius zu unterstellen; d. h. hier liegt der Wunsch vor, eine *amicitia* mit dem römischen Volk einzugehen, wodurch Antiochos den Status eines außenpolitisch Rom verpflichteten Klientelkönigs wieder erlangt hätte.[327] Mit der Gewährung des Wunsches und der Annahme des Geldes hätte Ventidius einen Weg beschritten, der ihm – wie bereits dargelegt[328] – nicht nur durch zahlreiche Beispiele in den Jahren des Bürgerkrieges[329], sondern auch durch das Beispiel des Antonius selbst vorgegeben worden war: Dieser hatte seine Tributforderungen an den Osten 41 v. Chr. in Ephesos, mit denen die Ansprüche der Heere von Philippi beglichen werden sollten, als Strafe für die Unterstützung der Caesarmörder deklariert und noch Ende des Jahres 39 v. Chr. die Ernennung von Königen an die Bedingung einer Geldzahlung geknüpft.[330]

Darüber hinaus ist die von Ventidius beabsichtigte Wiedergliede-

---

[324] Vgl. S. 165ff.
[325] Plut. Ant. 34,3. Antiochos, von Pompeius 64 v. Chr. in seinem Amt bestätigt (App. Mithr. 106,497. 114,559. Strab. 16,2,3), warnte den Senat 51 v. Chr. vor den Parthern (Cic. fam. 15,1,2. 3,1. 3,2. 4,3).
[326] Dio 49,20,5 berichtet, Ventidius habe den Feldzug gegen Antiochos aufgrund der Reichtümer Kommagenes unternommen, als Vorwand habe jedoch die Weigerung des Antiochos gedient, die parthischen Flüchtlinge auszuliefern.
[327] Vgl. Sall. Iug. 14,5: »Die übrigen Könige sind entweder, weil sie im Krieg besiegt waren, von euch in eure Freundschaft aufgenommen worden oder haben in eigener bedenklicher Lage eure Bundesgenossenschaft erstrebt [...].« Vgl. Dieter Timpe, Herrschaftsidee und Klientelstaatenpolitik in Sallusts Bellum Jugurthinum, Hermes 90 (1962), S. 334-375.
[328] Vgl. S. 165ff.
[329] App. civ. 1,102,475-476. Ios. ant. Iud. 14,3,2,39: Ptolemaios Mennaiou zahlte, um Vergebung für seine Verfehlungen zu erlangen, 1000 Talente an Pompeius, die dieser als Sold für seine Truppen verwendete. Ant. Iud. 14,5,1,81: Scaurus beendete den Krieg gegen den Nabatäer Aretas gegen die Zahlung von 300 Talenten. Vgl. Dahlheim, Gewalt und Herrschaft, S. 267f.
[330] App. civ. 5,5-6. App. civ. 5,75,319. Braund, Rome and the Friendly King, S. 64, hat deutlich gemacht, dass es völlig unsicher ist, ob unter den erwähnten Tributen tatsächlich so etwas wie regelmäßige Abgabenzahlungen zu verstehen sind. Die Annahme des Gegenteils erscheint wahrscheinlicher.

rung Kommagenes als Klientelstaat an das römische Reich[331] kongruent mit der von Antonius in den Jahren 37/36 v. Chr. betriebenen Neuorganisation des Ostens, die – in der älteren Forschung noch verurteilt[332] – in neuerer Zeit positiv bewertet wird[333] und deren Güte und Erfolg auch von Octavian anerkannt wurden, der sie in ihren maßgeblichen Zügen übernahm.[334] Antonius, dessen Maßnahmen in Teilen auf der Organisation des Ostens durch Pompeius beruhten[335], verzichtete weitgehend auf die Annexion ehemals freier Gebiete und setzte stattdessen auf die abhängigen Herrscher als eine tragende Funktion in seinem System[336], deren Hauptaufgabe es – wie bereits erwähnt – war, zur Verteidigung des Imperiums beizutragen.[337]

Schenkt man der Darstellung Plutarchs Glauben, so hat der Triumvir die militärisch und politisch sinnvolle Vorgehensweise, derer sich zu befleißigen Ventidius auch hier im Begriff war, zugunsten einer propagandistisch angeblich wertvolleren Eroberung[338] und entgegen seinen eigenen

---

[331] Die Tatsache, dass Ventidius dieses Ziel verfolgte, geht aus Plutarch Ant. 34,3 hervor, der durch die Aussage, Antonius gestatte seinem Kommandeur nicht, den Vergleich zu schließen, verdeutlicht, dass sich dieser mitten in den Verhandlungen befunden haben muss.

[332] Vgl. etwa Paul Groebe, RE 1,2, s.v. Antonius (Nr. 30), Sp. 2607.

[333] Syme, RR, 269–273. Buchheim, S. 96: »[Antonius hat] mit der Neuordnung und Stabilisierung des römischen Orients eine bedeutende politische Leistung vollbracht, die ihm als historisches Verdienst anzurechnen ist.« Christ, Krise und Untergang, S. 448. Simon Benne, Marcus Antonius und Kleopatra VII. Machtaufbau, herrscherliche Repräsentation und politische Konzeption, Göttingen 2001, S. 28–53, zusammenfassend über die Maßnahmen des Antonius und mit einem Überblick über die Forschung.

[334] Syme, RR, S. 270. S. 282f.

[335] Glen W. Bowersock, Augustus and the Greek World, Oxford 1965, S. 42f. Christ, Krise und Untergang, S. 273ff.: Neben dem Aufbau der Provinz Syrien stellten die Städte und die Klientelfürsten die wichtigsten Standbeine der Ordnung des Pompeius dar.

[336] Sherwin-White, S. 321. Antonius unterstrich die Bedeutung, die die Klientelherrscher für ihn hatten, indem er die Zahl der Provinzen von fünf auf drei reduzierte (Christ, Krise und Untergang, S. 447f.). Bedeutende Maßnahmen waren in den Jahren 37/36 v.Chr. – neben der Erhebung des Herodes zum König von Judäa im Jahr 40 v.Chr. – die Einsetzung der drei kleinasiatischen Herrscher Polemon (Pontos), Archelaos Sisinnes (Kappadokien) und Amyntas (Galatien) und die so genannte erste Schenkung an Kleopatra. Vgl. Buchheim S. 94f.

[337] Syme, RR, S. 271. Dahlheim, Gewalt und Herrschaft, S. 270f. Vgl. S. 165ff. Rom war zudem in der Lage, die Verwaltung des Landes zu delegieren, vgl. Benne, S. 44.

[338] Die Eroberung Samosatas dürfte kaum den gewünschten öffentlichkeitswirksamen Effekt gehabt haben, denn zu beeindruckend musste zum Vergleich der Sieg des Ventidius auf die Allgemeinheit gewirkt haben.

politischen Grundsätzen zur Neuordnung des Ostens abgelehnt. Plausibel ist dies nicht und daher anzuzweifeln. Führt man sich hingegen die dargelegten Prinzipien der von Antonius betriebenen Politik im Orient vor Augen, so wird deutlich, dass dieser wahrscheinlich von vornherein das Ziel gehabt hatte, Kommagene wiederum als abhängiges Königreich an Rom zu binden. Plutarch berichtet ausdrücklich, dass die Übereinkunft zwischen Antonius und Antiochos letztendlich doch geschlossen wurde, d. h. Antiochos ging eine *amicitia* mit den Römern ein[339] – wenn auch zu für ihn etwas günstigeren Bedingungen – und wurde dafür als Klientelkönig bestätigt. Sein Nachfolger Mithridates wird unter den abhängigen Königen genannt, die Antonius bei Actium unterstützten.[340]

Als einem der engsten Vertrauten des Triumvirn aber waren Ventidius dessen Vorstellungen im Hinblick auf die Neuordnung des Ostens gewiss bekannt, möglicherweise hatte er sogar eindeutige diesbezügliche Direktiven bekommen, nach denen er nun handelte.[341] Denn auch wenn die verschiedenen Maßnahmen, die im Rahmen dieser Politik bis ins Jahr 34 v. Chr. durchgeführt wurden[342], gewiss nicht von Beginn an bis ins kleinste Detail geplant worden waren, so muss die grundlegende politische Konzeption, die eine Bevorzugung der indirekten Herrschaft mittels Klientelkönigen gegenüber einer direkten Verwaltung vorsah, bald nach der Aufgabenteilung, die man im Zuge des Sieges bei Philippi vorgenommen hatte, von Antonius entwickelt worden sein[343] und kann im Jahre 39 v. Chr. sicherlich als Richtschnur seines Handelns betrachtet werden.[344]

---

[339] Dass dazu, neben der Zahlung einer Geldsumme, wiederum die Unterordnung unter den Befehl des Antonius gehörte, so wie Antiochos es schon bei seinem ersten Angebot an Ventidius offeriert hatte, zeigt die Wortwahl des Plutarch, der in beiden Fällen von σπένδεσθαι spricht, d. h. es solle ein Frieden/ein Vertrag, oder in der Übersetzung von Ziegler »ein Vergleich« geschlossen werden (Plut. Ant. 34,3–4).

[340] Plut. Ant. 61,1.

[341] Die Entscheidung, Herodes zum Herrscher von Judäa zu machen, war allerdings eine kurzfristige. Die Anweisung, Herodes bei der Erlangung seiner Herrschaft zu unterstützen, wurde dem bereits im Orient weilenden Ventidius daher von Q. Dellius überbracht, vgl. S. 111, Anm. 230.

[342] Buchheim, S. 8.

[343] Vgl. Buchheim, S. 14f. S. 55f.: Antonius habe den Archelaos Sisinnes, den er 37 oder 36 v. Chr zum König von Kappadokien machte, schon 41 v. Chr. unterstützt. Syme, RR, S. 222. Der Bericht über Antonius' Maßnahmen 41 v. Chr. bei Appian, civ. 5,4,15ff. Plut. Ant. 24f.

[344] App. civ. 5,75,319: Antonius setzte 39 v. Chr. Dareios in Pontos, Amyntas in Pisidien und Polemon (im Spätsommer des Jahres, so Buchheim, S. 51) in einem Teil Kilikiens ein.

Seit der Neuordnung des Ostens durch Pompeius, der bereits auf die Knüpfung persönlicher Verbindungen Wert gelegt hatte[345], hatte man erkannt, welche Bedeutung diesem Aspekt gerade in den Beziehungen zu den Herrschern des Ostens zukam.[346] Die Annahme erscheint daher plausibel, dass Antonius durch die Übernahme des Kommandos auch demonstrierte, dass er Wert darauf legte, den Vergleich mit Antiochos in Person zu schließen, weil er um die Signifikanz wusste, die der persönlichen Bindung gerade zu dem Herrn von Kommagene zukam, da dieser – nachdem er von Pompeius 64 v. Chr. in seinem Königtum bestätigt worden war – seinen Patron 49 v. Chr. im Bürgerkrieg gegen Caesar unterstützt hatte.[347] Es würde allerdings zu weit führen, in Antonius und Ventidius Rivalen um die Gunstbezeugungen auswärtiger Dynasten sehen zu wollen, in Anlehnung an die These Badians, nach der sich die *nobiles* aus innenpolitischen Gründen um das Patronat über ausländische Herrscher bemüht hätten.[348] Es werden innerhalb der Forschung zwar verschiedene Standpunkte hinsichtlich der Frage eingenommen, welche Bedeutung den Klientelkönigen in den innerrömischen Rivalitäten zukam, aber es ist äußerst unwahrscheinlich, dass Ventidius kurz vor Erlangung seines Triumphs versuchen sollte, in dieser Hinsicht in Konkurrenz zu seinem Gefolgsherrn zu treten, dem er immer loyal gedient hatte.[349] Einem solchen Ansinnen wäre darüber hinaus wohl auch kein Erfolg beschieden gewesen, denn der relevante Personenkreis wusste genau, dass Antonius der mächtigste Mann im Osten des römischen Imperiums war und um wen er sich demzufolge

---

[345] Christ, Krise und Untergang, S. 275.
[346] Manfred Clauss, Marcus Antonius – der andere Erbe Caesars, in: Karl-Joachim Hölkeskamp (Hg.), Von Romulus zu Augustus. Große Gestalten der römischen Republik, München 2000, S. 347: »Solchen Herrschern waren persönliche Bindungen vertraut, wie sie der hellenistische Osten seit Jahrhunderten kannte.« Bowersock, S. 43.
[347] App. Mithr. 106,497. 114,559. Strab. 16,2,3. Caes. civ. 3,4,5. App. civ. 2,49,202. Vgl. auch Tadasuke Yoshimara, Die Auxiliartruppen und die Provinzialklientel in der römischen Republik, Historia 10, 1961, S. 480f., der hervorhebt, dass nicht der Senat, sondern erst sein Patron Pompeius den Galater Deiotarus zur Waffenhilfe gegen Caesar bewegen konnte. Karl Christ, Geschichte der römischen Kaiserzeit. Von Augustus bis zu Konstantin, 5., durchgesehene Aufl. mit erweiterter und aktualisierter Bibliographie, München 2005, S. 61, hebt hervor, dass Antonius stärker auf Personen als auf Institutionen setzte.
[348] Ernst Badian, Foreign Clientela (264–70 B.C.), Oxford 1958, S. 263. S. 289.
[349] Gegen Badian wendet sich Bleicken, Rezension zu Ernst Badian, Foreign Clientela, S. 187: Die Republik wurde nicht durch die ›foreign clientela‹, sondern durch die Heeresclientel zerstört. Zur Debatte in der Forschung vgl. Coşkun, S. 10.

zu bemühen hatte.³⁵⁰ Der Triumvir und sein Befehlshaber werden sich über ihr gegenseitiges Verhältnis und die ihm innewohnende Machtverteilung ebenfalls im Klaren gewesen sein.

Aus diesen Überlegungen, ausgehend von dem Bericht des Plutarch, ergibt sich folgendes vorläufiges Ergebnis: Kommagene wurde wieder in die Reihe der römischen Klientelstaaten eingegliedert, eine Maßnahme, die von Ventidius im Einklang mit den politischen Plänen seines Oberbefehlshabers begonnen und schließlich von Antonius abgeschlossen wurde – allerdings zu offenbar günstigeren Bedingungen für den König, als man ursprünglich beabsichtigt hatte. Unglaubwürdig ist dagegen die Angabe Plutarchs, die Fortsetzung der Belagerung Samosatas finde ihre Begründung in der Eifersucht des Antonius. Cassius Dio bestätigt diesen Befund in Teilen, denn seine knappe Notiz, Ventidius habe Antiochos wegen dessen Reichtümern angegriffen – unter dem Vorwand, der König habe die Auslieferung der parthischen Flüchtlinge verweigert –, kann aufgrund des Zusammenhangs von finanziellen Forderungen mit der Aufnahme in eine *amicitia* ebenfalls als der Versuch interpretiert werden, Kommagene als abhängiges Reich an Rom zu binden.³⁵¹ Im Unterschied zu Plutarch aber weiß Dio nichts von einem Übergabeangebot des Antiochos an Ventidius, die Initiative für den Abschluss eines Vergleichs geht schlussendlich – so der Historiker – von Antonius aus.³⁵²

Die Betrachtung weiterer Zeugnisse bestätigt die Rückkehr Kommagenes in die Reihe der römischen Vasallenstaaten.³⁵³ Weiterhin lässt sich festhalten, dass dieses Ziel erst nach einer Belagerung von Samo-

---

[350] Ios. ant. Iud. 14,15,8,440 berichtet von einer großen Anzahl Menschen, die sich zu Antonius nach Samosata begeben wollten. Man wird in ihnen Gesandtschaften und Bittsteller vermuten dürfen, die sich in ihren Angelegenheiten an den wandten, den sie als mächtigsten Vertreter Roms und damit ihren Herrn anerkannten. Vgl. Plut. Ant. 24,1 über die Könige, die Antonius 41 v. Chr. ihre Aufwartung machten. App. civ. 5,4,16 zu den Gesandtschaften der Griechen und anderer Völker an Antonius. App. civ. 5,75,318–319. Plut. Ant. 34,3 berichtet ausdrücklich, dass sich Antiochos dem Befehl des Antonius unterstellen wollte.

[351] Vgl. S. 165ff.

[352] Cass. Dio 49,22,1.

[353] Oros. 6,18,23 (vgl. S. 137, Anm. 87). Ios. bell. Iud. 1,16,7,322: »Der König Antiochos aber wurde genötigt, Samosata zu übergeben.« Ant. Iud. 14,15,9,447: »Antiochos aber übergab die Festung bald […].« Bell. Iud. 1,17,2,327: »Denn nach der Einnahme von Samosata hatte Antonius den Sossius als Befehlshaber über Syrien eingesetzt […].« Vgl. auch Christopher B. R. Pelling, The Triumviral Period, in:, Alan K. Bowman, Edward Champlin, Andrew Lintott (Hg.), The Cambridge Ancient History, second edition, Bd. 10: The Augustan Empire 43 B.C. – A.D. 69, Cambridge 1996, S. 24, Anm. 103.

sata erreicht wurde, trotz der widersprüchlichen Angaben, die von den Quellen über den Verlauf und das Ende der Belagerung selbst und den damit verbundenen Bedingungen gemacht werden.[354] Da die von Plutarch und Dio behauptete Eifersucht des Antonius und der daraus folgende Wunsch, Samosata aus Prestigegründen zu erobern, als unwahrscheinlich oder als Konstrukt abgelehnt werden muss[355], bleibt die Frage, weshalb der Angriff auf Samosata nach dem Eintreffen des Antonius vor der Stadt fortgeführt wurde.

2.4.2 Der Angriff auf Samosata

Buchheim hat die These vertreten, nach der sich Antonius entschlossen habe, Antiochos wegen dessen Unterstützung der Parther abzusetzen und an seiner Stelle den bei Dio erwähnten Thronprätendenten Alexander[356] zum König zu erheben.[357] Vom Verlust seiner Herrschaft und seines Lebens bedroht, habe Antiochos hartnäckig Widerstand geleistet und Antonius ein Ende der Feindseligkeiten und die Wiederaufnahme in die Reihe der römischen Klientelkönige abgerungen, da dieser, in seinen rückwärtigen Verbindungslinien bedroht und darauf bedacht, dem Herodes endlich die dringend benötigte Hilfe zu gewähren, einem länger dauernden Engagement abgeneigt war.[358] Darüber hinaus habe der zu erwartende Thronwechsel in Parthien und die damit verbundene Wendung gegen eine Beteiligung seiner Familie an der dortigen

---

[354] Laut den *Antiquitates* des Josephus (14,15,8,439-9,447) bestand der Verdienst des Herodes bei der Eroberung Samosatas vor allem in der Sicherung der Nachschubwege. Nach dem *Bellum* (1,16,7,322) entschied Herodes durch sein Erscheinen die Auseinandersetzung, spricht dabei aber unpräzise von der Tötung vieler »Barbaren« und dem Einbringen reicher Beute. Bei Cass. Dio 49,22,1-2 fällt die Beurteilung des Antonius und seiner Leistung am negativsten aus, während Plut. Ant. 34,2-4 und Oros. 6,18,23 im Vergleich zu Dio und Josephus eine Zwischenstellung einnehmen; beide kennen jedoch das Neidmotiv und beiden ist daher ebenfalls eine gewisse negative Tendenz zu Eigen.

[355] Ähnlich auch Bengtson, Antonius, S. 181, Southern, S. 137. Zu der negativen Färbung der Stelle bei Dio vgl. S. 159ff. Den Wunsch, Samosata zu erobern, führt nur Plutarch direkt auf den Neid des Antonius zurück. Dio gibt für diesen Schritt keine Begründung an, er setzt den Bericht über die Vorgänge vor Samosata, der mit der Notiz endete, Antonius habe Ventidius aus Neid auf dessen selbständige, ausgezeichnete Leistung des Kommandos enthoben, nach einem Exkurs über Verdienste und Vergangenheit des Ventidius fort.

[356] Cass. Dio 49,22,2.

[357] Buchheim, S. 80f. Vgl. Pelling, Life of Antony, S. 211.

[358] Ios. bell. Iud. 14,15,8,440-447. Buchheim verweist S. 80f. zudem auf die noch nicht beendete Belagerung von Arados.

Regierung den Seitenwechsel des Antiochos ermöglicht.[359] Mit der Ermordung des Thronprätendenten Alexander habe Antonius die Herrschaft des Königs garantiert.[360]

Die These trägt den dargelegten Grundprinzipien der Orientpolitik des Triumvirn Rechnung und vermag die Fortführung der Belagerung zu erklären, ohne auf die Neidhypothese Plutarchs zurückgreifen zu müssen. Die Annahme, Antonius habe den wankelmütigen und unzuverlässigen König[361] durch einen ihm ergebenen Thronprätendenten ersetzen wollen, erscheint in Anbetracht der vergleichbaren Vorgehensweise des Triumvirn in anderen abhängigen Königreichen als plausibel.[362] Allerdings: Die an sich sehr ansprechende Interpretation muss sich auf den knappen Verweis des Dio stützen, der als einziger von Alexander zu berichten weiß.[363] Gewiss wird es in Kommagene eine Opposition gegeben haben[364], doch weder erfahren wir etwas über die Umstände der Flucht jenes Alexanders und den Grund, weshalb Antiochos seinen Tod wünschte, noch über die Stellung, die er in Kommagene bekleidete bzw. inwieweit er auf politische und militärische Erfahrung zurückgreifen konnte und damit, vergleichbar dem Herodes, ein für Rom ernstzunehmender Kandidat für den Thron gewesen wäre.[365] Die

---

[359] Vgl. Buchheim, S. 81: »[...] [D]enn seine am parthischen Königshof lebenden Enkel, die Kinder seiner mit Orodes vermählten Tochter, waren die Konkurrenten des neuen, bzw. zu erwartenden parthischen Königs und fielen diesem wenig später als erste zum Opfer.« (Cass. Dio 49,23,4).

[360] Buchheim, S. 81.

[361] Cicero befand sich schon 51 v. Chr. im Zweifel, ob man Antiochos trauen könne (Cic. fam. 15,1,2).

[362] Herausragendes Beispiel ist Herodes in Judäa. Dort wie auch in Pontos, Kappadokien und Galatien beförderte Antonius Männer auf den Thron, die sich, so Buchheim, S. 94, »weder auf eine dynastische Familientradition stützen konnten, noch den Völkern entstammten, die sie nun beherrschen sollten«. Vgl. auch Jochen Bleicken, Augustus. Eine Biographie, Berlin 1998, S. 257.

[363] Cass. Dio 49,22,2: »Jedenfalls erhielt Antonius abgesehen von zwei und damit unbedeutenden Personen keine Geiseln und auch nicht die geforderten Gelder, ja er bewilligte Antiochos sogar noch die Tötung eines gewissen Alexander, der zuvor ihn verlassen hatte und zu den Römern übergelaufen war.«

[364] Buchheim, S. 120, Anm. 199, führt folgende Quellenstellen als Nachweise für die Existenz einer Opposition in Kommagene an: »Tac. ann. 2,42,5; Jos. annt. 12,237ff.; Cass. Dio 52,43,1 und 54,9,3.«

[365] Buchheim, S. 94, charakterisiert die vier von Antonius neu eingesetzten Klientelkönige Herodes (Judäa), Polemon (Pontos), Archelaos Sisinnes (Kappadokien) und Amyntas (Galatien) als tatkräftige Männer mit wirtschaftlicher Kompetenz und politischen Ambitionen, die den Thron aufgrund ihrer Befähigung und ihrer Verdienste erhalten hätten.

kurze Passage über Alexander steht darüber hinaus im Zusammenhang der Bedingungen, unter denen Antiochos den Vergleich mit Antonius schloss, wobei letzterer aber dem König von Kommagene sehr weit entgegenkommen musste.[366] Weder erscheint der Abschluss eines Abkommens zu diesen für Antonius ungünstigen Konditionen glaubhaft, noch kann man sich des Eindrucks erwehren, dass der Bericht vornehmlich dem Zwecke dient, die Unfähigkeit, ja die Ruchlosigkeit des Antonius zu illustrieren, der nicht einmal davor zurückschreckt, dem Antiochos die Tötung eines zu den Römern übergelaufenen Flüchtlings aus Kommagene zu bewilligen. Die Auslieferung von Überläufern war normalerweise jedoch eine Bedingung, die dem Verlierer auferlegt wurde.[367] Es erscheint mir daher zumindest fraglich, ob die kurze Erwähnung Alexanders durch Dio eine ausreichende Basis für die dargelegte These Buchheims darstellen kann.

Aufgrund der geäußerten Skepsis soll im Folgenden versucht werden – um zur Erklärung der fortgesetzten Belagerung Samosatas nicht doch die Neidhypothese Plutarchs bemühen zu müssen, in deren Konsequenz man zu der Annahme gezwungen wäre, Antonius sei um einer wenig prestigeträchtigen Eroberung willen kurzzeitig von seinen außenpolitischen Grundsätzen abgewichen –, eine alternative Deutung der Geschehnisse in den Raum zu stellen: Nicht Antiochos bat um eine Aufnahme in eine *amicitia*, sondern Ventidius und Antonius mussten den von ihnen – mangels personeller Alternative – gewünschten erneuten Anschluss des Königs an Rom erst durch einen Angriff erzwingen – eine nicht ungewöhnliche Vorgehensweise zur Knüpfung einer solchen Verbindung.[368] Erschwert wurde dieses Vorhaben durch die harten Bedingungen, die dem Herrn von Kommagene dabei von Ventidius gestellt wurden, zu denen neben den finanziellen Forderungen auch die Auslieferung der parthischen Flüchtlinge gehört haben könnte[369], auch

---

[366] Dio spricht 49,22,1 von einem Scheinvertrag, den Antonius schloss, »damit er einen glaubwürdigen Grund habe abzuziehen«.

[367] Vgl. App. Syr. 38,197ff. über die Konditionen an Antiochos III. d. Gr. Hier ist die Herausgabe der Überläufer sogar Bestandteil der gegenüber dem ersten Friedensangebot noch verschärften Bedingungen (App. Syr. 29,147ff). Es ist fraglich, ob Antonius eine solche Bedingung akzeptieren würde, von einem König, der seine Autorität anerkennen sollte. Es hat den Anschein, dass dieses Detail vornehmlich dazu dienen soll, den angeblichen Misserfolg des Triumvirn herauszustreichen. Vgl. Reinhold, From Republic to Principate, S. 52. Zur negativen Beurteilung des Antonius bei Dio, vgl. auch ders., S. 18, S. 26, S. 50. Bengtson, Antonius, S. 305.

[368] Sall. Iug. 14,5.

[369] Vgl. Reinhold, From Republic to Principate, S. 52, der der Ansicht ist, Antiochos

wenn dieses Ansinnen von Dio als Vorwand bezeichnet wird. Unter diesem Blickwinkel betrachtet, wäre die Angabe Plutarchs umzudrehen, d. h. nicht Antiochos habe 1000 Talente für eine Verständigung geboten, sondern Ventidius habe diese verlangt.[370] Gestützt wird diese Vermutung durch zwei Aspekte:

Erstens: Dio berichtet, Ventidius sei von Antonius während seines Unternehmens, Geld von Antiochos zu fordern, aus Gründen der Eifersucht abberufen worden.[371] Nach einem kurzen Exkurs über Ventidius' Triumph und seine Vergangenheit greift Dio die unterbrochene Darstellung der Ereignisse im Orient wieder auf und teilt dem Leser mit, Antonius habe Antiochos angegriffen[372], dann aber die Belagerung unverrichteter Dinge beenden müssen. Plutarch berichtet im Grunde dasselbe.[373] Er zieht nur den Abschluss des Vergleichs mit Antiochos vor die Würdigung des Ventidius und seiner Lebensleistung und ergänzt seine Darstellung im Vergleich zu Dio um die entscheidende Aussage, der Herr von Kommagene habe selbst die Unterwerfung angeboten. Diese Angabe dient augenscheinlich jedoch dazu, die bereits angedeutete Charakterschwäche des Antonius noch stärker hervorzuheben, denn wie sonst könnte der Leser sich die völlig unsinnige Fortführung der Belagerung – angesichts des bereits vorliegenden Unterwerfungsangebots von Antiochos – anders erklären als mit den

---

habe durch das Versäumnis, die Entschädigung zu zahlen, die Belagerung heraufbeschworen. Antiochos war bereits ein Verbündeter Roms gewesen, so dass nicht ausgeschlossen ist, dass seinem Widerstand nicht nur prinzipielle Erwägungen zugrunde lagen, sondern auch der Wunsch, günstigere Konditionen für sich zu erkämpfen. Zu der Reihe von Bedingungen, die Ventidius und Antonius Antiochos vorgelegt haben, durch deren Erfüllung sich der König von Kommagene die neuerliche Freundschaft der Römer erkaufen konnte, gehörte auch die Forderung nach Stellung von Geiseln, was jedoch nicht ungewöhnlich war (Cass. Dio 49,22,2).

[370] Ähnlich argumentiert schon Bürcklein, S. 40, der die verschiedenen Angaben von Dio und Plutarch, nach denen Antonius kein Geld bzw. nur 300 Talente empfangen habe, miteinander vereinbaren will, indem er annimmt, dass Antonius nur 300 Talente erhielt, obwohl er eine größere Summe gefordert hatte.

[371] Cass. Dio 49,20,5–21,1: »Ventidius selbst unternahm noch einen Feldzug gegen Antiochos. Als Vorwand diente ihm die Tatsache, daß er die Auslieferung der Flüchtlinge verweigert habe, der wahre Grund aber waren die gar reichen Schätze, die er besaß. Ventidius war mit seinem Unternehmen schon so weit, da stieß plötzlich Antonius auf ihn, und statt sich über die Erfolge zu freuen, war er in Wirklichkeit neidisch auf ihn [...].«

[372] Cass. Dio 49,22,1 »Dieses Ereignis [der Triumph des Ventidius] spielte nun freilich in späterer Zeit; damals aber griff Antonius den Antiochos an [...].«

[373] Plut. Ant. 34,3ff. Die Bedingungen, zu denen Antiochos den Vergleich schließt sind in Dios Darstellung wesentlich günstiger.

negativen Wesenszügen des Triumvirn?[374] Durch die Anführung des Angebots von Antiochos gelingt es Plutarch, seine Neidhypothese zu untermauern – geschickter als Dio die seine, möchte man sagen. Damit ist aber die Möglichkeit gegeben, dass dieses bei Dio nicht wiedergegebene Detail ein Einschub ist, der historisch als nicht korrekt anzusehen ist.[375] Anders ausgedrückt: Erst wenn wir diese Angabe als unzutreffend betrachten, können wir die von den Quellen übereinstimmend berichtete Fortsetzung der Belagerung auf eine andere Weise erklären als mit dem Neid des Antonius. Als Alternative bliebe nur die Annahme Buchheims, der Triumvir habe Antiochos durch einen Thronprätendenten ersetzen wollen; dafür ist die Basis in den Quellen allerdings etwas schwach. Da die Neidhypothese jedoch nach den bisherigen Ausführungen als wenig wahrscheinlich und unplausibel abgelehnt werden muss und die Darstellung des Dio eine alternative Version anbietet, ist die dargelegte Interpretation meines Erachtens durchaus bedenkenswert. Der ansonsten sehr tendenziöse Bericht des Dio scheint an dieser Stelle korrekter zu sein als der des Plutarch.

Zweitens: Es wurde bereits deutlich, wie Ventidius seinen enormen finanziellen Bedarf durch die Einforderung hoher Summen[376] von regionalen Dynasten und den Bewohnern der Provinz zu decken gedachte[377], so dass es auch in dieser Situation – analog zu den vorhergehenden Maßnahmen – nicht unwahrscheinlich ist, dass er seine Ansprüche mit der Selbstsicherheit eines siegreichen römischen Militärs sogleich an den Herrn von Kommagene richtete, ohne auf ein Übergabeangebot zu warten.[378] Wie Will gezeigt hat, war Julius Caesar auch ein Meister darin, die zur Führung seiner zahlreichen Kriegszüge

---

[374] Pelling, Life of Antony, S. 15: »We are gradually shown a noble and brilliant nature, a man torn by psychological struggle and cruelly undone by his flaws: by his weakness of will, by his susceptibility, by his sad and conscious submission to his own lowest traits.« Bengtson, Antonius, S. 303: Das Porträt des Antonius ist »im ganzen zu dunkel und zu negativ ausgefallen«.

[375] Es ist bemerkenswert, dass Dio dieses Detail nicht kennt, das sich auf die Beurteilung des Triumvirn nachteilig auswirkt, obwohl er ihm sonst in diesem Abschnitt ganz und gar nicht wohlgesinnt ist.

[376] Durch die Gleichsetzung der Drachme mit dem Denar ergibt sich der Gegenwert von 6000 Denaren für ein Talent (vgl. Friedrich Hultsch, RE 1,9, s.v. Denarius, Sp. 209.). Zum Vergleich: Der jährliche Sold eines Legionärs betrug seit Caesar 225 Denare (vgl. Kromayer-Veith, S. 412).

[377] Cass. Dio 48,41,5. 49.20,5. Ios. bell. Iud. 1,15,2,288f. Ant. Iud. 14,14,6,392.

[378] Natürlich ist auch der umgekehrte Weg grundsätzlich nicht auszuschließen: Offensichtlich bot Tigranes Pompeius 6000 Talente für die Herrschaft über Armenien (App. Mithr. 104,490).

benötigten Geldmittel zu organisieren, so dass Anlass zu der Vermutung besteht, Ventidius habe sich auch hier als gelehriger Schüler seines alten Gefolgsherrn präsentiert.[379]

Es wurde zwar gezeigt, dass er sich bei der Einforderung von monetären Leistungen bisher zuerst an den militärischen Erfordernissen orientiert hatte[380], doch es dürfte kein Zweifel daran bestehen, dass Ventidius sich bei diesen Gelegenheiten auch persönlich enorm bereicherte. Kann diese Einsicht dazu führen, die Einforderung dieser Kontributionen als Vergehen zu werten, an dem sein Gefolgsherr Anstoß genommen hat? Einerseits war eine solche Vorgehensweise eine zwar verwerfliche, aber gängige Praxis der meisten römischen Feldherren und Provinzstatthalter[381], gegen die sich auch Antonius nicht verwahrt haben wird. Der Vorwurf der Veruntreuung wird von den Quellen gegenüber Ventidius nicht erhoben. Andererseits ist der Gedanke, Ventidius könnte durch überhöhte Forderungen den Widerstand des Antiochos herausgefordert und damit ein mögliches früheres Ende der Belagerung verhindert haben, nicht ganz von der Hand zu weisen. Es muss letztlich aber spekulativ bleiben, ob Antonius diese Vorgehensweise als vermeidbar betrachtet und zum Anlass für Kritik genommen hatte, denn hierfür müsste man zum einen Kenntnis darüber haben, wie viel Antonius selbst verlangt hätte. Zum anderen wissen wir nicht, welchen Anteil die Kriegskosten verschlangen und wie viel in die privaten Kassen des Ventidius wanderte, obwohl dies mit Sicherheit kein geringer Betrag war. Auch die Vermutung, Antiochos hätte bei geringfügigeren Tributforderungen einer Übergabe sofort zugestimmt, ist unbewiesen, denn die Entscheidung über seine zukünftige Parteinahme hing vermutlich nicht nur von finanziellen Kriterien ab.[382] Schlussendlich ist das Ergebnis der Belagerung entgegen den Schilderungen von Dio und Plutarch nicht als Debakel aufzufassen; möglicherweise nahm der Triumvir sie sogar zum Anlass seiner dritten *ac-*

---

[379] Wolfgang Will, Julius Caesar: eine Bilanz, Stuttgart, Berlin, Köln 1992, S. 249: »Wer die lange Liste der Eigenschaften, die die Historiker Caesar zuschreiben, vermehren möchte, könnte berechtigterweise das Attribut Geschäftssinn hinzufügen.« Vgl. Suet. Caes. 54 zu Caesars Geldbeschaffungsmaßnahmen und bell. Afr. 90,1ff. über die Zahlungen der Bankiers in Utica 46 v. Chr.
[380] Vgl. S. 168f.
[381] Dahlheim, Die Antike, S. 384. Wylie, S. 139. Vgl. Cic. Att. 6,1,2 über die Auspressung Kilikiens unter Ap. Claudius Pulcher.
[382] Vgl. Buchheim, S. 81, zu Antiochos' familiären und politischen Bindungen an den parthischen Königshof.

clamatio imperatoria.[383] Etwaige, zuvor an Ventidius geäußerte Kritik wäre damit überholt gewesen.

Antonius sah sich, nachdem er planmäßig den Oberbefehl übernommen hatte und Antiochos die römischen Forderungen abgelehnt hatte, gezwungen, die von Ventidius begonnene Belagerung fortzusetzen, bis eine Einigung unter der Voraussetzung gemäßigter Bedingungen zustande kam.[384] Der Wunsch, möglichst bald alle Kräfte für die Rückeroberung Jerusalems zur Verfügung zu haben, wird den Triumvirn zu Verhandlungen und zu Zugeständnissen bei den Konditionen bewogen haben; Antiochos hingegen sah sich durch den militärischen Druck zu jenem Schritt veranlasst. Die sich abzeichnenden politischen Veränderungen in Parthien mögen ihm seinen Entschluss erleichtert haben.[385] Da nach Abschluss der Belagerung jedoch nicht die Annexion Kommagenes erfolgte, sondern lediglich die wahrscheinlich bereits vorher geplante Wiederaufnahme des Landes in die Reihe der römischen Klientelstaaten, wurde dies von der proaugusteischen Geschichtsschreibung als Fehlschlag des Antonius dargestellt. Eine dem Antonius wohlgesinnte Überlieferung bietet hingegen Josephus, der das Unternehmen – angesichts der Orientpolitik des Triumvirn, die auf die Anbindung der hellenistischen Staaten an Rom als Klientelstaaten setzte, wohl zu Recht – als Erfolg darstellt, seiner Tendenz entsprechend, dabei aber etwas unpräzise den Eindruck erweckt, Kommagene wäre vollständig erobert worden.[386]

2.5 Ergebnis

Der Einwand, es habe vor Samosata die Möglichkeit von Meinungsverschiedenheiten zwischen dem Triumvir und seinem Proconsul über die angemessene Vorgehensweise bestanden, ließe sich anhand der bei-

---

[383] Vgl. S. 223f.
[384] Die seit Jahren geübte Praxis, eine Aufnahme in eine *amicitia* an die Zahlung eines finanziellen Beitrages zu koppeln, lässt es als wahrscheinlich erscheinen, dass auch Antiochos dieselbe zu leisten hatte und somit die Angabe bei Cass. Dio 49,22,2, Antonius habe keinerlei Gelder empfangen, abzulehnen ist. Daher ist möglicherweise die bei Plut. Ant. 34,4 überlieferte Angabe korrekt, nach der Antiochos 300 Talente zahlte.
[385] Buchheim, S. 81. Vgl. S. 186f.
[386] Ios. Bell. Iud. 1,16,7,321–322. Ant. Iud. 14,15,9,447. Vgl. S. 185, Anm. 353. Josephus hob den Anteil des Herodes am erfolgreichen Abschluss der Belagerung als außerordentlich hervor. Da dies vermutlich seinem Bestreben geschuldet ist, dessen Taten besonders zu würdigen, ist diese Darstellung vermutlich auch mit etwas Skepsis zu betrachten.

den letztgenannten Erklärungsmodelle zwar zunächst gegen die hier vertretene Ansicht ins Feld führen, Ventidius habe Antonius keinen Anlass gegeben, mit dem eine Entlassung aus seinen Diensten zu rechtfertigen gewesen wäre.[387] Da Ventidius jedoch in beiden Fällen nicht von dem skizzierten Grundprinzip der Politik seines Herrn abwich – Klientelkönige als Stützen der römischen Macht einzusetzen –, lässt sich meines Erachtens auch hier kein *ernsthaftes* Zerwürfnis zwischen dem Triumvir und seinem Proconsul glaubhaft machen. Gewiss ist auch bei einem bis dahin funktionierenden Vertrauensverhältnis, wie man es zwischen Ventidius und Antonius vorfindet, grundsätzlich die Möglichkeit einer Auseinandersetzung über fachliche Fragen gegeben, die im Extremfall zu einem Konflikt und zur Trennung führen kann. Davor ist letztlich keine Verbindung gefeit. Eine solche Vermutung ist hier anhand der Quellen jedoch nicht nachweisbar. Angesichts des bis hierher verfolgten Lebenslaufes des Ventidius, der uns als überaus ehrgeiziger, aber loyaler Gefolgsmann Caesars und Antonius' und als einer der engsten Vertrauten des Letzteren begegnet, erscheint es mir im Gegenteil wahrscheinlicher zu sein, dass Ventidius über die Vorstellungen seines Gefolgsherrn bezüglich des Umgangs mit Antiochos und dessen Reich sehr genau informiert gewesen war und diese bei seinen Maßnahmen berücksichtigte und mit ihnen in Einklang brachte. Von diesem Standpunkt aus betrachtet, erscheint auch die von Wylie geäußerte Kritik an den politischen und administrativen Fähigkeiten, die Ventidius während seines Kommandos demonstrierte, nicht gerechtfertigt.[388] Von mangelndem Verständnis für das römische Herrschaftssystem kann, wie den Ausführungen in diesem Kapitel zu entnehmen ist, nicht die Rede sein.

Die Belange der Zivilbevölkerung und ihre Bedrückung durch die Kontributionen werden ihn dagegen nicht interessiert haben, eine Haltung, mit der er sich in trauter Eintracht mit den meisten aristokratischen Provinzstatthaltern befand. Unklug ist diese Haltung vom Standpunkt des Militärs betrachtet dann, wenn sich daraus negative Folgen für seine Mission ergeben, eine Einstellung, die man – nebenbei

---

[387] Diskussionen wären über folgende Fragen denkbar: An welche Bedingungen sollte die Wiederaufnahme Kommagenes in die Reihe der römischen Klientelkönigreiche geknüpft werden, welche Summe sollte gefordert werden oder welchem Herrscher sollte die Regierung des Landes übertragen werden?
[388] Wylie, S. 139f.: »It is questionable whether he was a good administrator [...]. He knew nothing of Roman law; [...] He should have been more *au fait* with roman policy.«

gesagt – grundsätzlich nur als menschenverachtend bezeichnen kann. Negative Folgen waren Ventidius daraus jedoch nicht erwachsen. Dem entgegen steht die von Milde und Gerechtigkeit geprägte Haltung des Pakoros, die allerdings ebenfalls mehr taktischen Erwägungen geschuldet gewesen sein dürfte.[389]

Ein letzter Aspekt bedarf der Berücksichtigung: Antonius war sicherlich nicht erfreut über sein verspätetes Erscheinen auf dem östlichen Kriegsschauplatz, das ihm die Gelegenheit nahm, den in der caesarischen Partei und in der Öffentlichkeit populären Sieg gegen die Parther selbst zu erringen, so wie er es wahrscheinlich fest eingeplant hatte.[390] Antonius hatte sich den Ostteil des Reiches und damit die Möglichkeit auf eine wie auch immer geartete Weise gegen die Parther vorzugehen bereits nach Philippi übertragen lassen, konkrete Kriegspläne hegte er aber wohl erst seit dem Beginn der Invasion der Parther.[391] Mehrfach war er durch unvorhergesehene Ereignisse davon abgehalten worden, die Kampfhandlungen von römischer Seite aus zu eröffnen bzw. persönlich auf dem Kriegsschauplatz zu erscheinen, zuletzt noch im Frühjahr 38 v. Chr.[392] Er wird den Sieg des Ventidius selbstverständlich begrüßt haben, doch angesichts des Prestiges, das ihm ein solcher Erfolg sowohl in der Öffentlichkeit als auch bei seinen eigenen Soldaten eingebracht hätte, deren Treue immer wieder durch Siege und durch Beute erkauft werden musste[393], und in Anbetracht der Notwendigkeit, seine Stellung als Triumvir im Allgemeinen und als angesehenster unter ihnen im Besonderen[394] immer wieder bestätigen zu müssen, wird ersichtlich, dass Antonius einen solchen Sieg – der wohl ruhmreichste, der in den zahlreichen Auseinandersetzungen dieser Jahre zu erzielen war – für sich selbst vorgesehen hatte.[395] Dieser Schluss bietet aber

---

[389] Cass. Dio 49,20,4. Vgl. Cic. ad Q. fr. 1,7–9 zu den Tugenden eines Statthalters. Eine pflegliche Behandlung der Bevölkerung kann dem Eroberer deren Sympathien erwerben. Nutzen konnte Pakoros daraus jedoch nicht ziehen, da die Möglichkeiten der Bevölkerung begrenzt waren. Nur die Aradier leisteten den Römern länger Widerstand, vgl. Cass. Dio 48,41,4. 49,22,3.

[390] Vgl. Timpe, Die Bedeutung der Schlacht von Carrhae, S. 119.

[391] Vgl. S. 112ff.

[392] App. civ. 5,78,333–79,334: Antonius hatte sich auf Ersuchen Octavians in Brundisium eingefunden.

[393] Caes. civ. 2,31,3: Militärischer Erfolg als Grundlage der Beliebtheit eines Feldherrn. Cass. Dio 42,49,4: Caesars berühmter Satz, dass die Herrschaft auf zwei Dingen beruhte: Soldaten und Geld.

[394] Vgl. Syme, RR, S. 229.

[395] Vgl. Syme, RR, S. 269: »[...] [N]icht Ventidius, sondern der Sieger von Philippi hätte die Parther aus Asien vertreiben sollen.«

weder hinreichend Anlass zu der Vermutung, Antonius habe Ventidius aus diesem Grunde in den Ruhestand versetzt, noch vermag er die Annahme zu stützen, er habe ein solch prestigeträchtiges Ziel wie die Rache für Carrhae[396] durch die Eroberung Samosatas zu ersetzen versucht, deren Ergebnis, die Wiedereingliederung Kommagenes in die Reihe der römischen Klientelkönigreiche – unter welchem Herrscher sei dahingestellt –, wohl von vornherein Bestandteil seines Planes zur Neuordnung des Ostens gewesen ist. Dieser Schluss berechtigt aber möglicherweise zu der Annahme, Antonius habe sein verspätetes Erscheinen auf dem Schauplatz dieses – nach dem Parthereinfall notwendig gewordenen – Defensivkrieges zum Anlass genommen, sein zuvor wahrscheinlich nur im vorläufigen Planungsstadium befindliches Projekt eines offensiven Krieges gegen das Partherreich – womöglich nach dem Vorbild Caesars[397] – wieder aufzunehmen.[398]

Um nochmals auf die eingangs gestellte Frage zurückzukommen: Im Verlauf seines Aufenthalts im Osten waren Ventidius zwar Fehler unterlaufen, die das Missfallen des Antonius und seine Kritik unter Umständen hätten hervorrufen können. Dazu gehören gegebenenfalls die Wintereinquartierungen, die sein Offizier Silo hatte vornehmen lassen, die unterschätzte Geschwindigkeit des parthischen Angriffs im Frühjahr 38 v. Chr., die möglicherweise überhöhten Geldforderungen an Antiochos und die Bestellung des Machairas zum Kommandeur. Inwieweit Antonius diese Vorkommnisse als Vergehen bewertet hat, ist den Quellen nicht zu entnehmen und muss spekulativ bleiben. Angesichts des letztlich aber mit überragendem Erfolg beendeten Feldzuges gegen die Parther und der Wiedereingliederung Kommagenes in den Kreis der römischen Vasallenstaaten werden diese Punkte von Antonius sehr wahrscheinlich nicht – weder im Einzelnen noch in der

---

[396] Es sei nochmals auf den Aufsatz Timpes, Die Bedeutung der Schlacht von Carrhae, verwiesen. Trotz der Überhöhung, die eine Auseinandersetzung mit den Parthern durch die caesarische und augusteische Propaganda erfuhr, musste – angesichts der jüngsten Ereignisse, des Vordringens der Parther bis nach Kleinasien – ein Sieg über diesen äußeren Feind dem verantwortlichen römischen Befehlshaber tatsächlich zu enormer Popularität verhelfen. Vgl. auch Benne, S. 57.

[397] Vgl. Bengtson, Antonius, S. 185. Der Feldzug, den Antonius 36 v. Chr. schließlich führte, orientierte sich wohl an den Plänen, die noch von Caesar ausgearbeitet worden waren.

[398] Vgl. Pelling, The Triumviral Period, S. 24. Christoph Schäfer, Kleopatra, Darmstadt 2006, S. 146, ist der Ansicht, die Erfolge des Ventidius hätten Antonius unter »Erfolgsdruck« gesetzt. Dabei scheint er sich nicht sicher zu sein, inwieweit der von Dio und Plutarch postulierte Neid eine Rolle gespielt hatte.

Summe – zum Anlass genommen worden sein, Ventidius seines Kommandos zu entheben und auf eine weitere Verwendung in Zukunft zu verzichten. Letztere Tatsache muss daher auf eine andere Ursache zurückgeführt werden.[399]

Bevor man sich jedoch dem letzten Abschnitt der Biographie des Ventidius zuwenden kann, ist es notwendig, sich mit seiner Münzemission und seiner rechtlichen Stellung als Proconsul zu beschäftigen.

---

[399] Vgl. Kap. VII.2. Anders Strugnell, S. 247, die der Ansicht ist, »Ventidius had incurred Antony's displeasure, for he was dismissed from his command and was not employed by Antony again«.

VI. Ventidius Imperator und seine Münzemission

1. Der Denarius des Ventidius

Mit dem Beginn der Bürgerkriege hatte der Senat weitgehend die Kontrolle über die staatliche Münzprägung verloren.[1] Nach Caesars Tod war die Entwicklung, in deren Zuge die großen Einzelpersönlichkeiten das Propagandapotential der Münzen immer mehr in ihrem Sinne zu nutzen wussten, praktisch abgeschlossen; die Konterfeite seiner Nachfolger finden sich auf zahlreichen Münzen.[2] Auch Ventidius trug dieser Entwicklung Rechnung und ließ einen Denarius für Antonius schlagen. Davon sind lediglich zwölf Exemplare auf uns gekommen, die ausschließlich dem Fund von Chantenay in Frankreich entstammen, die Emission selbst bestand aus einer geringen Anzahl, da nur zwei Stempelpaare gefunden wurden.[3] Auf dem Avers befindet sich der barhäuptige Kopf des Antonius mit Bart (Blickrichtung rechts) und ein *lituus*.[4] Die Legende lautet:

M ANT · IMP · III · VIR · R · P · C (links nach rechts einwärts).

Die Verbindung mit dem Triumvirn, unter dessen Münzhoheit der Denarius geprägt wurde, und dessen Vorrangstellung im Staate werden demonstriert.[5]

---

[1] Michael H. Crawford, Roman Republican Coinage, Bd. 2: Studies, Plates and Indexes, Cambridge 1974 (RRC 2), S. 734f.

[2] Crawford, RRC 2, S. 734f. Der Beginn dieser Entwicklung ist an das Ende des zweiten Jahrhunderts v. Chr. zu setzen. Das Bedürfnis der römischen Aristokraten, die Leistungen ihrer Vorfahren zu dokumentieren, trat mehr und mehr in den Vordergrund. Vgl. Karl Christ, Antike Numismatik, Darmstadt 1967, S. 55. Cornelia Till, Die republikanischen Grundlagen der Ehrungen und der Selbstdarstellung Caesars, Göttingen 2003, S. 144ff. Der Imperatortitel erscheint seit Sulla auf Münzen (Itgenshorst, S. 124).

[3] Theodore V. Buttrey, The Denarius of P. Ventidius, A. N. S. Museum Notes 9 (1960), S. 95 und S. 98.

[4] Peter Wallmann, Triumviri Rei Publicae Constituendae. Untersuchungen zur politischen Propaganda im Zweiten Triumvirat (43–30 v. Chr.), Frankfurt/Main 1989, S. 178, betrachtet den Bart des Antonius als »Hinweis auf die in diesem Jahr offiziell abgeschlossene Rachepropaganda«. Der *lituus* ist ein Hinweis auf die Augurnwürde des Antonius, vgl. den Denarius bei Crawford, RRC 1, Nr. 533, S. 534.

[5] Zur Münzhoheit: Vgl. Josef Liegle, Pietas, in: Hans Oppermann (Hg.), Römische Wertbegriffe, Darmstadt 1967, S. 252. Auch Ahenobarbus, Plancus, L. Atratinus

Auf dem Revers befindet sich eine nackte männliche Figur, stehend und in Frontansicht, möglicherweise bekränzt, mit einem Chlamys über der linken Schulter, die ein langes Zepter in der Rechten und einen Olivenzweig in der Linken hält. Die Legende lautet:

P · VENTIDI (rechts auswärts); PONT · IMP (links einwärts, vertikal).[6]

Die Identifizierung der Figur auf dem Revers bereitete einige Schwierigkeiten: So wollte man in ihr einen Soldaten oder eine Darstellung des Antonius als Heros erkennen[7]; am wahrscheinlichsten ist jedoch die von Grueber vorgeschlagene Gleichsetzung mit Jupiter Victor, der auch Buttrey und Crawford weitgehend zustimmten.[8] Denn die Darstellung einer nackten Figur mit einem Mantel oder Umhang über der linken Schulter, einem Zepter in der einen und einem weiteren Merkmal in der anderen Hand, entspricht der üblichen Darstellungsweise des Gottes auf republikanischen Münzen.[9] Die Abbildung des Jupiter Victor und die Legende P VENTIDI IMP verweisen damit auf einen der von Ventidius errungenen Siege und auf die im Anschluss erfolgte Akklamation zum Imperator. Leichte Verwirrung stiftet allerdings die Darstellung eines Olivenzweiges, denn in diesem Zusammenhang hätte man eher einen Zweig des Lorbeerbaums erwartet.[10] Aber auch die Zweige des Ölbaums finden zuweilen in der Siegessymbolik Verwendung[11] und vielleicht soll die Abbildung des Gewächses der Athene auf Antonius als φιλαθήναιος hinweisen, als der er sich schon im Jahre 41 v. Chr. gerne hat bezeichnen lassen.[12] Einen Kranz aus Zweigen des im

      und M. Silanus erscheinen auf Münzen zusammen mit Antonius, vgl. Crawford, RRC 1, Nr. 521, S. 528. Nr. 522, S. 528. Nr. 530, S. 533. Nr. 542, S. 538.
[6] Edward Allen Sydenham, The coinage of the Roman Republic, London 1952 (CRR), NR. 1175. Grueber, BMCRR 2, Gaul Nr. 73, S. 403. Crawford, RRC 1, Nr. 531, S. 533. Vgl. ders., RRC 2, Tafel LXIII. Grueber, a.a.O. und Sydenham, a.a.O. geben die Legende auf dem Avers ohne »IMP« wieder. Vgl. hierzu Buttrey, Denarius, S. 97f und sein Schluss, S. 98: »There can be no doubt in future that IMP or IM, is really there.«
[7] Vgl. Buttrey, Denarius, S. 95, Anm. 3.
[8] Grueber, BMCRR, S. 404, Anm. Buttrey, Denarius, S. 95f., Anm. 3. Buttrey bestreitet jedoch das Vorhandensein eines Lorbeerkranzes. Crawford, RRC 1, Nr. 531, S. 533: »The figure on the reverse is perhaps Jupiter Victor [...]; the branch may as well be laurel as olive (as traditionally described).«
[9] Fulvio Canciani, LIMC 8,1, s.v. Jupiter, S. 428.
[10] Hierzu Buttrey, Denarius, S. 102.
[11] Gell. 5,6,4.
[12] Plut. Ant. 23,2. Zum Philhellenismus des Antonius vgl. Plut Ant. 23ff. Antonius

Erechtheion wachsenden heiligen Ölbaums nahm er mit sich, als er im Jahre 38 v. Chr. schließlich im Begriff war, in den nahen Osten abzureisen.[13]

Als außerordentlich problematisch erwiesen sich jedoch die Datierung des Denarius und damit auch die Lokalisierung der Münzstätte. Babelon und ihm folgend Gundel datierten die Münze auf das Jahr 38 v. Chr. und bezogen die dokumentierte Akklamation des Ventidius zum Imperator auf die Schlacht von Gindaros; der – scheinbar – nahe liegende Anlass.[14] Die Prägestätte wäre somit in Kleinasien oder Syrien zu verorten.[15] Grueber hingegen sah sich aufgrund von vermeintlichen stilistischen Übereinstimmungen mit Münzemissionen des Lucius Antonius veranlasst, den Denarius auf die Zeit des Perusinischen Krieges zu datieren und daher eine Münzstätte in Gallien oder Norditalien zu vermuten.[16] Diese Deutung wurde von Sydenham übernommen.[17] Buttrey ist es hingegen gelungen, die von Grueber dargebotenen stilistischen Argumente zu widerlegen: Weder Typus noch Legende des Denarius ließen auf eine direkte Verbindung mit den Emissionen des Lucius Antonius schließen.[18] Buttrey entscheidet sich für das Jahr 39 v. Chr. als Zeitpunkt der Prägung des Denarius und damit auch für eine Münzstätte im Osten. Seine wichtigsten Argumente sind zusammengefasst folgende: Weder im Jahre 43 v. Chr. noch in der

    wurde als Dionysos bezeichnet (Plut. Ant. 24,3); er selbst legte sich die Benennung »junger Dionysos « (Cass. Dio 48,39,2) bei.
[13] Plut. Ant. 34,1. Dieses Ereignis trug sich allerdings nach dem Zeitpunkt der Prägung der Münze zu, vgl. S. 204. Anscheinend wurde Antonius eine Vermählung mit Athene angetragen (Cass. Dio 48,39,2. Sen. suas. 1,6). Die Datierung dieser Begebenheit ist unklar, da Dio sie zwar im Anschluss an den Vertrag von Misenum schildert, Antonius' ersten Athenaufenthalt nach Philippi und seinen bereits damals zu Tage tretenden Philhellenismus (vgl. Plut Ant. 23ff.) aber übergangen hatte und dies eine Zusammenfassung darstellen könnte.
[14] Ernest Babelon, Description historique et chronologique des monnaies de la republique romaines, vulgairement appeelees monnaies consulaire, Bd 2, Fotoriprod., Bologna 1963, Ventidia, S. 527. Gundel, RE, Sp. 811f.
[15] Vgl. Buttrey, Denarius, S. 98.
[16] Grueber, BMCRR 2, S. 403f., Anm.
[17] Sydenham, CRR, Nr. 1175.
[18] Buttrey, Denarius, S. 100. Parallelen in der Legende seien zufällig: »the point is simply that ligature and abbreviation were common on the coins of Antony, wherever they were struck.« Keine Rolle spielt der Ort der Fundstätte, da eine definitiv im Osten geschlagene Münze dort ebenfalls aufgefunden wurde (Buttrey, Denarius, S. 99). Die Abbildung des Antonius mit Bart fordere nicht zwingend eine Datierung auf die Zeit vor 39 v. Chr., da in der Darstellung des Triumvirn keine Konsistenz vorliege (Buttrey, Denarius, S. 103).

Zeit des Perusinischen Krieges und seinen Nachwehen in den Jahren 41/40 v. Chr. sei ein Ereignis bekannt, in dessen Folge eine Imperatorakklamation des Ventidius glaubhaft zu machen wäre.[19] Folglich müsse sie im Verlaufe des Feldzuges gegen die Parther erfolgt sein. Da Antonius jedoch im Jahre 39 v. Chr. bereits für sein zweites und drittes Consulat designiert und dies anschließend auf seinen Münzen dokumentiert worden war, müsse der Denarius geprägt worden sein, bevor Ventidius die Festschreibung der Consulate für die nächsten Jahre in Puteoli/Misenum und die Bezeichnung Antonius' als COS DESIG ITER ET TERT bekannt gewesen sei.[20] Im Jahre 38 v. Chr. habe Ventidius von diesen Vorgängen Kenntnis haben müssen, nicht jedoch im vorhergehenden Jahr, da er bereits Ende 40 v. Chr. in den Osten aufgebrochen sei.[21]

Die von Buttrey vorgenommene Datierung des Denarius scheint mir, so viel sei vorweggenommen, die plausibelste von allen Lösungsmöglichkeiten zu sein. Zwei Aspekte bedürfen jedoch der Überprüfung:

Erstens: Antonius wurde im Jahre 39 v. Chr. für sein zweites und drittes Consulat designiert.[22] Diese Tatsache dürfte er aber Ventidius als einem seiner engsten Vertrauten noch in diesem Jahr schriftlich mitgeteilt haben und nicht erst bei ihrem Zusammentreffen im Sommer 38 v. Chr., wie dies Buttrey offensichtlich annimmt.[23] In Kenntnis dessen hätte Ventidius auf seiner Münze der Legende COS DES ITER ET TERT hinzufügen müssen. Es stellt sich somit die Frage, ob Ventidius noch vor seiner Akklamation und der Prägung des Denarius von der Designation des Antonius hätte erfahren können und somit eine Datierung auf das Jahr 39 v. Chr. nicht mehr haltbar wäre. Die exakte Datierung der Schlüsselereignisse des Jahres 39 v. Chr., die für die Bestimmung des Prägezeitpunktes des Denarius relevant sind, ist nicht möglich. Infolgedessen ist man bedauerlicherweise gezwungen, auf Vermutungen und Hypothesen zurückzugreifen. Die fraglichen Ereignisse sind die von den beiden Triumvirn vorgenommene Verteilung des Consulats für – so Dio – acht Jahre im Voraus[24], der Vertrag von Misenum, in dessen Zuge ebenfalls eine Vergabe des höchsten Staatsamtes

---

[19] Buttrey, Denarius, S. 105f. Wallmann, S. 178. Gundel, RE, Sp. 812. Vgl. Kap. IV.
[20] Buttrey, Denarius, S. 103f.
[21] Buttrey, Denarius, S. 104.
[22] Cass. Dio 48,35,1. App. civ. 5,73,313.
[23] Buttrey, Denarius, S. 103f.
[24] Cass. Dio 48,35,1.

vorgenommen wurde[25], sowie die zur Debatte stehende Akklamation des Ventidius zum Imperator.

Für letzteres Ereignis kommt im Jahre 39 v. Chr. meines Erachtens nur die Schlacht gegen die Parther am Taurus in Frage. Denn diese Auseinandersetzung war von wesentlich größerem Ausmaß als die folgenden beiden mit Phranapates[26] und daher ist eine Akklamation des Ventidius hier – d. h. bei der ersten sich bietenden Gelegenheit, einem großen Sieg – wesentlich wahrscheinlicher, auch wenn es offensichtlich keine festen Regeln wie die Anzahl der getöteten Feinde für die Ausrufung zum Imperator gab.[27] Dies wird durch die Inschrift der Triumphalfasten bestätigt.[28] Der exakte Zeitpunkt dieser Auseinandersetzung ist aus den Quellen nicht ersichtlich, sie wird sich jedoch noch im Frühjahr oder spätestens im Frühsommer zugetragen haben, denn Ventidius traf mit seinen Truppen so frühzeitig im Jahr in Asien ein, dass sein Gegenüber, Q. Labienus, von seinem Erscheinen in jeder Beziehung überrascht wurde, obwohl er eine römische Reaktion erwartet haben musste.[29]

Die Zusammenkunft in Misenum wurde im Hochsommer abgehalten, möglicherweise erst gegen Ende August[30], so dass Ventidius das

---

[25] App. civ. 5,73,313.
[26] Vgl. S. 150.
[27] So Arthur Rosenberg, RE 1,17, s. v. Imperator, Sp. 1141. Nach Robert Combès, Imperator. Recherches sur l'emploi et la signification du titre d'imperator dans la Rome republicaine, Paris 1966, S. 82, haben die antiken Historiker die Regeln für den Triumph fälschlicherweise auf die Akklamation übertragen: Diod. 36,14 nennt die Anzahl von 6000 getöteten Feinden. Cass. Dio 37,40,2 berichtet lediglich, dass C. Antonius nach dem Sieg über Catilina zum Imperator ausgerufen wurde, »[...] obwohl die Zahl der Gefallenen unter der gebräuchlichen Höhe blieb [...]«. App. civ. 2,44,177 nennt ein Quorum von 10000 getöteten Feinden für seine Epoche.
[28] Acta triumph. capit. CIL I² p. 50. Vgl. S. 7, Anm. 2.
[29] Cass. Dio 48,39,3. Der Rückzug der Truppen des Labienus und deren Verfolgung scheint sich ebenfalls in hohem Tempo vollzogen zu haben. Der Umfang des Feldzuges in diesem Jahr, in dem zwei weitere Gefechte mit den Parthern unter Phranapates ausgefochten wurden, die Legionen bis Jerusalem vorrückten und sich anschließend in die Winterquartiere zurückzogen – die Teile der Armee wieder zurück bis nach Kappadokien führten –, lassen einen frühzeitigen Aufbruch zwingend notwendig erscheinen. Dementsprechend früh wird auch die Schlacht am Taurus geschlagen worden sein. Ähnlich bereits Robert K. Sherk, Roman Documents from the East. Senatus Consulta and Epistulae to the Age of Augustus, Baltimore/Md. 1969, S. 161. Bürcklein, S. 60, gibt lediglich an, die Eröffnung des Feldzuges sei im Frühjahr, die Schlacht im Sommer erfolgt.
[30] Joyce Reynolds, Aphrodisias and Rome. Documents from the excavation of the theatre at Aphrodisias conducted by Professor Kenan T. Erim, together with some related texts, London 1982, S. 69ff. Reynolds schloss dies aus einem

Ergebnis der dortigen Verhandlungen zum Zeitpunkt seiner Akklamation nicht bekannt gewesen sein konnte. Es spricht jedoch einiges dafür, dass Antonius bereits zuvor, anlässlich der von Dio überlieferten Vergabe der Consulate zum COS ITER ET TERT designiert wurde und im Vertrag von Misenum lediglich Abänderungen überwiegend zugunsten der Pompeianer vorgenommen wurden.[31] Denn diese Verteilung der Ämter ist trotz einer gewissen zeitlichen Distanz sicherlich noch im Zusammenhang mit dem Frieden von Brundisium zu sehen. Im Zuge ihres erneuerten Bündnisses werden Antonius und Octavian nicht nur ihre eigenen Ambitionen auf die wiederholte Ausübung des Consulats verwirklicht haben[32], sondern die beiden Machthaber waren auch bestrebt, die Ansprüche ihrer Anhänger zu berücksichtigen, wie Dio zu berichten weiß.[33] Es ist daher wahrscheinlich, dass etwa Domitius Ahenobarbus sein Consulat im Jahre 32 v. Chr. als Lohn für seinen Anschluss an Antonius im Sommer 40 v. Chr. erhalten sollte. In diesem Fall muss man ihn aber bereits bei der Ämterverteilung zu Beginn des Jahres 39 v. Chr. für das Jahr 32 v. Chr. designiert haben, denn die Einigung mit Pompeius und die anschließende erneute Vergabe von Consulaten war zu diesem Zeitpunkt noch nicht absehbar.[34]

Vergleich zweier Senatsbeschlüsse. Da P. Sestius, der Freund Ciceros, im *sc de Panamaris* vom 14.8.39 v. Chr. (RDGE 27,1,4) vor dem *cos. suff.* des Jahres 36 v. Chr. L. Nonius Asprenas genannt wird, im *sc de Aphrodisiensibus* vom 2.10.39 v. Chr. Asprenas aber vorangeht, müsse die Designation des Letzteren nach dem 14. 8. erfolgt sein. Dem zugrunde liegt die allerdings – so Reynolds – unbewiesene Vermutung, die designierten Suffektconsuln hätten, gleich den designierten Consuln, in einer solchen Auflistung Vorrang vor den Praetoriern wie Sestius gehabt.

[31] App. civ. 5,73,313 berichtet hingegen, durch den Vertrag von Misenum seien die Consulate für vier Jahre (34 bis 31 v. Chr.) festgelegt worden. Der Widerspruch wurde von Guglielmo Ferrero, Grandezza e Decadenza di Roma, Bd. 3: Da Cesare ad Augusto, Mailand 1904, S. 359, Anm. 5, mit der Annahme erklärt, dass zunächst nur die Consulate für die ersten vier Jahre und dann in Misenum für das zweite Quadriennum festgelegt wurden, Dio beide Maßnahmen jedoch vereint habe. Emilio Gabba, Appiani Bellorum Civilium liber quintus: introduzione, testo critico e commento con traduzione e indici, Florenz 1970, S. LXXIf. und Kommentar zur Stelle, ist dagegen der Ansicht, dass in Misenum lediglich Korrekturen an dem bestehenden Verteilungsplan vorgenommen wurden.

[32] So auch Leonhard Schumacher, Die imperatorischen Akklamationen der Triumvirn und die auspicia des Augustus, Historia 34 (1985), S. 197f.

[33] Cass. Dio 48,35,1.

[34] Die Annahme, das Consulat von Ahenobarbus sei erst in Misenum aufgrund der Einbeziehung der Pompeianer ins Jahr 32 v. Chr. verschoben worden, ist meines Erachtens nicht zulässig, denn deren Wünsche wurden erst für das Jahr 34 v. Chr.

Die Angaben Dios zum Zeitpunkt jener Ämtervergabe vor Misenum sind leider unpräzise. Während Schumacher vermutet, die Designationen hätten zu Beginn des Jahres 39 v. Chr. stattgefunden, im Anschluss an den Austausch der Consuln und Praetoren kurz vor Ende des vorangegangenen Jahres, ist Reynolds der Ansicht, dies habe sich erst kurz vor Misenum, d. h. im Sommer zugetragen.[35] Meines Erachtens erfolgte die Ämterverteilung bereits im Frühjahr, da es keinen Grund gab, sie hinauszuzögern und sie gut zu den im Dezember 40 v. Chr. betriebenen ähnlichen Maßnahmen passt, auch wenn dies Konflikte bezüglich der Datierung des Denarius mit sich bringt.

Somit ist es prinzipiell nicht völlig auszuschließen, dass Ventidius von der Designation des Antonius vor der Schlacht am Taurus Kenntnis erlangt haben könnte. Allerdings: Die Geschwindigkeit des antiken Nachrichtentransfers lässt sich zwar nicht exakt bestimmen[36], doch aufgrund des eher untergeordneten Ranges der Information ist ein bevorzugter, schneller Transport der Nachricht über die erfolgte Designation nicht wahrscheinlich.[37] Einen Sondergesandten, wie

berücksichtigt und nicht vorher, wie auch aus Appian hervorgeht. Nun könnte man argumentieren, gerade die Beschränkung der Regelungen auf das zweite Quadriennum, in die die Pompeianer miteinbezogen wurden, zeige, dass lediglich die ersten vier Jahre bereits vergeben worden waren und Dios Darstellung der Designation für acht Jahre nicht korrekt sei. Der Grund dafür ist mit Gabba, Appiani Bellorum Civilium liber quintus, S. LXXIf., jedoch mit dem Bestreben der Triumvirn zu erklären, die Pompeianer so weit wie möglich aus den höchsten Staatsämtern herauszuhalten: Pompeius sollte erst zum Ende des Triumvirats im Jahre 33 v. Chr. (zum Endtermin des Zweiten Triumvirats, vgl. zusammenfassend Bleicken, Zwischen Republik und Prinzipat, S. 14, Anm. 28) Consul werden und wurde davor lediglich mit dem Augurat und mit der fünfjährigen Verwaltung Siziliens, Sardiniens und Achaias bedacht (Dio 48,36,5–6). Libo erhielt das Consulat für 34 v. Chr. Die Designation Asprenas' in Misenum für 36 v. Chr. – so Reynolds These, vgl. S. 201, Anm. 30, zutreffend ist – zeigt zwar, dass dort auch die Ämtervergabe bezüglich des ersten Quadriennums nochmals auf der Agenda stand. Dies könnte bedeuten, dass auch die Ämter der Triumvirn nochmals zur Disposition standen, wahrscheinlich ist dies jedoch nicht. Asprenas war 36 v. Chr. lediglich Suffektconsul.

[35] Cass. Dio 48,32,1. Schumacher, S. 197f. Reynolds, S. 70.
[36] Kolb, S. 321.
[37] Vgl. Kolb, S. 321ff. Es gibt für die Kaiserzeit sowohl Beispiele für die schnelle Nachrichtenübermittlung bei wichtigen Ereignissen – die Nachricht über den Herrschaftsantritt Galbas hatte Alexandria nach 27 Tagen erreicht (Kolb, S. 326) – als auch für lange Zeiträume bei weniger bedeutenden Anlässen. Die Übersendung eines Edikts von Konstantinopel nach Karthago im Jahre 360 n. Chr. dauerte 186 Tage, auch aufgrund der Winterpause der Seefahrt (Kolb, S. 329).

etwa Dellius, der Ventidius die Befehle überbrachte, den Herodes bei der Erlangung der Herrschaft in Judäa zu unterstützen, wird Antonius nicht entsendet haben.[38] Nimmt man die Unwägbarkeiten des antiken Nachrichtentransfers über Land und Meer hinzu[39], so ist die Annahme vertretbar, Ventidius habe zum Zeitpunkt seiner Akklamation zum Imperator im Frühjahr 39 v. Chr. von der Bestimmung des Antonius zu seinem zweiten und dritten Consulat noch keine Kenntnis gehabt, auch wenn sie möglicherweise bereits zuvor erfolgt war. Daher wird diese nicht auf seinem Denarius dokumentiert. Da zudem die zeitliche Bestimmung der Designation des Antonius auf zahlreichen Vermutungen basieren muss, ist die Datierung des Denarius durch Buttrey auf 39 v. Chr. bis zur Erbringung eines eindeutigen Gegenbeweises zu akzeptieren.

Zweitens: Buttrey schloss mit der These, Ventidius habe seinen Triumph für zwei Siege des Jahres 39 v. Chr. gefeiert, für die Schlacht am Taurus und die Kämpfe am Amanos gegen Phranapates.[40] Dio, der hingegen berichtet, Ventidius habe für seine Erfolge in diesem Jahr keinerlei Dankesbezeugungen erhalten, aber von der Bewilligung von Dankfesten und Triumphen für Antonius und Ventidius im folgenden Jahr spricht[41], habe die Fakten schlichtweg verdreht.[42] Diese beiden letztgenannten Thesen vermögen nicht zu überzeugen, die Gründe werden im Folgenden dargelegt werden. Darüber hinaus: Der Bericht des Dio lenkt die Aufmerksamkeit des Betrachters auf zwei Aspekte, die in diesem Kontext von außerordentlichem Interesse sind: Die rechtliche Stellung der Unterfeldherren der Triumvirn – im Besonderen die des Ventidius – und damit zusammenhängend die Imperatorakklamationen des Antonius. Aus ersterem Gesichtspunkt lassen sich wiederum Rückschlüsse ziehen auf das Vertrauensverhältnis zwischen Antonius und seinem Parteigänger und das Maß der Verpflichtung des Triumvirn gegenüber letzterem.

---

[38] Vgl. Ios. bell. Iud. 1,15,3,290. Ant. Iud. 14,15,1,394–395.
[39] Dazu gehören die Unzuverlässigkeit von Boten, Überfälle, die Verfügbarkeit von Transportmitteln und widrige Witterungsbedingungen zur See. Vgl. Kolb, S. 27, S. 318f. Die Seefahrt ruhte nach Veg. mil. 4,39 im Winter vom 11. November bis zum 10. März. Schon davor ab dem 14. September und danach noch bis zum 15. Mai galt die Seereise als gefahrvoll.
[40] Buttrey, Denarius, S. 106ff.
[41] Cass. Dio 49,21,1–3.
[42] Buttrey, Denarius, S. 107f.

2. Die Auspizien des Ventidius [43]

Dio berichtet, Ventidius habe für seine Siege des Jahres 39 v. Chr. vom Senat keine öffentlichen Dankesbekundungen erhalten, »*da er ja nicht Oberbefehlshaber mit unbeschränkter Vollmacht, sondern nur Unterführer eines anderen war. Hingegen erntete Antonius Lob und Dankfeste.*«[44] Im Jahre 38 v. Chr., nach dem Sieg bei Gindaros und dem Erscheinen des Antonius vor Samosata, habe Antonius wiederum Dankfeste und einen Triumph erhalten. »*Die Römer in der Hauptstadt beschlossen einerseits diese Ehrungen für Antonius im Hinblick auf seine hervorragende Stellung und im Einklang mit dem Gesetz, weil er den Oberbefehl führte. Andererseits gewährten sie diese Auszeichnungen auch dem Ventidius [...].*«[45] Buttrey und Strugnell lehnten die Erklärung Dios ab: Die Inschrift der Triumphalfasten zeige deutlich, dass Ventidius als Proconsul amtiert und daher den Sieg unter seinen eigenen Auspizien errungen habe.[46] Mommsen dagegen hatte vor langer Zeit die Vermutung geäußert, Ventidius habe ebenso wie andere Unterfeldherren der Triumvirn, die tatsächlich lediglich Legate gewesen seien, ein fiktives *imperium proconsulare* für einen Tag erhalten, um seinen Triumph feiern zu können.[47] Damit habe man sich an der Vorgehensweise Caesars orientiert.

Die Darstellung Dios ist jedoch anachronistisch, wie Schumacher zu Recht erkannte: »Der Historiker hat die kaiserzeitliche Praxis, als in der Tat das Verdienst an militärischen Erfolgen nicht dem kommandierenden General, sondern dem Princeps als Inhaber der *auspicia* zukam, auf die Zeit des Triumvirats projiziert.«[48] Bleicken stützt diese Sichtweise: Die Triumvirn hätten zumindest einige[49] der von ihnen entsandten Provinzstatthalter bzw. der Generäle, die in ihrem Auftrag Armeen kommandierten, durch den Senat zu Proconsuln ernennen lassen, obwohl der Regelfall die Verwendung von *legati* gewesen sei.[50]

---

43 Zur Begriffsdefinition, vgl. Jochen Bleicken, Zum Begriff der römischen Amtsgewalt: *auspicium – potestas – imperium*, Göttingen 1981.
44 Cass. Dio 48,41,5–6.
45 Cass. Dio 49,21,2.
46 Buttrey, Denarius, S. 107. Strugnell, S. 249f.
47 Mommsen, Staatsrecht, Bd. 1, S. 130f. und S. 125.
48 Schumacher, S. 196. Vgl. Schumacher, S. 209.
49 Schumacher, S. 208f., geht offensichtlich davon aus, dass alle Feldherren der Triumvirn ein eigenes Imperium hatten. Bleicken, Zwischen Republik und Prinzipat, S. 31f. und S. 35, urteilt zurückhaltender.
50 Bleicken, Zwischen Republik und Prinzipat, S. 33. Auch Liv. Per. 127 und 128 und

Die Hierarchie zwischen Triumvirn und Proconsuln bliebe durch die Unterordnung der proconsularischen Imperien letzterer unter das den Consuln gleichrangige Imperium ersterer gewahrt.[51]

Damit ist der Schluss zulässig, Ventidius habe den Feldzug gegen die Parther als Proconsul geführt, wie es die Triumphalfasten bezeugen, und nicht als Legat des Antonius.[52] Trotz der formalen Unterordnung unter den Triumvirn in der besonderen Situation der Dreimännerherrschaft führte er den Krieg *suis auspiciis* – ein Recht, das ihm als Proconsul unter normalen Umständen grundsätzlich zugestanden hätte[53] –, da sich Antonius und Ventidius, so wiederum Schumacher, an unterschiedlichen Schauplätzen aufhielten und infolge dessen konnte Ventidius – zum Imperator akklamiert – rechtmäßig seinen Triumph in Rom feiern.[54]

Hieraus resultiert jedoch die Frage, ob die Triumvirn dennoch die militärischen Erfolge der von ihnen beauftragten aber unter eigenen Auspizien als Proconsuln kämpfenden Kommandeure – insbesondere deren imperatorische Akklamation – für sich in Anspruch nahmen bzw. unter welchen Voraussetzungen sie dies möglicherweise hätten tun können. Denn die traditionelle Sichtweise besagt, Antonius habe die Siege des Ventidius der Jahre 39 und 38 v. Chr. für sich reklamiert und zum Anlass seiner zweiten und dritten imperatorischen Akklamation genommen, da sie unter seinen Auspizien erkämpft wurden.[55] Entsprechendes wurde für die dritte Akklamation Octavians angenommen, die auf die Erfolge des Agrippa über die Aquitanier zurückgeführt wurde.[56] Schumacher gibt auf die gestellte Frage konsequenterweise eine negative Antwort: Indem er die Möglichkeit in Abrede stellt, Antonius und Octavian hätten die Siege

Flor. 2,19,5 bezeichnen Ventidius als Legat; in gleicher Position wäre nach Liv. Per. 128 auch C. Sosius gewesen, der nach den Triumphalfasten gleich Ventidius jedoch als Proconsul ausgewiesen wird. Die Darstellungen Livius' und Florus' sind damit ebenfalls als anachronistisch einzustufen.

[51] Bleicken, Zwischen Republik und Prinzipat, S. 33f. S. 36ff. Schumacher, S. 207, nimmt an, dass die Triumvirn ihren Generälen gegenüber eine *maior potestas* besaßen.
[52] Anderer Ansicht ist Reinhold, From Republic to Principate, S. 219.
[53] Zum Versäumnis vieler Promagistrate, sich gegen Ende der Republik um die *lex curiata de imperio* zu bemühen, vgl. Bleicken, Amtsgewalt, S. 269ff.
[54] Schumacher, S. 208f.
[55] Gundel, RE, Sp. 809–812. Tarn, CAH, S. 50 und 53.
[56] Rudolf Hanslik, RE 2,17, s. v. Vipsanius Agrippa (Nr. 2), Sp. 1233. Vgl. Schumacher, S. 196. Ronald Syme, Imperator Caesar. A study in Nomenclature, RP 1 [= Historia 7 (1958), S. 172–188], S. 370f.

des Ventidius und des Agrippa zur Vermehrung ihrer eigenen imperatorischen Akklamationen in Anspruch genommen, untermauert er vielmehr seine These, die dritte *acclamatio imperatoria* beider habe aus Anlass der Versöhnung von Brundisium stattgefunden und als Voraussetzung für die beiden Triumvirn für den Friedensschluss zuerkannte *ovatio* gedient.[57] Auch deren vorangegangene Akklamationen werden von Schumacher benannt: Antonius' erste Ausrufung zum Imperator wird dem Konsens der Forschung folgend in den Zusammenhang mit der Einschließung des D. Brutus in Mutina im Dezember 44 v. Chr. gestellt.[58] Als Anlass der zweiten Akklamation betrachtet Schumacher die Zusammenkunft mit Domitius Ahenobarbus in der Adria[59], die im Juli 40 v. Chr. stattgefunden habe.[60] Ahenobarbus hatte sich Antonius zuvor auf Vermittlung des Asinius Pollio angeschlossen.[61]

Octavian wurde zum ersten Mal anlässlich des Gefechtes von Forum Gallorum am 16. April 43 v. Chr. von seinem Heer als Imperator begrüßt.[62] Die zweite Akklamation Octavians ist, gleich der des Antonius, zwar weder durch Inschriften noch durch Münzlegenden bezeugt.[63] Die Vermutung Schumachers[64], sie sei im Zuge des Perusinischen Krieges erfolgt, da Octavian im Anschluss die Berechtigung erhalten habe, im Triumphalgewand in Rom einzuziehen und einen Lorbeerkranz zu tragen, »*zu jeder Zeit, wenn ihn die Triumphatoren zu tragen pflegten*«[65], wird jedoch von Simpson[66] unterstützt, der die für die Ehrbeschlüsse notwendige Akklamation durch eine Notiz Appians zu Recht bestätigt sieht: Nach dem Ende der Kämpfe vor Perusia und

---

[57] Schumacher, S. 192. S. 197. S. 203. S. 221. Tab. triumph. Barb. CIL I² p. 76: Im[p Caesar] ovans quod pace(m) cum [M. Antoni]o fecit palmam dedit [M. Antonius] ovans quod pacem cum [Imp. Caesare fecit palmam dedit]. Vgl. Dietmar Kienast, Augustus, Prinzeps und Monarch, 3., durchges. und erw. Aufl., Darmstadt 1999, S. 48 mit Anm. 180.
[58] Schumacher, S. 200. Matijević, S. 425, spricht von einer »nicht näher bekannten und weniger wichtigen Auseinandersetzung um *Mutina*/Modena«.
[59] App. civ. 5,55,234.
[60] Schumacher, S. 202.
[61] App. civ. 5,50,212.
[62] Schumacher, S. 198. Ov. fast. 4,673–676. Cic. Phil. 14,9,25. 14,10,28. 14,14,37.
[63] Schumacher, S. 201, Anm. 58a. Die Lesart der Legende des Aureus bei Grueber, BMCRR 2, East Nr. 140, S. 505, ist, da die Münze nicht mehr existiert, nicht gesichert: Antonius führte entweder den Titel IMP ITER oder TERT.
[64] Schumacher, S. 199.
[65] Cass. Dio 48,16,1.
[66] Simpson, Imp. Caesar Divi Filius, S. 422ff.

den Verhandlungen über die Übergabe des Heeres des Lucius Antonius begrüßte dieses den Octavian als Imperator.[67]

Diese zunächst überzeugende Argumentation – die feinen Nuancen des rechtlichen Verhältnisses der Triumvirn zu ihren Feldherren werden von Bleicken allerdings noch treffender wiedergegeben[68] – führt jedoch zu erheblichen Schwierigkeiten, da sie im Widerspruch zu einigen unserer numismatischen Zeugnisse steht, unter anderem dem beschriebenen Denarius des Ventidius. Ist die Datierung der dritten imperatorischen Akklamation des Antonius auf den September/Oktober des Jahres 40 v. Chr. anlässlich der Vereinigung mit Octavian in Brundisium korrekt, dann ist schwer zu erklären, warum sich dies nicht in der Anzahl der auf dem Denarius des Ventidius genannten imperatorischen Akklamationen des Antonius niedergeschlagen hat.[69] Obwohl Ventidius bereits kurz nach Abschluss des Vertrags von Brundisium in den Orient gesandt wurde, so weilte er zum Zeitpunkt der vermuteten Ausrufung Antonius' und Octavians aber gewiss noch in Italien, denn wenn, dann erfolgten diese wohl kurz nach Abschluss der Verhandlungen.[70] Da die Chronologie der Ereignisse im Herbst 40 v. Chr. wiederum nicht exakt zu bestimmen ist, besteht zwar die Möglichkeit, dass Ventidius Italien bereits verlassen haben könnte, bevor der Senat den beiden Triumvirn die Akklamation offiziell bestätigt hatte[71], was sie erst zur Führung des Titels berechtigte.[72] Dessen ungeachtet müsste aber zumindest die zweite Akklamation des Antonius, die sich, so

---

[67] App. civ. 5,46,194.
[68] Bleicken, Zwischen Republik und Prinzipat, S. 33f.
[69] Ein Verzicht auf die Iteration aus Gründen der Parität mit Ventidius erscheint mir undenkbar.
[70] Vgl. App. civ. 5,64,273: Nach Abschluss der Vereinbarungen waren den ganzen Tag und die ganze Nacht »für jeden General unausgesetzt Heilrufe und Glückwünsche aus den Kehlen der Soldaten« zu hören. Auch wenn Appian nicht von einer Imperatorakklamation spricht, so wäre sie in diesem Zusammenhang am ehesten vorstellbar.
[71] Die *ovatio* fand wahrscheinlich im Oktober statt. Vgl. Johannes Kromayer, Kleine Forschungen zur Geschichte des Zweiten Triumvirats. 1. Die Zeit des Brundisischen Friedens und Antonius' Abreise nach Griechenland im Jahre 39, Hermes 29 (1894), S. 556–563, zur Chronologie des Jahres 40 v. Chr. Im Falle einer zuvor erfolgten Abreise wäre eine nachträgliche, rechtzeitige Information – vor der Prägung des Denarius – über die erfolgte Iteration des Imperatortitels auf dem Briefweg wiederum unwahrscheinlich, analog zu der Frage, wann Ventidius von der Designation des Antonius zu seinem zweiten und dritten Consulat erfahren hatte. Vgl. S. 203f.
[72] Cic. Phil. 14,11.12. Pis. 44. Vgl. S. 215ff.

Schumacher, etwa im Juli 40 v. Chr. ereignet haben soll, auf der Münze erscheinen.[73]

Die Konsequenzen, die sich aus diesem Befund für die Biographie des Ventidius ergeben, sind gravierend: Wenn Schumachers These korrekt sein sollte, wäre man erstens auf die Vermutung zurückgeworfen, die *acclamatio* des Ventidius habe doch in den Jahren 43 bis 40 v. Chr. stattgefunden: in Folge der Ereignisse um Mutina, während seiner Statthalterschaft in Gallien oder im Verlaufe des Perusinischen Krieges. Es finden sich in den Quellen aber weder Anhaltspunkte, die auf eine Akklamation zu diesem frühen Zeitpunkt schließen lassen, noch gibt es sonstige Hinweise, die eine solche Vermutung plausibel erscheinen ließen.[74] Sähe man sich zweitens gar veranlasst, dem Ventidius ein selbstherrliches Vorgehen zu unterstellen, wären die Folgen noch schwerwiegender: Mit der Annahme, Ventidius habe bewusst auf die Anführung der Iterationsziffer des Imperatortitels seines Gefolgsherrn verzichtet, müsste man nicht nur seine Loyalität in Frage stellen, sondern auch das Ergebnis der bereits geführten Diskussion über ein mögliches Zerwürfnis zwischen beiden anzweifeln.[75] Dieser Schritt wird, um es vorwegzunehmen, nicht notwendig sein.

Es ist zwar nicht auszuschließen, dass bei dem Prozess der Münzprägung, der mit einer gewissen Nachlässigkeit und in Eile von statten gehen konnte[76], dem Graveur oder den mit der Prägung beschäftigten Arbeitern ein Fehler unterlaufen sein könnte.[77] Abgesehen von der Unmöglichkeit, eine solch unbefriedigende Annahme zu beweisen, zeigen weitere Münzen: Antonius und Octavian führten auch nach dem Vertrag von Brundisium weiterhin nur den Titel Imperator ohne Iteration. Die Legende eines Aureus mit dem Kopf des Antonius auf dem Avers und dem der Octavia auf dem Revers, der damit die Verbindung beider anlässlich des Friedens von Brundisium dokumentiert, lautet M ANTONIVS IMP III VIR RPC.[78] Gemeinsame Prägungen mit Octavian, die

---

[73] Schumacher, S. 202.
[74] Es wurde zwar die Vermutung geäußert, die Truppen, die nach der Flucht des Plancus unter den Befehl des Ventidius traten (vgl. App. civ. 5,50,211), hätten ihren neuen Kommandeur als Imperator begrüßt, doch weder wissen die Quellen etwas darüber zu berichten, noch ist dies wahrscheinlich. Vgl. Buttrey, Denarius, S. 106.
[75] Vgl. Kap. V.2.5.
[76] Crawford, RRC 2, S. 583.
[77] Vgl. zur Unterscheidung von Stempelfehlern und Prägefehlern: Robert Göbl, Numismatik: Grundriß und wissenschaftliches System, München 1987, S. 40ff.
[78] Crawford, RRC 1, Nr. 527, S. 531.

offensichtlich ebenfalls nach den Ereignissen von Brundisium geprägt wurden, führen für beide die Bezeichnung IMP.[79] Mehrere *cistophoroi* bekunden die Designation Antonius' zum zweiten und dritten Consulat im Jahre 39 v. Chr. und die Verbindung mit Octavia als Folge der Aussöhnung mit ihrem Bruder. Auch hier bezeichnet sich Antonius lediglich als IMP COS DES ITER ET TERT III VIR R P C.[80]

Aufgrund der skizzierten Bedeutung des Themenkomplexes für die Biographie des Ventidius ist es unumgänglich, die Angelegenheit einer näheren Betrachtung zu unterziehen.

3. Appian und die zweite Akklamation des Antonius

Es ist meines Erachtens nicht möglich, die Historizität aller vier zur Debatte stehenden Akklamationen der Triumvirn – jeweils die zweite und dritte des Antonius und des Octavian – zu widerlegen. Denn selbst wenn man der traditionellen Sichtweise folgend die dritte Ausrufung des Octavian auf die Erfolge des Agrippa in Aquitanien bezöge, so fehlte immer noch ein Ereignis, auf das die lange gesuchte zweite Akklamation zurückzuführen wäre.[81] Meines Wissens lässt sich außer den beiden von Schumacher und Simpson beschriebenen Anlässen – Perusia zu Beginn des Jahres 40 v. Chr. und die *ovatio* im Herbst desselben Jahres – kein Ereignis in dem relevanten Zeitraum von April 43 bis 38 v. Chr. identifizieren.[82] Octavian muss somit vor Ende des Jahres 40 v. Chr. bereits mindestens zwei Akklamationen erhalten haben. Die Tatsache, dass diese im Jahr 39 v. Chr. nicht auf den Münzen erscheinen, die er zusammen mit Antonius zum Gedenken an den Vertrag von Brundisium hat prägen lassen, lässt sich aber möglicherweise mit folgender Annahme erklären: Zum Zeitpunkt des Vertragsabschlusses hatten beide eine unterschiedliche Anzahl an Akklamationen zu verzeichnen, jedoch hatte man aus Paritätsgründen beschlossen, auf jegliche Iteration ihrer diesbezüglichen Titel (oder ihres Titels) zu verzichten. Das Bemühen der Triumvirn, bis

---

[79] Crawford, RRC 1, Nr. 528, 1–3, S. 531f. Nr. 529,1–4, S. 532f.
[80] Grueber, BMCRR 2, East Nr. 133–137. S. 502f.
[81] Syme, Imperator Caesar, S. 368. Simpson, Imp. Caesar Divi Filius, S. 424. Denn im Jahre 38 v. Chr. bezeichnet sich Octavian auf dem bekannten Aureus mit M AGRIPPA COS DES als IMP DIVI IVLI F TER III VIR RPC (Grueber, BMCRR 2, Gaul Nr. 102, S. 411. Crawford, RRC 1, Nr. 534,1, S. 535).
[82] Schumacher, S. 199. Simpson, Imp. Caesar Divi Filius, S. 422ff., mit kurzem Verweis auf die Forschung.

etwa zum Jahre 39 v. Chr. sorgsam auf die Gleichwertigkeit der Titulaturen zu achten, ist etwa von Kraft hervorgehoben worden.[83] Es ist zur Stützung dieser Vermutung notwendig, mindestens eine der vier zur Debatte stehenden Akklamationen für ahistorisch zu erklären, so dass für einen der beiden Triumvirn Ende des Jahres 40 v. Chr. zwei oder drei, für seinen Kollegen dagegen entsprechend nur eine oder zwei zu zählen sind. Die vermutete Akklamation aus Anlass des Vertrags von Brundisium fällt aus der Betrachtung heraus, da für eine gemeinsame Ehrung aufgrund des geschlossenen Friedens entweder beide damit bedacht worden wären oder keiner.

Die Untersuchung hat sich daher auf die jeweilige zweite der vermuteten Ausrufungen der beiden Triumvirn zu konzentrieren. Während die *acclamatio* des Octavian vor Perusia meines Erachtens authentisch ist, gibt es Hinweise, dass die von Schumacher vorgeschlagene zweite Annahme des Titels durch Antonius anlässlich der Begegnung mit Ahenobarbus ahistorisch ist bzw. von jenem nicht als vollwertige Akklamation betrachtet und daher nicht in die Zählung mit aufgenommen wurde. Dafür sprechen drei Punkte:

Erstens: Nach dem griechischen Originaltext wird Antonius vom Heer des Ahenobarbus als ἡγεμών begrüßt.[84] Der Begriff Imperator wird jedoch im Griechischen mit αὐτοκράτωρ übersetzt, dies gilt auch und im Besonderen für den Vorgang der Akklamation eines Befehlshabers zum Imperator durch sein Heer.[85] An keiner anderen Stelle im Werk des Appian[86] erscheint der Begriff ἡγεμών zur Bezeichnung eines Feldherrn, der von seinen Truppen zum Imperator ausgerufen wird; vier Mal jedoch wird die Bezeichnung αὐτοκράτωρ zur Benen-

---

[83] Konrad Kraft, Der goldene Kranz Caesars und der Kampf um die Entlarvung des »Tyrannen«, 2., überprüfte und ergänzte Aufl., Darmstadt 1969, S. 68.
[84] App. civ. 5,55,234: »[...]καὶ ὁ στρατὸς ὁ τοῦ Ἀηνοβάρβου τὸν Ἀντώνιον ἡγεμόνα προσεῖπεν [...].« In der Übersetzung von Otto Veh: »Als sich dann beide Befehlshaber sahen, hießen sie einander willkommen, und die Mannschaften des Ahenobarbus begrüßten Antonius als Imperator.«
[85] Hugh J. Mason, Greek Terms for Roman Institutions. A Lexicon and Analysis, Toronto 1974, S. 117ff. und S. 144 zur Verwendung von ἡγεμών. Combès, Imperator, S. 111ff. Zum Bedeutungsunterschied von αὐτοκράτωρ und ἡγεμών vgl. Cyr. Ed. 5,86: ΑΥΤΟΚΡΑΤΩΡ ΚΑΙΣΑΡ ΣΕΒΑΣΤΟΣ ΗΓΕΜΩΝ ΗΜΕΤΕΡΟΣ (Fernand DeVisscher, Les Edits d'Auguste decouvertes à Cyrène, Louvain 1940, S. 22). Vgl. auch die entsprechende Verwendung von αὐτοκράτωρ bei Cass. Dio 37,40,2. 43,44,2–5. 52,41,3–4.
[86] Nach Überprüfung der in der Concordantia in Appianum, hrsg. v. Etienne Famerie, Bd. 1 und 2, s. v. αὐτοκράτωρ und ἡγεμών, Hildesheim, Zürich und New York 1993, angegebenen Stellen.

nung des Rezipienten einer Akklamation gebraucht.[87] Sie findet auch an vier weiteren Stellen Verwendung, an denen Appian den Lesern des zweiten Jahrhunderts, die mit dem republikanischen Ritual der Imperatorakklamation nicht mehr vertraut sind, dieses Phänomen erläutert.[88] ἡγεμών hingegen wird seinem Sinngehalt entsprechend in unterschiedlichen Bedeutungen gebraucht: Führer oder Anführer, oftmals auch Offizier oder Stabsoffizier, Statthalter sowie Oberbefehlshaber oder Feldherr.[89] In den beiden letzteren Fällen wird jedoch nicht auf den fraglichen Vorgang Bezug genommen. Auch der Gebrauch von αὐτοκράτωρ beschränkt sich nicht auf den Empfänger der *acclamatio*, der Begriff wird ebenfalls zur Benennung eines Feldherrn oder unumschränkten Befehlshabers benutzt.[90] Doch seine Verwendung an insgesamt acht Stellen, die entweder eine Akklamation beschreiben oder die Herkunft des Herrschertitels »Imperator« erklären und ihn korrekt auf den Titel des militärischen Befehlshabers der Republik zurückführen, zeigt, dass sich Appian des Sinngehalts des Begriffes und seiner Verwendung im Unterschied zu ἡγεμών im Klaren gewesen sein muss.[91] Daher liegt die Vermutung nahe, Appian habe mit der Benutzung des Begriffs ἡγεμών an der fraglichen Stelle bewusst keine Ausrufung des Antonius zum Imperator durch die Truppen des Ahenobarbus beschreiben wollen. Möglicherweise wollte er lediglich zu verstehen geben, das Heer oder Teile davon hätten in einer Art informellen Meinungsäußerung ihr Wohlwollen gegenüber der Entscheidung ihres Feldherrn zum Anschluss an Antonius signalisiert. Da die Soldaten in dieser Zeit in der Lage

[87] App. civ. 2,44,176: Curio wird in Afrika nach einem Gefecht mit numidischen Reitern zum Imperator ausgerufen. Vgl. Caes. civ. 2,26,1. App. civ. 5,31,119. 5,46,194. 5,124,514: Octavian wird von Soldaten des Lepidus als Imperator begrüßt. Offensichtlich hat Octavian dies nicht zum Anlass einer Vermehrung seiner Akklamationen genommen. Vgl. Schumacher, S. 191f.
[88] App. civ. 2,44,177. App. Pr. 6,23. 24. 25.
[89] App. civ. 2,125,523. 5,20,79. 1,38,173. 3,64,262: »[...] ἡγεμόνας ἡγεμονῶν ἀποφῆναι πάντων, ὅσοι πέραν εἰσὶ τῆς Ἰονίου θαλάσσης.« »[Bestellten] sie zu Oberbefehlshabern über sämtliche Gebiete jenseits des Ionischen Meeres.«
[90] App. civ. 2,87,367: »[...] γίγνεται μὲν δὴ Λεύκιος Σκιπίων αὐτοκράτωρ.« »[...] nun wurde Lucius Scipio Oberbefehlshaber.«
[91] App. civ. 1,97,451 übersetzt die Inschrift einer vergoldeten Reiterstatue Sullas mit Κορνηλίου Σύλλα ἡγεμόνος Εὐτυχοῦς. Wahrscheinlich bezeichnete sich Sulla im Original als Imperator, vgl. CIL X 4751: L CORNELIO L [F] SVLLAE FELEICI IMPERATORI PVBLICE. Sofern dies die von Appian beschriebene Inschrift ist, übersetzt er hier zwar Imperator mit ἡγεμών. Damit soll jedoch nicht der Vorgang einer Akklamation beschrieben werden.

waren, ihre Befehlshaber zu Friedensverhandlungen zu zwingen[92], sind derartige Bekundungen vielleicht gar nicht so ungewöhnlich.
Zweitens: Die vermeintliche Akklamation fand zur See statt. Es ist schwer vorstellbar, wie die Besatzungen der anderen Schiffe an der Begrüßung des Antonius hätten teilnehmen können, da sie sicherlich einen gewissen Abstand zu den Flagschiffen von Antonius und Ahenobarbus einhielten. Wie bereits bemerkt, hat es wohl keine verbindlichen Regeln für den Vorgang einer Akklamation gegeben, und wenn es zweckmäßig war, dann akzeptierte ein Feldherr sie auch dann, wenn sie unter ungewöhnlichen Umständen zustande gekommen war.[93] Es ist jedoch ein Unterschied, ob er wie üblicherweise von seinem gesamten Heer oder nur von einem kleinen Teil, in diesem Fall der Besatzung *eines* Schiffes begrüßt wird.[94] Die Gepflogenheiten der Zeit hätten es Antonius vielleicht ermöglicht, das von Appian beschriebene Ereignis als imperatorische Akklamation anzunehmen. Wahrscheinlicher ist aber, dass er es unterließ und möglicherweise hatte sein Bruder Lucius ebenso gehandelt, denn offenbar verzichtete dieser darauf, die *acclamatio* auf seinen Münzen zu dokumentieren, die er im Jahre 41 v. Chr. – aufgrund seines Versprechens das Triumvirat abzuschaffen – vom Volk empfangen hatte.[95] Vielleicht empfand er es als eine unwürdige und damit minderwertige Form des Vorgangs im Vergleich zur sonst üblichen, bei der die Ausrufung von siegreichen Soldaten dargebracht wurde.
Drittens: Auf einer gemeinsamen Münzemission von Antonius und Ahenobarbus bezeichnet sich ersterer weiterhin als IMP, d. h. die vermeintliche Akklamation fand dort keinen Niederschlag.[96]

---

[92] Syme, RR, S. 225.
[93] Die zweite Akklamation des Octavian wurde ihm von gegnerischen Soldaten entgegengebracht, die zu ihm übergelaufen waren (App. civ. 5,46,194). Vgl. Simpson, Imp. Caesar Divi Filius, S. 422, der von einer beispiellosen Akklamation durch einen besiegten Feind in einem Bürgerkrieg spricht.
[94] Combès, S. 86ff., nimmt an, dass die *acclamatio* nicht auf dem Schlachtfeld, sondern im Lager stattfand.
[95] App. civ. 5,30,118–31,119. Vgl. Combès, S. 75f. Auf seinen Münzen befindet sich die Legende PIETAS COS, vgl. Grueber, BMCRR 2, Gaul Nr. 65, S. 400. Zugegebenermaßen sind nur wenige Münzen auf uns gekommen. Die Akklamation erfolgte offensichtlich nachdem Lucius sich den Beinamen *pietas* zugelegt hatte (Cass. Dio 48,5,4).
[96] Crawford, RRC 1, Nr. 521, S. 528. BMCRR 2, East Nr. 111–113, S. 494f. Legende auf dem Avers: ANT IMP III VIR R P C. Revers: CN DOMIT AHENOBARBVS IMP. Vgl. Wallmann, S. 86. Ein Verzicht auf die angebliche Iteration ebenfalls aus Paritätsgründen ist in diesem Falle unwahrscheinlich, da Ahenobarbus anders als Octavian dem Antonius nicht gleichgestellt war.

Ist diese Vermutung zutreffend und Antonius hat die Vorkommnisse während des Zusammentreffens mit Ahenobarbus auf See nicht als Akklamation betrachtet, dann hatte er eine weniger zu verzeichnen als Octavian, der seine zweite bereits vor Perusia empfangen hatte. Damit ist die Möglichkeit gegeben, die Absenz der Iteration des Imperatortitels beider Triumvirn auf verschiedenen nach Brundisium geprägten Münzen durch einen diesbezüglichen Verzicht aus Gründen der Parität zu erklären.[97]

Diese These verlangt allerdings die nochmalige Betrachtung der Darstellung des Dio, die Ventidius nur als einen Legaten des Antonius zeigt, und zwar hinsichtlich der Frage, ob der Triumvir in der Lage war, die Akklamation(en?) des Ventidius für sich zu beanspruchen und inwieweit er dies tatsächlich tat, obwohl Ventidius offensichtlich als Proconsul unter eigenen Auspizien kämpfte. Denn durch die Notwendigkeit, die Gelegenheiten zu identifizieren, die von Antonius im Zeitraum vom Sommer 40 v. Chr. bis ins Jahr 38 v. Chr., in dem er sich schließlich als IMP TERT bezeichnete[98], zum Anlass seiner zweiten und dritten Akklamation genommen wurden, werden neben der von Schumacher vorgeschlagenen *ovatio* im Jahre 40 v. Chr. die folgenden zwei Möglichkeiten wiederum ins Zentrum der Überlegung gerückt: Erstens die Erfolge des Ventidius im Jahre 39 v. Chr., aufgrund derer dem Triumvirn, laut Dio, Dankfeste bewilligt wurden[99] und zweitens sein Sieg im folgenden Jahr in Gindaros, wofür, so wiederum Dio, Antonius ebenso wie Ventidius Dankfeste und ein Triumph zuerkannt wurden.[100] Daneben ist schließlich die Belagerung von Samosata in die Erwägungen miteinzubeziehen.[101] Es ist daher erforderlich, Dios Darstellung unter den genannten Gesichtspunkten zu untersuchen und die Ereignisse zu identifizieren, die Antonius zum Anlass einer Vermehrung seiner imperatorischen Akklamationen genommen hatte. Zuvor ist es jedoch notwendig, sich den Zusammenhang von Imperatorakklamation, Dankfest, Triumph und *ovatio* ins Gedächtnis zu rufen.

[97] Dabei ist es zunächst unerheblich, ob beide Triumvirn eine Akklamation für die Verständigung von Brundisium erhielten und das Verhältnis danach drei zu zwei oder zwei zu eins stand.
[98] Crawford, RRC 1, Nr. 533, S. 534.
[99] Cass. Dio 48,41,5–6.
[100] Cass. Dio 49,21,1–2. Theodore V. Buttrey, Studies in the Coinage of Marc Antony, Princeton 1958, S. 15, nimmt an, dass Antonius für Gindaros zum zweiten Mal zum Imperator akklamiert wurde und seine dritte Akklamation aufgrund seines Feldzuges gegen die Parther erhielt (S. 25).
[101] Vgl. Kap. V.2.4.2.

4. Die *acclamatio imperatoria*

Syme hatte eine Akklamation zum Imperator als unbedingte Voraussetzung für den Triumph angesehen.[102] In den ersten Jahrhunderten der Republik gehörte die Zuerkennung dieses Titels jedoch nicht zu den Bedingungen, die ein Feldherr erfüllen musste, um den gewünschten feierlichen Einzug in Rom halten zu dürfen.[103] Nach der Einführung des Rituals scheint es aber ab einem gewissen Zeitpunkt zur Regel geworden zu sein, dass alle Befehlshaber, denen ein Triumph bewilligt wurde, bereits vorher zum Imperator akklamiert worden waren. Die Ursache dürfte zum einen darin zu sehen sein, dass es den Soldaten im Laufe der Zeit zur Gewohnheit geworden war, einen Feldherrn, der eine siegreiche Schlacht geschlagen hatte, als Imperator zu begrüßen, d. h. der anfangs vermutlich nur vereinzelt zu verzeichnende Vorgang hatte irgendwann in allen römischen Heeren Einzug gehalten.[104] Zum anderen wurde ein Truppenkommandeur offensichtlich auch nach Auseinandersetzungen von seinen Soldaten mit einer *acclamatio* bedacht, die die Kriterien für die Zuerkennung eines Triumphes nicht erfüllten;[105] mit anderen Worten, die Ausrufung wurde zur Selbstverständlichkeit, da sie im Normalfall einer Gefühlsregung des Heeres nach einem Sieg entsprang, die in dieser Situation keines weiteren Auslösers bedurfte – abgesehen von der Tatsache des Sieges selbst.[106] Die Bewilligung des Triumphes durch den Senat war hinge-

---

[102] Vgl. Ronald Syme, Some Imperatorial Salutations, in: Roman Papers 3, hrsg. v. Anthony R. Birley, Oxford 1984 [= Phoenix 33 (1979) S. 308–320] S. 1200: »An axiom stands. No triumph can be celebrated without an antecedent acclamation, no acclamation taken without the possession of a proconsul's *imperium*.«

[103] Das ergibt sich schon aus der Tatsache, dass die Imperatorakklamation wesentlich jünger ist als der Triumph. Sie wurde erstmalig im Jahre 209 v. Chr. durchgeführt, vgl. Dietmar Kienast, Imperator, ZRG 78 (1961), S. 406ff. Vgl. Combès, S. 118: »Il semble bien en effet que les Romains n'ont jamais pense que le triomphe et le titre d'*imperator* etaient inseparables.« Die Kriterien für die Bewilligung eines Triumphes bei Val. Max. 2,8. Eine Zusammenstellung aller relevanten Quellenstellen bei Wilhelm Ehlers, RE 2,13, s.v. Triumphus, Sp. 497ff. Eine Erweiterung des Reiches, eine Bedingung, die von Ventidius nicht erfüllt wurde, war nach Mommsen, Staatsrecht, Bd. 1, S. 133, Anm. 1, nicht zwingend.

[104] Vgl. Kienast, Imperator, S. 407. S. 409.

[105] Curio wurde in Afrika zum Imperator ausgerufen nach der kampflosen Übernahme einer Transportflotte und einem Reitergefecht, das für 120 gegnerische Reiter tödlich endete (Caes. civ. 2,24,5–7. 2,26,1). Für die Bewilligung eines Triumphes war der Tod von 5000 Gegnern erforderlich (Val. Max. 2,8,1).

[106] An der Akklamation des Lucius Antonius (App. civ. 5,31,119) und an der zweiten Akklamation Octavians (App. civ. 5,46,194) ist zu sehen, dass sogar ein Sieg nicht

gen weiterhin an strenge formale Kriterien gebunden, die nicht jeder Sieg, der durch eine *acclamatio* gefeiert worden war, zu erfüllen imstande war.[107] Eine Analogie zum Triumph, die die Übernahme einer den Triumph bedingenden Funktion durch die Akklamation veranschaulicht, ist in der Tatsache zu sehen, dass die Bestätigung des Imperatortitels durch den Senat in der Regel wohl nur dann zu erreichen war, wenn der Antragsteller – gleich einem Anwärter auf einen Triumph – Träger eines ordentlichen Imperiums war.[108]

Ob die *acclamatio* die beschriebene Funktion auch für die *ovatio* einnahm, ist nicht völlig sicher, denn obwohl beide nahe miteinander verwandt waren, wurde die *ovatio* gerade dann bewilligt, wenn die harten Kriterien, die für einen großen Triumph galten, nicht erfüllt wurden.[109]

In den letzten Jahrzehnten der Republik scheint es zudem Usus geworden zu sein, eine Ernennung zum Imperator als Voraussetzung für die Bewilligung eines Dankfestes zu betrachten. Das Recht des Senates, eine zuvor erfolgte Akklamation zu bestätigen oder gegebenenfalls abzulehnen – wiederum eine Parallele zum Triumph –, wird aus den Ausführungen Ciceros in der 14. Philippika ersichtlich.[110] Zudem

immer notwendig war. Vgl. Combès, S. 79: »Les troupes, en effet, n'ont pas de tels scrupules juridiques ou patriotiques.« Möglicherweise war im Zweifelsfall die ursprünglich spontan getätigte Äußerung der Soldaten von einem beliebten Feldherrn sogar über die Unteroffiziere und über Meinungsführer innerhalb der Mannschaften zu steuern. Vgl. die Agitatoren, die Octavian zu den Truppen des Lepidus entsandte. Octavian wurde daraufhin als Imperator begrüßt und das Heer lief zu ihm über (App. civ. 5,124,513–514).

[107] Eine Akklamation führt umgekehrt jedoch nicht automatisch zu einem Triumph, Vgl. Kienast, Imperator, S. 411.
[108] Varro rust. 2,4,1–2: Aufgrund eines Sieges des Quaestors L. Tremellius in Makedonien in Abwesenheit des Praetors Licinius Nerva wurde letzterer als Imperator begrüßt. Cic. Phil. 28. Vgl. Rosenberg, RE 1,17, s. v. Imperator, Sp. 1143. Combès, S. 83ff., zu den Ausnahmen, v. a. in Zeiten des Bürgerkrieges, wie etwa Pompeius. In der engen Verbindung, die Triumph und Akklamation mit der Zeit eingegangen waren, liegt wohl auch der Grund für die Übertragung der Kriterien, die für den Triumph galten, auf die Akklamation, etwa bei Val. 2,8,7 oder Diod. 36,14. Vgl. Combès S. 82.
[109] Vgl. Combès, S. 140. Die Gründe für die Gewährung einer *ovatio* anstelle des Triumphes bei Gell. 5,6,21ff. Vgl. Georg Rohde, RE 1,36, s. v. Ovatio, Sp. 1892–1896.
[110] Cic. Phil. 14,11–12 zu seinem Antrag, Hirtius, Pansa und Octavian ein Dankfest zu gewähren: »Niemandem ist doch in den letzten zwanzig Jahren ein Dankfest bewilligt worden, ohne daß er [...] zum Imperator ernannt worden wäre.« »Wenn jemand 1000 oder 2000 Spanier, Gallier oder Thraker umgebracht hätte,

ist eine Stelle aus Ciceros Rede *in Pisonem*[111] zur Stützung der These herangezogen worden, der Senat hätte nicht nur die Berechtigung gehabt, eine zuvor erfolgte Akklamation zu bestätigen, sondern den Titel eines Imperators auch dann zu verleihen, wenn dies von den Truppen versäumt worden war.[112]

Es gibt jedoch keinen Beweis für die Vermutung, der Senat habe das Recht besessen, einen Feldherrn nachträglich und ohne vorangegangene Initiative der Truppen zum Imperator zu ernennen. Combès und Linderski haben sich gegen diese Annahme ausgesprochen, denn die Beweiskraft der dafür angeführten Stellen ist gering: Hirtius, Pansa und Octavian waren von ihren Truppen bereits akklamiert worden, so dass in diesem Fall lediglich eine Bestätigung durch den Senat – auf Antrag Ciceros – vorliegt.[113] Auch die Ausführungen Ciceros über die Zuerkennung des Titels an L. Manlius Torquatus lassen den Schluss nicht zu, dass dieser zuvor keine *acclamatio* empfangen habe und die Initiative hier vom Senat ausging.[114] Im Kontext der Rede Ciceros ist eher das Gegenteil wahrscheinlich.[115] Darüber hinaus erschließt sich dem Betrachter nicht, worin der Nutzen für den Senat läge, wenn er das fragliche Recht besäße. Damit entfällt die Möglichkeit, die fehlenden Akklamationen des Antonius durch eine nachträgliche Bewilligung seitens des Senates zu erklären.

---

würde der Senat ihn nach unserer beliebten Methode zum Imperator ernennen. Da wollen wir diesen glänzenden Führern [...] zwar die Ehre eines Dankfestes gewähren, aber den Titel ›Imperator‹ verweigern?« Vgl. auch Phil. 14,36-38.

[111] Cic. Pis. 44.
[112] Kienast, Imperator, S. 413. Rosenberg, RE I,17, s.v. Imperator, Sp. 1140f.
[113] Combès, S. 76ff. Kienast, Imperator, S. 413. Vgl. Cass. Dio 46,38,1.
[114] Jerzy Linderski, A missing Ponticus, AJAH 12 (1987 [1995]), S. 149-151. Cic. Pis. 44. Vgl. Kienast, Imperator, S. 413, zu der Stelle: Der Verleihung des Titels durch den Senat müsse eine Akklamation der Soldaten »nicht unbedingt« vorangegangen sein.
[115] Auch die in diesem Zusammenhang bisher selten herangezogene Akklamation des C. Antonius nach dem Sieg über Catilina (Cass. Dio 37,40,1-2) lässt keine eindeutige Erklärung zu. Zwar wird Antonius offensichtlich vom Senat zum Imperator ernannt und die gedrückte Stimmung, die nach dem Sieg über römische Bürger bei ihren Bezwingern vorherrschte, wäre als ein Hinweis zu werten, dass man möglicherweise auf eine *acclamatio* verzichtet hatte; ein Beweis ist dies jedoch nicht. Val. Max. 2,8,7 bestätigt die Akklamation nicht. Im Januar 61 v. Chr. führt C. Antonius zwar den Titel Imperator, doch den habe er, so Combès, S. 79, auch im Jahr zuvor in Makedonien erhalten haben können.

5. Die *acclamatio imperatoria* des Ventidius und Antonius

Da eine rechtmäßige Akklamation zum Imperator nur dem Träger eines Imperiums zustand, wird man auch den Anspruch auf eine Akklamation auf die Auspizien gestützt haben.[116] Bei der Beurteilung der Frage, ob und unter welchen Voraussetzungen eine Übernahme der imperatorischen Akklamation des Proconsuls Ventidius durch den Triumvirn Antonius möglich gewesen wäre, ist es notwendig, sich an den Kriterien zu orientieren, die bei der Bewilligung eines Triumphes zugrunde gelegt wurden, denn nur zu letzterem Aspekt finden sich verwertbare Angaben in den Quellen.[117] Aufgrund der dargelegten engen Verbindung von Akklamation und Triumph ist es denkbar, dass rechtliche Erwägungen in Rom bezüglich der gestellten Frage ebenfalls auf der Grundlage der Richtlinien zur Bewilligung eines feierlichen Einzugs in Rom getätigt wurden.[118]

Ventidius, so Schumacher richtig, besaß als Proconsul ein eigenständiges Imperium, unbeachtet des formal übergeordneten Imperiums des Antonius, da dieser zum Zeitpunkt der Akklamation(en) seines Beauftragten noch in Italien weilte. Andererseits: Ventidius hatte sein Heer von Antonius erhalten.[119] Dies wäre sicherlich als Ansatz für den Triumvirn zu betrachten, den Anspruch auf eine Akklamation zu begründen – wenn er es denn gewollt hätte -, vergleichbar der Situation gute zehn Jahre später: M. Licinius Crassus, der Enkel des Triumvirn,

---

[116] So auch Schumacher, S. 209. »Rechtmäßig« heißt, in der Auffassung des Senates, der die Akklamation zu bestätigen hatte.

[117] Vgl. S. 215, Anm. 103. Neben den bereits erwähnten, nicht korrekten Angaben über eine vermeintliche Mindestzahl an Getöteten, wurde der Sieg in einem gerechten Krieg gefordert: Val. Max. 2,8,7. Cic. fam. 2,10,3. Hier scheint aber eine Orientierung an den Regeln des Triumphes vorzuliegen. Im Zweifelsfalle konnte dies übergangen werden: Octavian erhielt seine zweite Akklamation offensichtlich von übergelaufenen Soldaten eines Bürgerkriegsgegners (App. civ. 5,46,194).

[118] Vgl. Cic. fam. 2,10,3: »So bin ich denn nach einem regelrechten Siege [victoria iusta] bei Issus zum Imperator ausgerufen worden«, mit Liv. 38,47,5: »Er hat triumphiert, obwohl seine Gegner vorbrachten, nicht daß er einen ungerechten Krieg geführt, sondern, daß er den Feind überhaupt nicht gesehen habe.«

[119] Antonius hatte zwar ursprünglich geplant, den Oberbefehl nach nur kurzer Zeit selbst zu übernehmen und er betrachtete den Krieg gegen die Parther wohl am ehesten als eine von ihm persönlich zu übernehmende Aufgabe, doch änderte dies weder etwas an der grundsätzlichen Verhaltensweise gegenüber seinen als Proconsuln amtierenden Parteigängern (vgl. S. 219), noch an der rechtlichen Stellung, solange sich Antonius nicht am selbem Schauplatz aufhielt wie Ventidius. Bleicken, Zwischen Republik und Prinzipat, S. 35, vermutet zudem, dass »die Triumvirn sich durch die *lex Titia* die Verfügung über die Provinzen« gesichert hätten.

hatte sich möglicherweise von vornherein dazu gezwungen gesehen, auf einen Anspruch auf die Weihung der *spolia opima* zu verzichten, da Octavian einem derartigen Ansinnen zuerst durch den Verweis auf das ihm unterstehende Heer und die keineswegs als uneingeschränkt zu betrachtende Kommandogewalt des Crassus hätte begegnen können.[120] Darüber hinaus hätte die faktische Machtverteilung dem Antonius wohl die Möglichkeit gegeben, etwaige rechtliche Hindernisse im Zweifelsfall außer Acht zu lassen, weshalb die Frage nach der möglichen Übernahme einer Akklamation des Ventidius durch Antonius letztlich nicht eindeutig zu lösen ist. Aufgrund des Bemühens der Triumvirn, ihr Wirken so weit als möglich in die bestehende Ordnung einzubinden, ist diese Vorgehensweise aber unwahrscheinlich.[121]

Aber auch wenn die römischen Legionen letztlich den Triumvirn unterstanden, so haben sie doch offensichtlich ihren anderen, ebenfalls als Proconsuln triumphierenden Heerführern – wie beispielsweise Asinius Pollio im Jahre 39 v.Chr. und Cn. Domitius Calvinus drei Jahre später – das Recht auf die Wahrnehmung ihrer Auspizien nicht beschnitten und auch deren Akklamationen nicht für sich beansprucht, die für die Zuerkennung eines Triumphes in dieser Epoche wohl zwingend war.[122] Die Machthaber demonstrierten damit, dass sie die relative Unabhängigkeit ihrer Kommandeure zumindest im Rahmen der Ordnung des Triumvirats so weit als möglich zu respektieren gedachten – möglicherweise kamen sie gar nicht umhin, deren diesbezüglich Ansprüche zu erfüllen.[123]

---

[120] So – mit einem Literaturüberblick – Peter Kehne, Augustus und ›seine‹ *spolia opima*, in: Theodora Hantos, Gustav Adolf Lehmann (Hg.), Althistorisches Kolloquium aus Anlass des 70. Geburtstags von Jochen Bleicken 29.-30. November 1996 in Göttingen, Stuttgart 1998, S. 204f. Vgl. auch Bleicken, Zwischen Republik und Prinzipat, S. 34. Dies geschah zwischen 29 und 27 v.Chr.

[121] Bleicken, Zwischen Republik und Prinzipat, S. 49.

[122] Im Jahre 34. v.Chr. triumphierten T. Statilius Taurus – cos. suff. 37 v.Chr. –, C. Sosius und C. Norbanus Flaccus. Censorinus triumphierte 40 v.Chr., allerdings als Consul. Vgl. CIL I² p. 50. CIL I² p. 65. Octavians vierte und fünfte Akklamation bezog sich auf den »Sieg über Sex. Pompeius« und den »Erfolg in Illyricum« (Schumacher, S. 192). Antonius erhielt seine vierte Akklamation aus Anlass der Gefangennahme des Artavasdes und der Besetzung Armeniens 34 v.Chr. (Schumacher, S. 193). Kehne, S. 202f., ist der Ansicht, Octavian habe die Akklamation und den Triumph des Crassus 27. v.Chr. nicht vereinnahmt.

[123] Bleicken, Zwischen Republik und Prinzipat, S. 35, begründet dies mit Konzessionen, die die Triumvirn gegenüber ihren Vertrauten oder anderen machen mussten, »deren Einfluß sie zu berücksichtigen hatten oder deren Freundschaft sie gewinnen wollten«.

Im Falle des Ventidius ist der Sachverhalt jedoch komplexer; Ursache hierfür ist die angesprochene Darstellung Dios, der gemäß Antonius für die Erfolge des Ventidius Auszeichnungen empfangen hatte, für deren Erhalt eine *acclamatio* die Voraussetzung zu sein scheint.[124]

Die Gewährung eines Dankfestes wird meines Erachtens aber noch immer, trotz einer möglicherweise zwanzigjährigen gegenteiligen Praxis[125], ohne vorherige Ernennung des zu Ehrenden zum Imperator möglich gewesen sein, wenn – wie in diesem Fall – eine *acclamatio* der Truppen an den Adressaten des Dankfestes nicht vorausgegangen war[126], so wie es noch in den sechziger Jahren des ersten Jahrhunderts v. Chr. vorgekommen war.[127] Daher scheiden die Siege des Jahres 39 v. Chr. als Anlass für eine Akklamation des Antonius aus[128] – unabhängig vom Wahrheitsgehalt der Darstellung Dios.

Dieser berichtet, im folgenden Jahr habe man Antonius und Ventidius einen Triumph für die Erfolge des Letzteren gewährt. Die Auszeichnung zweier Inhaber eines Imperiums mit jeweils einem eigenen Triumph auf der Grundlage eines gemeinsam errungenen Sieges[129] ist grundsätzlich möglich, wie aus Livius ersichtlich ist: Im Jahre 207 v. Chr. erhielten M. Livius Salinator und C. Claudius Nero beide diese Auszeichnung für den Sieg am Metaurus.[130] Der entscheidende Unterschied im Falle des Ventidius und Antonius im Vergleich zum vorangegangenen Jahr 39 v. Chr. und zu den Triumphen der anderen von den Triumvirn beauftragten Proconsuln ist somit – unter der Vorausset-

[124] Cass. Dio 48,41,5–6. Cass. Dio 49,21,1–2.
[125] Cic. Phil. 14,11. Möglicherweise liegt hier eine Übertreibung Ciceros vor, da er bestrebt war, sein Anliegen durchzusetzen.
[126] Es ist unwahrscheinlich, dass das Heer Antonius und Ventidius gleichermaßen mit einer Akklamation bedachte, denn diese hätte man auf dem Denarius mit der Legende ANT IMP ITER kundgetan. Damit ist ein solches Vorgehen der Soldaten – falls es nicht grundsätzlich auszuschließen ist – aber auch für das folgende Jahr als nicht wahrscheinlich anzusehen.
[127] So wurde 63 v. Chr. ein Dankfest für Cicero beschlossen (Cic. Catil. 3,15). Zum Imperator wurde er erst im Jahre 51 v. Chr. für seinen Sieg bei Issus (Cic. fam. 2,10,3) ausgerufen. Auch folgt auf ein Dankfest nicht grundsätzlich der Triumph, vgl. M. Cato bei Cic. fam. 15,5,2.
[128] Anders: Combès, S. 86.
[129] Den Sieg würde man vermutlich als gemeinsam errungenen aufgefasst haben, obwohl Antonius faktisch nicht daran beteiligt war.
[130] Liv. 28,9. Erst aufgrund ihres Wunsches, gemeinsam den Triumph zu begehen, entschied man, dem Salinator die Erlaubnis zu geben, im Triumphalwagen einzuziehen, dem Nero aber lediglich den Einzug zu Pferd zu gewähren, da ersterer an diesem Tag den Oberbefehl innegehabt hatte und die Schlacht in seinem Aufgabenbereich geschlagen wurde (Liv. 28,9,9–10). Vgl. auch Val. Max. 4,1,9.

zung der Authentizität der Nachricht – die Bewilligung einer Feier sowohl für Antonius als auch für Ventidius aufgrund eines Sieges des untergeordneten Imperiumsträgers. Die Frage wäre damit, ob Antonius die für einen Triumph in dieser Epoche notwendige Akklamation, die Ventidius auch nach seinem Sieg bei Gindaros erhalten haben wird[131], auch oder ausschließlich auf sich bezogen haben kann.

Analog zu der Bewilligung des Triumphes für Livius Salinator und Claudius Nero wäre im Falle eines gemeinsamen Triumphes beider Protagonisten dem Antonius der Vorrang zugekommen, da sein Imperium, das dem eines Consul gleichgestellt war, der proconsularischen Befehlsgewalt des Ventidius übergeordnet war.[132] Antonius hätte die Akklamation des Ventidius vermutlich für sich beanspruchen können. Da aber beide für Gindaros einen eigenen Triumph erhielten – denn so wird man die Ausführungen Dios zu interpretieren haben[133] – bliebe nur die Annahme, der Senat habe es für vertretbar erachtet, die Akklamation des Ventidius auf beide zu beziehen; ein Vorgehen vergleichbar beispielsweise dem unter Vespasian runde 110 Jahre später.[134]

Diese mögliche Analogie ist jedoch der springende Punkt und weist auf den ersten von zwei Aspekten, die Zweifel an der Historizität der Darstellung Dios über die Bewilligung des Triumphes für Antonius angebracht erscheinen lassen: Erstens legt Dio bei der rechtlichen Beurteilung der Vorgänge um die Belohnungen, die Antonius für die Leistungen des Ventidius erhielt, Maßstäbe an, die für das Prinzipat gelten.[135] Der Bericht über die Zuerkennung des Triumphes an den bereits erwähnten M. Licinius Crassus weist Parallelen zu der fraglichen Passage auf, denn Dio hebt dabei folgende Tatsache ausdrücklich hervor: Nicht allein Octavian, sondern auch Crassus war ein Triumph

---

[131] Dafür gibt es zwar keinen Nachweis. Die Wahrscheinlichkeit ist jedoch groß, dass Ventidius nach dem Sieg von Gindaros ein weiteres Mal zum Imperator ausgerufen wurde, da er den Sieg am Taurus, für den er seine erste Akklamation empfangen hatte, weit in den Schatten stellte.

[132] Bleicken, Zwischen Republik und Prinzipat, S. 33f.

[133] Cass. Dio 49,21,2: »Andererseits gewährten sie diese Auszeichnungen [Dankfeste und einen Triumph] auch dem Ventidius.«

[134] Titus wurde nach der Erstürmung Jerusalems zum Imperator ausgerufen (Sueton 5, Ios. bell. Iud. 6,6,1,316–317). Diese Akklamation wurde wohl von Vespasian übernommen (vgl. Rudolph Weynand, RE 1,12, s. v. Flavius (Nr. 206), Sp. 2649). Der Senat bewilligte beiden einen eigenen Triumph, sie feierten im Jahre 71 n.Chr. jedoch nur einen gemeinsam (Ios bell. Iud. 7,5,3,121).

[135] Vgl. S. 205f.

zuerkannt worden.¹³⁶ Der Historiker interpretiert das Geschehen auch an dieser Stelle auf der Grundlage der Regeln späterer Zeit und gesteht dem Truppenkommandeur im Felde nur im Ausnahmefall und an zweiter Stelle, nach seinem Oberbefehlshaber, einen Triumph zu, da dieses Recht zuerst für den Kaiser reserviert war¹³⁷, unter dessen Auspizien er im Prinzipat normalerweise immer kämpfte. Dio betrachtet Crassus offensichtlich ebenso wie Ventidius als Legaten. Anders gewendet und auf die Darstellung der Ereignisse des Jahres 38 v. Chr. übertragen: Ventidius war ein Triumph bewilligt worden, das Zeugnis dafür, die *fasti triumphales*, hatte Dio wahrscheinlich täglich vor Augen.¹³⁸ In Kenntnis dieser Tatsache musste er jedoch gemäß den Richtlinien und Gepflogenheiten des Prinzipats, die er hier offensichtlich zugrunde legt, annehmen, dass dessen Vorgesetzter Antonius bereits zuvor einen Triumph erhalten hatte – auch wenn seine Quelle darüber möglicherweise nichts zu berichten wusste, weil dem Triumvirn gar keine Siegesfeier zuerkannt worden war -, denn sonst hätte auch der vermeintliche Legat Ventidius diese Ehrung ebenfalls nicht erlangen dürfen. Das angesprochene mögliche Schweigen seiner Vorlage erklärte sich Dio anhand der in eine missverständliche Formulierung gekleideten Beobachtung, dass der Triumvir niemals mehr eine Gelegenheit erhalten sollte, den von ihm fälschlicherweise vorausgesetzten Triumph zu feiern.¹³⁹ Die Parallelüberlieferung des Plutarch weiß nichts von einer Zuerkennung des Triumphes an Antonius!

Hier soll noch einmal ein kurzer Blick auf die Aussage Dios geworfen werden, der zufolge der Senat im Jahre 39 v. Chr. Antonius Dankfeste gewährt habe, nicht aber Ventidius: Sie muss trotz der im vorhergehenden Absatz getätigten Ausführungen nicht zwingend abgelehnt werden. Die Historizität dieser Ehrung erscheint möglich, wenn wir die Begründung Dios bezüglich der rechtlichen Stellung des Ventidius

---

¹³⁶ Cass. Dio 51,25,2: »[...] Opfer und ein Triumph waren nicht allein Caesar, sondern auch ihm [Crassus] zuerkannt worden.« Es existiert auch eine Inschrift, in der sich Crassus als αὐτοκράτωρ bezeichnet (Dessau 8810). Vgl. hierzu Bleicken, Zwischen Republik und Prinzipat, S. 34f. Ähnlich auch Cass. Dio 48,42,4 zum Triumph des Calvinus.
¹³⁷ Mommsen Staatsrecht, Bd. 1, S. 135f.
¹³⁸ Die *fasti triumphales* waren an einem Augustusbogen oder an der Regia angebracht. Vgl. Christopher J. Simpson, The original site of the Fasti Capitolini, Historia 42 (1993), S. 61–81.
¹³⁹ Cass. Dio 49,21,3: »Und das Ganze endete damit, daß Ventidius allein seinen Triumph feierte, ebenso wie er auch allein den Sieg errungen hatte – denn Antonius kam inzwischen ums Leben – [...].«

beiseite lassen[140] und sie vielmehr vor dem Hintergrund der, so Dio an anderer Stelle, »*hervorragende[n] Stellung*«[141] des Triumvirn betrachten, denn diese Aussage wird vermutlich weniger auf die rechtlich besonders privilegierte Position des Triumvirn, sondern auf seine faktische Machtstellung und das soziale Prestige zu beziehen sein, das dem Sieger von Philippi zukam.[142] Dem gegenüber haftete Ventidius zu diesem Zeitpunkt wohl noch immer der Ruf des Emporkömmlings aus niederem Stand an, der alles seinen Gefolgsherren verdankte: Es waren gerade erst ein paar Jahre vergangen, seitdem man sich in Rom über den Maultiertreiber, der Consul geworden war, lustig gemacht hatte.[143] Sein Ruf wandelte sich erst mit dem Sieg bei Gindaros im nächsten Jahr, bis dahin wird Antonius die öffentliche Wahrnehmung dominiert haben.

Zurück zu Dios Darstellung des Jahres 38 v.Chr.: Sie steht – zweitens – im Kontext der bereits ausführlich besprochenen Neidhypothese.[144] Die dem Antonius unterstellte Undankbarkeit gegenüber seinem Vertrauten, dem er nicht nur große Erfolge, sondern auch die höchsten Ehrungen seitens der Stadt Rom verdankte, lässt sich hierdurch anschaulich untermauern.

Erweisen sich die Zweifel am Wahrheitsgehalt der Behauptung Dios, der Senat habe Antonius einen Triumph gewährt, als zutreffend, dann gibt es keinen Grund, weshalb er hinsichtlich der Unabhängigkeit des Imperiums des Ventidius eine andere Haltung einnehmen sollte als gegenüber der Eigenständigkeit der anderen ihm verantwortlichen Proconsuln. Falls der Triumvir aber darauf bedacht gewesen sein sollte, die Anzahl seiner Imperatortitel zu vermehren, so sollte sich ihm in diesem Jahr ein anderer Anlass dafür bieten: die Belagerung Samosatas.

Es wurde bereits gezeigt, dass dieses Unternehmen ganz und gar nicht als der Fehlschlag zu betrachten ist, als den ihn Dio und Plutarch[145] darstellen, denn Antonius erreichte das gewünschte Ziel, die Wiedereingliederung Kommagenes in die Reihe der römischen Klientelstaaten.[146] Dieses Ergebnis wurde zwar letztlich durch Verhandlungen erreicht,

---

[140] Cass. Dio 48,41,5–6. Vgl. S. 205f.
[141] Cass. Dio 49,21,2. Dio führt dieses Argument erst im Kontext der Ehrungen im Jahre 38 v.Chr. an, es dürfte für das vorangegangene Jahr aber gleichfalls gelten.
[142] App. civ. 5,58,245 zum Jahre 40 v.Chr.: »[...] des Antonius Ruf, den dieser als unbesiegbarer Soldat sich bei Philippi erworben hatte.«
[143] Gell. 15,4,3.
[144] Vgl. Kap. V.2.
[145] Cass. Dio 49,22,1–2. Plut. Ant. 34,3–4.
[146] Vgl. S. 185f. und S. 191f.

doch gingen ihnen militärische Aktionen voraus.[147] Es existieren Beispiele, dass selbst ein recht geringfügiger Anlass, ein unbedeutendes gewonnenes Gefecht, ausreichend war, um als Kommandeur von den Truppen mit einer *acclamatio* bedacht zu werden.[148] Eine spektakuläre Erstürmung der Stadt war dafür nicht notwendig[149], weshalb mir diese Variante plausibler zu sein scheint, als die von Dio dargebotene.

Lehnt man die Möglichkeit einer Inanspruchnahme der Akklamationen des Ventidius durch Antonius in den von Dio beschriebenen Fällen ab, so muss dem Triumvirn aber bereits anlässlich der Verständigung von Brundisium und des beiden Triumvirn daraufhin zuerkannten kleinen Triumphes eine Begrüßung durch das Heer zuteil geworden sein, da nach unserem Wissen keine andere Gelegenheit als Alternative in Frage kommt.[150] Dies wäre somit die zweite Annahme des Titels durch Antonius und die dritte seitens Octavians.[151]

Festhalten lässt sich: Ventidius erhielt als Proconsul unter eigenen Auspizien kämpfend seine erste imperatorische Akklamation 39 v. Chr. und im darauf folgenden Jahr vermutlich seine zweite, die dann allerdings nicht dokumentiert wäre. Er triumphierte über Labienus am Taurus – letzterer durfte als Gegner in einem Bürgerkrieg jedoch nicht genannt werden[152] – und über die Parther bei Gindaros. Hierbei scheint die Gewährung des Triumphes nach den Grundsätzen bzw. der Praxis erfolgt zu sein, wie sie in der Zeit vor 49 v. Chr. üblich gewesen waren, trotz der mittlerweile formal wie faktisch übergeordneten Position der Triumvirn. Die Stellung des Ventidius als Proconsul dokumentiert nicht nur das Vertrauen seines Gefolgsherrn, sondern auch seinen Anspruch auf die Ausübung des höchsten provinzialen Amtes und die Verpflichtung des Antonius ihm gegenüber.

---

[147] Dies bestreiten auch Dio (49,22,1) und Plutarch (Ant. 34,3–4) nicht. Ios. Bell. Iud. 1,16,7,321–322.

[148] Vgl. S. 215, Anm. 105 zu Curios Akklamation. Für die 120 gegnerischen Reiter, die dabei den Tod fanden, machte es allerdings keinen Unterschied, ob das Gefecht, in dem sie starben, unbedeutend war oder nicht.

[149] Auch der ersten Akklamation des Antonius scheint kein spektakulärer Sieg vorausgegangen zu sein. Vgl. Matijević, S. 425.

[150] Vgl. S. 214.

[151] Dem Ansatz Schumachers wird soweit zugestimmt, die Verständigung von Brundisium als Anlass für eine Akklamation beider Triumvirn zu betrachten. Gegen diese Möglichkeit hat sich Buttrey, Studies in the Coinage of Marc Antony, S. 9, ausgesprochen. Die dritte Akklamation des Octavian betrachten Schumacher, S. 192, S. 197, S. 203, S. 221 und Simpson, Imp. Caesar Divi Filius, S. 422, Anm. 20, als Ergebnis des Friedens von Brundisium.

[152] Val. Max. 2,8,7.

VII. Triumph und Lebensende

1. Triumph

Ventidius feierte seinen Triumph am 27. November des Jahres 38 v. Chr.[1], ein Tag, der sicherlich als der Höhepunkt seines Lebens bezeichnet werden darf. Die Bedeutung des Sieges war außerordentlich, auch wenn sein finaler Charakter den Zeitgenossen vermutlich noch nicht ersichtlich war. Erst in Kenntnis des ergebnislos verlaufenen Feldzuges des Antonius gegen die Parther und der friedlichen Lösung des Augustus wird die ganze Dimension des Sieges von Gindaros deutlich: Es sollte keinen weiteren Vorstoß eines parthischen Heeres auf römisches Territorium geben und der Euphrat bildete für lange Zeit die Grenze zwischen dem römischen Imperium und dem Partherreich.[2] Weit über 150 Jahre sollte Ventidius der einzige bleiben, der über die Parther triumphiert hatte.[3] Mit dieser Leistung nahm Ventidius nicht nur eine Ausnahmestellung unter den Heerführern Caesars und der Triumvirn ein – sowohl im Vergleich mit den *homines novi* als auch mit den *nobiles* unter ihnen –, sondern er erhielt damit auch Einlass in den Kreis der großen römischen Feldherren, die den militärischen Ruhm der Stadt am Tiber in den letzten Jahrhunderten begründet und immer wieder erneuert hatten.

Inwiefern die Zeitgenossen Gindaros bereits als Rache für Carrhae auffassten, ist kaum abschließend zu beurteilen, da die diesbezüglichen

---

[1] Acta triumph. capit. CIL I² p. 50: P VENTIDIUS P F PROCOS EX TAURO AN DCCX[v] MONTE ET PARTHEIS V K DECEM. Tarn, CAH, S. 53, Anm. 4, verweist auf die Beschädigung der Inschrift. Theoretisch hätte der Triumph auch im Jahr 37 v. Chr. stattfinden können, doch wahrscheinlich feierte ihn Ventidius noch im Jahr seiner Rückkehr aus Syrien. Vgl. Gundel, RE, Sp. 813. Sonnabend, S. 241, nimmt an, dass »wie üblich Gefangene, Feldzeichen, Kriegsgerät, bildliche Darstellungen von Schlachtszenen und die symbolische Wiedergabe von prägnanten Sitten des fremden Volkes vorgeführt wurden«.

[2] Fritz Taeger, Das Altertum. Geschichte und Gestalt der Mittelmeerländer, Stuttgart 1950⁴, S. 768: »Weltgeschichtlich aber bedeutet Ventidius' Erfolg mehr noch. Durch ihn ist der letzte gefährliche Vorstoß der Parther nach dem Westen vereitelt und erst im neupersischen Reiche ist der Iranismus wieder offensiv über die natürlichen Grenzen Irans vorgedrungen.« Warwick Ball, Rome in the East, Transformation of an Empire, London and New York 2001, S. 15.

[3] Vgl. Pelling, Life of Antony, S. 212: Aufgrund der Siege Traians wurde 117/18 n. Chr. postum ein Triumph gefeiert.

Darstellungen von der augusteischen Sichtweise durchdrungen sind.⁴ Die für Jedermann offensichtlichen Ergebnisse des Sieges waren die endgültige Vertreibung der Parther und die Wiederaufrichtung der römischen Herrschaft in Kleinasien und Syrien, die Bestrafung bzw. Wiedereingliederung unzuverlässiger Klientelfürsten in das System der indirekten Verwaltung abhängiger Gebiete sowie die Wiederherstellung der römischen Waffenehre, die durch die schnellen Erfolge der Gegner gelitten hatte. Die Inschrift der Fasten deutet darauf hin, dass mit dem Sieg am Taurus in erster Linie der Erfolg über Labienus und damit über das letzte Überbleibsel republikanischer Opposition gefeiert wurde.⁵

Der Tod des Pakoros und der Verlust eines großen Teils des parthischen Heeres in Gindaros hoben den Sieg allerdings weit über die Dimension eines erfolgreich geführten Defensivkrieges hinaus.⁶ Diese beiden Tatsachen dienten zum einen den Befürwortern des Triumphes – abgesehen von der Erfüllung der formalrechtlichen Bedingungen – als Hauptargumente für die Durchsetzung ihres Anliegens. Dies wird von Dio sicherlich korrekt wiedergegeben, trotz der im selben Satz unzutreffenden Schilderung der rechtlichen Stellung des Ventidius.⁷ Zum anderen wird sich an diesen beiden Tatsachen, vielleicht noch mehr am Tode des gegnerischen Feldherrn, des Sohnes des Königs(!), die in Rom herrschende Siegesfreude entzündet haben und wenn Gindaros enthusiastischer aufgenommen worden sein sollte als andere Siege dieser Jahre, dann wäre dies sicherlich darauf zurückzuführen. Ein Indiz für die Annahme, die Zeitgenossen hätten die Leistung des Ventidius höher bewertet als die anderer Feldherren, wie es etwa der Bericht des Dio nahe legt⁸, kann in der ursprünglich selten

---

⁴ Vgl. Kap. V.1.5 zur Interpretation des Sieges als Rache für Carrhae. Timpe, Die Bedeutung der Schlacht von Carrhae, S. 120f., ist der Ansicht, dass man auch nach dem Sieg des Ventidius in der Öffentlichkeit einen großen Feldzug gegen Parthien erwartete, ebenso Bengtson, Antonius, S. 188. Strugnell, S. 251, glaubt, man habe die Erfolge des Ventidius als außerordentlich, nicht aber als Kompensation für Carrhae betrachtet.

⁵ Vgl. S. 225, Anm. 1. Gundel, RE, Sp. 813.

⁶ Cassius gelang es im Jahre 51 v.Chr. die bereits damals unter Pacorus eingefallenen Parther aus Syrien zu vertreiben. Der angesehene parthische Unterführer Osaces erlitt dabei eine Verwundung, an der er später starb (Cic. Att. 5,20,3). Einen dem des Ventidius vergleichbaren Erfolg hat er jedoch offensichtlich nicht erzielt. Vgl. auch Cic. Att. 5,18,1. Fam. 2,10,2. Frontin. 2,5,35.

⁷ Cass. Dio 49,21,2.

⁸ Cass. Dio 49,21,2-3.

gewährten Ehrung durch ein *funus publicum* gesehen werden[9], die Ventidius nach seinem Tode zuteil wurde, da er die Parther, so die Begründung des Gellius, vollständig besiegt habe.[10] Allerdings ist die Bewilligung dieser Auszeichnung in der Hauptsache einem anderen Grund geschuldet, wie im Folgenden zu sehen sein wird. Wir können daher die Emotionen, die der Sieg von Gindaros in Rom ausgelöst hat, nur schwer einschätzen, da die Berichte darüber deutliche Züge einer augusteischen Sichtweise des Sachverhaltes tragen. Nur soviel lässt sich vermuten: Die angesprochenen Besonderheiten der Siege werden die Grundlage geschaffen haben, auf der die augusteische Propaganda später mit ihrer Interpretation des Sieges als Rache für Carrhae aufbauen konnte; eine weniger spektakuläre Form der Vertreibung des Gegners wäre dafür weit ungeeigneter gewesen.

Die Person des Ventidius und seine Leistung werden nach dem Spott über seine Herkunft anlässlich seines Consulats erstmalig positiv und schlagartig ins Bewusstsein der Kreise gerückt worden sein, die nicht in enger Verbindung mit Antonius standen.[11] Dennoch wurde sein Triumph von einigen seiner Gegner möglicherweise auch zum Anlass genommen, Erzählungen über sein Kindheitsschicksal mit zweifelhaftem Wahrheitsgehalt in Umlauf zu bringen.[12] Die Erinnerung an Ventidius und die Weitergabe seiner Geschichte ist, wie bereits erwähnt, in vermutlich großem Ausmaße dem Sieg von Gindaros geschuldet.[13]

Der neu gewonnene Ruhm des Ventidius fiel aber auch auf Antonius zurück, als dessen Gefolgsmann er unbeachtet seines unter eigenständigem Kommando errungenen Sieges weiterhin betrachtet wurde. Durch die Siege seiner Feldherren, so Plutarch resümierend, »*mehrte sich bei den Barbaren der Name und der Ruhm des Antonius*«.[14] Agrippa hingegen, so berichtet Dio, verzichtete zur selben Zeit auf einen Triumph über die Aquitanier, da er eine Annahme der Ehrung als ungebührlich betrachtet habe, nachdem Octavian zuvor eine empfindliche Niederlage gegen Sextus Pompeius hatte hinnehmen müssen.[15]

---

[9] Cic. Phil. 9,14.
[10] Gell. 15,4,4.
[11] Die Spottverse bei Gell. 15,4,3. Plancus bei Cic. fam. 10,21(18),3.
[12] Vgl. S. 25 und S. 32.
[13] Vgl. S. 12.
[14] Plut. Ant. 34,6. Syme, RR, S. 238, ist der Ansicht, der Kriegsruhm des Antonius sei dadurch wieder aufgelebt.
[15] Cass. Dio 48,49,3-4. App. civ. 5,92,384. 386.

2. Lebensende und Staatsbegräbnis

Über die Zeit nach Ventidius' Triumph wissen die schriftlichen Quellen mit Ausnahme der Notiz über das ihm gewährte *funus publicum* nichts mehr zu berichten. Die Beobachtung Dios, Antonius habe nach den Ereignissen von Samosata auf eine weitere Verwendung des Ventidius verzichtet, ist daher sehr wahrscheinlich zutreffend.[16] Die Antwort auf die noch offene Frage nach den Gründen dieses Verzichts ist mit dem Problem des Zeitpunktes seines Todes zu verbinden, gleichwohl zu beiden Sachverhalten keine eindeutigen Aussagen zu treffen sind und man auf Vermutungen und Plausibilitätserwägungen zurückgeworfen wird. Da weder der von den Quellen kolportierte Neid des Triumvirn auf die Erfolge des Ventidius noch ein Zerwürfnis mit ihm glaubhaft sind, bleibt als Erklärung entweder ein baldiger Tod, dessen Datum allerdings nicht überliefert ist, oder die Annahme eines Rückzuges ins Privatleben, der zu begründen wäre mit einer Verschlechterung seines Gesundheitszustandes. Auch in diesem Fall könnte er bald darauf gestorben sein. Ventidius war etwa 50 Jahre alt und sein ereignisreiches Leben hatte vermutlich an seinen Kräften gezehrt.[17]

Ein freiwilliger Verzicht auf jedwedes militärisches und politisches Engagement bei weiterhin guter Gesundheit, vergleichbar dem Pollio[18], erscheint mir aufgrund der bisherigen, von rastlosem Ehrgeiz geprägten Lebensweise des Ventidius eher unwahrscheinlich. Er hatte zwar praktisch das Ende der Karriereleiter erreicht und da ein weiterer Aufstieg unter den Machtverhältnissen des Triumvirats vermutlich kaum mehr möglich gewesen wäre – wollte er sich nicht gegen die Machthaber stellen –, hätte auch er zu dem Schluss kommen können, es sei nun an der Zeit, sich aus dem aktiven politischen und militärischen Leben zurückzuziehen und dessen Früchte zu genießen. Aber: Eine fortgesetzte Tätigkeit für seinen Gefolgsherrn hätte Ventidius möglicherweise irgendwann wiederum die Gelegenheit gegeben, sich in seinen Diensten auszuzeichnen und ihm erlaubt, weitergehende Forderungen an Antonius zu stellen, die dieser vermutlich erfüllt hätte, solange Ventidius nicht eine dem Antonius gleichberechtigte Position angestrebt hätte. Dessen wird sich Ventidius bewusst gewesen sein und

---

[16] Cass. Dio 49,21,1.
[17] So auch Southern, S. 137f.
[18] Haller, S. 77.

deshalb hätte er wahrscheinlich seine Karriere fortgesetzt, wenn er denn vor einer diesbezüglichen Entscheidung gestanden hätte.

Der Tod des Ventidius wurde für einen vor Actium liegenden Zeitpunkt angenommen, da einem prominenten Anhänger des Antonius nach der Entscheidung zugunsten des Octavian kein Staatsbegräbnis mehr zuteil geworden wäre.[19] Dies ist wohl richtig, denn Antonius verfiel im Jahre 30 v. Chr. der sog. *damnatio memoriae*[20] und seine wohlwollende Berücksichtigung wäre gerade während des Berichts über die Taten des Ventidius in der *laudatio funebris*, die ein zentrales Element bei römischen Begräbnissen darstellte, unvermeidbar gewesen.[21]

2.1 Funus Publicum

Ein *funus publicum*, bei dem der Staat die Kosten für das Begräbnis übernahm und Aufgaben an seine Vertreter delegierte, die sonst nahen Familienangehörigen oblagen[22], galt als die höchste Ehrung, die einem Verstorbenen in Rom gewährt werden konnte.[23] Unter diesem Gesichtspunkt betrachtet ist es verwunderlich, dass trotz der erfolgreichen Vertreibung der Parther, die nach Gellius ausschlaggebend war für diese Ehrung[24], ausgerechnet der früher als *mulio* geschmähte Ventidius mit dieser postumen Auszeichnung bedacht wurde. Es stellt sich die Frage, ob die Erfolge des Ventidius, wie begeistert sie auch aufgenommen worden sein mögen, als Begründung ausreichend waren oder ob andere Ursachen als wahrscheinlich angenommen werden können.

Grundlegendes Kriterium für die Gewährung eines Staatsbegräbnisses scheinen die für die *res publica* vollbrachten außergewöhnlichen Leistungen gewesen zu sein[25], denn dieses Motiv begegnet uns so-

---

[19] Gundel, RE, Sp. 814. Gabriele Wesch-Klein, Funus publicum. Eine Studie zur öffentlichen Beisetzung und Gewährung von Ehrengräbern in Rom und den Westprovinzen, Stuttgart 1993, S. 16.
[20] Plut. Cic. 49,4. Ant. 86,5. Cass. Dio 51,19,3. Vgl. Friedrich Vittinghoff, Der Staatsfeind in der römischen Kaiserzeit. Untersuchungen zur »damnatio memoriae«, Berlin 1936, S. 12 zum Begriff und S. 21ff. zu Antonius.
[21] Wilhelm Kierdorf, Laudatio Funebris. Interpretationen und Untersuchungen zur Entwicklung der römischen Leichenrede, Meisenheim/Glan 1980, S. 2.
[22] Die Rede wurde von einem Senatsmitglied gehalten, vgl. Wesch-Klein, S. 90. Kierdorf, S. 53. Zur Kostenübernahme, Wesch-Klein, S. 8f und S. 84 mit Quellenbelegen.
[23] Cic. Phil. 9,14.
[24] Gell. 15,4,4.
[25] Wesch-Klein, S. 212. Vgl. die Zusammenstellung der öffentlichen Begräbnisse in der Republik bis auf Augustus mit weiteren Quellenverweisen bei Wesch-Klein, S. 6–19.

wohl in den Nachrichten über die öffentlichen Funera, wie sie uns gegen Ende der Republik gegenüber treten[26], als auch in denjenigen über ihre Vorläufer in früherer Zeit.[27] Letztere dürften dabei eine Reflexion der Auffassung geboten haben, die zum – wesentlich später anzusetzenden – Zeitpunkt ihrer Niederschrift in der römischen Führungsschicht verbreitet war, wenn sie Ereignisse der römischen Frühzeit zum Inhalt hatten.[28] Das öffentliche Ansehen und eine untadelige Lebensführung im Sinne der Nobilität werden sehr wahrscheinlich ebenfalls als Voraussetzungen angesehen worden sein[29] und in der Idealvorstellung waren Taten und tugendhafte Lebensführung untrennbar miteinander verbunden.[30]

Aufgrund der Unsicherheit bezüglich der Frage, wie die Zeitgenossen die Bedeutung der Erfolge des Ventidius gegen die Parther letztlich eingeschätzt hatten und aufgrund seiner zuvor noch verspotteten Herkunft scheinen mir seine Siege als alleiniges Motiv für die außerordentliche Form der Ehrung, die ihm gewährt wurde, nicht ausreichend zu sein. Um zu einer angemessenen Beurteilung der Auszeichnung des Ventidius mit einem Staatsbegräbnis zu kommen, ist es meines Erachtens angebracht, zu Vergleichszwecken einige *funera publica* heranzuziehen, die in den Jahren 44 und 43 v.Chr. vermehrt bewilligt wurden und die damit sowohl dem des Ventidius zeitlich nahe standen als auch in einer Situation innenpolitischer Auseinandersetzung gefeiert wurden. Der Konflikt zwischen Antonius und Octavian ist zwar erst gegen Ende des Zeitraumes von 38 bis 31 v.Chr., in den Tod und Beisetzung des Ventidius sehr wahrscheinlich fielen, offen ausgebrochen,

[26] App. civ. 1,106,499: Sullas Ehrung. App. civ. 2,144,601: Die Ansprache Antonius' bei Caesars Begräbnis. Val. Max. 5,2,10 zu Hirtius und Pansa. Cic. Phil 9,5 zu Sulpicius Rufus.
[27] Als eine Vorform sind, so Wesch-Klein, S. 8f., die öffentlichen Geldsammlungen für die Bestattung verdienter Männer zu betrachten. Etwa bei P. Valerius Poblicola im Jahre 504 v.Chr. (Liv. 2,16,7). Das Privileg einer Bestattung innerhalb der Stadt wurde C. Fabricius Luscinus, cos. 282 und 278, Zensor 275 v.Chr. *virtutis causa* zugestanden (Cic. de leg. 2,58). Zur Person: Friedrich Münzer, RE 1,12, s.v. Fabricius (Nr. 9), Sp. 1931–1938.
[28] Wesch-Klein, S. 7. Jochen Bleicken, Geschichte der römischen Republik, München 2004⁶, S. 110, mit Hinweisen zur Forschungsdiskussion.
[29] Beispiel hierfür ist Servilius Vatia Isauricus, Triumphator, Consul und Zensor (88/79/54 v.Chr.), der im Jahre 44 v.Chr. mit einem funus publicum geehrt wurde (Cass. Dio 45,16,1). Er gehörte zu den angesehensten der *nobiles*, vgl. Val. Max. 8,5,6. Vgl. Friedrich Münzer, RE 2,4, s.v. Servilius (Nr. 93), Sp. 1812–1817.
[30] Dion. Hal. 6,96,2 über die σωφροσύνη des auf öffentliche Kosten bestatteten Menenius Agrippa. Vgl. Liv. 2,33,10–11.

er begann sich aber bereits in den Jahren zuvor am Horizont abzuzeichnen.³¹ Zwei Aspekte scheinen mir angesichts der geäußerten Zweifel bedenkenswert:

Hinsichtlich der durch ein Staatsbegräbnis geehrten Sulpicius Rufus, Iuventius Laterensis und der Consuln A. Hirtius und Vibius Pansa ist – erstens – festzustellen: Alle genannten Personen fanden während der Erfüllung eines Auftrags für den Staat den Tod, sei es bei einer offiziellen Mission, oder aber durch das persönliche Eintreten für die Interessen des Senats.³² Demjenigen aber, der sein Leben für die *res publica* hingegeben hatte, schulde der Staat nicht nur Dank – so Cicero in seiner Begründung, Sulpicius neben einem Staatsbegräbnis auch ein Standbild zu gewähren³³ –, sondern derjenige besaß auch ein Anrecht auf die Ehrung seines Andenkens in außergewöhnlicher Form.³⁴ Das persönliche Opfer für den Staat stellte somit die der Auszeichnung würdigste Form des Einsatzes für denselben dar. Nun war der Tod im Einsatz für die *res publica* zwar auch gegen Ende der Republik kein zwingend vorgeschriebenes Kriterium für die Gewährung eines *funus publicum*, wie das Begräbnis des Servilius Vatia Isauricus zeigt, der jedoch von überragendem Ansehen war.³⁵ Darüber hinaus nahm die Entwicklung, die unter Augustus zu einer häufigen und damit unter weniger strengen Voraussetzungen stehenden Bewilligung von Staatsbegräbnissen führte, vermutlich bereits zu dieser Zeit ihren Anfang.³⁶

---

31 Vgl. S. 232 mit Anm. 40.
32 Iuventius: Cass. Dio 46,51,3-4. Vell. 2,63,2. Cic. fam. 10,23,4. Vgl. Friedrich Münzer, RE 1,20, s.v. Iuventius (Nr. 16), Sp. 1365-1367. Iuventius hatte als Legat des Lepidus versucht, dessen Einigung mit Antonius zu verhindern. Nachdem dies misslungen war, nahm er sich das Leben. Matijević vermutet, S. 355ff., S. 367, dass er ein Gesandter des Senates war. Der Rechtsgelehrte Sulpicius verstarb während einer Gesandtschaft, die Antonius Vermittlungsvorschläge unterbreiten sollte (Cic. Phil. 9). Vgl. unten, Anm. 34. Vgl. Friedrich Münzer, RE 2,7, s.v. Sulpicius (Nr. 95), Sp. 851-857. Hirtius und Pansa: Val. Max. 5,2,10, Vell. 2,62,4.
33 Cic. Phil. 9,11. Vgl. Val. Max 5,2,4 zu den öffentlichen Geldsammlungen aus Dankbarkeit für Q. Fabius Maximus.
34 Cic. Phil. 9,5. Cicero über die Ehrung von Gesandten durch ein Standbild: »[...] [D]ie Tatsache, daß sie für den Staat gestorben waren, [hat ihnen] ihre Ehrung eingetragen.« Wäre Sulpicius nicht durch seinen Einsatz für den Staat gestorben, hätte Cicero lediglich eine staatliche Trauerfeier, nicht aber ein Denkmal befürwortet (Phil. 9,5), ein Denkmal aber wurde als eine geringere Ehre als ein Staatsbegräbnis angesehen (Phil. 9,14).
35 Vgl. S. 230, Anm. 29 zu Servilius Vatia Isauricus.
36 Cass. Dio 54,12,2. 60,27,4 zum Jahre 46 n.Chr. Vgl. die öffentlichen Funera des Erziehers und Freigelassenen des Augustus Sphaerus (Cass. Dio 48,33,1) und des P. Alfenus Varus (Porph. Hor. serm. 1,3,130-132). Vgl. Wesch-Klein, S. 15f. S. 213f.

Die Bedeutung, die das persönliche Opfer im Interesse des Staates für die Gewährung eines *funus publicum* einnimmt, wird aus den Ausführungen Ciceros jedoch ersichtlich.[37] Der daraus folgende Gedanke, der Senat habe Ventidius die Auszeichnung eines Staatsbegräbnisses gewährt, weil er an den Spätfolgen einer im Kampf gegen die Parther erlittenen Verletzung gestorben sei, lässt sich nicht belegen. Dennoch soll er zumindest erwähnt werden.

Dessen unbenommen ist – zweitens – der öffentlichkeitswirksame, auf die innenpolitische Konkurrenzsituation gerichtete Zweck des Begräbnisses meines Erachtens evident. Denn eine Totenfeier, die von einer der führenden *gentes* von Rom privat finanziert, aber in der Öffentlichkeit ausgerichtet wurde, diente immer auch als »Instrument der Selbstdarstellung« und zur Demonstration der Macht und des Einflusses der Hinterbliebenen und der Familie.[38] In Zeiten des offenen Bürgerkrieges wie im Jahre 43 v. Chr. erfüllte die Totenfeier diese Funktion im Dienste des Senats, der selbst Partei geworden war und mit seinem Gegner um die politische und militärische Macht und die Deutungshoheit des Konfliktes konkurrierte. Mit der öffentlichen Beisetzung der zuvor erwähnten Vorkämpfer der *res publica* hatten Cicero und die Anhänger der Senatsherrschaft – nicht nur, aber auch – klare politische Zwecke verfolgt, die Propagierung der Sache der Republikaner: »[Ein Staatsbegräbnis] *wäre gleichzeitig auch eine Rüge für die ruchlose Frechheit des M. Antonius, daß er diesen frevelhaften Krieg unternimmt.*«[39]

Das Verhältnis zwischen Octavian und Antonius hingegen ist wohl spätestens seit dem Jahre 37 v. Chr. trotz der Erneuerung des Triumvirats im selben Jahr immer wieder von gegenseitigem Misstrauen und latenten Spannungen gestört worden.[40] Aber auch in einer Situation, in

---

[37] Vgl. Liv. 2,47,10–11: Dem im Kampf mit Veji getöteten Consul Cn. Manlius wird von seinem Kollegen M. Fabius eine öffentliche Bestattung (so Wesch-Klein, S. 10) ausgerichtet. Vgl. Cass. Dio 43,11,6 zu Catos Selbstmord und dem von den Bürgern von Utica gewährten öffentlichen Begräbnis.

[38] Wesch-Klein, S. 3. S. 41ff. Vgl. dies., S. 51: »Die Dichotomie von *privatum* und *publicum* wird gerade bei den Leichenfeiern zum untrennbaren Ganzen.« Vgl. Meier, Caesar, S. 174f. zum Begräbnis von Caesars Tante Julia. Vgl. Pol. 6,53,1–54,4 über das Begräbnis eines adligen Römers.

[39] Cic. Phil. 9,15. Vgl. Phil. 14,38: Ein Monument für die im Kampf gegen Antonius getöteten Soldaten soll zuerst an das »Verbrechen der grausamen Feinde«, dann an die »Tapferkeit unserer Soldaten« erinnern.

[40] App. civ. 5,94,395: »So vollzog sich bei ihnen ein dauernder Wechsel von herrschaftslüsternem Argwohn zu notgedrungenem, gegenseitigem Vertrauen.« Vgl.

der beide Seiten möglicherweise noch auf Ausgleich und Verständigung bedacht waren und in der ihnen eine zukünftige Auseinandersetzung noch nicht als unabwendbar erschien, werden sie auf die Außendarstellung ihrer Person und ihrer Partei Wert gelegt haben. Der Transport eines öffentlichkeitswirksamen Bildes konnte nach dem Schwinden von Aussagen, die demonstrativ Geschlossenheit signalisierten – wie etwa bei den Münzemissionen nach dem Frieden von Brundisium – auch als Abgrenzung zum Gegenüber und damit als Bestandteil des aristokratischen Wettbewerbs um öffentliches Ansehen aufgefasst werden.[41]

Ein öffentliches Begräbnis des Ventidius bot die Gelegenheit, gleichsam nebenbei auch die Taten und den Namen des Mannes zu rühmen, unter dessen Kommando der Geehrte lange gekämpft und dem er seine Stellung zu verdanken hatte. Angesichts des Mangels an einer beeindruckenden Ahnenreihe und einflussreicher lebender Verwandter[42] bot sich die Erinnerung an Antonius und möglicherweise andere seiner Mitstreiter geradezu an. Den Antragsteller wird man daher mit ziemlicher Sicherheit unter den Anhängern des Antonius finden.[43] Unter diesem Gesichtspunkt betrachtet, dürften die Siege gegen die Parther als offizielle Begründung für ein *funus publicum* ausgereicht haben. Die von den Quellen nicht gestützte Annahme, dass Ventidius an den Spätfolgen des Feldzuges gestorben war, muss nicht bemüht werden. Neben einem Achtungserweis für einen verdienten Anhänger dürfte die politische Propaganda im Sinne des Antonius hingegen der eigentliche Zweck des Staatsbegräbnisses gewesen sein.

Über seinen Zeitpunkt lassen sich auch vor diesem Hintergrund keine definitiven Aussagen treffen: Möglicherweise hätte man politische Propaganda in eigener Sache im Lager des Antonius in den Jahren kurz vor Actium auch angesichts der längeren Abwesenheit des Triumvirn von Rom als dringlicher erachtet, als noch um die Jahreswende 38/37 v. Chr.; letzteres Datum wird dadurch jedoch keineswegs ausgeschlossen. Gleiches gilt für den Gedanken, die Todesursache des

---

Cass. Dio 48,54,5 zu den gegenseitigen Bekundungen der Freundschaft, die nicht ernst gemeint gewesen sein sollen.
[41] Vgl. Crawford, RRC 2, S. 743: »But soon after [dem Jahre 39 v. Chr.] the coinages of the two Triumvirs parted company for good.« Spätestens im Jahre 38 v. Chr. wurden Münzen mit dem *praenomen imperatoris* für Octavian emittiert, Crawford, RRC 1, Nr. 534, S. 535. Vgl. Syme, Imperator Caesar, S. 176.
[42] Die Quellen bieten keine Informationen über Verwandte des Ventidius.
[43] Der Antrag mag dennoch auch von Anhängern des Octavian unterstützt worden sein. Zur Beschlussfassung und zur Organisation der *funera publica*, vgl. Wesch-Klein, S. 83.

Ventidius wäre auf eine Verwundung aus dem Krieg gegen die Parther zurückzuführen. Eine frühere Datierung wäre wahrscheinlicher, aber letztlich – je nach Art der Verletzung – nicht zwingend. Aufgrund der Annahme, eine Verschlechterung der Gesundheit, die jedoch nicht auf direkte Folgen des Feldzuges zurückgeführt werden muss, habe Ventidius zu einem Rückzug ins Privatleben gezwungen, wird man meines Erachtens jedoch von einem Tod nicht allzu lange nach seinem Triumph auszugehen haben.[44] Das Lebensende des Ventidius bleibt schlussendlich ebenso im Dunkeln wie sein Beginn.

2.2 Eine Grabexedra an der Via Appia. Ruhestätte für Ventidius?

Die Asche des Ventidius wurde in einer Grabexedra an der *via appia* beigesetzt.[45] Dies ist das wahrscheinliche Ergebnis der Beschreibung und Deutung ihrer Überreste, die von Sydow vorgenommen hatte. Seine Ausführungen und ihre wichtigsten Ergebnisse sollen im Folgenden kurz wiedergegeben werden:[46]

Lediglich vier marmorne Blöcke des als Exedra identifizierten Baus wurden bereits 1937 gefunden, deren Reliefs in teils gutem, teils mäßigem Zustand erhalten sind. Die Krümmung der Innenseite des Halbrunds lässt auf einen Radius von 2,20 m schließen, die Höhe der flankierenden Pfeiler wurde auf 3,60 m errechnet. Zwei Seitenflügel unbestimmbarer Breite schlossen sich links und rechts an das Halbrund an.[47]

Block 1 zeigt einen älteren Krieger, der als Feldherr identifiziert wurde, einen nicht näher bestimmbaren griechischen Heros sowie einen Soldaten im Hintergrund.[48] Diese Figurengruppe beobachtet unter anderem eine Szene auf Block 2, in der das Tragen oder Stützen eines

---

[44] Dieser Ansicht sind auch Seaver, S. 280, Tarn, CAH, S. 53, Gundel, RE, Sp. 814.
[45] Die Verbrennung des Toten war in der Republik ab etwa 400 v. Chr. die vorherrschende Praxis, vgl. Jocelyn M. C. Toynbee, Death and Burial in the Roman World, Ithaca/N. Y., 1971, S. 39f.
[46] Wilhelm von Sydow, Die Grabexedra eines römischen Feldherrn, JDAI 89 (1974), S. 187–216. Heute befinden sich die Überreste im Braccio Nuovo des Konservatorenpalastes, Saal II (von Sydow, S. 187).
[47] von Sydow, S. 191 und Abb. 17.
[48] von Sydow, S. 195–198. Von Sydow deutet, S. 197f., die Figur des älteren Kriegers als Feldherr, da sie trotz Ähnlichkeit zu der den Mars darstellenden Figur der Domitius-Ahenobarbus-Ara »deutlich porträthafte Züge« trägt, »die nicht zu der Darstellung eines Gottes passen«. Zu der Identifizierung des Jünglings als Heros, vgl. von Sydow, S. 197 und 201f.

Verwundeten oder Getöteten dargestellt wird.[49] Auf Block 3 sind zwei als Barbaren gekennzeichnete Figuren abgebildet, deren linke einen Gallier mit vermutlich auf dem Rücken gefesselten Händen darstellt. Von der anderen Figur sind nur der um Schonung flehende rechte Arm und ein Teil seiner phrygischen Mütze zu erkennen.[50] Die Darstellungen der gefundenen Reliefs zeigen somit verschiedene Begebenheiten eines Feldzuges, der vom Grabinhaber angeführt wurde.[51]

Die Datierung des Grabmonuments wurde in erster Linie anhand der das Fries zierenden Ranke vorgenommen: Zu Vergleichszwecken wurde eine Ranke auf einem Friesfragment herangezogen, die auf etwa das Jahr 50 v. Chr. datiert worden war und als Vorstufe zu derjenigen der Exedra zu betrachten ist. Das vegetabile Ornament des Divus Julius Tempels, das wiederum als geringfügige Weiterentwicklung des zur Debatte stehenden angesehen wird, wurde wegen seiner Nähe zu augusteischen Dekorationen auf eine Entstehungszeit um 30 v. Chr. bestimmt. Daher datiert von Sydow die Ranke der Exedra »in die Zeit um 35 v. Chr.«.[52]

Die Zuschreibung des Grabbaus an Ventidius begründet von Sydow wie folgt: Der dargestellte Feldherr muss dem Kreis der Imperatoren und Triumphatoren entstammen, da sich unterwerfende Barbaren als Bestandteil der Siegessymbolik zu betrachten sind und die Lage der Exedra und die zu dieser Zeit unübliche Verwendung von Marmor die herausgehobene Position des Kommandeurs bezeugen. Während bereits der griechische Heros auf eine Lokalisierung der bildlich dargestellten Ereignisse im Osten verweist, wird der Ort der militärischen Handlungen durch den um Schonung bittenden Gegner mit der phrygischen Mütze »auf Kleinasien und die weiter östlich liegenden Gebiete eingegrenzt«.[53] In Kombination mit der auf die Zeit um 35 v. Chr. bestimmten Entstehungszeit des Mausoleums und des vorangeschrittenen Alters des Feldherrn sind lediglich zwei Personen als seine möglichen Inhaber zu betrachten: Neben Ventidius ist dies P. Servilius Vatia Isauricus.[54] Von Sydow nimmt an, dass Letzterer sich jedoch noch vor sei-

---

[49] von Sydow, S. 198–201. S. 192: Die Anordnung des Blockes in der Horizontalen ist nicht exakt zu bestimmen.
[50] von Sydow, S. 202–204.
[51] von Sydow, S. 204.
[52] von Sydow, S. 210. S. 204–210.
[53] von Sydow, S. 214.
[54] von Sydow, S. 214f. Andere Feldherren, die im ersten vorchristlichen Jahrhundert als Imperatoren und Triumphatoren anerkannt wurden, starben vor oder nach dem angenommenen Erbauungszeitraum oder errangen ihre Siege nicht gegen östliche Barbaren, wie von Sydow, S. 214, Anm. 108, zeigt.

nem Tode ein Grabmal hat anlegen lassen, sein Todesdatum 44 v. Chr. scheint »besonders im Hinblick auf den Stil der Ranke die oberste mögliche Grenze für die Entstehung des Monuments zu sein«.[55] Eine Datierung auf die Zeit um 35 v. Chr. und die Zuschreibung der Exedra an Ventidius wird von von Sydow daher vorgezogen. Darüber hinaus, so von Sydow abschließend, stehe das Portrait des Feldherrn einem Bildnis des Antonius aus der Zeit um 44 bis 41 v. Chr. »in Formenauffassung und Ausdruck« sehr nahe und könne möglicherweise auf eine bewusste Anlehnung an dieses zurückgeführt werden.[56]

Soweit die Ausführungen von Sydows. Servilius Vatia Isauricus ist nach seinem Tode gleich Ventidius ein *funus publicum* gewährt worden. Der Antrag Ciceros für das Staatsbegräbnis des Ser. Sulpicius zeigt, dass den auf diese Weise geehrten Personen auch ein Platz für das Grab in besonderer Lage zugewiesen werden konnte, das daraufhin noch zu errichten gewesen wäre.[57] Träfe dies auf Servilius zu, hätte man somit von einem Grabmal auszugehen, das jünger als 44 v. Chr. wäre. Die Gräber der Servilier aber befanden sich bereits in bevorzugter Lage, an der Via Appia vor der Porta Capena und damit in Nachbarschaft der Grabstätten solcher herausragender *gentes* wie der Scipionen und der Meteller und des Grabs des Atilius Calatinus.[58] In eben diesem Bereich wurde zwar auch die zur Debatte stehende Grabexedra errichtet[59], aber wenn Vatia nicht in einem schon bestehenden Familiengrab beigesetzt wurde[60], das dann wesentlich älter gewesen sein müsste als

---

[55] von Sydow, S. 216.
[56] von Sydow, S. 216.
[57] Cic. Phil. 9,17.
[58] Cic. Tusc. 1,13.
[59] von Sydow, S. 188: Das Monument befand sich »unmittelbar nördlich der Via Appia antica, [...] an einer Stelle wo sich Via Appia und Via Latina gabelten«. Heute gehört dieser Bereich zum südöstlichen Teil der Piazza Numa Pompilio bzw. zum Beginn der Via Druso.
[60] Es ist fraglich, ob die von Cicero Tusc. 1,13 erwähnten Gräber von den Serviliern im Jahre 44 v. Chr. noch benutzt wurden und wenn ja, von welchem Familienzweig. Die gleichzeitige Erwähnung des Atilius Calatinus, cos. 258/254 v. Chr. (Elimar Klebs, RE 1,4, s. v. Atilius (Nr. 36), Sp. 2079–2081), deutet auf das hohe Alter der Gräber hin und auf eine dortige Bestattung der Zeitgenossen des Calatinus, P Servilius Geminus, cos. 252/248 (Friedrich Münzer, RE 2,4, s. v. Servilius (Nr. 62), Sp. 1795f.) und Cn. Servilius Caepio, cos. 253 v. Chr. (Friedrich Münzer, RE 2,4, s. v. Servilius (Nr. 43), Sp. 1780). Die Servilii Vatiae dürften aber auf Geminus zurückgehen, vgl. Ernst Badian, The House of the Servilii Gemini, A study in the misuse of occam's razor, PBSR 39 (1984), S. 49–71. Das Scipionengrab wurde bis zum letzten Drittel des zweiten Jahrhunderts v. Chr. benutzt, vgl. Filippo Coarelli, Rom. Ein archäologischer Führer, Mainz 2002², S. 357ff. In die-

die Exedra, so ist die Vermutung von Sydows doch sehr plausibel, er habe angesichts seines hohen Alters – er starb Neunzigjährig – sein Grabmal bereits zu Lebzeiten planen und errichten lassen, da dies eine Vorgehensweise ist, die in Rom nicht ungewöhnlich war.[61] Damit wäre der Baubeginn des Grabes des Servilius immer noch zu einem früheren Zeitpunkt anzusetzen als der der Exedra. Bis zur Erbringung eines Gegenbeweises – etwa durch weitere Funde – können die Überreste als dem Grabmal des Ventidius zugehörig angesehen werden.

Die römischen Grabbauten dienten v. a. im ersten Jahrhundert v. Chr. als Mittel der Selbstdarstellung der vornehmen Kreise und die aristokratischen Familien Roms suchten sich durch die Anlage beeindruckender Grabmäler von ihren Standesgenossen abzuheben.[62] Der Typus der hier behandelten halbkreisförmigen Exedra scheint dabei dem Wunsch einer den Betrachter gefangen nehmenden, wirkungsvollen Präsentation der Taten des Verstorbenen besonders entsprochen zu haben, da ihre Wände gleichsam als Schautafeln genutzt werden konnten und die konkave Öffnung die Blicke zu bündeln vermochte.[63]

Ein Vergleich mit dem bekannten Grabbau eines anderen *homo novus* und früheren Antonianers, Plancus, ist schwierig: Sein Grabmal in Gaeta hat zwar wesentlich größere Dimensionen, allerdings sind sowohl der Bautypus als auch die Stellung des Plancus vor seinem Tode und die Umstände, die zur Entstehung seines Grabmals führten kaum vergleichbar.[64] Es ist jedoch festzustellen: Wenn die Zuschreibung der

---

sen Zeitraum fiel auch die Glanzzeit der Meteller (Vell. 2,11,3). Es wäre immerhin denkbar, dass dem 134 v. Chr. geborenen Servilius zu Lebzeiten ein Platz in einem solch ehrwürdigen Grabbau zugedacht worden war.

[61] Henner von Hesberg, Römische Grabbauten, Darmstadt 1992, S. 13. Augustus hatte nach Sueton 100,4 sein Mausoleum bereits 28 v. Chr. in seinem sechsten Consulat errichten lassen. Zur Datierung vgl. Henner von Hesberg, Silvio Panciera, Das Mausoleum des Augustus. Der Bau und seine Inschriften, München 1994, S. 54f. Vgl. auch die bekannten Ausführungen des Trimalchio bei Petron. 71.

[62] von Hesberg, S. 12f. S. 26ff.

[63] Vgl. Michael Eisner, Zur Typologie der Grabbauten im Suburbium Roms, Mainz 1986, S. 227f. Von Hesberg, S. 170.

[64] Vgl. Rudolf Fellmann, Das Grab des Lucius Munatius Plancus bei Gaeta, Basel 1957, S. 31. S. 11ff.: Das Grab des Plancus gehört zum »Typus des monumentalen Rundgrabes«. Eine ebenfalls an der Via Appia errichtete Exedra dürfte wesentlich größer gewesen sein, als die dem Ventidius zugeschriebene (deren Dimensionen aber nicht exakt zu bestimmen sind). Vgl. von Sydow, S. 191 und Abb. 17 und Eisner, S. 66. Von Hesberg nimmt eine Entstehung im gleichen Zeitraum an (S. 164). Giuseppe Lugli, La tecnica edilizia romana con particolare riguardo a Roma e Lazio, Bd. 2, Rom 1957, datiert sie jedoch ins erste Jahrhundert n. Chr. (Taf. 105/2).

beschriebenen Grabexedra an Ventidius richtig ist, dann ist in der offensiven Zurschaustellung seiner Taten wiederum ein Verhalten zu erkennen, das zwar die meisten Römer an den Tag gelegt, sofern sie die Möglichkeit dazu gehabt hätten[65], das aber dennoch in einer Tradition steht, der sich besonders die aristokratischen Familien im gegenseitigen Konkurrenzkampf seit längerem verpflichtet gefühlt hatten. Die Begräbnisumstände, die Ausstattung der Exedra[66] und der Ort in Nachbarschaft der Grabmale solch ehrwürdiger Familien wie der Servilier und der Caecilier Meteller sind dann wiederum als Einbruch des Ventidius in eine Domäne der alten herrschenden Schicht zu betrachten.

Der Sieg des Octavian, so Paci resümierend, habe den Aufstieg der Ventidii beendet und ihren Niedergang befördert, da kein Mitglied dieser Gens unter den Magistraten des augusteischen Zeitalters zu finden sei.[67] Letztere Beobachtung ist richtig, zumindest ist nichts Gegenteiliges bekannt. Die Zugehörigkeit des Ventidius zur Anhängerschaft des Antonius hätte jedoch für einen ehrgeizigen Familienangehörigen, etwa einen Sohn, meines Erachtens kein Hindernis dargestellt, da sich unter den Magistraten des Augustus auch einige ehemalige Antonianer befanden, wie beispielsweise Munatius Plancus und M. Titius. Ein Beweis der Loyalität und ein engagierter Einsatz für den neuen Herrn Roms hätten aber auch einem Nachkommen eines verdienten Anhängers des Antonius die Möglichkeit einer politischen Karriere eröffnet.[68] Ventidius hatte gewiss Nachkommen, doch haben wir über sie keine gesicherten Erkenntnisse, wir wissen nichts über ihre Anzahl und ob sie überhaupt überlebt haben. Ein von Tacitus im Zusammenhang mit dem reichen römischen Ritter und Freund des Augustus Vedius Pollio[69]

---

[65] Vgl. von Hesberg, S. 27: Es lassen sich auch aufwendige Grabbauten anderer Gesellschaftsschichten – wie etwa von Freigelassenen – nachweisen.

[66] Vgl. von Sydow, S. 214: Die Verwendung lunensischen Marmors war zu dieser Zeit noch ungewöhnlich.

[67] Paci, S. 451.

[68] Zum Übertritt des Plancus und des Titius zu Octavian vgl. Cass. Dio 50,3,2–3. Vgl. zu Dellius, S. 123f. und S. 138. Plancus erhielt das Amt des Zensors (Cass. Dio 54,2,1). M. Titius war 31 v.Chr. Suffektconsul (CIL I² p. 61, p. 160) und etwa 13/12 v.Chr. Statthalter von Syrien (Strab. 16,1,28. Ios. ant. 16,8,6,270), vgl. Rudolf Hanslik, RE 1,31, s.v. Munatius (Nr. 30), Sp. 545–551 und ders., RE 2,12, s.v. Titius (Nr. 18), Sp. 1559–1562.

[69] Plin. nat. 9,77. Cass. Dio 54,23. Vgl. Ronald Syme, Who was Vedius Pollio, in: Roman Papers 2, hrsg. v. Ernst Badian, Oxford 1979 [= JRS 51 (1961), S. 23–30], S. 518–529. Vedius scheint ein Amt in Asien innegehabt zu haben. Er war bekannt wegen seines Reichtums und seiner Grausamkeit.

genannter Q. Ventidius lebte in großem Luxus[70] und Ehwald sah in ihm einen Sohn des Ventidius.[71] Sein Name beruht allerdings auf einer Emendation des Textes; dabei wurde er mit einem von Juvenal genannten, ebenfalls sehr vermögenden Ventidius in Verbindung gebracht.[72] Wenn man in Quintus tatsächlich einen Sohn des Ventidius vor sich hat, dann ist er aufgrund der Nennung mit Vedius wahrscheinlich ebenso zu dem Kreis um Augustus zu zählen – unbenommen der Stellung seines Vaters Ventidius als Anhänger des Antonius -, ohne dabei jedoch eine politische Karriere verfolgt und Ämter ausgeübt zu haben. Die Ursache dafür dürfte dann eher persönlicher Natur gewesen sein: Möglicherweise hatten ihm die Ambitionen auf eine politische Laufbahn angesichts eines wahrscheinlich ererbten Vermögens gefehlt[73] und er entbehrte des Ehrgeizes, des Durchsetzungsvermögens und der militärischen Fähigkeiten seines Vaters.

---

[70] Tac. ann. 1,10,5 zu den von einsichtigen Männern geäußertem Tadel an Augustus: »Auch sein Privatleben schonte man nicht: [...] dazu des Q. Ventidius und des Vedius Pollio Schlemmerei.«
[71] R. Ehwald, Tacitus ab excessu d. Aug. I 10, Philologus 59 (1900), S. 627. Rudolf Hanslik, RE 2,15, s.v. Ventidius (Nr. 6), Sp. 816.
[72] Iuv. 11,22. Die Emendation wurde von Ehwald (s. vorherige Anm.) vorgenommen, der auch vermutete, dass der bei Juvenal genannte Ventidius wiederum ein Nachkomme des Q. Ventidius gewesen sein könnte.
[73] Ventidius hatte sicherlich große Geldbeträge von seinem Feldzug mit nach Rom gebracht, die den Kontributionen entstammten, die den Klientelfürsten auferlegt worden waren. Vgl. S. 190f.

VIII. Resümee

Publius Ventidius vollzog seinen Aufstieg, der ihn zunächst von der Stellung eines einfachen *publicanus* – das heißt eines *publicanus*, der als Betreiber eines Maultiergewerbes keiner der großen *societates* angehört hatte und dessen Familie ursprünglich nicht der Oberschicht entstammte – bis zum Senator geführt hatte, als einer der zahlreichen Parteigänger Caesars, die sich durch ihre Dienste in Gallien das Anrecht auf Entlohnung erworben hatten. Seine von den Quellen behauptete Mitführung im Triumph des Pompeius Strabo als Kleinkind ist nicht gesichert und daher anzuzweifeln. Neben finanziellen Erträgen erwartete und erhielt er dank der Machtstellung Caesars gleich vielen anderen Anhängern seinen Lohn in Form eines Amtes und der Möglichkeit, eine politische Karriere einzuschlagen. Eine maßgebliche Rolle spielte Ventidius in den Ereignissen der Jahre nach dem Tod Caesars als Anhänger des Antonius. Im Zusammenhang mit dessen militärischer und politischer Konsolidierung, die zu der Errichtung des Zweiten Triumvirats führte, erwarb sich Ventidius den Anspruch auf das Consulat, das er Ende des Jahres 43 v. Chr. bekleidete. Als Feldherr und noch immer in seiner Eigenschaft als Antonianer feierte er einen weltgeschichtlich bedeutenden Sieg über einen äußeren Feind mit dem Triumph.

Ventidius kann zum einen die militärische Befähigung attestiert werden, die für einen selbständig agierenden Feldherrn unerlässlich ist. Zum anderen zeigte er auch das für einen Vertreter der Interessen des Antonius notwendige Verständnis für die politischen Zusammenhänge, wie etwa im Perusinischen Krieg und bei der Durchsetzung des Konzepts der indirekten Herrschaft durch sog. Klientelkönige über von Rom abhängige Gebiete. Dieses Urteil erscheint berechtigt, trotz einiger Irrtümer, die natürlich auch ihm zeitweilig unterlaufen waren, die sich in den jeweiligen Situationen jedoch nicht als entscheidend erwiesen. Anhand einer ausführlichen Interpretation der Quellen ist es zudem gelungen, zu zeigen, dass der Erfolg der Römer in der Entscheidungsschlacht gegen die Parther auch auf Fehlern des Gegners und auf nicht vorhersehbaren Vorkommnissen während des Kampfes beruhte.

Ventidius hat sich im Laufe der Zeit, d.h. in Folge seines Machtgewinnes, mehr und mehr am Verhalten und an den Normen der alten regierenden Führungsschicht orientiert. Dies wird deutlich an seinem Streben nach Ämtern und Kommandos: Bezeichnend ist, dass Ventidius den Feldzug gegen die Parther als Proconsul leitete und nicht als Legat des Antonius, obwohl in der Zeit des Zweiten Triumvirats die Verwendung von *legati* mehr und mehr zur Regel wurde. Das bedeutet, Ventidius gehörte einem Personenkreis an, dem es Antonius nicht verwehren konnte, das prestigeträchtige republikanische Amt auszuüben, das trotz der faktischen und vermutlich formalen Überordnung der Triumvirn noch eine relative Eigenständigkeit bot und die Möglichkeit beinhaltete, selbständig einen Triumph zu feiern. Dies dokumentiert die Ambitionen des Ventidius und die Verpflichtung des Antonius ihm gegenüber.

Infolgedessen drängt sich ein Gedanke auf, der gewiss nicht zu überraschen vermag: Ventidius hat es verstanden, die Karriereleiter nicht nur mit Hilfe der von ihm geübten Loyalität und seiner an den Tag gelegten Kompetenz zu erklimmen; dies ist die Darstellung unserer Hauptquelle Gellius, die soweit als plausibel angesehen werden kann. Darüber hinaus war vermutlich aber auch ein offensives Einfordern und rücksichtsloses Durchsetzen seiner Ansprüche nötig, um seinen Aufstieg zu bewerkstelligen. Diese Überlegung kann sich aber abgesehen von einer knappen Notiz bei Appian nicht auf Quellen, sondern nur auf Plausibilitätserwägungen stützen. So ist die Frage, ob Ventidius sein Consulat von Antonius erpresst hat, nicht mit Sicherheit zu beantworten – ganz unwahrscheinlich ist dies jedoch nicht.

Weitere Aspekte, aus denen ersichtlich wird, dass Ventidius das Selbstverständnis und die Verhaltensweisen der regierenden Schicht ein Stück weit verinnerlicht hatte, sind die hervorragende Ausübung seines militärischen Führungsamtes, in der er so manchen *nobilis* übertraf, die daraus resultierende Annahme des Imperatortitels und die finanzielle Auspressung der auswärtigen Gegner – aus militärtaktischen und aus Gründen der persönlichen Bereicherung. Hinzu kommen sein Ehrgeiz, der ihn mit seinem Kollegen Asinius Pollio um den Oberbefehl der Streitkräfte vor Perusia streiten ließ und die Münzprägungen, die er nach seinen ersten Siegen gegen die Parther vornehmen ließ.

Allerdings: Trotz seiner außergewöhnlichen militärischen Erfolge hat Ventidius nach dem, was wir den Quellen entnehmen können, nicht den Versuch unternommen, die Führungsrolle des Antonius zugunsten seiner eigenen Machtstellung in Frage zu stellen. Nach der realen Machtverteilung war er dazu auch kaum in der Lage – eine Tatsache, die ihm sicherlich bewusst gewesen sein wird. Seine Loyalität gegenüber Antonius diente vorrangig als Mittel zum Zweck der Macht: handelte er im Interesse seines Gefolgsherrn, so lauteten vermutlich seine Überlegungen, handelte er in seinem eigenen Interesse.

Der entscheidende Unterschied im Vergleich zu den Angehörigen der alten Führungsschicht ist daher, dass Ventidius sowohl die Vorrangstellung seiner Gefolgsherren tolerierte als auch die Tatsache akzeptierte, dass seine Stellung, seine Ämter und Würden von diesen abhingen und nicht der aristokratischen Freiheit entsprangen, sich am Wettbewerb um Ämter und Posten beteiligen zu können. Ursächlich hierfür ist, dass er offensichtlich keine Alternative zu der Machtstellung Caesars und der des Antonius besessen hat, auf die er seinen Aufstieg letztlich hätte stützen können. Denn aufgrund seiner gesellschaftlichen Stellung mangelte es ihm an der traditionellen Machtbasis der politischen Führungsschicht: einer einflussreichen Familie, die über berühmte Vorfahren, großzügige finanzielle Mittel, zahlreiche Klienten und die Möglichkeit verfügte, die verschiedensten politischen Bündnisse und Allianzen einzugehen. Der geringe Handlungsspielraum, den Ventidius bei der Wahl seiner Bündnispartner hatte, ist allerdings auch auf die kompromisslose Haltung der Vertreter der Senatsherrschaft zurückzuführen. An ihrer Seite hätte er vermutlich kaum eine Chance auf einen gesellschaftlichen Aufstieg erhalten.

Begünstigt wurde seine Karriere zunächst durch die in den Jahrzehnten zuvor begonnene Professionalisierung des Krieges. Seine Kenntnisse im Bereich des Transportwesens werden ihn für den Proconsul Galliens – angesichts ihrer zunehmenden Bedeutung im Kriegswesen – äußerst wertvoll gemacht haben.

Es wurde mehrfach darauf hingewiesen, dass der politische Aufstieg des *homo novus* Ventidius unter den Bedingungen des Bürgerkrieges, im Anschluss an die militärischen Führer Caesar und Antonius und damit nur in der kurzen Zeit zwischen der Republik und dem Prinzipat möglich gewesen war; das Recht, einen Triumph zu feiern, kam im politischen System der Caesaren nur dem Princeps selbst zu. Ventidius' Karriere verlief zwar an einigen Punkten entsprechend den gesetzlichen Bestimmungen: das gilt etwa für seine Wahl zum Volkstribun und wahrscheinlich auch für die Zuerkennung des Triumphes – trotz der Überordnung Caesars als Wahlleiter im ersten und der Triumvirn im zweiten Fall. Allerdings schufen zunächst Caesar, dann Antonius durch ihre militärisch errungene Macht erst die Möglichkeit, die gesellschaftlichen Widerstände zu umgehen, die seiner Bewerbung um ein Amt und der Knüpfung der dafür notwendigen Verbindungen in früheren, innenpolitisch stabileren Zeiten entgegengestanden hätten. Aber auch Caesar und Antonius waren von den Verhältnissen nicht unabhängig und auf die Hilfe ihrer Anhänger angewiesen. Die Dynamik der Bürgerkriege vermochte diese Abhängigkeit zu verschärfen: Während eine Entlohnung seiner Mitstreiter für einen Gefolgsherrn prinzipiell unumgänglich war, hatten die erneut ausbrechenden innenpolitischen Auseinandersetzungen nach den Iden des März, die wiederum mit militärischen Mitteln ausgetragen wurden, den Aufstieg des Ventidius beschleunigt. Sein Consulat verdankte er seiner Rolle während des Krieges um Mutina, d.h. den Umständen, aber auch seiner Tatkraft.

In den Handlungen des Ventidius lassen sich abgesehen von der Wahrung seiner persönlichen und der Interessen seiner Gefolgsherren keine darüber hinaus gehenden Prinzipien erkennen: Er verfolgte sicherlich kein politisches Programm, das auf den Einzug einer gewissen Bevölkerungsgruppe in den Senat oder gar auf die Errichtung einer Monarchie abzielte. Mangels Quellen haben wir allerdings weder Einblick in seine Gedanken- und Vorstellungswelt, noch können wir Urteile über seine Charakterzüge abgeben, die über allgemein gehaltene, banal erscheinende Feststellungen hinausgehen, die ihm Tatkraft, Energie und Willen, großen Ehrgeiz und ein gewiss nicht geringes Maß an Rücksichtslosigkeit bescheinigen. Im Einzelnen planbar war die Karriere des Ventidius nicht, die Chancen und die Handlungsspielräume, die sich ihm darboten, hatte er jedoch genutzt, um den gewünschten Aufstieg zu bewerkstelligen.

Ventidius, so viel wird aus seinem Lebenslauf deutlich, erschien offensichtlich das Ideal der römischen Innenpolitik, der *cursus honorum*, erstrebenswert. Daher ist auch nicht anzunehmen, dass er dem römischen Staat in seiner Gesamtheit kritisch gegenüber stand und die gesellschaftlichen Bedingungen, auf denen er seit dem dritten Jahrhundert v.Chr. beruhte, lehnte er nur insofern ab, wie sie ihn bislang von der Teilhabe ausgeschlossen hatten. Er hatte daher als Ausgeschlossener bisher nicht das Standesethos der regierenden Schicht geteilt, die es Außenstehenden kaum ermöglicht hatte, in die illustre Gesellschaft aufgenommen zu werden und die mehr Wert auf edle Abstammung als auf Leistung zu legen schien, wie dies von Sallust kritisiert wurde.[1] Er wird nicht den Sinn der führenden Politiker für die Freiheit der *res publica* geteilt haben, wenn sie darin bestand, den Einfluss dieser Gruppierung auf die Wahlen zu garantieren und diese in ihrem Sinne zu beeinflussen. Solange die Macht Caesars ihm etwa seine Bestellung zum Praetor sicherte, wird er keine Skrupel gehabt haben, von ihr zu profitieren.

---

[1] Beispielsweise bei Sall. Iug. 85,4–5. 85,17–18. 85,29–30.

Daraus folgt aber nicht automatisch, dass er angesichts seiner Fähigkeiten einen Konkurrenzkampf zu annähernd gleichen Bedingungen von vornherein abgelehnt hätte; die Auseinandersetzung mit Pollio um den Oberbefehl deutet möglicherweise in die andere Richtung. Für eine generelle Öffnung der regierenden Schicht für Seinesgleichen wäre er auf der anderen Seite sehr wahrscheinlich nicht eingetreten, denn dies hätte auch für ihn Konkurrenz bedeutet, an der er nach vollzogenem politisch-gesellschaftlichen Aufstieg kein Interesse haben konnte.

Ventidius empfand angesichts seines Eindringens in das Ressort der Nobilität sicherlich eine gewisse Genugtuung. Aber er wollte an den Errungenschaften des Systems Anteil haben, nicht es zerstören! Das ist meines Erachtens die Quintessenz, die sich aus der Betrachtung seines Lebenslaufes ergibt.

Dennoch trug Ventidius zweifellos zum Niedergang der bestehenden Ordnung bei, denn um seine eigenen Interessen durchzusetzen war es notwendig, die Ziele seiner Gefolgsherren aktiv zu unterstützen. Zum einen stellten bereits deren eigene Ansprüche an den Staat, die sie mit Hilfe ihres Gefolgsmannes durchzusetzen vermochten, eine immense Bedrohung der traditionellen Ordnung dar. Zum anderen kamen der Eintritt in den Senat und schließlich die Übernahme eines hohen Staatsamtes durch Ventidius und andere Anhänger Caesars und der Triumvirn mit einem ähnlichen biographischen Hintergrund einem Angriff auf die grundlegenden Strukturen der Republik gleich.

Ventidius gehörte zu den zahlreichen militärischen Aufsteigern, die sich als Befehlshaber Caesars und der Triumvirn in Gallien und in den Bürgerkriegen das Recht auf das Consulat, weitreichende militärische Kommandos und schließlich den Triumph erworben hatten. Den meisten von ihnen, die bereits unter Caesar hohe militärische Führungspositionen innehatten, war Ventidius bezüglich seiner Herkunft als einfacher *publicanus* unterlegen. Inwieweit andere Kommandeure der Triumvirn möglicherweise ebenfalls Kreisen entstammten, die ursprünglich nicht der Oberschicht angehört hatten, ist unsicher und lässt sich meines Erachtens erst nach einer gesonderten Betrachtung der jeweiligen Personen beurteilen – sofern es die Quellenlage erlaubt. In seinen Erfolgen gegen die Parther hingegen überragte Ventidius sie alle.

In seiner loyalen Haltung gegenüber denjenigen, denen er seine Stellung zu verdanken hatte, unterscheidet sich Ventidius sowohl von einigen *nobiles* unter den Caesarianern wie Brutus und Cassius – möglicherweise aber auch von Antonius – als auch von Männern aus dem

Ritterstand wie Labienus, Caelius oder Trebonius. Welchen Standpunkt Ventidius gegenüber einer institutionalisierten Alleinherrschaft hingegen eingenommen hätte, wissen wir nicht. Ein System, das von ihm bereits im Jahre 38 v. Chr. verlangt hätte, auf den seiner Ansicht nach – aber auch nach der Tradition der Gesellschaft, an der er teilhaben wollte – wohlverdienten Triumph zugunsten eines Kaisers zu verzichten, hätte er jedoch vermutlich abgelehnt. Damit können Ventidius und die anderen erfolgreichen Heerführer der Triumvirn, die ebenfalls zahlreiche Triumphe angenommen hatten, als typische Vertreter ihrer Zeit gelten, die sich – in dieser Hinsicht – deutlich von Agrippa unterscheiden, der sich letztlich der Alleinherrschaft des Octavian/Augustus verpflichtet gefühlt und einem entscheidenden Kriterium der Militärmonarchie zur Durchsetzung verholfen hatte: der Reservierung des Triumphes für den Princeps.[2] Ebenfalls von Ventidius und den anderen Kommandeuren zu unterscheiden sind Oppius und Balbus, die eine ganz andere Erscheinungsform des Parteigängers repräsentierten: Sie übten ihre Macht diskret im Hintergrund aus, eine Haltung, die wie die des Agrippa hinsichtlich der angesprochenen Handhabung des Triumphes in die Zukunft des Prinzipates weist.

Um die gewünschte Macht zu erhalten, musste Ventidius diejenigen unterstützen, die den freien Wettstreit um Ämter, der innerhalb der Führungsschicht geherrscht hatte, durch ihre herausgehobenen Positionen abgeschafft hatten. Hier wäre es zum einen interessant, eine Antwort auf die Frage zu erhalten, ob Ventidius diese *libertas* für überflüssig hielt, solange er seine Interessen durchsetzen konnte, oder ob er sich nur gezwungenermaßen und in realistischer Einschätzung der Machtverhältnisse innerhalb der Partei des Antonius damit begnügte, seine Macht aus den Händen des Triumvirn zu nehmen, obwohl er selbst gern Nutznießer dieser Freiheit gewesen wäre. Vielleicht war dies ein Widerspruch, mit dem er leben musste. Dieser Widerspruch dokumentiert jedoch zum anderen auch die Zerrissenheit der Zeit: Ventidius trug zum Untergang eines Systems bei, dessen Errungenschaften er selbst für erstrebenswert hielt und das er vermutlich nur insoweit in Frage stellte, wie es ihn von der Teilnahme ausgeschlossen hatte. Die Umstände, die seinen Aufstieg begleiteten, waren jedoch geeignet, die Grundpfeiler der republikanischen Ordnung ins Wanken zu bringen. Dennoch wäre es falsch, Ventidius der (vorsätzlichen) Destruktion des republikanischen Staates zu beschuldigen. Der Aufstieg von Personen

---

[2] Vgl. Meyer Reinhold, Agrippa. A Biography, Rom 1965, S. 153.

mit dem biographischen Hintergrund des Ventidius war eher ein Symptom als eine der Ursachen des Niedergangs der Republik.

Ventidius akzeptierte die Autorität des Antonius – aber offensichtlich auch nur diese, wie der Streit mit Pollio zeigt. Dennoch – und hier lässt sich der angesprochene Widerspruch nochmals offen legen, der letztlich ein Widerspruch zwischen Machtausübung und Machterwerb durch Treue ist: Ventidius wollte sein wie die *nobiles*. Aufgestiegen im Gefolge des Caesar und des Antonius vermochte er in den letzten Jahren seines Wirkens einige negative wie positive Aspekte dieser ihm von seiner Herkunft ursprünglich nicht bestimmten Rolle auszufüllen. Dabei profitierte Ventidius, der sich mit seinen Ambitionen in mancher Hinsicht an der Vergangenheit, der Republik, orientiert hatte, von den Umwälzungen der Gegenwart, dem Bürgerkrieg und dem Zweiten Triumvirat, bereitete aber dennoch der Zukunft, der Monarchie, ein Stück weit den Weg.

IX. Quellen- und Literaturverzeichnis

1. Quellenverzeichnis

Verwendete Ausgaben und Übersetzungen:

AMMIANUS: Ammianus Marcellinus, Römische Geschichte, Dritter Teil: Buch 22–25, Lat. und Dt., übers. v. Wolfgang Seyfarth, Berlin 1970.

APPIAN: Appiani Historia Romana, ex Recensione Ludovici Mendelssohnii, editio altera correctior, curante Paulo Viereck, Bd. 2, Reprint der Originalausgabe 1905, Leipzig 1986.

Appiani Bellorum Civilium liber quintus: introduzione, testo critico e commento con traduzione e indici, a cura di Emilio Gabba, Florenz 1970.

Appian's Roman History in four Volumes, Griech. und Engl., übers. v. Horace White, London und Cambridge/Mass. 1958[4] (Bd. 1), 1962[4] (Bd. 2), 1958[3] (Bd. 3), 1961[4] (Bd. 4).

Appian von Alexandria, Römische Geschichte, 2 Bde., übers. v. Otto Veh, 1. Teil: Die römische Reichsbildung, durchg., eingel. und erläutert v. Kai Brodersen, 2. Teil: Die Bürgerkriege, durchg., eingel. und erläutert v. Wolfgang Will, Stuttgart 1987 und 1989.

Appien, Les Guerres Civiles a Rome, Bd. 1, Traduction de Jean-Isaac Combes-Dounous, Paris 1993.

ARRIAN: Flavii Arriani quae exstant omnia, Bd. 2: Scripta minora et fragmenta, ed. A. G. Roos, Leipzig 1967/68.

ATHENAEUS: Athenaeus, The Deiphnosophists, Bd. 3: Bücher 6–7, Griech. und Engl., übers. v. Charles B. Gulick, Cambridge/Mass. und London 1975[2].

CAESAR: C. Julius Caesar, Der Bürgerkrieg, Lat. und Dt., ed. Georg Dorminger, München 1979[5].

C. Julius Caesar, Der Gallische Krieg, Lat. und Dt., ed. Georg Dorminger, 3., bearb. Aufl., München 1973.

Gaius Julius Caesar, Kriege in Alexandrien, Afrika und Spanien, Lat. und Dt., nach der Übers. v. Anton Baumstark überarb. und mit Anm. versehen v. Carolin Jahn, Darmstadt 2004.

CASSIUS DIO: Cassius Dio, Römische Geschichte, 5 Bde., übers. v. Otto Veh, Zürich und München, 1985 -1987.

Dio's Roman History in nine Volumes, Bde. 3–7, Griech. und Engl., übers. v. Earnest Cary, London und Cambridge/Mass. 1961[3] (Bde. 3, 4, 5, 7), 1968[4] (Bd. 6).

CATULL, Sämtliche Gedichte, Lat. und Dt., hrsg., eingel. und übers. v. Otto Weinreich, Zürich 1969.

CICERO: Cicero, The Speeches, übers. v. N. H. Watts, revised ed., London und Cambridge/Mass. 1958[3].

Marcus Tullius Cicero, Vom rechten Handeln – De officiis libros III, Lat. und

Dt., eingel. und neu übers. v. Karl Büchner, 2., durchgesehene und durch den lat. Text erg. Aufl., Zürich und Stuttgart 1964.
M. Tulli Ciceronis Epistulae ad Quintum fratrem, Epistulae ad Brutum, Fragmenta epistularum accedit Q. Tulli Ciceronis Commentariolum petitionis, Lat. und Dt., ed. Helmut Kasten, München 1965.
Cicero, Brutus, übers. v. G. L. Hendrickson, revised ed., London und Cambridge/Mass. 1971².
Scholia in Ciceronis Orationes Bobiensia, ed. Paul Hildebrandt, unveränderter Nachdruck der Ausgabe 1907, Stuttgart 1971.
Marcus Tullius Cicero, Atticus-Briefe, Lat. und Dt., ed. Helmut Kasten, München 1976².
Cicero's letters to Atticus, Bd. 6: 44 B.C., hrsg., übers. und komm. v. D. R. Shackleton Bailey, Cambridge 1967.
The Correspondence of M. Tullius Cicero, Bd. 6, hrsg. v. Robert Y. Tyrell, Louis C. Purser, reprograf. Nachdruck der 2. Aufl., Dublin und London 1933, Hildesheim 1969.
Cicero, Staatsreden, Bd. 3: Die Philippischen Reden, Lat. und Dt., übers. v. Helmut Kasten, Berlin 1970.
Marcus Tullius Cicero, Sämtliche Reden, 7 Bde., eingel., übers. und erl. v. Manfred Fuhrmann, Zürich, München und Stuttgart 1970–1982.
Marcus Tullius Cicero, An seine Freunde, Lat. und Dt., hrsg. und übers. v. Helmut Kasten, München und Zürich 1989⁴.
Marcus Tullius Cicero, Über die Wahrsagung – De Divinatione, Lat. und Dt., hrsg., übers. und erläutert v. Christoph Schäublin, München und Zürich 1991.
Marcus Tullius Cicero, Gespräche in Tusculum – Tusculanae Disputationes, Lat. und Dt., hrsg. v. Olof Gigon, 6., durchgesehene Aufl., München und Zürich 1992.
M. Tullius Cicero, De Legibus, Paradoxa Stoicorum – Über die Gesetze, Stoische Paradoxien, Lat. und Dt., hrsg., übers. und erläutert v. Rainer Nickel, Zürich 1994.
Marcus Tullius Cicero, Akademische Abhandlungen: Lucullus, Lat. und Dt., übers. v. Christoph Schäublin, Hamburg 1995.
Marcus Tullius Cicero, Vom Wesen der Götter, Lat. und Dt., hrsg., übers. und komm. v. Olof Gigon und Laila Straume-Zimmermann, Zürich und Düsseldorf 1996.
CIL: Corpus Inscriptionum Latinarum, Berlin 1863ff.
DIGESTEN: Digesta Iustiniani Augusti, recogn. adsumpto in operas societatem Paulo Kruegero Th. Mommsen, Vol. 2, Berlin 1870.
DIODOR: Diodorus of Sicily, Bd. 10, Griech. und Engl., übers. v. Russel M. Geer, London und Cambridge/Mass. 1962².
Diodorus of Sicily, Bde. 11 und 12, Griech. und Engl., übers. v. Francis R. Walton, London und Cambridge/Mass. 1957 und 1967.
EUTROPIUS: Eutropius, Abriß der Römischen Geschichte, übers. v. Albert Forbiger, Stuttgart 1865.
FESTUS: The Breviarium of Festus. A critical edition with historical commentary by J. W. Eadie, London 1967.

FLORUS: Florus, Römische Geschichte, Lat. und Dt., eingel., übers. und komm. v. Günter Laser, Darmstadt 2005.
FRONTIN: Frontin, Kriegslisten, Lat. und Dt., übers. von Gerhard Bendz, Berlin 1963.
FRONTO: M. Cornelii Frontonis epistulae, ed. Michael P. J. van den Hout, Leipzig 1988.
GELLIUS: Aulus Gellius, Die attischen Nächte, 2 Bde., übers. v. Fritz Weiss, unveränd. reprograf. Nachdruck der Ausgabe Leipzig 1875, Darmstadt 1965.
A. Gellii, Noctes Atticae, 2 Bde., recogn. P. K. Marshall, reissued with corrections, Oxford 1991².
HERODIAN: Herodian, Geschichte des Kaisertums nach Marc Aurel, Griech. und Dt., mit Einleitung, Anmerkungen und Namenindex v. Friedhelm L. Müller, Stuttgart 1996.
HERODOT: Herodot, Historien, Bd. 2: Bücher 6–9, Griech. und Dt., hrsg. v. Josef Feix, München und Zürich 1995⁵.
ILS: Inscriptiones Latinae Selectae, 2,2, ed. Hermann Dessau, Berlin 1962.
ITINERARIUM ANTONINI: Itineraria Romana, Vol. prius: Itineraria Antonini Augusti et Burdigalense, ed. Otto Cuntz, Ed. stereotypa ed. primae 1929, Stuttgart 1990.
JOSEPHUS: Flavius Josephus, De bello Judaico – Der jüdische Krieg, zweisprachige Ausgabe der sieben Bücher, Bd. 1, Griech. und Dt., hrsg. v. Otto Michel und Otto Bauernfeind, Darmstadt 1959.
Flavius Josephus, Des Flavius Josephus Jüdische Altertümer, Bd. 2, übers. v. Heinrich Clementz, Berlin und Wien 1923.
Josephus in nine Volumes, Bd. 7: Jewish Antiquities, Books XII-XIV, Griech. und Engl., übers. v. Ralph Marcus, London und Cambridge/Mass. 1966³.
JUVENAL: Juvenal, Satiren, Lat. und Dt., hrsg. und übers. v. Joachim Adamietz, München und Zürich 1993.
LIVIUS: T. Livius, Römische Geschichte, Lat. und Dt., 11 Bde., hrsg. v. Hans Jürgen Hillen (Bde. 4 und 5 hrsg. v. Josef Feix), München, Zürich und Düsseldorf 1974–2000.
NIKOLAOS VON DAMASKUS: Nikolaos von Damaskus, Leben des Kaisers Augustus, Griech. und Dt., hrsg., übers. und komm. v. Jürgen Malitz, Darmstadt 2006².
NONIUS MARCELLUS: Nonii Marcelli de conpendiosa doctrina libros XX, 3 Bde., ed. Wallace M. Lindsay, Leipzig 1903.
ORF: Oratorum romanorum fragmenta liberae rei publicae, Bd. 1: Textus, ed. Enrica Malcovati, Turin 1976⁴.
OROSIUS: Orosius, Die antike Weltgeschichte in christlicher Sicht, Bd. 2: Buch V-VII, übers. und erläutert von Adolf Lippold, Zürich und München 1986.
OVID: Publius Ovidius Naso, Fasti – Festkalender, Lat. und Dt., neu übers. u. hrsg. v. Niklas Holzberg, München und Zürich 1995.
Publius Ovidius Naso, Liebeskunst, Lat. und Dt., übers. v. W. Hertzbergs und Franz Burger, München 1976¹².
PETRONIUS: Petronius, Satyrica, Lat. und Dt., übers. v. Konrad Müller und Wilhelm Ehlers, 2., verb. Aufl., München 1978.

PLAUTUS: Plautus/Terenz, Antike Komödien, Bd. 1, hrsg. und mit einem Nachwort und Anmerkungen versehen v. Walther Ludwig, Darmstadt 1969.
PLINIUS: C. Plinius Secundus d. Ä., Naturkunde, Bücher 7, 8 und 9, Lat. und Dt., hrsg. und übers. v. Roderich König und Gerhard Winkler, Darmstadt 1975–1979.
C. Plinius Secundus d. Ä., Naturkunde, Buch 33, Lat. und Dt., hrsg. und übers. v. Roderich König und Gerhard Winkler, München und Zürich 1984.
Pliny, Natural History in ten Volumes, Bd. 2, Lat. und Engl., übers. v. H. Rackham, London und Cambridge/Mass. 1961[3].
PLUTARCH: Plutarch, Grosse Griechen und Römer, eingeleitet und übers. von Konrat Ziegler, 6 Bde., Zürich und Stuttgart 1954 – 1965.
Plutarch's lives in eleven Volumes, Bde. 2–3 und 5–9, Griech. und Engl., übers. v. Bernadotte Perrin, Cambridge/Mass. und London 1959[4] (Bd. 2), 1958[5] (Bd. 3), 1961[3] (Bd. 5), 1961[4] (Bd. 6), 1967[5] (Bd. 7), 1959[3] (Bd. 8, 9).
Plutarch, Life of Antony, ed. by Christopher B. R. Pelling, Cambridge 1988.
POLYBIOS: Polybios, The Histories in six Volumes, Bde. 1, 3 und 5, Griech. und Engl., übers. v. W. R. Paton, London und Cambridge/Mass. 1960[3] (Bd. 5), 1966[4] (Bd. 3), 1967[4] (Bd. 1).
POMPEIUS TROGUS: Pompeius Trogus, Weltgeschichte von den Anfängen bis Augustus im Auszug des Justin, übers. v. Otto Seel, Zürich und München 1972.
Iustinus, Trogi Pompei Historiarum Philippicarum Epitoma, rec. Justus Jeep, Leipzig 1868.
PORPHYRIO: Pomponi Porfyrionis commentum in Horatium Flaccum, rec. Alfred Holder, reprograf. Nachdruck der Ausgabe Innsbruck 1894, Hildesheim 1967.
PROKOP: Prokop, Perserkriege, Griech. und Dt., ed. Otto Veh, München 1970.
SALLUST: Sallust, Werke und Schriften, Lat. und Dt., hrsg. und übers. v. Wilhelm Schöne, Stuttgart 1969[4].
SENECA D. Ä.: The elder Seneca, Declamations in two Volumes, Lat. und Engl., übers. v. M. Winterbottom, Cambridge/Mass. und London 1974.
Lucius Annaeus Seneca der Ältere, Sentenzen, Einteilungen, Färbungen von Rednern und Redelehrer, Übersetzung und Anmerkungen v. Otto und Eva Schönberger, Würzburg 2004.
SERVIUS: Servii Grammatici qui feruntur in Vergilii Bucolica et Georgica commentarii, rec. Georg Thilo, Bd. 3, reprograf. Nachdruck der Ausgabe Leipzig 1887, Hildesheim 1961.
SHAKESPEARE: Shakespeare, William, Antony and Cleopatra – Antonius und Kleopatra, englisch-deutsche Studienausgabe, hrsg. v. Dimiter Daphinoff, Tübingen und Basel 1995.
STRABON: Strabons Geographika, mit Übersetzung und Kommentar hrsg. v. Stefan Radt, 5 Bde., Göttingen 2002–2006.
SUETON: Sueton, Die römischen Kaiser, übers. und hrsg. v. Hans Martinet, Düsseldorf und Zürich 2003.
Suetonius, Vol. II, Lat. und Engl., übers. v. J. C. Rolfe, revised edition, Cambridge/Mass. und London 1997.

TACITUS: Tacitus, Annalen, Lat. und Dt., hrsg. v. Erich Heller, Zürich und München 1982.
P. Cornelius Tacitus, Historiae, Lat. und Dt., hrsg. v. Joseph Borst, München 1977³.
Tacitus, Germania, Lat. und Dt., übers. und hrsg. v. Manfred Fuhrmann, Stuttgart 1972.
Tacitus, Das Leben des Iulius Agricola, Lat. und Dt., übers. v. Rudolf Till, Berlin 1961.
VALERIUS MAXIMUS: Valerius Maximus, Sammlung merkwürdiger Reden und Thaten, übers. v. Friedrich Hoffmann, Stuttgart 1829.
Valeri Maximi, Facta et Dicta Memorabilia, 2 Bde., ed. John Briscoe, Stuttgart und Leipzig 1998.
VARRO: Marcus Terentius Varro, Gespräche über die Landwirtschaft, Buch 2, hrsg., übers. und erläutert v. Dieter Flach, Darmstadt 1997.
Varro on the Latin Language, Bd. 2, Lat. und Engl., übers. v. Roland G. Kent, Cambridge/Mass. und London 1979⁵.
VEGETIUS: Vegetius, Abriß des Militärwesens, Lat. und Dt., mit Einleitung, Erläuterungen und Indices von Friedhelm L. Müller, Stuttgart 1997.
VELLEIUS: C. Velleius Paterculus, Historia Romana – Römische Geschichte, Lat. und Dt., übers. und hrsg. v. Marion Giebel, bibliogr. erg. Ausgabe, Stuttgart 1992.
VERGIL: Vergil, Landleben. Catalepton, Bucolica, Georgica, Lat. und Dt., ed. Johannes und Maria Götte, 6., vollständig durchges. und verb. Aufl., Zürich 1995.
XENOPHON: Xenophon, Anabasis. Der Zug der Zehntausend, Griech. und Dt., hrsg. u. übers. v. Walter Müri, München und Zürich 1990.

2. Literaturverzeichnis

Aufgenommen sind nur mehrfach zitierte Werke, Lexikon-Artikel sind nur in Ausnahmefällen aufgeführt.

Alföldy, Géza, Römische Sozialgeschichte, 3., völlig überarb. Aufl., Wiesbaden 1984.

Badian, Ernst, Zöllner und Sünder: Unternehmer im Dienst der römischen Republik, Darmstadt 1997.

Bendz, Gerhard, Die Echtheitsfrage des 4. Buches der frontinschen Stratagemata, Lund 1938.

Bengtson, Hermann, Untersuchungen zum Mutinesischen Krieg, in: ders., Kleine Schriften zur Alten Geschichte, München 1974, S. 479–531.

Bengtson, Hermann, Marcus Antonius. Triumvir und Herrscher des Orients, München 1977.

Benne, Simon, Marcus Antonius und Kleopatra VII. Machtaufbau, herrscherliche Repräsentation und politische Konzeption, Göttingen 2001.

Bilde, Per, Flavius Josephus between Jerusalem and Rome. His Life, his Works, and their Importance, Sheffield 1988.

Bleicken, Jochen, Rezension zu E. Badian, Foreign Clientela, Gnomon 36 (1964), S. 176–187.

Bleicken, Jochen, Zum Begriff der römischen Amtsgewalt: *auspicium – potestas – imperium*, Göttingen 1981.

Bleicken, Jochen, Zwischen Republik und Prinzipat. Zum Charakter des Zweiten Triumvirats, Göttingen 1990.

Bleicken, Jochen, Cicero und die Ritter, Göttingen 1995.

Botermann, Helga, Die Soldaten und die römische Politik in der Zeit von Caesars Tod bis zur Begründung des Zweiten Triumvirats, München 1968.

Bowersock, Glen W., Augustus and the Greek World, Oxford 1965.

Braund, David, Rome and the Friendly King. The character of the client kingship, London u. a. 1984.

Broughton, T. Robert S., The Magistrates of the Roman Republic, Vol. 2: 99 B. C. – 31 B. C., New York 1952.

Bruhns, Hinnerk, Caesar und die römische Oberschicht in den Jahren 49–44 v. Chr. Untersuchungen zur Herrschaftsetablierung im Bürgerkrieg, Göttingen 1978.

Brunt, Peter A., Die Beziehungen zwischen dem Heer und dem Land im Zeitalter der römischen Revolution, in: Helmut Schneider (Hg.), Zur Sozial- und Wirtschaftsgeschichte der späten römischen Republik, Darmstadt 1976, S. 124–174.

Brunt, Peter A., The fall of the Roman Republic and related essays, Oxford 1988.

Buchheim, Hans, Die Orientpolitik des Triumvirn M. Antonius. Ihre Voraussetzungen, Entwicklung und Zusammenhang mit den politischen Ereignissen in Italien, Heidelberg 1960.

Büchner, Karl, Sallust, 2., verb. u. erw. Aufl., Heidelberg 1982.

Bürcklein, August, Quellen und Chronologie der römisch-parthischen Feldzüge in den Jahren 713–718 d. St., Berlin 1879.
Buttrey, Theodore V., Studies in the Coinage of Marc Antony, Princeton 1953.
Buttrey, Theodore V., The Denarius of P. Ventidius, A. N. S. Museum Notes 9 (1960), S. 95–108.
Christ, Karl, Krise und Untergang der römischen Republik, 4., durchgesehene und aktualisierte Aufl., Darmstadt 2000.
Combès, Robert, Imperator. Recherches sur l'emploi et la signification du titre d'imperator dans la Rome republicaine, Paris 1966.
Coşkun, Altay, Freundschaft und Klientelbindung in Roms auswärtigen Beziehungen. Wege und Perspektiven der Forschung, in: ders. (Hg.), Roms auswärtige Freunde in der späten Republik und im frühen Prinzipat, Göttingen 2005.
Coulston, J. C., Roman archery equipment, in: M. C. Bishop (Hg.), The Production and Distribution of Roman Military Equipment. Proceedings of the Second Roman Military Equipment Research Seminar, Oxford 1985, S. 220–366.
Coulston, J. C., Roman, Parthian and Sassanid tactical developments, in: Philip Freeman, David Kennedy (Hg.), The Defence of the Roman and Byzantine East. Proceedings of a colloquium held at the University of Sheffield in April 1986, Bd. 1, Oxford 1986, S. 59–75.
Crawford, Michael H., Roman Republican Coinage, Bd. I: Introduction and Catalogue, Bd. II: Studies, Plates and Indexes, Cambridge 1974.
Dahlheim, Werner, Struktur und Entwicklung des römischen Völkerrechts im dritten und zweiten Jahrhundert v. Chr., München 1968.
Dahlheim, Werner, Gewalt und Herrschaft. Das provinziale Herrschaftssystem der römischen Republik, Berlin und New York 1977.
Dahlheim, Werner, Die Armee eines Weltreiches, Klio 74 (1992), S. 197–220.
Dahlheim, Werner, Die Antike, Griechenland und Rom von den Anfängen bis zur Expansion des Islam, 6. Aufl. (unveränd. Neudruck der 4., erw. und überarb. Aufl. 1995), Paderborn 2002.
Dahlheim, Werner, Julius Caesar. Die Ehre des Kriegers und die Not des Staates, Paderborn 2005.
Debevoise, Neilson Carel, A Political History of Parthia, Repr. d. Ausgabe Chicago 1938, New York 1968.
Dettenhofer, Maria H., Perdita Iuventus. Zwischen den Generationen von Caesar und Augustus, München 1992.
DeVisscher, Fernand, Les Edits d'Auguste decouvertes à Cyrène, Louvain 1940.
Domaszewski, Alfred von, Bellum Marsicum, SAWW 201, Wien und Leipzig 1924.
Drumann, Wilhelm, Geschichte Roms in seinem Übergange von der republikanischen zur monarchischen Verfassung oder Pompeius, Caesar, Cicero und ihre Zeitgenossen nach Geschlechtern und mit genealogischen Tabellen, 6 Bde., hrsg. v. Paul Groebe, reprograf. Nachdruck der 2. Aufl., Berlin und Leipzig 1899–1929, Hildesheim 1964.

Eadie, John W., The Development of the Roman Mailed Cavalry, JRS 57 (1967), S. 161–173.
Ehwald, R., Tacitus ab excessu d. Aug. I 10, Philologus 59 (1900), S. 625–627.
Eisner, Michael, Zur Typologie der Grabbauten im Suburbium Roms, Mainz 1986.
Fadinger, Volker, Die Begründung des Prinzipats. Quellenkritische und staatsrechtliche Untersuchungen zu Cassius Dio und der Parallelüberlieferung, Berlin 1969.
Famerie, Etienne (Hg.), Concordantia in Appianum, 3 Bde., Hildesheim, Zürich und New York 1993.
Fröhlich, Franz, Das Kriegswesen Caesars, Zürich 1889.
Fugmann, Joachim, Königszeit und Frühe Republik in der Schrift »De viris illustribus urbis Romae«. Quellenkritisch-historische Untersuchungen, Bd. I: Königszeit, Frankfurt u. a. 1990, Bd. II,1: Frühe Republik (6./5. Jh.), Frankfurt u. a. 1997, Bd. II,2: Frühe Republik (4./3.Jh.), Frankfurt u. a. 2004.
Fuhrmann, Manfred, Cicero und die römische Republik. Eine Biographie, München und Zürich 1989.
Galsterer, Hartmut, Herrschaft und Verwaltung im republikanischen Italien. Die Beziehungen Roms zu den italischen Gemeinden vom Latinerfrieden 338 v. Chr. bis zum Bundesgenossenkrieg 91 v. Chr., München 1976.
Gelzer, Matthias, Caesar. Der Politiker und Staatsmann, unveränderter Nachdruck der 6., neu bearb. und erw. Aufl. 1960, Wiesbaden 1983.
Giebel, Marion, Tiere in der Antike: von Fabelwesen, Opfertieren und treuen Begleitern, Darmstadt 2003.
Göbl, Robert, Numismatik: Grundriß und wissenschaftliches System, München 1987.
Goldsworthy, Adrian Keith, The Roman Army at War. 100 BC-AD 200, Oxford 1996.
Gotter, Ulrich, Der Diktator ist tot! Politik in Rom zwischen den Iden des März und der Begründung des Zweiten Triumvirats, Stuttgart 1996.
Grueber, H. A., Coins of the Roman Republic in the British Museum, Bd. 2: Coinages of Rome (continued), roman Campania, Italy, the social war, and the provinces, first published 1910, photolitographic reprint, Oxford 1970.
Günther, Linda-Marie, Herodes der Große, Darmstadt 2005.
Gundel, Hans Georg, RE, 2. Reihe, 15. Halbband, s.v. Ventidius (Nr. 5), Sp. 795–816.
Hahn, István, Appian und seine Quellen, in: Gerhard Wirth (Hg.), Romanitas, Christianitas. Untersuchungen zur Geschichte und Literatur der römischen Kaiserzeit; Johannes Straub zum 70. Geburtstag am 18. Oktober 1982 gewidmet, Berlin 1982, S. 251–276.
Haller, Bertram, C. Asinius Pollio als Politiker und zeitkritischer Historiker. Ein Beitrag zur Geschichte des Übergangs von der Republik zum Prinzipat in Rom (60–30 v. Chr.), Münster 1967.
Harmand, Jacques, L'armée et le soldat à Rome de 107 à 50 avant notre ère, Paris 1967.
Herzog, Reinhart, Schmidt, Peter Lebrecht, Handbuch der lateinischen Litera-

tur der Antike, Bd. 5: Reinhart Herzog (Hg.), Restauration und Erneuerung. Die lateinische Literatur von 284 bis 374 n. Chr., München 1989.

Hesberg, Henner von, Römische Grabbauten, Darmstadt 1992.

Heuss, Alfred, Die völkerrechtlichen Grundlagen der römischen Aussenpolitik in republikanischer Zeit, Neudr. d. Ausg. Leipzig 1933, Aalen 1963.

Hirschfeld, Otto, Dellius ou Sallustius, in: ders., Kleine Schriften, Berlin 1913, S. 780–782 (Mélanges Boissier, S. 293–295, Paris 1903).

Hose, Martin, Erneuerung der Vergangenheit. Die Historiker im Imperium Romanum von Florus bis Cassius Dio, Stuttgart und Leipzig 1994.

Itgenshorst, Tanja, Tota illa pompa. Der Triumph in der römischen Republik, Göttingen 2005.

Junkelmann, Marcus, Die Legionen des Augustus. Der römische Soldat im archäologischen Experiment, Mainz 1986.

Junkelmann, Marcus, Die Reiter Roms, Bd. 1: Reise, Jagd, Triumph und Circusrennen, Mainz 1990.

Junkelmann, Marcus, Die Reiter Roms, Bd. 2: Reitweise und militärischer Einsatz, Mainz 1991.

Junkelmann, Marcus, Die Reiter Roms, Bd. 3: Zubehör, Reitweise, Bewaffnung, Mainz 1992.

Junkelmann, Marcus, Panis Militaris: die Ernährung des römischen Soldaten oder der Grundstoff der Macht, Mainz 1997^2.

Keegan, John, Das Antlitz des Krieges. Die Schlachten von Azincourt 1415, Waterloo 1815 und an der Somme 1916, Frankfurt und New York 1991.

Kehne, Peter, Augustus und ›seine‹ *spolia opima*, in: Theodora Hantos, Gustav Adolf Lehmann (Hg.), Althistorisches Kolloquium aus Anlass des 70. Geburtstags von Jochen Bleicken 29.-30. November 1996 in Göttingen, Stuttgart 1998, S. 187–211.

Kienast, Dietmar, Imperator, ZRG 78 (1961), S. 403–421.

Kierdorf, Wilhelm, Laudatio Funebris. Interpretationen und Untersuchungen zur Entwicklung der römischen Leichenrede, Meisenheim/Glan 1980.

Klotz, Alfred, Zur Literatur der Exempla und zur Epitoma Livii, Hermes 44 (1909), S. 198–214.

Klotz, Alfred, Studien zu Valerius Maximus und den Exempla, München 1942.

Kolb, Anne, Transport und Nachrichtentransfer im Römischen Reich, Berlin 2000.

Kromayer, Johannes, Veith, Georg, Heerwesen und Kriegführung der Griechen und Römer, unveränderter Nachdruck der 1928 ersch. ersten Aufl., München 1963.

Kühnert, Barbara, Zur sozialen Mobilität in der späten römischen Republik: *plebs* und *ordo equester*, Klio 72 (1990), S. 144–150.

Kunkel, Wolfgang, Wittmann, Roland, Staatsordnung und Staatspraxis der römischen Republik, Zweiter Abschnitt: Die Magistratur, München 1995.

Labisch, Alfons, Frumentum Commeatusque. Die Nahrungsmittelversorgung der Heere Caesars, Meisenheim am Glan 1975.

Landskron, Alice, Parther und Sasaniden. Das Bild der Orientalen in der römischen Kaiserzeit, Wien 2005.

Laqueur, Richard, Der jüdische Historiker Flavius Josephus. Ein biographischer Versuch auf neuer Quellengrundlage, reprograf. Nachdruck der 1. Aufl., Gießen 1920, Darmstadt 1970².

Leisner-Jensen, Mogens, Ventidius and Sallust, Classica et Mediaevalia 48 (1997), S. 325–346.

Malitz, Jürgen, Ambitio mala: Studien zur politischen Biographie des Sallust, Bonn 1975.

Malitz, Jürgen, Die Kanzlei Caesars – Herrschaftsorganisation zwischen Republik und Prinzipat, Historia 36 (1987), S. 51–72.

Manuwald, Bernd, Cassius Dio und Augustus. Philologische Untersuchungen zu den Büchern 45–56 des dionischen Geschichtswerkes, Wiesbaden 1979.

Matijević, Kresimir, Marcus Antonius. Consul – Proconsul – Staatsfeind. Die Politik der Jahre 44 und 43 v. Chr., Rahden/Westf. 2006.

McLeod, Wallace, The Range of the ancient bow, Phoenix 19 (1965), S. 1–14.

Meier, Christian, Caesar, Berlin 1982.

Meier, Christian, Res Publica Amissa. Eine Studie zu Verfassung und Geschichte der späten Römischen Republik, Wiesbaden 1966.

Miller, Konrad, Itineraria Romana. Römische Reisewege an der Hand der Tabula Peutingeriana, Stuttgart 1916.

Mommsen, Theodor, Römisches Staatsrecht, 3 Bde., unveränderter fotomechanischer Nachdruck der dritten Aufl., Leipzig 1887 (Bd. 3,2: Leipzig 1888), Darmstadt 1963.

Münzer, Friedrich, Beiträge zur Quellenkritik der Naturgeschichte des Plinius, Berlin 1897.

Paci, Gianfranco, Mantissa Epigrafica Ventidiana, in: Miscellanea di Studi Marchigiani in onore di Febo Allevi, a cura di Gianfranco Paci, Agugliano 1987, S. 447–452.

Paulys Realenzyklopädie der classischen Altertumswissenschaft, hrsg. v. G. Wissowa (u.a.), 1. und 2. Reihe sowie Supplementbände, Stuttgart seit 1893.

Pelling, Christopher B. R., Plutarch's Method of Work in the Roman Lives, JHS 99 (1979), S. 74–96.

Pelling, Christopher B. R., The Triumviral Period, in: Alan K. Bowman, Edward Champlin, Andrew Lintott (Hg.), The Cambridge Ancient History, second Edition, Bd. 10: The Augustan Empire 43 B.C. – A.D. 69, Cambridge 1996, S. 1–69.

Reinhold, Meyer, From Republic to Principate. An historical Commentary on Cassius Dio's Roman History Books 49–52 (36–29 B.C.), Atlanta/Georgia 1988.

Reynolds, Joyce, Aphrodisias and Rome. Documents from the excavation of the theatre at Aphrodisias conducted by Professor Kenan T. Erim, together with some related texts, London 1982.

Rubin, Berthold, Die Entstehung der Kataphraktenreiterei im Lichte der chorezmischen Ausgrabungen, Historia 4 (1955), S. 264–283.

Rüpke, Jörg, Kriegsgefangene in der römischen Antike, in : Rüdiger Overmans (Hg.), In der Hand des Feindes. Kriegsgefangenschaft von der Antike bis zum Zweiten Weltkrieg, Köln, Weimar und Wien 1999, S. 83–98.

Sabin, Philip, The Face of the Roman Battle, JRS 90 (2000), S. 1–17.
Schalit, Abraham, König Herodes: Der Mann und sein Werk, 2. Aufl. mit einem Vorw. v. Daniel R. Schwartz, Berlin und New York 2001.
Schanz, Martin, Hosius, Carl, Geschichte der römischen Literatur bis zum Gesetzgebungswerk des Justinian, Teil zwei: Die römische Literatur in der Zeit der Monarchie bis auf Hadrian, unveränderter Nachdruck der 1935 ersch. vierten, neubearb. Aufl., München 1967.
Schanz, Martin, Hosius, Carl, Geschichte der römischen Literatur bis zum Gesetzgebungswerk des Justinian, Teil drei: Die Zeit von Hadrian 117 bis auf Constantin 324, unveränderter Nachdruck der 1922 ersch. dritten, neubearb. Aufl., München 1959.
Schanz, Martin, Hosius, Carl, Krüger, Gustav, Geschichte der römischen Literatur bis zum Gesetzgebungswerk des Justinian, Teil vier: Die römische Literatur von Constantin bis zum Gesetzgebungswerk Justinians, Bd. 2, Die Literatur des fünften und sechsten Jahrhunderts, unveränd. Nachdruck der 1920 ersch. ersten Aufl., München 1959.
Schippmann, Klaus, Grundzüge der parthischen Geschichte, Darmstadt 1980.
Schmidt, Otto Eduard, P. Ventidius Bassus, Philologus 51 (1892), S. 198–211.
Schmidt, Peter Lebrecht, Livius-Rezeption und kaiserzeitliche Historiographie, in: Wolfgang Schuller (Hg.), Livius. Aspekte seines Werkes, Konstanz 1993, S. 189–201.
Schumacher, Leonhard, Die imperatorischen Akklamationen der Triumvirn und die auspicia des Augustus, Historia 34 (1985), S. 191–222.
Seaver, James E., Publius Ventidius – Neglected Roman Military Hero, The Classical Journal 47 (1951–52), S. 275–280, 300.
Sherwin-White, Adrian N., Roman Foreign Policy in the East. 168 B.C. to A.D. 1, London 1984.
Simpson, Christopher J., Imp. Caesar Divi Filius. His second imperatorial acclamation and the evolution of an allegedly »exorbitant« name, Athenaeum 86 (1998) S. 419–437.
Skard, Eiliv, Sallust – Geschichtsdenker oder Parteipublizist, Symbolae Osloenses 47 (1972), S. 70–78.
Sonnabend, Holger, Fremdenbild und Politik. Vorstellungen der Römer von Ägypten und dem Partherreich in der späten Republik und frühen Kaiserzeit, Frankfurt u. a. 1986.
Southern, Pat, Marcus Antonius. Ein Lebensbild, Erfurt 2000.
Strugnell, Emma, Ventidius' parthian war: Rome's forgotten eastern triumph, Acta antiqua 46 (2006), S. 239–252.
Sydenham, Edward Allen, The coinage of the Roman Republic, London 1952 (CRR).
Sydow, Wilhelm von, Die Grabexedra eines römischen Feldherrn, JDAI 89 (1974), S. 187–216.
Syme, Ronald, Sallust, Darmstadt 1975.
Syme, Ronald, Who was Decidius Saxa, in: Roman Papers 1, hrsg. v. Ernst Badian, Oxford 1979 [= JRS 27 (1937), S. 127 – 137], S. 31–41.
Syme, Ronald, Imperator Caesar. A study in Nomenclature, in: Roman Pa-

pers 1, hrsg. v. Ernst Badian, Oxford 1979 [= Historia 7 (1958), S. 172–188], S. 361–377.

Syme, Ronald, Sabinus the Muleteer, in: Roman Papers 1, hrsg. v. Ernst Badian, Oxford 1979 [= Latomus 17 (1958), S. 73–80], S. 393–399.

Syme, Ronald, Die Römische Revolution. Machtkämpfe im antiken Rom, grundlegend revidierte und erstmals vollständige Neuausgabe, Stuttgart 2003.

Tarn, W. W., Antony's Legions, Classical Quarterly 26 (1932), S. 75–81.

Tarn, W. W., Charlesworth, M. P., The Triumvirs, in: S. A. Cook, F. E. Adcock, M. P. Charlesworth (Hg.), The Cambridge Ancient History, Bd. 10, The Augustan Empire 44 B.C.-A.D. 70, korr. Nachdruck der Erstausgabe 1936, Cambridge 1952, S. 31–65.

Timpe, Dieter, Die Bedeutung der Schlacht von Carrhae, Museum Helveticum 19 (1962), S. 104–129.

Veith, Georg, Heeresverpflegung der Römer zur Zeit Cäsars, in: E. Mayerhofer, C. Pirquet (Hg.), Lexikon der Ernährungskunde, Wien, Leipzig und München 1923, S. 430–437.

Wallmann, Peter, Triumviri Rei Publicae Constituendae. Untersuchungen zur politischen Propaganda im Zweiten Triumvirat (43–30 v.Chr.), Frankfurt/Main 1989.

Weileder, Andreas, Valerius Maximus. Spiegel kaiserlicher Selbstdarstellung, München 1998.

Wesch-Klein, Gabriele, Funus publicum. Eine Studie zur öffentlichen Beisetzung und Gewährung von Ehrengräbern in Rom und den Westprovinzen, Stuttgart 1993.

Wickevoort Crommelin, Bernard van, Die Parther und die parthische Geschichte bei Pompeius Trogus – Iustin, in: Josef Wiesehöfer (Hg.), Das Partherreich und seine Zeugnisse: Beiträge des internationalen Colloquiums, Eutin (27. – 30. Juni 1996), Stuttgart 1998, S. 259–278.

Wiseman, Timothy P., New men in the Roman Senate: 139 B.C. – A.D. 14, London 1971.

Wylie, G. J., P. Ventidius – from *novus homo* to ›military hero‹, Acta classica 36 (1993), S. 129–141.

Ziegler, Karl-Heinz, Völkerrecht der römischen Republik, in: Hildegard Temporini (Hg.), Aufstieg und Niedergang der Römischen Welt: Geschichte und Kultur Roms im Spiegel der neueren Forschung, 1. Von den Anfängen Roms bis zum Ausgang der Republik, Bd. 2, Berlin und New York 1972, S. 68–114.